本丛书系武汉大学“985工程”项目“中国特色社会主义理论创新基地”和“211工程”项目“马克思主义基本理论及其中国化研究”成果

武汉大学马克思主义理论系列学术丛书

英国青年工作研究

陈琳瑛◎著

中国社会科学出版社

图书在版编目(CIP)数据

英国青年工作研究 / 陈琳瑛著 . —北京：中国社会科学出版社，2023. 11
(武汉大学马克思主义理论系列学术丛书)
ISBN 978-7-5227-0195-0

Ⅰ. ①英… Ⅱ. ①陈… Ⅲ. ①青年工作—研究—英国 Ⅳ. ①D435. 616

中国版本图书馆 CIP 数据核字(2022)第 078717 号

出 版 人 赵剑英
责任编辑 田 文
责任校对 张爱华
责任印制 王 超

出 版 中国社会科学出版社
社 址 北京鼓楼西大街甲 158 号
邮 编 100720
网 址 http：//www. csspw. cn
发 行 部 010-84083685
门 市 部 010-84029450
经 销 新华书店及其他书店

印 刷 北京明恒达印务有限公司
装 订 廊坊市广阳区广增装订厂
版 次 2023 年 11 月第 1 版
印 次 2023 年 11 月第 1 次印刷

开 本 710×1000 1/16
印 张 22. 5
插 页 2
字 数 381 千字
定 价 118. 00 元

总　　序

顾海良

新世纪之初，马克思主义理论学科的设立，是马克思主义中国化的显著标志，也是中国化马克思主义发展的重要成果。设立马克思主义理论学科，不仅是由马克思主义理论本身的科学性决定的，也是由马克思主义作为我们党的指导思想和作为国家主流意识形态建设的需要决定的，而且还是由当代马克思主义发展的新的要求决定的。

在马克思主义理论学科建设中，武汉大学一直居于学科建设与发展的前列。武汉大学政治与公共管理学院作为学科建设和发展的主要承担者，学院的教师和研究人员为此付出了极大的辛劳，作出了极大的贡献。现在编纂出版的《武汉大学马克思主义理论系列学术丛书》就是其中的部分研究成果。

回顾马克思主义理论学科建设和发展的历史，给我们的重要启示之一就是，马克思主义理论学科的建设和发展，既要尊重学科建设和发展的普遍规律和特殊要求，又要切实提高马克思主义理论学科的影响力。我们希望《武汉大学马克思主义理论系列学术丛书》的出版，能为切实提升马克思主义理论学科的影响力增添新的光彩。

第一，要提高马克思主义理论学科建设的学术影响力。把提高学术影响力放在首位，是从学科建设视阈理解马克思主义理论学科建设的要求。学科建设以学术为基础。马克思主义理论作为一个整体的一级学科，在提升学科的学术性时，要按照学科建设内在的普遍的要求，使之具有明确的学科内涵、确定的学科规范和完善的学科体系。

学术影响力是学科建设的重要目标，也是学科建设水平的重要体现。马克思主义理论学科的学术影响力，不仅在于国内的学术影响力，还应该树立世界眼光，产生国际的学术影响力。在国际学术界，马克思主义理论是以学术研究为基本特征和主要导向的。注重马克思主义理论的学术研究，不仅有利于达到学科建设的基本要求，而且还有利于国际范围内的马克思主义理论研究的交流，产生国际的学术影响力。比如，一个时期以来，国际学术界对《德意志意识形态》、《共产党宣言》等文本传播的研究，马克思经济学手稿的研究，科学考据版《马克思恩格斯全集》（MEGA2）的编辑与研究等，就是国际范围内马克思主义理论学术研究的重要课题。作为以马克思主义为指导的社会主义国家，我国在马克思主义理论学科建设和发展中，不但要高度关注和重视世界范围内马克思主义理论研究的重大课题，而且要参与国际范围内马克思主义理论重大课题的研究。在国际马克思主义学术论坛上，我们要有更广泛的话语权，要能够更深刻地了解别人在研究什么、研究的目的是什么、研究到什么程度、有哪些重要的理论成就、产生了哪些理论的和实践的成效等。如果一方面强调建设和发展马克思主义理论学科，另一方面却在国际马克思主义论坛上被边缘化，这肯定不是我们希望看到的。

第二，要提高对中国特色社会主义理论与实践的影响力。任何学科都有其特定的应用价值。马克思主义理论学科对中国特色社会主义理论与实践的影响力，就是这一学科应用价值的重要体现，也是这一学科建设和发展的重要目标和根本使命。要实现这一影响力，深化中国特色社会主义理论体系的研究是重点；运用中国特色社会主义理论体系于实践、以此推进和创新中国特色社会主义理论体系是根本。马克思主义理论学科对中国特色社会主义理论与实践的影响力，要体现在对什么是马克思主义、怎样对待马克思主义，什么是社会主义、怎样建设社会主义，建设什么样的党、怎样建设党，实现什么样的发展、怎样发展等重大问题的不断探索上，并对这些问题作出新的理论概括，不断增强理论的说服力和感召力，推进中国特色社会主义理论体系的发展。马克思主义理论学科的建设和发展，一定要对中国特色社会主义的经济、政治、文化、社会、生态文明建设以及党的建设的理论与实践产生重要的影响力，为中国特色社会主义道路发展中的重大理论和实践问题的解决提供基本的指导思想，充分体现学科建设的应用价值。

第三，要提高对国家主流意识形态发展和安全的影响力。马克思主义作为党和国家的指导思想，自然是中国特色社会主义的主流意识形态。要深刻理解马克思主义理论学科的特定研究对象。马克思主义是我们立党立国的根本指导思想，社会主义意识形态的旗帜，是社会主义核心价值体系的灵魂，是全党全国各族人民团结奋斗、夺取建设中国特色社会主义新胜利的共同思想基础。在学科建设中，我们要以高度的政治意识、大局意识和责任意识，进一步推进马克思主义中国化的发展和创新，进一步巩固马克思主义在思想政治理论领域的指导地位，进一步增强社会主义核心价值体系的建设成效，进一步维护和发展国家意识形态的安全。

建设马克思主义学习型政党作为新世纪党的建设重大而紧迫的战略任务，对马克思主义理论学科建设提出了新的更高的要求。建设马克思主义学习型政党的首要任务，就是要按照科学理论武装、具有世界眼光、善于把握规律、富有创新精神的要求，坚持马克思主义作为立党立国的根本指导思想，紧密结合我国国情和时代特征大力推进理论创新，在实践中检验真理、发展真理，用发展着的马克思主义指导新的实践。

第四，要提高全社会的思想理论素质，加强全社会的思想政治教育的影响力。全社会的思想理论素质是一定社会的软实力的具体体现，也是一定社会的国家综合实力的重要组成部分。特别是在青少年思想道德教育、大学生思想政治教育中，如何切实提高马克思主义理论学科的影响力，是当前马克思主义理论学科建设的最为重要和最为紧迫的任务和使命。在这一意义上，我们可以认为，马克思主义理论学科的影响力，首先就应该体现在大学生思想政治理论课程建设的全过程中。用马克思主义理论，特别是用当代发展着的马克思主义理论，即中国特色社会主义理论体系教育人民、武装人民的头脑，内化为全体人民的思想观念与理论共识，是马克思主义理论学科建设的艰巨任务，特别是其中的思想政治教育学科建设和发展的重要目标。

以上提到的四个方面的影响力——学术的影响力、现实应用的影响力、意识形态的影响力和思想政治教育的影响力等，对马克思主义理论学科发展具有战略意义。在对四个方面影响力的理解中，既不能强调学科建设和发展的学术性而否认其政治性与意识形态性；也不能只顾学科建设和发展的政治性与意识形态性而忽略其学术性。要从学科建设的战略高度，全面探索和提高马克思主义理论学科建设和发展的影响力。

我衷心地希望，《武汉大学马克思主义理论系列学术丛书》能在提高以上四个方面影响力上作出新的贡献！

目　　录

绪　　论

青年是国家的未来，民族的希望，关系国家命运和民族前途，现代各国都关心青年思想道德建设和青年工作。英国不仅出现了世界上最早的青年工作，对其他国家产生重要影响，而且英国将青年工作和对青年人的思想道德教育联系在一起，形成了独具特色的非正式教育模式，非常值得我国思想政治教育界进行深入研究。

绪论部分主要回答四个方面的问题：其一，缘何选择英国青年工作作为研究主题，即英国青年工作研究的理论和现实意义；其二，本书所使用的基本概念，主要从英国社会研究角度阐释“青年”和“青年工作”的含义；其三，国内外关于英国青年工作的研究现状及评价；其四，介绍本书的研究思路和方法。

一　研究意义

进行英国青年工作的研究分析，不单纯是为了解英国社会现象，而是通过对国外德育理论和实践的研究，为我国的思想政治教育研究提供帮助。本书研究主要有三个方面的价值。

第一，关于英国青年工作的研究，可以弥补我国思想政治教育学在国外研究方面的薄弱环节。思想政治教育学是改革开放以后形成的、具有中国特色的学科。40 年来，思想政治教育学科专业从无到有，学科规模日益扩大，学科建设迅猛发展。长期以来的研究成果非常注重从中国国情出发，具有浓厚的“中国情怀”，反衬出其“世界眼光”的不足。原因之一，所有新兴学科的发展都有一个渐进过程，首先从研究者熟悉了解的领域开始，从最基础和最迫切的问题出发，立足本国实际情况。思想政治教育学科的深化需要我们充分了解世界其他国家教育和思想政治教育的前沿和发展，以增加思想政治研究的有益养分，充实丰满学科体系的内涵和外延。原因之二，新中国成立以来相当长的时间与国外的交流不频繁，尤其是思想政治学科的海外学术交流条件有限，因此对其他国家思想教育方面的了解非常粗浅，关于外国德育研究成果主要是文本资料的收集和编译。这些从第二手资料中整理出来的学术成果，给我们打开了了解外国思想政治教育的大门，但难免有雾里看花，不够真切具体的感觉。其三，西方发达国家的思想政治方面的教育实践非常强调隐蔽性，如果没有深入的实地考察，很多信息会被国内研究者遗漏。以英国青年工作为例，一般人都想当然地认为它不过是英国社会工作体系的组成部分，而实际情况却是青年工作是英国教育制度的一部分，以非正式教育形式出现的一种针对青年人的社会教育、政治引导和品行塑造。

种种原因造成过去我国思想政治教育研究对于国外情况的调研，要么侧重于西方德育思想理论，要么笼统介绍西方诸国公民教育、道德教育的模式、内容、方法、环境等诸多方面，少有就某一个国家的思想政治教育进行系统完整的介绍和深入解析。随着新世纪以来全球化步伐的加速，中国国力增强，我国学术界加强了对外交流，思想政治教育研究者也逐渐加深了对外国思想政治教育前沿问题的探讨。本书的研究也正是在此背景下，专注于英国社会和政府针对青年人群如何开展思想教育活动，力图全方位地阐述英国非正式教育制度，兼顾英国青年工作的宏观背景和微观情节，努力摆脱国外思想政治教育研究“同质化”的简单重复，树立我国思想政治教育学科的底气和自信。

在思想政治教育学的发展进程中，我们长期以来囿于对思想政治教育“中国形态”的认识而忽视甚或否认思想政治教育在不同社会形态中的普遍性存在，制约了我们的理论视野，也阻滞了我们的理论建设。这种局限当前虽已突破，但认识思想政治教育过程中的“教育形态”的局限，即主要将思想政治教育视为一种特殊的课堂教学活动的认识局限，仍然遮蔽着我们的理论视野。这种研究视野的遮蔽带来的消极影响，既表现为我们对学校体系之外的思想政治教育、对思想政治教育的众多社会实现形式等存在明显的理论盲点，也表现为我们在对国外思想政治教育进行研究和比较时，更多地以我们解读教育活动时惯用的地位、作用、目的、方法、途径等范型对其进行格式化的解读，更多地关注道德教育、价值教育、价值澄清等比较德育论所关注的理论流派，关注杜威、科尔伯格、拉兹·西蒙等比较德育论所关注的学者人物。实际上，当眼界打开之后，我们便会看到一个更加五彩缤纷的世界。①

第二，英国青年工作的专题研究，可以帮助我们加深对社会变革时期青年群体的普遍性和特殊性的了解。青年是国家和民族的未来和希望，是中国特色社会主义事业的接班人和建设者。中国共产党一贯认真对待青年，重视青年工作。作为中国共产党优良传统的思想政治教育工作，更是将青年人作为重点人群。“青年是什么”“青年要成为什么样的人”“青年如何成人”，是世界各国青年研究的核心问题，也是各国青年工作要解决的基本任务。虽然，英国青年工作要培养的对象是资本主义制度的追随者和维护人，反映的是资产阶级的根本利益，但不同阶级的青年工作中有某些共同因素，存在着一定的联系。在英国，青年工作产生于工业化过程中大量青年来到城市成为产业工人的背景下，青年工作迅猛发展恰好是英国社会市场经济繁荣，商品化催生出新兴的青年消费文化时期，到了 20 世纪末期和 21 世纪初期全球化背景下的青年工作不断稳步向前。作为最早产生青年工作的国家，英国的青年工作对西方各国的青年工作有重要影响，并且在某种程度上也契合了近三十年中国社会大变革下的青年问题。三十年的改革开放，使得各个时期的中国青年一代分别经历了社会生活的巨大变革，从“70 后”度过了计划经济向商品经济的转变，“80 后”耳濡目染社会主义市场经济的建立，到“90 后”亲历中国入世后的经济一体化和全球互联网时代，以及最新的“00 后”青年正迎面走上历史舞台。虽然青年一代的主体是积极向上的，不可否认有些青年或青年人群在时代变化中遭遇到各种挑战，出现不适应。青年面对错综复杂的生活，许多年轻人越来越难顺利完成从儿童到成年的转变；青年面临着住房和就业的困难，使他们有边缘化的危险；青年不能实现其身心、生活、学术和职业发展，沉溺于网络、陷入传销、滑向吸毒或其他反社会行为的处境。英国作为工业化最早的国家，其青年工作的理论和实践可以为我国研究青年思想政治教育问题提供有价值的历史借鉴和现实参考。

第三，英国青年工作研究，可以为我国青年思想政治教育的发展创新提供不同的视角和实践路径。中国共产党成立以来一贯重视青年思想政治教育工作，无论在社会主义革命时期，还是在社会主义建设和改革开放时

---

① 沈壮海：《宏观思想政治教育学初论》，《思想理论教育导刊》2011 年第 12 期。

期，青年思想政治教育工作都得到了充分的发展，积累成功的经验，为完成从社会主义革命到社会主义建设的转变作出过巨大的贡献。然而，面对当今社会的高速发展，面对青年思想的深刻变化，我们当前的青年思想政治教育工作显得相对滞后，多少年来我们几乎是用一成不变的模式来开展青年思想政治教育工作，思想政治教育的内容、方式和方法也是老生常谈，教育效果不尽如人意。针对当代青年自主意识、独立意识、竞争意识和商品意识不断增强，近来许多学者对国外思想政治教育进行了深入研究，国外在思想政治教育方面取得的良好效果和优秀经验为青年思想政治教育创新所借鉴。研究英国青年工作的理论和实践中的经验教训可以为青年思想政治教育的发展寻找新的思路。因为，英国青年工作最显著的特征和原则是教育性，它在学校教育之外建立起一套完整的非正式教育体系，突破了传统学校教育的时空局限，将受教育对象扩大到青年中的各个人群。英国青年工作通过灵活多样的方式和途径，将思想教育的意图融于活动和对话中，在受教育者没有明显感觉下，通过熏陶和感染让青年人实现个人成长和社会性发展。本书希望通过对英国青年工作的分析研究，对比不同的国情和特色，为我国青年思想政治教育的理论和实践创新作出一点贡献。当眼界打开之后，我们完全可以突破认识思想政治教育时的“教育形态”的局限，基于丰富的事实和宏阔的观察，构建思想政治教育新途径、新渠道、新手段。

二　研究的核心概念

为了更好地研究阐明英国青年工作的理论与实践，为英国青年工作研究提供基础，有必要对英国青年工作研究中的“青年”和“青年工作”作清晰界定。

（一）青年

青年研究的起始问题是“什么是青年”或“谁是青年”。青年工作是一种和青年打交道的特殊职业，首先要明确的核心概念毫无疑问是“青年”一词。青年一词作为青年工作的关键术语，不仅是因为青年工作的对象是处于特定年龄期间的年轻人，而且通常被用来描述个人生命发展中面临的各种转变，如有关的权利、角色、责任等。尤其在青年工作中，它包含了一个儿童向成年的转变，依赖走向独立、相互依存的转变。青年是一个相对模糊的概念，不同学科、不同的领域、不同的角度、不同组织对青年的界定各异。从青年时期的年龄界限看，青年期是指从儿童到成年人的过渡阶段，意味着从不成熟到成熟的发展阶段。问题的关键在于对成熟这个概念，存在着不同理解。比如，联合国教科文组织在 1982 年墨西哥圆桌会议上，提出青年应包括 14—34 岁年龄组人口；联合国《到 2000 年及其后世界青年行动纲领》（1995）中规定青年为 15—24 岁的年龄组人口，同时指出“关于青年的定义随着政治、经济和社会文化情况的波动而不断有所改变”。世界卫生组织把 14—44 岁界定为青年人口，而联合国人口基金把 14—24 岁界定为青年人口。[①]

本书主要围绕英国青年工作对青年的理解进行界定。英文表示青年的单词，最常见的是“adolescence”和“youth”，通常情况下这两个单词在表述中可以交替使用。如果严格区分的话，两者也有细微区别。一般而言，在英语中“adolescence”更多强调个体的身体发育和心理特征，“youth”则多从社会角色方面界定。[②] 尽管，青年一词多强调一种个人成长旅程，但也用来作为一种与个人社会环境、社会期望、社会化相关的社会文化现象。在英国青年工作的文献资料中，一般没有专门对青年的确切定义，往往把它和成年对应起来加以理解。英国研究者在界定成年（adulthood）时，从以下六个方面做了说明：完成全日制教育；参加工作；离开（父母）家；独立居住；进入婚姻家庭关系；为人父母。此外，有人还加了一个条件：取得完整的公民权。[③]

英国青年工作关于青年的研究是要指出因为社会背景、个人际遇和社会制度的不同造成了青年不同的人生经历。作为一个整体，青年阶段具有共同的遭遇，即在青年人和成年人之间权力的不平衡，他们可能经历了相同或类似的压迫。这些形式各异的压迫，主要为制度性的压迫。因为陈旧错误的偏见带来的，诸如个人的、文化的、制度层面的对于青年的歧视，将青年排除在社会、政治和经济生活之外，仅仅因为年龄小而认为青年不如成人的思想观念。因此，青年工作中的青年一词具有某种政治觉醒。只有理解了青年的经历才能开展有效的青年工作，揭示青年遭遇到个人、文

① 佘双好：《青少年思想道德现状及健全措施研究》，中国社会科学出版社 2010 年版。

② Young K. The Art of Youth Work [M]. 2nd ed. Dorset: Russel House Publishing Ltd, 2006.

③ Morrow V. & Richards M. Transition to Adulthood [M]. York: Joseph Rowntree Foundation, 1996.

化和制度上的歧视，使青年能够面对矛盾，集体行动起来反对歧视。

青年工作考察青年因为其年龄所带来的相似性行动经历，同时也关注每个独特的个体因为归属于不同的社会阶层，而带来的个人经历的差异性：不同居住环境，不同的社会问题，不同的兴趣爱好以及不同的成就期望。青年工作关怀青年的个人发展，离不开青年个人同一性的确立。青年工作关于建立青年个人同一性的过程，包括两个方面：自我形象（self-image）——个人对自己的描述；自我评价（self-esteem）——个人对自我的评价，其中一个关键是个人对于道德和伦理标准的遵循。

英国青年工作实践发展中并没有一个统一的青年对象认定标准，特别是关于青年的年龄上限和下限多有变化。早期的青年工作官方文件，如1939 年 1486 号文件和 1959 年艾伯马报告，将青年工作服务对象的年龄界定为 14—20 岁之间的年轻人。到了 1970 年，青年工作虽然没有直接指明青年的年龄区间，但将青年的年龄下限降低到 14 岁以下。2000 年后，青年工作的青年范围更加具体，13—19 岁的青年人是工作重点人群，同时也可根据需要将 11—13 岁和 19—25 岁的青年人纳入其中，实际上青年的范围扩大到 11—25 岁之间。[①]

“什么是青年”不仅是一个理论争论，也是一个非常现实的考量。理论上，有关这一问题的研究影响青年工作指导思想和基本原则的确立和发展；实践中，对这一问题的解答影响着组织机构，尤其是政府制定青年政策和开展青年工作实践活动。

（二）青年工作

“什么是青年工作？”这个问题反复地在实践工作和学术理论中被争论。在回答青年工作的本质特征和内涵之前，我们可以简单回顾一下“青年工作”这个词语的不同使用方式。“青年工作”一词的使用方法可以分为三种，图 1-1 表现了这几种定义之间的关联。

（1）指人们从事的某种实践活动，把青年工作看作凡是以青年为对象的工作活动。这种定义涵盖的范围非常广泛，包含凡是以青年人为工作对象的各种类型的职业实践活动。具体包括：

A. 包含有青年作为工作对象的公共服务，如学校教育活动、与青年

① Department for Education and Skills. Transforming Youth Work—Resourcing Excellent Youth Services. London：Department for Education and Skills/Connexions，2002.

打交道的警察司法活动、针对青年的社会工作，体育锻炼，当然也包括了青年工作者开展的青年活动。这种分类可以对应下图中 A 的部分。

B. 以非正式教育为中心，针对青年开展的工作活动。这种分类更加强调活动的方式和目的：非正式教育的方式和追求青年的个人和社会发展目的。这种工作可以是专职人员（具备相应职业资质要求）开展的活动，也可以是志愿者实施的活动。“非正式教育”则是使青年通过参加各种活动不断学习，获得个人和社会性成长，强调青年的成熟和成为负责任的公民。这种分类可以覆盖学校教师带领青年进行的运动旅行的活动，或者警察对一群青年开展的预防犯罪的工作活动，当然也包括了青年工作者在青年俱乐部或青年项目中开展的工作实践。这种分类可以对应下图中 B 的部分。

（2）具有一定资质要求，有一整套规范和文化体系的职业门类。这种分类具体描述了以青年为对象的非正式教育的工作门类，其方式和目的非常清晰，即通过非正式教育实现青年的发展。既可以是由具有相关资质要求的工作人员，如专职青年工作者从事的工作；也可以是在一个组织中由志愿者或兼职工作人员，以“青年工作者”的身份开展的活动。这个定义可以对应下图中 C 和 D 的部分。后面章节还会讲到社会组织的志愿青年工作和政府机构的法定青年工作有相当的重合。

（3）有专门研究和实践领域的学科门类。像数学、地理之类，可以被传授、学习和研究的一套理论和实践体系。作为一个学科的青年工作是在作为一个职业门类的青年工作实践中发展而来的，同时又对青年工作实践活动产生影响。如果，一个大学学生说他们学的是“青年工作”，正是这种分类的表现。

有人指出，其实第一种分类根本不能称之为“青年工作”（youth work），应该称为“和青年的工作”或“对青年的工作”（work with young people）。这样可以避免混淆，和特定的青年工作职业与学科门类区分开来。不过，第一种分类还是有其意义，因为有的时候“青年工作”这个术语的确是以这样一种非常宽泛的方式被使用，尤其是在国际交流背景下。[①] 本书主要采用上面第（2）种定义，将“青年工作”限定为在青年

① Sarah B. Ethics and the Youth Worker ［M］ // Sarah. Ethical Issues in Youth Work. Oxon：Routlege，2010.

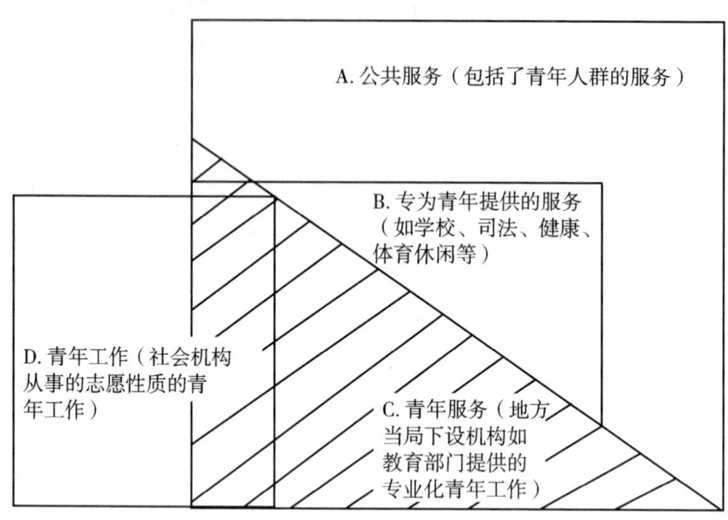

图 1-1 青年工作的界定

中开展的一种特定职业门类。当然书中有些章节和第一大类的某些领域有密切关系，有时相互之间的界限不是那么一目了然。事实上，“青年工作”还不像医学、法律、建筑等一样，成为一个国际公认的特殊职业，有一个国际职业联盟组织或全球性的职业守则。

不同国家之间，青年工作的职业名称和组织结构不尽相同，甚至同一个国家随着社会政策和福利制度的调整，也会对其名称和地位进行调整。在英国和澳大利亚，以非正式教育为中心的针对青年开展的专职工作，称之为“youth work”——青年工作，其青年工作者（youth workers）需接受专门教育和培训；比利时、丹麦和德国，将从事青年工作的人称之为“pedagogues”——教育家；法国称之为“specialized educators”——特殊教育者；美国称之为“youth development workers”——青年发展工作者；比利时则常用“youth movement”。还有的国家没有专门的称谓，笼统归于社区工作者（community workers）、休闲工作者（leisure workers）或社会工作者（social workers）范畴。[①]

关于“青年工作”的内涵和特征等描述和定义，政府机构、社会组织以及研究学者的表述各有侧重，比较有代表性的观点有以下。

① Coussee F. A Century of Youth Work Policy［J］. Gent：Academic Press，2008.

关于青年工作的确切定义和解释，一般认为最早是 Maud 在 1951 年作出的："为青年个体在闲暇时间，在家庭生活、学校教育和职业工作之外，提供各种形式的机会，去发现和发展各自身体、智力和精神资源，使他们富有创造性，以成熟的态度生活，成为自由社会中负责任的成员。""我们（青年工作）所表明的目的是关于青年的情感、智力、生理和精神的成长。因此，我们并不专门关心青年的学术能力。"① 紧接着对青年工作进行定义的是 1959 年的艾伯马报告，将青年工作的目的与社会教育联系起来，青年工作从福利性质发展为更具进步性和代表性的工作。2002 年，英国教育部的青年工作改革报告中规定："青年服务这个术语，描述了相当范围的实践活动，包括与其他地方政府机构、志愿组织、社区机构合作完成的服务。青年服务首先是为了青年的个人性和社会性发展，应当与青年人的教育、培训和就业能力联系在一起。"②

在 2008 年欧洲青年工作历史研讨会上，与会代表对各个国家不同时期的青年工作进行总结，归纳出青年工作一些普遍性的特征：和青年一道；通常（非绝对）有一套共享的思想意识形态和活动项目；培育社团生活；提供社交、娱乐和教育的机会。2010 年欧盟在比利时召开的欧洲青年工作第一次大会，会议发表的宣言对青年工作下了这样的描述性定义：专职或志愿工作人员在学校教育体系外，以青年为焦点，志愿参与前提下，在闲暇时间开展的非正式教育（过程），活动涵盖社会、文化、教育、政治、体育等广泛领域。③

学者 Young Kerry 在《青年工作的艺术》一书中写道：青年工作与青年一道共同努力，通过道德哲学，使青年发现其自身，了解世界，对青年的价值观、行为和同一性进行整合，作为有权力的个体对其自身负责。其核心目标主要是：帮助青年探索青年的价值观；帮助青年审察其道德判断的原则；帮助青年作出合理的选择，并将其决定在实践中努力付诸实施。④

① Young K. The Art of Youth Work [M]. 2nd ed. Dorset: Russel House Publishing Ltd, 2006.

② Department for Education and Skills. Transforming Youth Work – resourcing excellent youth services. London: Department for Education and Skills/Connexions, 2002.

③ EU Commission. Declaration of the 1st European youth work convention, 2010.

④ Young K. The Art of Youth Work [M]. 2nd ed. Dorset: Russel House Publishing Ltd, 2006.

另一名青年工作研究者 Bernard Davies 在《什么是青年工作》一书中指出青年工作的含义很难确切界定，青年工作者、志愿者、青年人、青年工作管理者和政策制定者各有不一样的认识，而且青年工作的概念还会随着经济社会环境的变迁而发生改变。Davies 主要从几个典型特征界定青年工作：青年人自己选择加入；以青年人的需求为出发点；发展和青年人之间的信任关系；维护青年人的利益，保持权力和控制之间的平衡；通过多样化方式实现不同青年人群的机会平等；通过青年团体组织的交往开展工作；青年工作是一个过程。①

在如何对青年工作下定义的问题上，英国的学术界本身就有根本上的分歧。有部分学者认为就世界范围而言，本不存在单一模式的青年工作，因此不必追求定义的绝对性和纯洁性，可以将青年工作看作是一套有相同或近似特征的实践活动。② 例如，虽然绝大多数的青年工作是以非正式教育为其核心，但也不排除有些青年工作的首要目的是加强对青年的控制，或正规培训、提供休闲活动。大多数青年工作都是以青年团队为工作对象，但也有项目是单一案例或一对一的活动形式。青年工作活动大多以青年的自愿参与为前提，不过也不排斥有的是基于法庭或社会服务的强制命令。③ 图 1-2 表示所谓的“青年工作”，作为一种职业和相关的休闲、学校教育和控制活动，有相当的重叠。④

不过，仍然有相当多的学者和从业人员坚持认为青年工作应当有严格的界定，如果有的工作实践欠缺某些特征，如教育的目的、团体工作方式或自愿参与，便不能称之为青年工作。⑤ 这种意见大大缩小青年工作的范围，也会把有些现实中标称为“青年工作”的实践活动，排除在“真正的青年工作”之外。其实，上面的争论可以看作是“理想青年工作”和“现实青年工作”之间的博弈。任何事物都有理想和现实的差距，我们不

① Davies B. What Is Youth Work ［M］. Exeter：Learning Matters，2010.

② Baizerman M. Youth Work on the Street. Communities Moral Compact with Its Young People ［J］. Childhood，3：157-165.

③ Wittgenstein L. Philosophical Investigations，trans. G. E. M. Anscombe ［M］. 3rd ed. Oxford：Blackwell，1972.

④ Sarah Banks. Ethical Issues in Youth Work ［M］. 2nd ed. Oxon：Routledge，2010.

⑤ Davies B. Youth Work：A Manifesto for Our Times ［J］. Youth and Policy，2005，（88）：5-27.

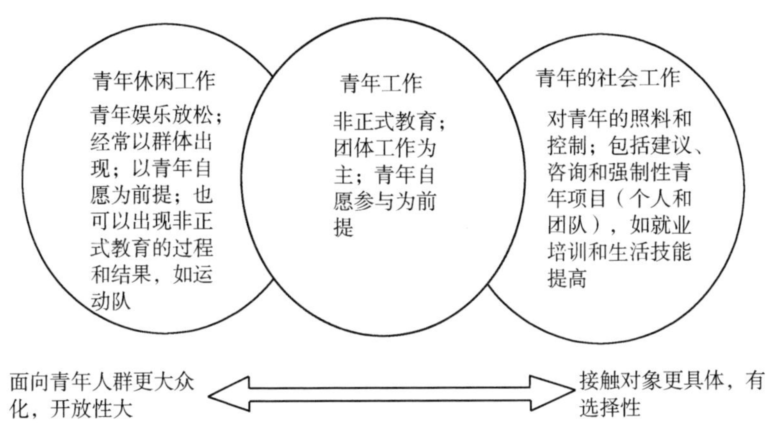

图 1-2　与青年相关工作的范围

能简单地以理想来否定现实存在，也不能用现实去否定理想的价值。对青年工作理想化的定义，并不能否定客观存在的“多样”青年工作，但可以作为我们回顾和评价不同时期和地区的青年工作的历史和现实发展的标尺。在本书的不同部分，可能对青年工作的“理想化”和“现实化”有不同区分。如谈及青年工作的原则和价值时，是以“理想化”的青年工作为前提；论及青年工作的实践发展，则更多是以“现实化”的青年工作为参照。

虽然在实践和理论中，英国还没有一个关于“青年工作”统一的概念，但长期以来，青年工作相关各方基本达成一个共同认识：青年工作是通过青年的自愿参与，国家机构或社会志愿组织利用各种活动或对话为青年提供学习机会，使他们在家庭培养、学校教育或其他社会服务之外，接受教育、表达意见、参与社会和获得权利，实现青年的个人成长和社会性发展的非正式教育。

总体说来，英国的青年工作在一个多世纪的发展历程中，逐步确立其独特的社会角色和基本特征：

第一，青年工作是一种不同于学校教育的非正式教育，关注对青年的社会教育、政治教育，包括使青年能够对既定思想、态度和标准提出疑问，探讨道德和争议性问题，共同参与公共意见的形成。

第二，青年自愿参加并批判性地参与青年俱乐部、社区和社会。

第三，尊重青年，客观地看待青年，和青年建立信任友好的交往关系，尽可能不用预设的标签去对待他们。

第四，以青年的立场开展青年工作，将青年的兴趣爱好、活动方式和情感需要联系起来，通过青年团体、同辈群体开展工作。

三 研究综述

由于青年成长对社会发展的重要性，国内外关于青年工作的研究十分丰富，涉及教育学、社会学、心理学、伦理学诸多领域。接下来主要围绕英国青年工作的专题，对国内和英国本土的研究成果进行整理归纳和综合评述。

（一）研究现状

（1）国内外研究状况

尽管我国并没有专业意义上的青年工作，国内关于青年研究，包括广义上的青年工作研究较为丰富，不过对于跨文化青年问题的研究不是特别多，尤其是英国青年工作的研究寥寥无几。从中国知网检索情况看，截至2017年专门研究英国青年工作的论文10篇左右，还有少许研究英国青年问题的其他文章。这些文章，有的是共青团系统内的工作研究，如高金鹭的《英国青年工作的历史与现状》（2002）；有的是社会科学院学者以社会学取向进行的研究，如董东晓发表的系列文章《英国青年与青年工作》（1987、1988），根据英国学者安东尼·T. 杰弗斯《青年与青年工作》一书（英文版）编译过来的中文节选。现有的研究成果主要追溯英国青年工作的历史、重点介绍艾伯马报告以及青年文化的出现、当代青年工作状况等。[①] 此外，2017年向喜苹从世界历史研究角度完成了学术论文《19世纪以来的英国青年工作》。这些文献大多对英国青年工作进行历史回顾和经验描写，对于认识英国青年工作的发展有一定的价值。目前为止，从思想政治教育角度对英国青年工作进行的教育取向的研究还很欠缺。

就英国本土研究而言，它经历一个从无到有，逐渐聚焦的过程。英国青年工作在19世纪到20世纪早期，主要以慈善团体和志愿者的自发行为为主，相关的理论探讨基本没有。1939年，英国教育部发布1486号文件

① 高金鹭：《英国青年工作的历史与现状》，《中国青年研究》2002年第2期；董东晓：《英国青年与青年工作》，《青年探索》1987年第3、5、6期、1988年第3期。

后青年工作成为政府法定职责，对于青年工作的关注和讨论逐渐增加，英国学术界开始出现了专门的青年工作研究，并相继出现了一批有影响力的学者和著作。作者以英国 De Montford 大学图书馆馆藏书目和数据资源库中的电子书目为依据，以“youth work”和“youth service”[①] 为索引，对青年工作的学术著作进行统计。经过删除新闻简讯、会议综述和重复书目后，得到有效的著作总计 765 部。由表 1—1、图 1-3 可知，在 20 世纪 40—60 年代期间英国关于专门青年工作的研究著作数量稀少。1970 年后，英国青年工作的研究引起了越来越多的关注，青年工作的学术著作呈现显著上升的趋势，相关研究成果急剧攀升到 100 部以上，而后的三十年学术著作的数量保持在年均 20 部左右。

表 1-1　　不同时期青年工作理论研究成果

年份	1940—1949	1950—1959	1960—1969	1970—1979	1980—1989	1990—1999	2000年后
著作数	4	5	3	100	190	199	234

随着青年工作理论成果的积累，研究的主题不断丰富，研究视角和方法也越来越多样化。从表 1—2 可以看出各个时期英国青年工作研究的论题和内容分布。早期，英国青年工作的研究方向主要集中为基础理论、一般实践或人才培训。20 世纪 70 年代后，英国青年工作研究范围拓展，伴随青年工作专业化水平的提升，研究领域越来越多地关注青年工作的具体事务、不同对象人群和方式方法。特别是近些年来，英国学术界加强对青年工作的运行管理、国外青年工作的比较研究。总体上，研究的主题从数量多少上看，依次为青年工作的基础理论、一般实践、具体事务、不同青年人群、方式方法、人才培训、渠道途径、运行管理和国外青年工作研究，见图 1-4。

① 青年工作（youth work）和青年服务（youth service）两者通常可以互相替换。严格上，“youth work”所指更广，可以包括志愿组织和政府部门开展的青年工作，更常用于理论研究之中。“youth service”，一般专指政府下属机构开展的青年工作，英国地方当局也多用”“youth service”作为机构名称。

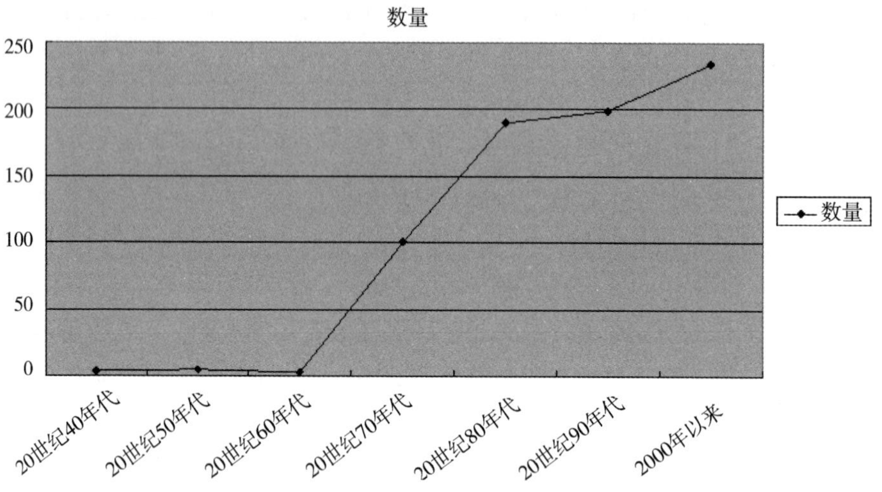

图 1-3　不同时期青年工作研究成果

表 1-2　　不同时期青年工作研究的论题分布

研究方向	1940—1949 年	1950—1959 年	1960—1969 年	1970—1979 年	1980—1989 年	1990—1999 年	2000 年以后	合计
基础理论	1	1	8	27	33	55	81	206
一般实践	1	2	4	16	27	31	48	129
具体事务		1	5	9	29	38	46	128
工作对象			3	9	27	15	14	68
工作背景	1	1	1	5	17	16	8	49
方式手段			8	11	17	16	14	66
运行管理			1	6	19	7	9	42
人才培训	1		3	15	20	16	1	56
比较研究				2	1	5	13	21

（2）英国青年工作研究的代表成果

从作者现已收集查阅的范围看，最早的有关英国青年工作的理论专著是 1943 年出版的《战后的青年工作（服务）》。这本书确切说是一个调查研究的成果报告。1942 年，当时的英国政府教育主管部门任命了奥尔弗德（Wolfenden）组成青年工作咨询建议团队，对第一次世界大战结束后英格兰开展青年工作的情况进行调查研究并以此为基础，最后提交相关书面报告。书中分别介绍了当时开展青年工作的家庭、学校、职业、宗教

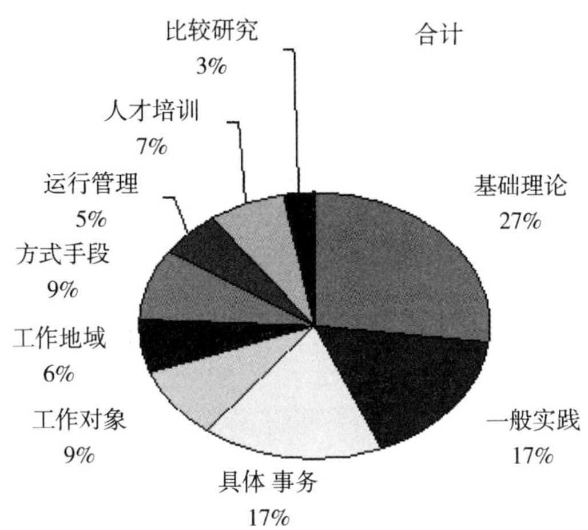

图 1-4　青年工作研究方向分布

等社会背景，青年业余时间的活动安排、相关服务的培训组织、各地的青年委员会运行状况，最后还对青年工作的未来发展提出了建设性意见。20 世纪 70 年代以来，英国青年工作的学术著作层出不穷，本书简要介绍以下比较有代表性的著作。

Leighton 所写的《青年与社区工作的原则和实践》(1972)，是比较早的全面系统地对青年工作进行理论总结的著作。作者对青年工作的历史发展进行了回顾，结合当时的社会现实对青年一代的现状进行分析，同时阐述了现代青年工作的目的和原则。本书除了对青年工作进行理论建构，还从实践出发提出了如何通过不同的方式和途径开展团体性的青年工作和一对一的青年工作。

Bernard Davies 所写的《国家政策如何应对青年》(1986) 专门探讨了不同历史时期英国中央政府对待青年的基本态度和官方政策，以及对青年工作产生的具体影响。

Cattermole，Airs 和 Grisbrook 合著的《青年工作管理》(1987)，首先说明了青年工作的管理工作与其他组织机构的管理有何不同，其次还表明了青年工作中所进行的一般性管理事务，如人力资源、财务经费、项目计划和培训支持等，特别讨论了青年工作和其他职业跨部门合作中的管理经验。

Mark Smith 的《发展中的青年工作》(1988) 一书，主要从青年工作的传统和变化中探讨了青年工作的基本内涵和主要目的，并且从非正式教育角度研究了青年工作者如何与青年学习者之间进行建设性的对话讨论，促进青年的个性成长和社会发展。

Gillespie，Loett 和 Garner 的《青年工作和青年工人阶级文化》(1992)，主要对北爱尔兰地区的工人阶级中青年的价值观念、情感态度和文化需求进行探讨，英国的青年工作如何在实践中积极回应青年工人阶级的独特需要，强调只有深入了解青年工人阶级的文化，才能开展积极有效的青年工作。

Jeffs 和 Smith 合著了多本有关非正式教育的作品，其中最具影响力的是 1999 年出版的《非正式教育——会话、民主和学习》。作者将青年工作定义为非正式教育，书中论述了非正式教育与正式教育之间的区别与联系，重点阐释了非正式教育工作者如何与对象建立联系，通过有效的会话交流，使受教育者积极反思和学习，实现民主这一非正式教育的核心目的。

Bernard Davies 在 1999 年出版的《英格兰的青年工作历史》一书，非常具体地回顾和评价了英格兰的青年工作发展历程。本书以 1939 年英国政府正式开始青年服务工作为起点，说明青年工作如何从志愿组织的自发行为逐步演变为国家一项重要的教育福利制度。作者结合各个时期英国政府的关于青年工作的重要文件和报告，勾勒出青年工作的发展轨迹。虽然，本书主要研究英格兰地方的青年，但也覆盖到了苏格兰、威尔士、北爱尔兰等地，被认为是了解掌握英国青年工作的重要学术文献。

Factor、Chauhan 和 Pitts 主编的《和青年一起工作》(2001)，分门别类就青年工作的不同专题进行调查研究。有的根据青年工作的不同背景，如教会青年工作、学校青年工作、乡村青年工作，有的根据不同工作对象进行研究，如残疾人的青年工作、移民青年工作、黑人青年工作、同性恋青年工作。总的说来，本书有非常强的针对性和实用功能。

Spence，Devanney 和 Noonan 在 2006 年出版的《青年工作：实践中的声音》，集中关注英国青年工作中的实际操作，不仅有对于青年工作基本过程中关系建立、对话开展、项目运作、监督评估等大的方面的研究，而且具体到青年工作日常实践中遇到的不同的青年语言、时间安排，工作地点等细节，全面反映了英国青年工作。同时，作者在论述每一个观点时，不仅有理论分析和结论，而且穿插着大量的工作人员在调查研究中与对象的访谈记录。

Kerry Young 的《青年工作的艺术》（2006）一书论述青年工作的哲学理论基础、实践运作和未来发展趋势。作者在书中主要阐释青年工作和其他与青年打交道的职业部门之间的实质区别，从青年工作的目标上面说明青年工作独有的一系列特征，提出了青年工作实践中应坚持的基本原则。这本书被认为是近来比较权威的一部青年工作理论专著。

Jon Ord 所写的《青年工作的过程、成果和实践》（2007），从青年工作越来越被注重的教育功能和实践的角度，专门探讨了青年工作是否需要相关的“课程”体系，不仅有对英国现有的课程观念和设计进行评述，而且还结合相关的教学理论和实践范例，提出了作者关于青年工作的课程建设观点。

Kate Sapin 撰写的《青年工作的基本技能》（2009），从青年工作不同领域和场景，将青年工作实践中所运用的各种方式方法进行理论归纳。书中总结青年工作实际过程，从一开始如何与青年建立初步联系，到将青年吸收到参与各种项目的管理中来，具体分析了青年工作实践中的结构、内容和手段。书中还以经验丰富的青年工作者的实践反思为基础，结合了众多的个案进行具体分析。

国家青年局（National Youth Agency，简称 NYA）出版的《英国的青年政策和青年工作》，系统介绍了英国中央政府以及英格兰、苏格兰、北爱尔兰和威尔士四个组成部分的青年政策和决议，广泛涉及了青年的教育、医疗保健、社会福利、住房、就业、文化娱乐休闲等方面。同时就青年工作实际开展情况作了较为详细的说明，指出了青年参与青年工作的现状，并对青年工作从业人员状况进行全面调查说明。本书为外界了解英国青年工作基本情况提供了参考。

（二）研究述评

综合以上关于英国青年工作相关研究成果的梳理，结合英国国内青年工作的理论研究的数据统计，以及代表性学术著作的简单介绍，可以归纳出英国青年工作研究呈现出以下特点。

第一，英国青年工作的理论研究滞后于青年工作的实践发展。

从起源看，先有了青年工作实践，后才出现相关的青年工作理论。现代青年工作以一种带有使命感的人类奉献事业出现于 19 世纪中叶，它就像是一种“无声的奉献”，相关的志愿组织和个人以自己的实际行动默默地为青年提供各种支持和帮助。当时关于青年工作的宣传和研究非常有限，很难考证，最初只是报纸进行的社会新闻报道。作者搜索到的最早的理论成果是 1943 年的《战后的青年工作（服务）》，距离青年工作在英国社会中的存在已经过去大半个世纪。所以说，英国青年工作的理论研究大大落后于青年工作实践。

从青年工作研究成果的不同时代数据统计看，即便在第二次世界大战期间青年工作引起了理论界的关注，但相当长时期关于它的研究成果还非常有限，在 20 世纪七八十年代之前青年工作学术著作数量很少。早期的青年工作著作更多的是一些地方当局委托相关委员会或咨询机构作出的调查报告或工作手册。除了刚提及的，还有《战后青年工作报告》《英格兰一镇的青年工作》《1945—1946 英国青年工作手册》。这些研究文献主要对青年工作实践过程进行调研，反映当时青年工作的现状，针对不足提出一些建议，理论性不强。

出现这种不太重视对青年工作进行理论钻研的现象，与英国社会尤其是青年工作领域长期以来主流观念有直接关系。青年工作传统职业文化中有这样的认识：系统化的精神智力劳动，包括研究、阅读等工作，都应当是学生时代干的“奢侈”事情，等到参加实际工作后，这些任务就不复存在了。此外，青年工作的职业教育者、培训人员，在半个多世纪里也对青年工作的专业特征没有贡献出集体智慧。虽然从事青年工作的教育人数规模在增加，但他们的出版物和研究成果中相关的理论分析和论证较少，对青年工作实践有意义的具有哲学性的探讨也很不够。他们的研究工作更多关注（政府）的社会政策并进行评价。

第二，英国青年工作研究的学科特色相对较淡，相关研究大量借鉴和利用了其他学科，特别是社会学、教育学和社会工作的理论成果。

可以说，正是因为很长一段时间青年工作的专门研究没有引起学术界和从业者的重视，所以也就造成了早期的青年工作理论更多地借鉴和移植社会学和社会工作的成果。例如，Roger Smith 的《与青年的社会工作》主要以社会学理论和社会调查方法，了解青年的基本特点以及青年社会生活的变化，用社会学的知识解释青年问题的发生和原因，从社会学角度看待青年工作，将青年工作作为整个社会政策的一部分。该书借鉴社会学和社会工作的经验，提高青年工作的有效性，将青年工作从不同层次，如全球化、国家政府、地区社区、家庭关系等方面进行拓展；另一方面，也从社会学关注的经济状况和政治影响方面，研究青年工作的发展趋势。

当然另一个原因是许多专门从事青年工作实践和研究工作的人员，如 Bernard Davies 等人都有早年从事社会工作和教育的经历。他们自然而然地将社会学和社会工作中的理论和方法，带进了青年工作领域。不过青年工作和社会工作之间的关联，并不是青年工作一味抄袭社会工作。实际上，也有些学者指出青年工作在实践中首创的一些工作理念和方法，如团体工作法，因为缺乏专门的理论梳理和宣传推广，被其他工作如社会工作、健康工作、成人教育等积极吸收并进行学理归纳，为他人所用后“返销”回青年工作理论界。①

第三，青年工作研究经历了一个从一般到具体，从回顾、描述、报告到反思的发展过程。

20 世纪四五十年代的研究成果通常是完成政府部门的委托或提交相关基金会的报告，内容多是对某个地区或特定项目的青年工作实践和成果进行介绍，基本上多为事实描述。这些报告更像是完成一项具体的行政性工作事务，对青年工作的理论反思和抽象归纳还很少。20 世纪 70 年代以来，有关青年工作的研究成果不论在数量还是质量上都开始有了长足发展。如 Leighton1972 年所写的《青年与社区工作的原则和实践》，是比较早地全面系统对青年工作进行理论总结的著作。书中不仅有青年工作的现状分析，还加强了对相关青年工作的理论建构，阐述青年工作的目的、原则等。

这以后更多的学者着手对青年工作进行理论建构，论述青年工作的基本概念范畴、价值取向、重要原则和实践对策；对青年工作历史、现状和未来发展，从动态上进行认真的回顾和反思。代表著作有 Kerry Young 的《青年工作的艺术》，Bernard Davies 的《英格兰的青年工作历史》，Jeffs 和 Smith 的《非正式教育——会话、民主和学习》，Bastsleer 的《青年工作里的非正式教育》。这些研究成果基本构建出了青年工作的理论体系，成为青年工作专业教育和职业培训的权威理论和参考依据。

---

① John and Chirs. Youth Policy in the 1990s: The Way Forward [M]. London: Routledge, 1999.

依循学科研究的一般规律，当青年工作的基础理论逐渐确立后，在20世纪90年代以后，青年工作研究越来越具体，研究者往往从青年工作的某一个问题或具体对象出发，详细阐述其理论和对策。最新的青年工作研究更加集中在所谓“社会隔离”的青年群体，如中断学校教育的青年、失业青年、未婚先孕的少女妈妈、卖淫青年、无家可归青年、滥用药物的青年、违法犯罪的青年。研究人员会对这些青年问题产生的社会历史原因进行分析，提出青年工作开展的基本准则和实践中应注意的原则方法及具体措施，常常都会结合相关案例进行深入论证。

第四，英国青年工作研究成果系统的理论抽象较少，讲究实践应用性，注重问卷调查和访谈的研究方法。

实际上，英国许多青年工作研究者同时又是青年工作一线从业者，他们具有丰富的实践经验。如 Bernard Davies 在十四岁时就积极参加青年活动，而且成年后也长期从事青年工作。所以他们的研究很少理论空谈，坚持结合实际所需进行学术钻研，很好地解答实践困惑。Kerry Young 在《青年工作的目的、原则和实践》一书中，完全以对几十名青年工作者和青年人的访谈为素材，将作者的理论观点与从业者、青年人的真实感受和体验联系在一起。即便是当前一些大学学者的研究著作也少有纯理论抽象，他们要么在研究中积极吸收经验丰富的青年工作者加入研究课题，要么会进行充分的调查问卷和现场访谈，通常还会辅以个案研究呈现研究结论。这样不仅增加了研究的科学性和可靠性，还对青年工作的实际开展有直接指导价值。

上述四个方面，可以总结出英国学者关于青年工作的研究已经达到相当高度，成果很丰富。不过，现有的研究成果也鲜明地反映出英国学者所具有的民族思维特点。由于地理、历史、文化等方面的原因，地处海岛的英国形成了独特的民族性格和思维方式，即便与隔海相望的欧洲大陆国家之间的差异比较明显。受经验主义哲学影响，英国人惯于实践观察，注重用案例材料和个人经历进行理论阐释，以微观研究说明宏观问题。在英国的青年工作研究中，同样反映出重视具体、局部研究的特征，基本没有纯粹观念抽象和宏大理论建构的成果著作。因此，通过英国现有的研究去了解青年工作的具体领域或某一个问题，某一类人群或某一个场景下的实践表现或理论观点，相对容易；要想找出如教科书般权威的著作，并能将青年工作的概念和特征、历史和现状、理论和实践进行全面系统研究的成果，不太容易。

四　研究思路和研究方法

（一）研究思路

基于现有研究成果的整理和分析，本书最根本的研究目标是从不同角度勾勒出英国青年工作的整体面貌，并以“非正式教育”理念作为贯穿全书的思想线索。研究要努力回答四个根本问题：英国青年工作的产生和发展经历了一个什么样的时代背景（when）？是什么样的理论根源和工作架构促使英国青年工作成为有别于学校教育的非正式教育（why）？现实生活里的英国青年工作具体表现是什么（what）？如何评价英国青年工作的特点和得失（how）？图 1-5 是研究思路示意图。

全书分七章。第一章绪论主要阐述研究的意义、现状，介绍核心概念，为接下来的研究奠定基础，厘清思路。第二章从时间跨度梳理青年工作在不同历史阶段的演变过程和促成演变的主要因素，解读青年工作作为非正式教育在不同时期的表现及特征。本书分阶段介绍英国青年工作从 19 世纪到 21 世纪所经历的产生、发展和变革状况，并总结其历史演变中交织着的基本矛盾和主要特点，为研究英国青年工作积累比较翔实的历史资料和素材。第三章着重探讨英国青年工作的相关理论，阐释青年工作的基本理论——非正式教育理论、参与理论、赋权理论和反歧视理论。接着从动态发展的角度，梳理青年工作实践过程中的基本范畴——关系建立、对话开展、行为反思和意义构建，为研究英国工作提供理论参考。第四章论述英国青年工作的主要内容和具体方法，介绍青年工作对青年人开展的认识自我、公民资格、人际交往、健康生活、预防犯罪和全球化六个方面的教育影响，同时系统分析英国青年工作在长期实践中形成的团体工作法、同辈教育法、青年导师法、青年交换活动和流动工作法。该章还专门论述了近些年来英国青年工作如何通过课程建设在实践中将青年工作的内容和方法进行有机结合。第三章和第四章都可看作是对为什么英国青年工作形成了不同于学校德育的非正式教育这个问题的解答。第五章主要从实践出发，探讨英国青年工作的主体、客体和渠道，分别论述英国官方机构和志愿组织开展的青年工作，以及青年工作如何针对残疾人、黑人移民、同性恋者等不同青年群体开展服务和教育。最后，从学校、社区、教会、乡村和街道等渠道，阐述青年工作机构组织如何将非正式教育铺展到青年人群的不同角落。第六章专门探讨英国青年工作的管理体制，涉及管理工作模式的时代变迁，具体项目的实施流程和对青年工作的监督、评估等方面，同时分析不同学者对青年工作管理制度的观点和争议。第五章和第六章可以看作是对英国青年工作到底是什么进行更为翔实具体的介绍和分析。本书的结尾，第七章则是从与我国思想政治教育比较研究角度，尤其是针对青年学生的思想教育方面，评价英国青年工作的利弊得失，归纳英国青年工作的有益经验和存在的问题，总结分析英国青年工作可资借鉴的经验教训，为我国加强对青年的思想政治教育提供重要的参考。

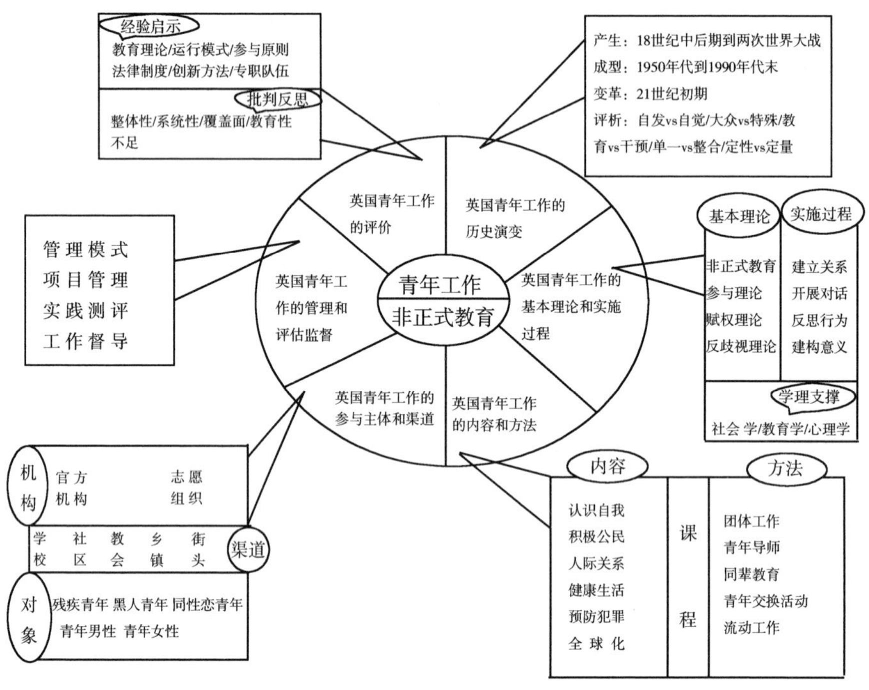

图 1-5 研究思路示意图

（二）研究方法

本书以思想政治教育的角度对英国青年工作进行深入的比较研究，坚持以马克思主义的辩证唯物论、阶级论和教育论作为理论指导，探讨英国青年思想教育与中国特色社会主义思想政治教育的联系和区别。除了坚持科学的理论指导，本书依据研究的对象和任务，采用相应的研究方法。

文献研究法。由于本书属于广义上的比较研究，因此文献研究法是主要研究方法。文献研究法主要指搜集、鉴别、整理文献，并通过对文献的研究形成对事实的科学认识的方法。文献研究法既是开展研究前和研究过程中所运用的最基础的方法，同时也是掌握研究对象相关资料的最有效方法。作者在访英期间收集了各类原始资料，进行精心整理吸纳，为研究准备了翔实的英国青年工作研究文献材料。大量的一级文献资料为全面掌握英国青年工作研究动态与前沿进展，展开相关问题的系统论述奠定了坚实基础。

阶级分析法。运用马克思主义关于阶级和阶级斗争的观点去观察研究阶级社会各种社会现象，包括青年工作。青年工作作为英国 19 世纪以来的社会现象，具有鲜明的资产阶级属性，因此在论述其实质和整体倾向时，一定要以阶级分析法透视其内涵，分清其阶级归属。当然阶级社会中的教育，不仅具有阶级性，而且具有社会性。事实上，由于共同的社会历史背景和社会关系的复杂性，不同阶级的德育既有各自的阶级规定性，又存在一定的联系。中英两国由于有着“共同的历史背景”，处于“同样的或差不多同样的经济发展阶段”，因而必然有一些对两者来说都是共同的东西或相通之处。①

比较分析法。本书根据一定标准把彼此有某种联系的中英两国的思想教育加以对比分析，以确定其相同点和相异点。本书以广义德育的视角，通过对英国青年工作的论述，分析英国青年工作的非正式教育对我国思想政治教育的启示和借鉴，具有典型跨文化比较研究的特点。因此，研究过程中既有从横向角度对资本主义德育和社会主义德育的比较，也会从纵向时间上，分析英国青年工作的发展变化。本书以宏观角度从总体上揭示英国青年工作与我国思想政治教育的异同，也会对某些专题从微观角度进行比较。

历史分析法。这种方法以历史观点或历史态度研究和解释社会文化现象的方法，具有普遍适用性，与阶级分析法相辅相成。青年工作伴随着工业化社会的发展而演变，它同其他历史现象一样，必须放在一定历史范围之内，根据其产生的历史条件，从其发生和发展的过程进行具体分析。本书采用历史分析法，分析英国青年工作历史发展的轨迹，分析青年工作产生的社会历史条件，以历史态度客观评价英国青年工作的理论和实践。

---

① 参见《马克思恩格斯选集》第 3 卷，人民出版社 1995 年版，第 434 页。

（三）研究创新和难点

本书对英国青年工作进行综合系统论述的过程中，力争从以下三个方面进行理论创新。第一，本书从中国传统思维注重整体有机性出发，对英国青年工作的内涵与特征、历史与现状、理论与实践、组织与保障进行全方位的研究，对国内外研究英国青年工作进行了理论创新，有别于英国学术研究倾向具体、局部和重经验的思维定式。第二，本书以“非正式教育”为研究视角，形成了关于英国青年工作研究较为完整的成果，填补了我国思想政治教育研究的空白，为下一步进行更加深入的比较思想政治教育研究奠定了基础。第三，通过对英国青年工作的研究，为我国加强青年研究，完善对青年一代的思想政治教育，开展国际交往，提供了可具参考价值的内容、路径与方法。

本书在研究过程中也面临着不小的挑战。首先，由于英国有四个组成部分，分别实行程度各异的区域自治，各地区情形有所区别。笔者依据英国不同地方经济政治发展水平，人口分布和教育体制等因素，主要以英格兰地区为关注焦点，对苏格兰、北爱尔兰和威尔士的情况涉及较少。这一定程度上影响到对英国青年工作全貌的探析。其次，由于国内相关研究欠缺，研究材料基本依靠国外书籍和论文，这就存在理解和翻译方面的问题。青年工作涉及政治、经济、人口、宗教等诸多因素，理解起来存在这样或那样的疑惑。作为非英语专业的研究者，面对大量的英文原著，笔者深感理解和翻译的困难，难免出现认识不到位或错误之处。

本书对英国青年工作进行历史梳理与现状描述，将其放在英国国家、社会和教育发展的进程之中，结合多学科理论与研究方法，遵循历史研究与现状分析、纵向研究与横向比较、理论研究与实践操作相结合的原则，对英国青年工作进行全面、立体的考察，总结其优势与不足，并在此基础上对我国思想政治教育提供必要启示。由于英国青年工作涉及十分复杂和广阔的领域，本书的研究仅仅作为探讨英国青年工作尤其是非正式教育研究的开始，希望通过本书推动中外青年思想教育的比较研究，为加强和改进我国青年思想政治教育作出一点贡献。

小　结

- 关于英国青年工作的研究，不仅可以弥补我国思想政治教育学在国外研究方面的某些空白，帮助我们加深对社会变革时期青年群体和青年问题的了解，还为我国青年思想政治教育发展创新提供新的视角和实践路径。

- 英国青年工作对青年的关注，既着眼于青年作为一个整体具有的共同遭遇，也关注青年个体和人群间的差异性。依据长期以来相关各方达成的基本共识，青年工作主要指通过青年的自愿参与，国家机构或社会志愿组织利用各种活动或对话为青年提供学习机会，使他们在家庭、学校教育或其他社会服务之外，接受教育、表达意见、参与社会和获得权力，实现青年的个人成长和社会性发展的非正式教育。

- 20 世纪 70 年代后，英国青年工作的研究呈现稳步上升趋势，研究主题、视角和方法也越来越多样化。英国青年工作的理论研究延后于实践发展，比较多地借鉴了社会学、教育学、社会工作等研究成果，从一般到具体，整体研究成果的理论抽象较少，讲求实践应用性。

本书努力解答四个基本问题：英国青年工作的产生和发展经历了一个什么样的时代背景（when）？是什么样的理论根源和工作架构促使英国青年工作成为有别于学校教育的非正式教育（why）？现实生活中的英国青年工作具体表现是什么（what）？如何评价英国青年工作的特点和得失（how）？

第一章

英国青年工作的历史演变

绪论对英国青年工作进行了初步、表层、图解式的解说，它只是对现实中进行着的青年工作实践的初级抽象。要对英国青年工作有清晰的认识和分析，必须对英国青年工作的历史有足够了解。正如 Bernard Davies 在《英格兰的青年工作历史》的序言中这样说道："如果没有对青年工作的历史进行详细认真的总结，我们也就无从说起青年工作的基本特征。"① 本章拟从英国青年工作发展的历史脉络中理解青年工作的性质和特征，对英国青年工作的历史和现实中呈现出的青年工作与社会变迁，个体发展之间的联系进行探讨。

第一节　英国青年工作的发端

英国青年工作出现的具体日期没有确定无疑的历史考证结论。可以肯定的是，青年工作的出现经历了一个漫长演化的过程，19 世纪慈善团体为青年开展的志愿服务是英国青年工作的开端，而 20 世纪前半期的世界大战催化出政府机构开展的官方性质青年工作。

一　志愿青年工作的起源

（一）近代工业化对英国青年人生活的影响

从 18 世纪开始，世界范围出现了越来越多的战争、革命，随之而来国家开始正式举办大众教育。西方国家的公立教育，既是为社会大众提供学习的福利，同时也是避免民众动摇其统治地位。正如英国的正式教育制

① Bernard Davies. From Voluntaryism to Welfare State—A History of the Youth Service in England [M]. Leicester: Youth Service Press, 1999.

度扎根于社会大众潜在的政治威胁之上，青年工作的出现也与此相关。大多数的学者认为现代青年工作产生于19世纪中后期，与几个世纪以来英国社会结构伴随着工业革命的急剧变化有直接关系。工业革命以前的很长一段时期，英国社会生产主要以家庭为基本单位，人与人之间的社会联系相对单一，还没有严格划分工作时间与闲暇时间。社会生活方式与道德观念通过家庭血缘关系进行代际之间的传承，当时那种“非善即恶”“非对即错”的价值标准比较统一，很少受到年轻一代的挑战。

从18世纪60年代开始的伴随着机器发明的工业革命给英国社会结构带来了翻天覆地的变化。人口逐渐向工业产业迁移集中，新型城镇出现了，并有了生产资料所有者和产业工人的区分。成年父母越来越多地到工厂参加劳动，遵守严格的劳动时间和纪律，使得家庭对下一代的影响力开始减弱。[①] 青年人的生活在三个方面发生了改变。首先，青年通过社会就业市场，有了固定的工作时间与休息时间；第二，通过星期天学校运动，开始出现了义务教育，到1899年英国完成义务教育的年龄为12岁；第三，俱乐部等相关组织，开始成为人们闲暇时间的活动安排选择。[②]

这时期的心理学家，如Freud、Jung和Adler等，开始对青年的行为活动进行研究，有了最初的有关儿童向成人过渡阶段的认识，尤其是青年工人受到社会的大量关注。青年离开家庭，成为产业工人，家庭和教会对他们的影响大不如前。而艰难的生存条件和工作环境，造成了一些“反社会”的问题青年。成人社会，特别是那些“特权阶级”，认为有必要投入专门的金钱和精力，采取多种手段对这些有道德堕落危险的青年加以挽救。例如，教导青年在日常生活中诵读圣经，组织各种游戏、露营等活动，安排青年工人更有意义地打发闲暇时光。这些自诩“道德优越”的上层人士，认为促进青年的成长和发展是他们应尽的“责任”，而非“权利”。青年工作正是在这一过程中逐渐萌发出来了。[③]

（二）早期志愿组织开展的青年工作

早期志愿组织开展的青年工作，其活动和目的往往与特定的宗教或纪

① Davies & Gibson. The Social Education of the Adolescent [M]. U. L. P, 1967.

② Leighton J P. The Principle and Practice of Youth and Community Work [M]. Chester: Chester House Publications, 1972.

③ Macalister Brew. Youth and Youth Groups [M]. Faber and Faber, 1957.

律组织相关。他们开展的活动强调一些重要的行为品质，如服从、纪律、惩戒和公共服务。例如，当时最著名和最具代表性的组织——基督教青年会（YMCA）就十分明确地表示："基督教青年会积极寻求青年（男孩）的团结，将耶稣基督视为他们的上帝，遵从圣经，服从戒律，在他们的思想信仰和日常生活中团结起来在青年（男孩）中进行传播发扬。"① 同样，成立于1883年的男孩旅团的宗旨为：在男孩子中推广基督教，养成服从、尊重、纪律、自助及其他具有基督教男子汉气概的品质。这个声明一直沿用至今，尽管随着年代的推进，其内涵发生了许多变化，但核心的基督教义一直是该组织保持的基本准则。具体来说，男孩旅团开展的工作，主要致力于这样几个方面：帮助男孩感觉其成为教会的一部分；在社会变化中作为青年的陪伴，发展关怀青年的环境；促使工作者和男孩子之间发展信任、友好的人际关系；帮助男孩作为个体和作为组织成员的发展；帮助男孩发展对家庭、朋友和社会的责任感；帮助男孩在安全的社会中践行基督教价值观；发展男孩在组织和社会中的领导潜能。② 因此，男孩旅团特别强调其负责人通过活动加强对男孩进行干净整洁、服从和遵守纪律的训练，注重男孩身体的、精神的和道德文化发展。

童子军联合会的成员宣誓词中，要求"我发誓，我将尽我最大努力爱上帝，服务我的国家，帮助他人和遵守法律。"童子军运动的发起人 Paden Powell 就认为，童子军活动的目的就是要通过服从纪律、自助和爱国主义方式，引导年轻人走上成为公民的正确道路，培养人青年优秀的品质。③

与此同时，也有学者认为自觉的、系统化的青年工作应该追溯到19世纪60年代出现的女孩俱乐部。如学者 Booton 指出，与最初针对男孩开展的工作强调纪律、训练和品格不同，在19世纪60—90年代开展的女孩青年工作的概念和指导思想，强调的是诸如人际交往、福利保障以及其他

---

① Young K. Youth Work: Core Purpose, Principle & Practice [D]. Leicester: De Montfort University, 2003.

② Young K. Youth Work: Core Purpose, Principle & Practice [D]. Leicester: De Montfort University, 2003.

③ Young K. Youth Work: Core Purpose, Principle & Practice [D]. Leicester: De Montfort University, 2003.

的关系到个体和集体意识的政治范畴。

（三）早期志愿组织青年工作的评价

综上所述，英国青年工作的起源离不开宗教性质的志愿组织和慈善捐助人的联合，其主要目的是通过慈善方式为青年提供交往联合和体育活动，进行青年社会化以认同主流的社会道德规范和政治价值体系。与此同时，有一些青年工作也积极揭露和抨击社会变革给青年带来的危害后果。例如，针对单调乏味的工厂生活对青年女工带来的危害，通过女孩俱乐部得到社会关注，并要求立法改善工厂地下室劳动条件。①

尽管，青年工作从一开始产生出现了“双向”发展的趋势，但是在富有同情心的慈善组织和保持现存社会秩序的焦虑之间，对于青年工作的开展仍然保持着某种平衡。总体说来，早期的青年工作展示出了某种混合性的初衷和目的。

· 对不幸者的同情和帮助；

· 对于青年在社会适应和道德品质方面的焦虑；

· 决心保持青年的宗教信仰；

· 决心对青年进行道德教化，将基本的社会情感态度和行为习惯逐渐灌输给他们；

· 开始聚焦于减缓社会阶级矛盾的政治议题。

当然，早期的青年工作还很不成熟，缺乏系统的工作手段和清晰的指导理念。此外，这一时期的青年工作组织和个人，通常在特定的区域单打独斗开展其工作，不同志愿组织之间基本上没有联系和合作。事实上，对于互相配合的建议常常遭到青年工作组织强力的反对和抵制。

二　法定青年工作的建立

（一）世界大战对青年工作的推动

在第一次世界大战期间，大量成年男性应征入伍，国内未成年犯罪剧增，使得过去各行其是的志愿组织开始重视相互配合。Russell 领导的内政部建议青少年组织应当在各地相互配合，促进青年工作联合。Russell 还组建起了全国性的未成年组织委员会，第一次吸收志愿组织参与到国家政策的制定过程中。1918 年和 1921 年的教育法案，授权地方当局向青年

① Young K. The Art of Youth Work [M]. 2nd ed. Oxford: Russel House Publishing, 2006.

俱乐部和组织拨付资金，许可它们建立起各地的青少年组织委员会。进入到20世纪，青年工作有了明显进展，一些代表性的志愿青年组织相继建立起来，尤其是具有联合性质的组织机构纷纷成立，如1907年的男孩童子军、1910年的女孩指导联合会、1911年的女孩俱乐部全国联合会和1925年的男孩俱乐部全国联合会。

世界大战的爆发，青年人的境遇受到更多关注。大量的成年男性（许多都是孩子的父亲）加入军队作战，许多妇女（包括母亲），也需要长时间在工厂劳动。另外，发生在大城市里的空袭，迫使孩子从家里疏散出去，而学校的教学也受到干扰。这些都使得青年的生活处于一个危险状况中。在1939—1941年期间，英格兰和威尔士的未成年人犯罪增加了三分之一。① 这些状况不得不引起公众和政治家的忧思。随着第二次世界大战的来临，越来越多人思考这样一个问题：这个国家的国民，尤其是青年一代能否担负起保家卫国的重担？1939年，当时的英国教育部门（The Board of Education）颁布了名为“青年的服务”（The Service of Youth）的1486号文件，正式开始了官方性质的青年工作。

（二）1486号文件、1516号文件和1944年教育法奠定法定青年工作

1486号文件将青年工作视作一种教育资源，规定地方当局给予青年工作和其他教育服务同等的社会地位。1486号文件明确要求地方教育部门和志愿组织进行全面、紧密的结合，并将青年工作作为政府教育体制的一个长久组成部分。文件规定青年工作作为教育制度的一部分，为结束全日制学业的，年龄在14—20岁之间的青年提供服务，帮助他们得到社会的和生理的发展。文件指出，虽然过去20年间青年工作者付出了许多努力，但某些地方的俱乐部和其他青年服务设施基本不复存在了，这说明青年工作志愿组织和地方当局之间的协调存在许多问题，还需新的尝试。教育部门应直接对青年工作负起责任。教育部成立一个专门机构来管理资金运营和发展基础设施，组建一个全国性的青年事务委员会负责向教育部长建言献策。②

文件发布后，英国各地相继成立了相关的青年工作正式机构，加强地

① Leighton J P. The Principle and Practice of Youth and Community Work［M］. Chester：Chester House Publications，1972..

② Board of Education. The Service of Youth（Circular 1486）. London：HMSO，1939.

方当局和志愿青年工作组织的联系。地方教育机构获得了开展青年工作的经费，并通过青年工作志愿组织的运作，帮助青年俱乐部购买设备，雇佣工作人员和管理人员。到 1940 年 9 月，英国各地大学出现了 1700 个新的青年俱乐部或其他青年组织。一些培训项目和计划得到资金援助，开始负责培养专职青年工作者。

文件还强调志愿组织和公共服务的联合是英国教育制度的典型特征，因此没有必要仿效集权制国家。不过，仍然有些青年工作者和志愿组织担心国家介入青年工作，可能会对青年工作志愿主义传统带来威胁。例如，一份报告就表明："传统青年工作者，将志愿主义视为其工作实践的首要原则。战争期间志愿组织和其他私人、政府公共机构的合作，似乎使青年工作的志愿传统打破了平衡。随着官方机构的介入和法定要求的出台，存在了超过半世纪的由志愿组织开展的青年工作，似乎已经被随意地泛滥开来了。"①

一年后，1940 年 6 月教育部发布了名为"青年的挑战"的 1516 号文件，规定青年工作组织之间进行联合，并和学校开展合作，通过社会实践和体育训练使每个青年男孩和女孩的人格得到全面发展，成为自由社会的合格成员。② 1943 年的教育重建白皮书，将青年工作作为了教育制度的单独部分。第二年的麦克莱尔报告（Macnail Report）告示公众将青年工作看作一个专门的职业，工作人员开展青年工作需要经过必要的教育培训。1944 年国会通过教育法案，青年工作的地位和角色被法律正式承认。中央政府和地方教育部门负责制定和发展当地的青年工作，其从事青年工作的角色进一步巩固。1944 年教育法中的第 41 条和第 53 条规定各地方政府有责任确保其所管辖区域，有充足的设施进行学校教育之外的其他非正式教育活动，其中就包括在义务教育之外的闲暇时间开展各种活动，如活动中心等地方可以提供社交训练、运动锻炼等。

（三）早期法定青年工作的基本框架

经过一系列的文件、报告、立法，到 20 世纪 40 年代末期和 50 年代

① Bernard Davies. From Voluntaryism to Welfare State—A History of the Youth Service in England [M]. Leicester: Youth Service Press, 1999.

② Board of Education. The Challenge of Youht (Circular 1516). London: HMSO, 1940.

早期，一个包括青年工作政策、资源配给和机构设置的基本框架初步形成。①

地方政府成立了专门的青年工作委员会机构。有的地方还有了专门的青年议会或青年咨询委员会，青年工作者的意见和想法可以反映给政府机构。不过，这些机构的存在时间都不太长久。通过地方当局的青年工作委员会，地方的教育主管部门向志愿组织拨付经费。在拨付经费之外，地方政府还向志愿组织提供人员，维持其运行，修建办公场所和运动场所。

到 1949 年，113 个地方当局雇佣了 113 个全职的青年工作者，以及 843 个兼职的工作人员。“专业性青年工作”这个概念，已经开始深入人心。1946 年，地方当局共任命了 250 名全职的或兼职的青年工作管理者，还有另外一些地方政府的工作人员兼具支持青年工作活动的职责。实际上，全职青年工作者的同业联盟在 1938 年已经成立了，到 20 世纪 40 年代共有 255 名成员加入其中。

由地方教育主管部门运行的，主要设立在学校内的青年中心有了蓬勃发展。根据 1949 年的调查，在 113 个地方当局中有 70 个地方，已经开设了大约 900 个青年中心。此外，德比郡、约克郡等地积极通过各种形式发展了占主导地位的法定青年工作。

中央政府通过各种形式的财政经费，拨付给一些重要的青年工作全国性机构组织，帮助青年工作开展内部管理和培训项目计划。

四所英国大学开设了为期一年的全日制青年工作培训课程，分别是布里斯托大学、德汉姆大学、斯旺西大学和诺丁汉大学。另外，一些著名的青年工作社会组织机构内部，如 YWCA、男孩俱乐部全国联合会等也开设培训课程。

这一时期，政府开始了法定青年工作，但同时还是非常强调青年工作遵循的志愿服务传统，指出想要建立一个国家集中控制的整齐划一的青年工作体制，是一种“愚蠢”的尝试。为了避免政府青年工作和志愿组织的青年工作之间的冲突，国家明确其在青年工作中的职能地位。政府找到一个共同的基础实现两者之间的合作，负责向现存的青年工作组织补充其

---

① Bernard Davies. From Voluntaryism to Welfare State—A History of the Youth Service in England [M]. Leicester: Youth Service Press, 1999.

资源，并不损害其独立性。这一时期的地方政府从事青年工作的角色，只是被认为去弥补那些没有被志愿组织覆盖的工作领域。19 世纪志愿组织建立的青年工作指导思想基本没有被打破。因此，在二战结束后，许多英国民众对当时政府开展的青年工作还很陌生。

第二节　英国青年工作的成型

20 世纪下半叶是英国青年工作基本成型的关键时期。英国青年工作在这一时期经历了低迷到高潮，紧缩到扩张的发展历程，并逐步确立起青年工作的根本宗旨和核心理念。本节以年代为标准，分别介绍 20 世纪下半段英国青年工作发展的大体走向。

一　20 世纪 50 年代青年工作的停滞低迷

二战结束后，相当多的军队退役官兵被吸引到青年工作领域，接受大学和志愿组织开设的课程培训。在接下来的两三年时间里青年工作得到了继续发展和广泛讨论。在 1945 到 1949 年间，英国教育部正式印发了四本开展青年工作的实践手册。

随之而来的经济危机，使得青年工作的发展前景突然暗淡下来。首先，教育部门不再将青年工作视为不可或缺，逐渐将工作重心移至新兴公立学校建设和技术教育领域。乡镇学院也逐渐远离青年工作领域。最显著的表现是，有关青年工作的 1949 年和 1951 年的委员会报告都没能真正发生效力。紧随而来的是工作岗位的削减，从业人员数量的下降，取消青年工作专业教育的大学一个接着一个，到 1959 年只剩下最后三所大学还继续开设青年工作教育。伴随着英国中央政府无法提供资助继续发展青年工作，地方相关政府机构也对青年工作失去兴趣，公众和志愿组织的热情同样减退。青年工作逐渐失去了它所希望和应得的待遇，遭受到道德形象和公众尊重的损害。整个 20 世纪 50 年代，对于青年工作的怀疑一直存在，争论着其是否有必要和有可能继续存在下去。即使是对青年工作持同情态度的报告——《明天的公民》中也若隐若现地表达："关于青年工作的目的，在现如今社会受到严重怀疑，它们是否获取了过多的政府资源。虽然没有人明确表达出来，但普遍的观念还是对青年工作是否要成为青年生活中的一部分表示了质疑。关于青年工作存在的原因，不论它是肇始于 19 世纪，还是因为世界大战的压力，这些理由都已经过去。我们要延续青年工作的需要已经消失。”①

二 20世纪60年代青年工作的规模跨越

1958年11月，英国教育大臣任命艾伯马夫人领导一个专门委员会主持起草了有关英格兰和威尔士的青年工作的报告。这份报告对后来的青年工作发展产生了极其重要的影响，可以看作是20世纪英国青年工作发展历程中最重要的一份文件，大大提升了青年工作的职业地位和扩大行业规模。这份报告在1960年2月正式提交给国会讨论，报告全称是“英格兰和威尔士青年服务”，简称为“艾伯马报告”。报告回顾英格兰和威尔士的青年工作大体状况，讨论青年工作如何在快速变化的工业化社会和现实教育体制中，帮助青年人在社会生活中扮演其角色；同时，针对政府资金投入和使用成效提出建议。

委员会的任命和报告的发布，发生在英国青年工作处于一个何去何从的关键节点。对于复杂而持续的社会变化，青年人的反应常常使成人社会感到困惑和震惊。整个国家的方方面面对于当时的青年工作提出广泛和尖锐的关注。此外，当时的青年工作正处于一种衰败的状态。尽管在某些地区或个别组织，青年工作发展势头不错，但整个行业感受到被忽略或轻视，不论是在教育部门还是公众观念中。以至于社会中普遍存在着这样一种观念：青年工作正在消亡中，委员会的组成可能就是为终结这项工作寻找依据。

艾伯马报告的内容主要分为三个部分。第一部分（第一、二、三章），关于青年工作的历史和现实的回顾，指出其局限；对社会变化给青年造成的影响进行分析，由此重新建立起青年工作对社会和个人发展的正当性。同时报告对青年工作的需要、目的和原则进行基础性思考。报告的第二部分（第四和第五章），关于构建青年工作的基础框架，充分满足青年的需要，涉及青年工作的不同部门和组织，同时建议青年工作应提供的机会、活动和设施服务。报告的最后一部分（第六章至第十章），审视和强调了青年工作服务范围的重新界定所带来的责任，并提出中肯建议。

这时期的英国经过战后恢复，国民生活水平不断提高，尤其是青年群

① Davies B. From Voluntaryism to Welfare State—A History of the Youth Service in England [M]. Leicester: Youth Service Press, 1999.

体的消费能力和水准大幅提升，富足的物质生活造就了前所未有的独特青年文化现象。这时期的青年普遍营养良好、身体健康、成熟得早、衣着讲究。青年人在服饰、娱乐和其他很多方面，与他们的父母迥然不同，消费水平远高于其父辈。对于超过 35 岁的成年家长，不论他们是中产阶级或是工人阶级，都需要更多的努力和尝试，才能理解新一代青年的生活特征。这些生活特征从外表和习惯上看，某种程度上超越阶级界限。

报告指出，青年工作与现代社会不断提高的生活标准紧密相关。它真正的成果有时很难用数字手段来衡量，可能只能在较长的期间才能被清楚认识到。因此，没有时间可以浪费，必须马上有一个好的开端。为此，报告建议对青年工作制定两个五年发展计划，并由一个专门的发展咨询机构进行监督。

总的来说，艾伯马报告对英国青年工作发展产生了十分深刻的影响。首先，将青年工作紧紧地与青年人的社会非正式教育联系在一起。其次，强调青年工作开展需要了解青年工作与青年对象的社会现实背景。青年工作不是在社会真空环境中发生的，相反它处于一种社会紧张关系中，青年人的生活遭受到制度压迫和社会固化的影响，阻碍了他们良性发展。青年工作并不能直接消除这种紧张和矛盾，而是保证青年一代可能的发展前景不会在未成年时期被社会吞没。①

青年工作应该满足青年人对当下的思想观念、情感态度和判断标准提出疑问的需要，这是青年工作的中心。艾伯马报告提出了一个与以往青年工作不同的看法。19 世纪的青年俱乐部关心的是如何将难以界定和理解的社会思想和价值观传递给青年。在这之前的青年工作力图向青年灌输一套既定的价值观和行为准则②，而艾伯马报告认为青年工作不应如此。青年工作不是向青年人提供一个将生活方式、价值观念打包好了，似乎只要有人提出问题就马上有现成的答案，而无须经过生活经历去验证。青年应当有自由对过往的观念、态度和标准提出疑问，在必要的时候还可以拒绝接受。虽然，整个报告给人的印象是十分开放的，将所有的思想观念、情感态度和判断标准呈现给青年人，供他们去提出疑问，作出判断。但艾伯

① Her Majestey's Inspectorate. The Youth Service in England and Wales. The Albemarle Committee, 1960.

② Booton F. Studies in Social Education：Vol 1 1860-1890［M］. Hove：Benfield Press，1985.

马报告也并不是没有提出自己的价值取向和判断标准。例如，报告指出青年工作理想的结果：青年工作的中心是个体及其个人发展，是个人的团体感和成就感，作出正确判断的能力和诸如相互尊重和包容等个人品质。

总体来说，20 世纪 60 年代整个青年工作迎来了它发展中的黄金时期，在实践中取得了丰硕成果，职业规模有了非同寻常的跨越式发展：

· 制定了青年工作 10 年发展规划。成立青年工作发展顾问委员会，直接向内阁大臣提出意见和建议。地方教育主管机构下设委员会统管青年工作事务。通过这个发展顾问委员会负责收集相关资料信息，研究青年在社会中面临的困难和问题。

· 将青年视为青年工作的伙伴和参与主体，推动青年工作发展了一套符合时代特征的与青年友好相处的工作范式。

· 制定了青年工作场所建筑规划。

· 大学紧急开设为期 18 个月的培训课程，将全职青年工作者的人数从 700 名增加到 1966 年的 1300 名。还有长期培训方案提供给全职人员，方便他们顺利进入到教学工作和社会工作领域。

· 成立一个委员会，负责为法定机构和志愿机构的全职工作者争取薪水和其他工作待遇。

· 增加更多的领取薪水的兼职工作人员。

· 地方教育主管机构和志愿组织一起合作，组织对兼职工作者的培训工作。

· 中央政府的教育部门为全国性的志愿组织提供办公经费和其他创造性的实验工作活动支出。

· 地方教育主管部门向地方性志愿组织提供经费，并持续增加对地方志愿机构的财政支持。中央政府和地方当局的经费相配套，确保对青年工作的资金投入的增加。

艾伯马报告使青年工作在政治上取得了共识，尽管它自身存在诸多不足，但在 20 世纪 60 年代成功地得以保存并发展下去。随后的英国政府，不管是保守党执政还是工党执政，都继续表明了他们要积极致力于青年工作的决心和信念。可以说，通过报告及其实践彻底消除了 50 年代关于是否需要青年工作的疑虑。在报告中各项方案计划实施过程中，青年工作的各方势力和力量之间的平衡发生改变。比如，青年工作从传统的慈善组织和志愿原则逐渐向国家职能倾斜，同时过去那种以兼职人员和志愿服务者为主的从业主体逐渐向专业化和职业化方向发展。

三　20 世纪 70 年代青年工作的主题深化

20 世纪 70 年代，英国青年工作的代表性文件是“70 年代的青年和社区工作”，简称米森-费尔布莱恩报告。这份报告将社区发展作为一项任务引入了青年工作，通过青年批判性参与社区，以此来界定和满足社区发展需求，深化了青年工作的主题。当然，青年工作参与社区的想法早在 1943 年教育部报告中就已经出现过，通过鼓励和发展面向各个年龄段的社区服务来引导青年人积极面对成年人生活。但是，米森-费尔布莱恩报告正式将青年工作的领域扩大至“青年与社区工作”，更强调让青年积极参与社区活动、社区发展和政治教育。社区发展被认为是促进青年民主参与的途径和办法。此外，报告特地区分政治教育与政治灌输的具体界限，同时也解释了对英国年轻人进行政治教育的缘由。报告指出政治关系到我们的生活，以及人们怎样共同生活在一起。新的青年工作就是要提供给青年大量的机会，去讨论各种矛盾和争议事件，共同努力达成基本共识。

报告大力赞同青年积极参与学习过程，参与到非正式教育内容和形式的选择中去，通过“行动中学习”。青年工作为青年提供机会去学习，这种学习不仅仅是信息的传达和积累，更多是观念的形成和同化。报告大大发展了青年工作的“参与”精神。早在 1890 年，就有文献记载当时的女孩俱乐部等青年组织开始让女孩参加组织内部的选举活动。后来，青年逐渐被吸收进来制定计划，作出他们自己的选择和决定。1959 年的艾伯马报告也强调了要给青年机会作为青年服务的伙伴，尤其在组织内部的发展中。而 20 世纪 70 年代的青年和社区工作报告，将青年的批判参与大大拓展了，不仅局限在青年参与自身的组织活动，而且鼓励他们积极的民主参与，参与到思想观念和公共意见的形成过程。

与艾伯马报告在某种意义上宣称的价值中立（value free）不同，米森—费尔布莱恩报告认为青年工作与我们对理想社会的期待有直接关系。“只有回答了我们想要一个‘什么样的社会？’这个问题，才能找到我们想要一个什么样的青年工作?”① 报告提出理想的社会状态是一种所有成

① Her Majestey's Inspectorate. Youth and Community Work in the 70s. The Milson-Fairbairn Committee, 1969.

员都被鼓励，有能力找到他们价值观的公共表达，避免极端的冷漠和异化。正是因为报告明确地表达了它们对于理想社会的看法，使得报告在这个方面取得了超越艾伯马报告的深度。虽然报告的起草者也承认对于未来社会的向往太理想化，很可能无法彻底实现，但它理应被看作是一段长长的征程，而不是一个轻易到达的终点。①

四 20世纪80年代青年工作的功能拓展

20世纪80年代，青年工作者印象最深的一个词就是“削减”，其直接原因是这期间撒切尔夫人三次组阁，英国社会和政治制度受到撒切尔夫人执政理念的影响。简单地说，撒切尔主义是一种典型的个人主义思想，在撒切尔夫人执政观念中没有所谓的“社会”这个概念，只有个人和家庭组成的国家。撒切尔夫人坚定地相信，依靠市场的力量可以解决英国面临的社会、财政和产业等各种问题。这也形成了政府在这十年间制定政策的理论基础。政府依靠税收获得的每一英镑，必须合理使用，实现经济效益最大化，因此大幅度削减社会福利开支成为必然选择。这时期，国家从社会领域中全面后退，慈善和志愿组织重新占据许多社会领域。政府只是负责向公众提供更多的劳动机会，增加国民的实际收入。维多利亚时期的价值观重新受到重视和欢迎，强调每个个体的自立、实干、自律和自我奋斗的精神品质。

1982年，名为“经历与参与”的汤普森报告正是在这种背景下起草完成的。报告将这时期青年工作的基本目的概括为两个方面：肯定和参与。肯定每个青年具有各自独特的个性特征；青年积极和他人交往，参与到组织机构中去。

报告题目中的“经历”具体是指：青年作为一个人被重视和接纳；对比他人来衡量自身；自己作出选择并理解其选择；在现实困难中的忍耐和生存；成为普通社会组织中的一员；承担对他人的责任；接受、给予和分享思想观念以及理解他人的需求。报告中的“参与”则是强调通过青年工作给青年人以归属感，让他们感觉到个人的独特性，拥有相应的技能、自信和保障，不但能参与到其所属的俱乐部或组织中，还能最大限度

① Bernard Davies. From Voluntaryism to Welfare State—A History of the Youth Service in England［M］. Leicester：Youth Service Press，1999.

地参与社会。

汤普森报告细述了20世纪80年代，青年一代所面临的社会、经济和政治环境发生的变化，以及由此对他们个人发展带来的影响和挑战。这些也正是当时青年工作所面临的难题，如异化、失业、教育变革、特殊社群的需求、种族主义、性别歧视和残疾人保障，等等。青年工作要针对现实矛盾，发挥更大的社会效用，拓展其功能。

当然，在这之前的青年工作实践和学者的研究中，对于各个时期青年人面临的社会问题都或多或少有所涉及和关注。如1943年，Macalister Brew就指出“整个现实社会生活就是座真正意义上的青年学校。”① 许多青年工作者在实际工作中也不断强调诸如失业、无家可归、犯罪等社会问题对青年人生活环境的影响，并开始思考和实施一些针对特定群体的青年工作，如专门对青年女性、黑人青年开展的青年服务。汤普森报告则是首次以政府报告的形式关注社会问题，这种关注不是单纯从青年个人的需要，而是建立在社会问题应对机制变革的思考上。例如，报告中指出“种族主义对种族歧视者和种族歧视的对象都造成的危害。文化的多样性本应给社会带来愉悦和丰富的结果，不幸的是文化多样性造成了暴力、伤害和排斥。这给许多人，尤其是年轻人的生活带来了贫困和威胁。”② 至此，青年工作开始正式与其他机构一道将与各种形式的种族主义做斗争看作是其工作职责的一部分。同样的思路也出现在这一时期开始的妇女平权和残疾青年的工作内容中。1982年的汤普森报告鲜明指出，当时的青年工作受到了社会性别歧视观念的影响，并在其工作实践和指导思想上表现出来了。因此，从这一时期开始，青年工作开始对性别歧视的观念态度进行挑战。汤普森报告还阐述了残疾问题的复杂性和多样性，特别指出残疾的结果不仅是个人自身缺陷造成的，而且和社会环境有关，它和周围人群对待残疾者个人的态度和行为方式相关。

总而言之，1982年的汤普森报告再次确认了青年工作的基本目的是进行社会和政治教育，将青年人的参与从俱乐部和社区扩大到了社会生活方面；再次确认了社会、经济和政治的变化对青年生活和青年工作的重大

① Young K. Youth Work：Core Purpose，Principle & Practice［D］. Leicester：De Montfort University，2003.

② Her Majestey's Inspectorate. Experience and Participation. Thompson Committee，1982.

影响，尤其是社会结构分化带来的负面影响，如种族主义和性别歧视对青年的个人发展产生毁灭性的经历体验。

伴随着1982年的汤普森报告的出版，地方青年工作也随之有了政策变化，青年工作的目标开始新的表述，丰富了青年工作的社会功能。具体来说，青年工作的基本方向分化出两种发展趋势。一种趋势是多年形成的，对青年生活所处的社会政治背景下的青年工作的持续观察和了解。这种理念使得青年工作十分注重英国社会主要结构划分，如阶级、性别、种族等，对青年人思想意识形成的作用和对青年社会、政治环境的实质影响。另一种趋势是明确界定青年工作作为鼓动者，和青年一道谋求青年发展。于是，青年工作作为一种运动，承认青年的利益，将青年工作与青年的集体归属感联系在一起。

因此，英国许多地方当局在整个20世纪80年代制定政策和工作重点时，都十分注重反种族歧视、反性别歧视的青年工作；在关注失业、健康教育，预防艾滋病等问题时，注重青年的参与以及政治教育。整体说来，这时期的英国青年工作从艾伯马的乐观主义向汤普森的实用主义转变。

五　20世纪90年代青年工作的共识提炼

1989年6月，当时的英国教育科学部决定召开全国性的青年工作大会，将过去由政府支持下的青年工作“委员会”变为后来的“大会”。大会将更多资深的青年工作从业者吸收进来，希望征询地方行政部门和社会志愿组织意见后，形成青年工作的决议并付诸实施。1989年先召开了一个预备会议，明确了青年工作在教育体制中的身份角色，确认教育是青年工作的中心和焦点。同时，与会者一致认为需要更大范围的咨询，来决定有无必要制定有关青年工作非正式教育的全国核心课程体系。

根据1989年会议精神，全国范围广泛征求了各方意见，大约收到了155个机构组织的咨询意见回复，包括71个地方行政当局和84个青年工作志愿服务组织参与到调查咨询。1990年召开的第二次青年工作部长级会议一致同意，青年工作的价值诉求是“纠正社会各种形式的不平等，确保所有青年享有平等机会，实现其潜能，成为社会中有权利的个体，并且支持青年完成向成年人的转变”。[①] 同时，第二次青年工作部长级会议还规定，青年工作应当为青年人提供受教育机会、平等机会、参与机会和赋权机会。这四项规定在后来逐渐被确认为英国青年工作遵循的基本原则。

青年工作通过各种志愿组织和地方行政部门的合作，主要提供以下服务和工作：

· 非正式教育计划，对青年提出挑战，给他们提供个人成长和思想发展，及社会教育、政治教育。

· 提供场所和关系网络，使青年从中获得乐趣和安全感，受到尊重，管理控制自己的生活，抵制不良影响。

· 获得和使用相关信息建议和咨询。

· 通过其他服务响应青年的需求。

· 对关系到青年人的社会发展和立法进行研究、跟踪和发布。

Alan Howarth 作为大会负责人之一，表示第二次青年工作部长级会议提出的有关青年工作的基本精神，包括目的、原则、重点等，虽然旨在对青年工作进行更好的引导，但并不具有强制力和约束性。不论是青年工作的官方机构或志愿服务组织，都有选择拒绝的自由，并可以根据自身的传统、历史背景和需求，进行阐释或再定义。[②] 就事后进行的调查统计看，这次会议提出的青年工作的决议精神，在实践中得到了很大程度的认可和接纳。相当多的志愿组织和地方行政当局都认同会议发布的声明，也有少数机构没有采纳会议声明，主要原因是这些组织从建立之初早已有了一套自己的组织宗旨。有的接受认可会议决议声明的组织机构，虽然使用了会议声明中相同的术语或工作组织结构，但根据自身实际在不同种类的工作中对其重要性重新进行区分。不过也有组织，认为会议声明没有什么可争议的，所以全盘吸纳过来。

青年工作的全国大会最终形成的会议精神，对青年工作的基本准则和价值诉求进行精心的提炼，形成了青年工作职业领域公认的理论指导。虽

① Young K. Youth Work：Core Purpose，Principle & Practice [D]. Leicester：De Montfort University，2003.

② Young K. Youth Work：Core Purpose，Principle & Practice [D]. Leicester：De Montfort University，2003.

然这几次部长级会议试图将青年工作的全国性统一核心课程作为一个中心议题，在青年工作领域确立一套非正式教育的主干课程体系，不过经过与会代表的热烈争论，最后有关课程的议题无果而终。这也反映了国家主管部门希望通过课程统一，更好地加强对青年工作的管理和控制。对于从事青年工作的专业人士和专门组织而言，课程这个概念是他们非常小心和警惕的。对于青年工作者，课程往往意味着“结果”，而他们将青年工作更多地视作一种“过程”。双方关于青年工作尤其是非正式教育理念的差异，导致会议最终决定让青年工作继续保持其开放状态。会议主办者之一的 Janet 最后也不得不承认，“会议没有出台全国性核心课程，以及书面的教育目标”。①

这几次部长级会议通过青年工作者的集体讨论，对于青年工作的基本准则有了一个初步认识，实际上取代了 1951 年由约翰·穆德提出的关于青年工作的定义，以往那种过于强调个人发展和自我实现的观念发生了改变。经过 20 世纪 60 年代的青年解放运动，特别是英国进入到一个多种族、多元文化的社会，英国政府及政治人物通过青年工作目的和原则的阐释，表明了他们承认“社会”这个事物的确是存在的，而且制度、意识形态等社会现象对青年生活的影响非常重要。

第三节　新世纪英国青年工作的变革

进入新世纪，英国的政治可以分为两个阶段：2010 年前的工党内阁和 2010 年后的保守党内阁，青年工作相应地可以从两个时间段分别考察。21 世纪的英国青年工作有了新的发展和变化，变革中的青年工作者一方面努力维护英国青年工作传统，另一方面，新形势下的青年工作演变出很多新的内容和特点。

一　工党“青年重要”政策下的青年工作

1. 新千年青年工作的改革背景

20 世纪末到 21 世纪初（1997 年至 2010 年），工党成为英国的执政

① Bernard Davies. From Voluntaryism to Welfare State—A History of the Youth Service in England [M]. Leicester: Youth Service Press, 1999.

党，英国人将这一时期的政治称之为“新工党”（the New Labour）政治，其代表人物是相继担任英国首相的布莱尔和布朗两位工党领袖。早在1997年，布莱尔为首的工党在大选期间，提出了“教育、教育、教育”的竞选口号，将教育作为其执政方案的首要措施。工党政府对当时英国社会普遍存在的青年问题，如早孕、无家可归、烟酒成瘾、药物滥用、心理疾病和自杀倾向等非常关注，承诺加强教育，建设一个“年轻的英国”。新工党肯定新时期的英国青年比以往任何一代拥有更多的机遇，他们中大多数可以胜任学业和职业生活，与父母关系良好，重视友谊，积极投身于社会活动。新兴科学技术极大地丰富了青年一代的生活，互联网、手机等改变了青年人的交流及获取信息的方式。年轻一代普遍关心气候变暖、贫穷等全球重大议题，积极参与志愿活动，服务社区。新工党也正视青年一代遭遇到的各种问题，指出青年人正处于一个人生转变的关键时期，他们当中许多人面临着艰巨的挑战，如学业、财务、就业、健康、自信、人际关系等问题。一些残疾青年和无家可归的青年在接受教育和休闲娱乐时常常遇到障碍，少数族裔青年也时常面临社会偏见和歧视。虽然大多数青年能够成功地处理这些挑战，完成向成人生活的转变，但少数青年在面对一些非常严重的问题时，可能因为无法应对挑战，而出现一系列严重后果。离家出走、厌学、肥胖、吸烟、酗酒、药物成瘾等多形成于十几岁的青春期。少数年轻人还会出现危害社会的行为，如反社会倾向和刑事犯罪。①

工党政府对青年工作及其他与青年有关的社会服务，提出了批评。虽然英国社会现有的教育和公共服务，在为青年提供服务方面作出了积极贡献，但它们相互之间还没有形成一个协调统一的现代化机制。社会服务和青年工作不能有效地满足青年个体的实际需要；不同机构在为青年提供服务时没有相互配合，未能充分发挥各自应有的效用，造成了资金和人力的浪费；在预防青年贫穷和犯罪方面，工作还不到位；青年工作没有充分运用互联网、手机等新兴技术手段；青年和他们的家长在青年工作中没有获得足够的发言权。②

2. 工党内阁青年工作的具体规定

针对英国青年的现实状况和青年工作出现的问题，工党政府制定和发

① HM Government. Youth Matters. London：Department for Education and Skills，2005.

② HM Government. Youth Matters. London：Department for Education and Skills，2005.

布了一系列青年工作的法案和政府报告，对青年工作进行规范和引导，提出了新时期青年工作的原则、目标和应对挑战的具体措施。

在《改革青年工作》《青年重要》等政府报告和绿皮书中，英国政府指出了青年工作下一步改革要遵循的基本原则。青年工作和青年服务应更多地回应青年和他们家长的需要；在给予青年更多的机遇和支持的同时，督促青年承担其社会责任；整合所有与青年相关的服务和工作，发挥更大的效用；提高和改善青年工作的成效，缩小不同区域和不同机构之间青年工作的差距；在青年工作和服务中，将更多的志愿机构、社区组织和私人单位纳入到政府法定的青年工作领域中来，增加选择性，确保最佳的工作效果；在现有的青年工作机制下，将服务做到最佳状态。

在《每个儿童年都重要》的绿皮书中，英国政府将青年工作的目标归纳为五个方面：保持健康、保障安全、成长成才、积极奉献和经济宽裕。这五个目标相辅相成，青年只有在健康、安全和充分参与的状态下才能成长成才；成长成才也是青年摆脱经济贫困的最好途径①。为了最大限度地实现以上目标，英国政府就青年工作面临的挑战，从四个方面采取具体措施推进青年工作的发展。

第一个挑战是让更多的青年参与到积极的活动中去，使他们有权去影响青年工作基本面貌。青年和他们的家长及社会都希望让青年做更多有意义的事情和待在更安全的地方，不会遭遇到麻烦，或作出违法犯罪的行为。但高达四分之一的青年从未参加任何形式的青年活动，其主要原因是他们对现有的活动安排缺乏兴趣。为了让更多的青年自愿参与青年工作，需要给青年更多的自主权，选择他们喜欢的场所和感兴趣的活动。为此，英国政府提出了一个“机会卡”的发展计划。这种卡能够让青年在一些活动项目和场所获得折扣优惠。卡片可以由青年或者他们的家长继续充值，用于体育锻炼或其他有意义活动的消费。当青年参加志愿服务活动或在其他方面取得重大成就时，机会卡可以得到充值作为奖励；但是，如果青年有一些危害社会的不良行为时，机会卡就会受到限制甚至被收回。此外，英国政府还计划在各个地方设立“机会基金”，以此用来发展和提供青年感兴趣的本地项目，如青年咖啡馆、体育组织。各个地方可以根据具

① Department for Education and Skills. Every Child Matters. London：DfES Department for Education and Skills，2003.

体情况决定机会基金的使用办法，但关键一点是要让青年也能参与基金的使用决策。总之，青年工作未来的发展方向，就是要让青年对于当地提供的青年服务工作有更大的影响力，能有更多机会参与到青年工作活动的规划和实践，表达其想法。

第二个挑战是鼓励更多青年参与到他们各自的社区生活中去。新的青年工作除了给予青年更多机会和支持帮助外，还强调青年应承担起对社会的责任。新工党政府非常重视利用志愿服务，鼓励青年为社会作出贡献。1999 年初，政府启动“新千年志愿者计划”，预算投入 4800 万英镑（是最初计划的四倍），通过地方的社区组织帮助青年理解和响应社会的需求。利用 2012 年伦敦主办奥运会的机会，激励所有的青年积极参与体育锻炼、志愿服务和文化活动。发展朋辈指导计划，开展可持续的公民服务，特别是在大中学校加强志愿服务文化的建设。英国政府通过多种形式的奖励计划，鼓励青年加入志愿者队伍，还可以奖励换取学分。

第三个挑战是给予青年更好的信息、建议和指导，帮助他们在青少年发展的关键时期作出正确的人生抉择。英国青年，尤其是在 14—19 岁，会面临着诸多复杂的选择。这些决定对他们未来的人生发展和社会生活有巨大影响，青年工作需要给青年提供切实可行、公正合理、非模式化的建议。一般而言，英国学生在 11—12 岁时，可以得到多方人士关于中学教育的介绍；在 13—14 岁时，有特殊需要的青年可以从一个专业顾问那里获取人生发展的私人性质的讨论；在整个 13—19 岁，青年可以获得更好的帮助，去认真思考 16 岁后个人的社会发展、健康问题和职业规划。对于一些涉及青年隐私的问题，青年工作者一定要考虑到现代青年的生活方式，充分利用新技术手段的便利。

第四个挑战是对那些深处困境的青年人，提供更多、更好的个性化帮助和支持。遇到困难，处于危险境地的青年有必要从一个他们认识和信赖的工作人员那里，获得一个能够满足其需要，全方位的帮助。新的青年工作特别强调当青年寻求社会帮助时，只需和一个专业人士进行一对一的接触，就可十分方便地得到协调统一，整合了各方意见的建议。这样，不论是遭遇到困境的青年，还是他们的家长无需向不同的机构和人员，反复叙述他们的遭遇和问题。这就要求学校、志愿组织、健康中心，青年中心等相关机构的共同努力。

3. 对工党青年工作的评述

工党政府在时隔四分之一世纪后，首次将青年问题置于国家教育和福利政策的中心地位，并对20世纪80年代以来盛行的撒切尔主义提出批评。青年工作的地位和价值在21世纪最初十年时间得到政府和社会大众的积极重视，青年工作取得相当成效，不过也在某种程度上改变着青年工作的传统。

第一，中央政府加强对青年工作的集中领导。历史上，志愿组织在很长一段时间一直是青年工作的主要力量，政府一开始将自己和志愿组织定义为青年工作的合作者。虽然工党政府表明要继续加强和志愿组织配合开展青年工作，但也明确表示（中央）政府要成为整个青年工作的领导者。不仅如此，地方当局的青年服务也出现权力向中央政府转移的趋势。尽管地方当局仍然可以自行决定当地青年工作的课程和计划，但它们必须要达成中央政府规定的青年工作目标才能获得财政拨款。中央政府还强化对地方青年工作的视察和监督；对考核不合格的地方，内阁主管官员可以强制地方进行整改或者将青年服务从地方当局职权范围内移出，交由其他机构。如此一来，法定机构的青年工作者开展工作的灵活性和自由度大大降低了，他们为了完成工作任务，会更青睐和那些满足中央政府文件要求的人群建立联系，其活动安排也会围绕着政府要求的可以得到认证的结果。

第二，青年工作的标准化水平提高。这时期青年工作对程序规则的重视加强，最主要的表现为绩效考核所要求的书面记录和认证结果。根据《改革青年工作》的要求，地方当局要做到13—19岁的青年人中有25%接触青年服务，并且其中60%的青年人要有参加活动的书面记录，其中30%的青年通过青年工作取得经过正式认证的成果，实现个人和社会发展。[①] 由此而来的青年工作必然会强调如何让青年人获得各种具体的等级证书，而不是过去笼统而言的让生活充满意义的抽象能力。青年工作者在完成任务的压力下，会组织各种能够产生外在结果的活动，而难得花费时间精力和青年人建立相互信任尊重的人际交往。这也是为什么现在的青年工作会越来越重视活动课程设计，青年工作和学校教育之间的差异性逐渐

① Department for Education and Employment. Transforming Youth Work. Developing Youth Work for Young People. London：Department for Education and Employment/Connexions，2001.

缩小。过去那种强调青年工作是一种成年人和青年人之间的开放性对话、活动和交往，在课程建设的模式下不断减少。青年工作中的正式和非正式之间的平衡发生变化。这种将青年工作和特定的目标结果联系在一起的政策，使青年工作也尝试采用标准化的课程模块。

第三，青年工作开始注重印迹式管理。与量化管理考核相关联的趋势是，青年工作越来越突出证据为本。随着政府对青年工作需求加大，各种投入的付出，青年工作需要对资金使用等情况向投资方作出详细说明，并能有效证明实践安排取得预期成效。因此，青年工作不再只是最初慈善人士凭借内心热情和信念单纯为社会付出时间精力的奉献行动，还要能够向外界拿出可信的材料表明自己做了哪些实际活动。新世纪以来，青年工作渐渐采用各种书面文件或视频资料对接触的青年人群范围，开展的青年活动过程以及项目最终成果做比较全面的记录。

二 保守党“积极青年”政策下的青年工作

2010 年英国工党在议会选举中失利，取得大选胜利的保守党时隔 13 年后重新上台，和自由民主党组成联合政府。西方民主选举下，政党竞选和执政将社会公共事业和福利制度看作是重大议题，其执政理念和政策主张与包括教育医疗、福利保障在内的社会制度紧密相关。英国保守党一直传承的自由主义理念推崇市场对资源的分配，对青年工作的模式选择和价值取向有直接影响。加之，2008 年全球金融危机和随后的国际政治冲突局势，也推动着英国青年工作不断适应新形势新问题而调整改变。2011 年 11 月，英国政府汇集教育、司法、卫生、住房等九个部门联合推出《积极青年》（*Positive for Youth*）政策，指导着青年工作的基本走向和工作重心发生转变。

1. 青年工作的基本立场：改变陈旧观念，肯定青年积极贡献

过往，不论是工党内阁或保守党内阁颁布的青年政策或青年工作纲要都是从主流社会对青年一代的要求出发，强调青年应当如何适应社会对之的期望，特别是 20 世纪 80 年代后的青年工作更多着眼于青年的不足和缺陷。2011 年讨论通过的“积极青年”政策有一个重大转变，它不是以要求青年行动起来完成社会交给他们的使命出发，而是提出社会应当首先树立对青年的肯定评价和积极期望，相信青年可以健康成长及推动社会进步。因此，“积极青年”政策要求不论是政党政治还是社会大众应改变对

青年的刻板印象，政府包括青年工作要推动一个对青年人持积极肯定态度的社会的出现。

实际上，欧盟最近十年出台的有关青年事务的官方文件就比较注意使用正面褒奖的词汇语言表示对青年一代的信任肯定，英国出台这样的政策也正是欧洲现阶段对待青年的基本立场之体现：青年应当被视为珍贵的资源，而非社会包袱；很多时候青年身上出现的问题，是因为他们与成年人缺乏互动，而关键障碍则是成年人对青年人抱有的一种陈旧负面认知。因此，英国政府现在非常注意在正式场合和官方文件中用更多笔墨突出青年的优点和长处，小心避免将青年刻画为社会问题麻烦的制造者（trouble maker）。即便是涉及一些敏感的社会问题，也注意不要用贴标签的方式否定所有的青年群体。例如，青少年未婚生子一直是政府比较头疼的社会问题，相关部门和青年工作虽然都表达了对此的担忧，但谨慎地表示不是所有的年轻父母对生儿育女没有深思熟虑地规划考量。新闻媒体也被要求纠正长期以来过于集中青年犯罪、吸毒、暴力等危害社会的负面报道。正如2016年11月内阁官员Rob Wilson发表演讲中提及，要建立一个这样的社会——青年觉得被欣赏，愿意回报社区，因为他们知道社区非常重视青年。如果青年相信自己被社会尊重，就会乐意与社会互动，发挥自己特长，为社会作出积极贡献。

新的青年政策要求青年工作不能只是聚焦青年如何克服成长中遭遇的危机和挑战，指导他们顺利度过狂风暴雨期，或者给青年一定要“成功”的压力，还应回归到传统青年工作擅长的活动种类，为青年愉快地度过青春期提供支持。同时，有的青年工作组织开展专项活动，主动向社会大众展现青年正面形象，例如“Truth about youth”项目在英国多地用“One day”青年节日展示活动转变外界对青年的消极评价。

2. 青年工作的培养目标：远大志向、支持关系和发展机会

艾伯马报告基本确立英国青年工作的根本宗旨——支持青年的个人成长和社会性发展，并延续至今。不过，因为各执政党指导思想有所不同，以及国际国内政治经济形势的变化，各个阶段英国青年工作的时代任务和具体目标会相应调整。2010年以来的英国政治将青年工作定位为“鼓舞者”，把培养青年一代远大的志向、和青年人建立支持性的人际关系、为青年人提供良好的发展机会三个方面作为新时期工作目标。

为了让青年在青春期树立比较高的抱负，青年工作者重点从提升青年

的自信出发，让青年对自我形象和自我评价有积极的结论。比如一项名为“身体自信”的青年运动，针对青年人过度迷恋纤瘦型等不健康的形体，教育青年合理认识自己的身体，建立自信心。针对有的青年遇到学习困难容易畏难退学的情形，青年工作者也会和学校开展合作，鼓励青年不要失去学习信心，提高他们对学历文凭方面的期望值，采取措施努力延长青年接受学校正规教育的可能性。政府和主流社会通过青年工作这个“居间人”鼓励青年立下为社会作出贡献的理想。

青年工作和其他机构一道为青年的成长发展提供充分、优质的机会。英国教育主管部门负责为青年提供优质教育，对全国教育课程体系重新审订，特别是公民教育被重点关注。就教育部下属的青年工作而言，它作为非正式教育门类，主要推广开展各类志愿活动，指导青年从中得到技能和情感方面的成长体验。在日常项目活动进行中，青年工作保障青年的知情选择权，支持青年发表意见和参与决策，得到社会性锻炼。新一届政府重点推出一项雄心勃勃的新计划“NCS”（National citizen service），面向英格兰 16—17 岁的青年人，为他们的发展提供机会。这项活动一般在学期间隔，用三周时间训练青年的领导力、团队合作和交流沟通等能力，随后青年参与者实际参与 30 个小时的社会活动。2012 年有 30000 名青年完成此项学习并顺利结业，结果显示他们获得很好的锻炼。政府准备继续扩大该项目，预计到 2014 年将方案推广到 90000 个地点。[①]

和青年建立良好的人际关系一直是青年工作引以为豪的职业特质和优势，因此政府提出社会为青年提供有支持的关系时，青年工作自然发挥重要作用。虽然，政府将父母监护人作为青年健康成长的首要责任人，但也重视教师、社工、福利专员等对青年的重要意义，特别是青年工作者更是被寄予厚望。2015 年 Ofsted 发文推介 Windsor 和 Maidenhead 两地的经验。当地在早期帮扶监护体系中，重点突出青年工作的地位，青年工作者和社工一道为青年提供支持。调查表明受助对象对青年工作者十分肯定，反馈不错，普遍认可“他们（青年工作者）比其他人更有活力和趣味”，[②] 青年工作的确能够为青年人带来有支持性的人际交往。

---

① HM Government. Positive for Youth：Progress since December 2011 ［R］. 2013. 6

② Ofsted. Youth Workers in Social Work pods Having a Positive Impact on Young People's Outcomes：Royal Borough of Windsor&Maidenhead ［Z］. 2015. 11

3. 青年工作的重点聚焦：NEET和激进化的干预

英国在二战后基本建构起世界上最早的国家福利体系，而青年工作也随之得到发展壮大。直到20世纪60年代，英国的福利制度属于全民普遍主义模式，后遇70年代石油危机，政府财政窘迫压力下，其福利制度向选择性趋势发展，而青年工作也在这种背景下从过去面对全体青年的一般性发展越来越转向特定人群的特殊问题。因此，这以后的青年工作在不同时期都分别有其重点针对的议题。总体上看，最近的青年工作仍然保留了相当一段时期对社会边缘弱势青年的关注，而且尤为突出这两个方面。

减少"NEET"。对于那些没有在学校求学，也没有找到工作就业或接受职业培训的年轻人，英国简称为"NEET"（not in education, employment&training）。这部分青年人早早地辍学，缺乏职场竞争力，很容易沦为社会的闲散分子，轻则变成被主流社会抛弃的可怜人，重则可能成为扰乱社会安定的犯罪分子，因此NEET在20世纪末成为社会担忧的对象，青年工作不断投入相当资源。2008年席卷全球的金融危机爆发后，包括英国在内的西方国家的经济严重受挫，失业率上升带来青年求职困难，更是加剧NEET现象。英国的《2010—2015年青年政策》开篇提出的三个现实挑战，前两个即是"鼓励更多青年延长求学，获得相关技能或证书，能够就业；减少NEET"。其实谈的是一个问题。①

新一届政府首先通过立法修改义务教育的规定，强制学生结束教育的年龄从16岁，提高到18岁。当局希望16—19岁的青年更多地留在中学或进入高校深造，即便对正式教育不感兴趣的青年也要选择现代学徒或职业培训，又或进入社会志愿组织提供的非正式教育。英国一些地方开展青年工作的志愿团体，特别为不愿接受学校教育的"困难生"开设各种兴趣爱好类的非正式学习课程，有的提供职业技能培训，挖掘青年身上的潜力，习得责任心，增强生存实力。应当说，青年工作在帮助青年求职过程中发挥关键作用，除了训练他们的基本技能外，还会帮助青年认识自身的特点，了解社会特别是就业市场的需求，特别关键的一点是青年工作者会帮助青年分析个人职业理想和就业现实之间的关系，尽力缩小两者之间的差距。中央政府也会通过"The youth engagement fund"等项目基金，对

① https://www.gov.uk/government/policies/increasing-opportunities-for-young-people-and-helping-them-to-achieve-their-potential

青年工作提供资助和褒奖。根据 2013 年的调查报告，政府通过各种途径，有效抑制住之前一直下降的 16—18 岁青年接受教育培训的比例，最近几年非“NEET”数据从 2007 年的 83.1%上升到 88.1%。[①]

同时，欧洲各国近些年加强青少年的创业学习（entrepreneurial learning），英国同样如此。英国中小学校相继开设有关这方面的课程教学外，青年工作也积极发挥其影响力。英国教育部发布的《21 世纪的青年工作》明确提到青年工作要促进青年个人和社会性发展，需培养青年综合性能力素质（capability），包括内隐性和外显性两类素质，前者如自信、自尊，后者就包括就业能力（employability skill）。青年工作开展的丰富多彩的活动项目大多和创业能力培养有关，但研究表明它们之间的联系非常隐晦间接。这主要反映了青年工作领域里相当一部分人对什么是“entrepreneurial learning”理解有分歧，甚至对它和青年工作的传统价值观是否一致也有不同看法。不过，随着欧盟内部对青年创业的关注加强，青年工作也在不断更新观念，加大创业教育力度。2014 年世界童子军大会在英国召开，正式确认创业能力作为学习内容之一，融合进各项童子军活动中。随之，英国的童子军组织联盟采纳大会意见，并且明确创业能力是一种专门技能（skill），而非泛泛的意识和态度。[②] 总体看，英国青年工作对青年进行创业训练，通常不会以专门名义，多是利用本来就有的项目活动，或参与者主导的项目，将创业能力训练贯穿其中。这些创业能力，既有非常具体的技巧，如社会筹资、对外展示等，也有向他人征询反馈意见，保持团队的群体动力，还包括比较高阶的能力训练，如怎样从问题出发展开联想，从众多观点中选择适宜的想法，找到解决方案并付诸实践等。以“Surrey Youth Enterprise Workshops”为例，它由一家民间基金会成立，面向 16—24 岁的青年人（特别是 NEET），让他们了解如何创办企业或自主就业，工作坊还为有需要的青年创业者提供商业导师或后续支持。

预防激进化。自从 2001 年美国为首的西方国家发起反恐战争以来，世界范围的恐怖主义不消反涨，中东地区的混乱大大刺激极端势力的膨胀。近几年以“伊斯兰国”为代表的宗教极端组织频频针对欧洲国家发动恐怖袭击，

① HM Government. Positive for Youth: Progress since December 2011 [R]. 2013.6

② European Union. Taking the Future into Their Own Hands: Youth Work and Entrepreneurial Learning [R]. 2017.

在英国就分别发生了格拉斯哥机场袭击、伦敦士兵遇袭、曼彻斯特演唱会爆炸、西敏寺驾车撞人等多起暴力恐怖事件。此外，宗教极端组织加大对英国本土青年的思想渗透，将青年视作廉价顺从的战士，甚至有部分英国青年前往伊拉克、叙利亚等冲突地区加入极端组织成为圣战分子。另一方面，鼓吹白人至上的种族主义分子和其他右翼极端组织，把斗争矛头指向其他少数族裔和移民，更是激化了和宗教极端组织的矛盾，形成暴力事件的恶性循环。国内社会安全局势的恶化，官方自然加大对极端主义和暴力激进化的干预。早在 2005 年，英国遵循欧盟的反恐战略运用应急反应、重点保护、追捕制裁和预防四大反击举措；2014 年后，政府更加认识到对恐怖主义采取预防措施的必要性。不仅司法警察、军事情报这些部门对恐怖主义进行硬打击外，还要倚重文化宣传、思想教育和公民组织的软调控。为了宣扬资本主义价值观，政府对青年工作面向青年人的意识形态工作寄予很大期望，主要形成了青年工作防范极端主义和激进化的三级预防体系。

一般性预防（generic prevention）是青年工作面向青年大众开展的非直接性的基础防范措施。这种预防主要沿袭传统青年工作的日常经验，必要时巧妙地渗透相关民主包容，平等反歧视等内涵。针对性预防（targeted prevention）指向思想上对极端主义发生兴趣或有态度倾向，或开始接触极端组织的青年人。二级干预工作重点关注那些于社会主流外，可能被边缘化的青年人群，这是极易受暴力激进化影响的高危群体。青年工作者仔细甄别青年的行为信号，正确评价青年的思想动态，既要敏锐察觉青年暴力极端化的早期信号，又要避免随意贴标签。其次，自然接近目标青年，逐渐了解他们的思想状况，发掘个体加入极端组织的动机缘由，找到具体的帮教策略或替代方案，改变青年封闭单一思维模式。第三级显示性预防（indicated prevention）针对的是那些加入极端组织后想要脱离出来，或有心接受帮助摆脱极端组织的青年人。这类案例有的出现在监狱等改造机构，有的就发生在街区周边。青年工作者尽可能与帮助对象建立友善关系，为青年提供开放真诚、舒适安全的交往氛围，让青年放下戒备畅所欲言；并且提供各种具体支持手段，帮助青年能够回归正常生活和人际交流。① 青年工作利用长期和青年人群打交道的专业能力，发挥他们擅

① European Commission. The Contribution of Youth Work to Preventing Marginalisation and Violent Radicalisation [R]. 2016: 12.

长和青年人沟通互动的特长，展现出青年工作有别于司法、警察、安全部门的相对优势。

4. 保守党青年工作的评价

尽管保守党此轮执政尚未结束，目前对其青年工作的政策影响和实践效果还无法作出全面的评论，但综合各方面的意见可以看出2010年以后英国青年工作发展的新动向。

首先，保守党主张“大社会”（Big Society agenda）执政方针，使得青年工作拥有的自主性有所恢复。保守党领导人卡梅隆关于“大社会”的理念，就是赋权社会（区），将权力分发出去，重振志愿服务的文化传统。随着政府职能在社会管理方面的后撤，中央内阁认为地方当局可以根据本地区实情自行决定青年工作的具体方案和重点领域，中央不再强调用青年工作实践指标系统对地方青年服务进行量化绩效考核。但中央政府对青年工作的管理约束减少也意味着对青年工作的投入下降。内阁希望青年工作部门，不论是地方法定机构或社会志愿团体，要想办法自给自足，不能过多指望中央政府对之的财政支持。2012—2013年度地方当局关于青年服务的财政支出较前一年度的883万英镑减少到791万英镑，下降幅度达10.4%。[①] 以上变化对于青年工作有利有弊。一方面青年工作不用再被过去的考核指标等硬性规定所束缚，更好地发挥自身灵活多样的特色。另一方面，有的青年工作组织，特别是规模小实力弱的机构，因为缺乏持续充足的经费来源，可能举步维艰。

其次，青年的社会形象转向正面，推动青年工作实现“青年赋权”的追求。长期以来，社会学关于青年评价有两种走向——积极的社会贡献者和麻烦的问题制造者，青年工作也常在这两种观念中游移不定。显而易见，最近的英国青年工作更多地接纳了前一种立场，官方文件中经常使用“精力旺盛”“积极热情”“勇于创新”等词汇形容健康进取的青年一代，不仅力图改变社会大众对青年的负面判断，而且也在实践中发动青年人更多投入到社会（区）建设和民主政治中。“youth voice”“UK youth parliament”等活动方便青年有机会和成年人交换意见看法，鼓励他们积极参政议政，让政策制定者聆听青年的声音。政府部门不仅了解青年的真实想法，而且开始针对青年的意见作出反馈并提出实际的行动方案。新成立的

① HM Government. Positive for Youth：Progress since December 2011［R］. 2013. 6.

“National Scrutiny Goup”有青年代表的参与，可以对相关政策执行情况进行审查监督。

另外，青年工作的社会化程度大大提升。不仅中央政府和地方当局之间的工作框架继续保持，官方青年服务和志愿青年工作之间的协作维系，而且私人企业和工商业对青年工作的参与程度也超出历史水平。当下，英国政府为解决青年辍学失业问题，推出“youth contract”计划吸引私人企业参与招投标，为NEET青年提供个性化解决方案。如果中标方能成功劝导青年重新回到校园学习、企业实习或找到全职岗位，政府会根据每个案例具体情况给予企业奖励，辅导单个青年的奖励金额最高可达2200英镑。①

最后，英国青年工作越来越和欧盟接轨。欧洲一体化趋势下，欧盟官方关于青年政策和青年工作各项决议安排对英国青年工作的影响日趋明显。特别是2008年金融危机后，欧盟成员国纷纷缩减政府开支，许多国家的青年服务越发依赖欧盟的相关补贴，诸如“Erasumus”“Youth in action”等欧盟官方青年项目成为英国国内青年工作的重要依靠或资金来源。

当然，保守党推出的一系列青年政策和青年工作制度改革也受到一些批评和质疑，主要集中在这几点。其一，青年工作的重要性没有得到强调，其专业性和职业化形象受到减损。政府没有意识到青年工作是一个长期持续的“过程”，而是将它简单理解成为青年提供各种“活动”而已，因此认为专职化青年工作大多可以被更经济便宜的志愿服务或外包合同所替代。其二，保守党推行的“大社会”政策，让政府将许多服务青年的职责转移到个人、社会组织或企业，但后者往往缺乏必要的能力和充足的资源，特别是商业的介入让外界担心青年工作从过去的福利服务可能会走向让青年（家庭）付费的模式，更有人担忧青年工作是否会失去为人服务的宗旨而追求经济效用。其三，对于政府开展的“NCS”等新项目，许多人认为缺乏实质创新，更重要的是它们可能重蹈覆辙，不能真正吸引接触最急需的青年人群，边缘弱势群体从中受益甚微，最终被有产阶级所操

① HM Government. Positive for Youth：Progress since December 2011［R］. 2013. 6.

控。[①] 而且，政府将青年服务更多寄希望于慈善志愿组织，而志愿服务和社会组织发达程度同地方经济富裕、社区文化发达状况呈正比，因此青年工作不仅无法促进不同背景青年人群平等发展，相反可能还会加剧社群割裂和阶层固化。

三　新世纪青年工作发展的新特点

从21世纪英国政府改革青年工作的思路和实践看，青年工作从青年自愿加入到不排除一定情况下的强制；青年工作从追求青年人同辈间的联合，到聚焦青年个人的行为规范；青年工作从对青年人的社会教育，到参与干预对“问题青年”的个案辅导；青年工作从对青年的非正式教育，到引入学校教育、技能培训的课程规划和建设。整体说来，青年工作虽然还保留了一些传统的观念和形式，但在新形势下演变出很多新的特质和内容。

第一，青年工作关注的对象越来越集中在特定的人群。英国青年工作历来坚持自愿参与原则，“理想的青年服务没有必要也不可能，让每个青年或绝大多数的青年加入进来”。[②] 根据各个时期的统计，青年人中自愿接受青年服务的人数比例基本维持在30%左右。最初的青年工作一般不会对工作对象有特殊偏好，其教育活动面向所有青年人群敞开大门。在20世纪70年代，因为大量移民涌入英国，青年工作开始有意识地关注青年移民群体。于是，青年工作成为政治家们解决特定社会问题的工具措施。这种趋势到了21世纪更加明显，政府重点要求青年工作主要联系的对象有两大类，一类是“NEET”，即没有接受教育、培训和就业的青年人，还有一类是问题青年，如怀孕少女、吸毒、酗酒青年等。政府的经费和资源大量向这些人群倾斜，客观上收窄了青年工作联系的青年人群范围。

第二，青年工作从团体工作到个体化转变。在1960年的艾伯马报告中，青年工作的首要目的是促进青年人之间的联合（association），为

---

① Buckland L. Positive for Youth, the Encylopaedi of Informal Education. http：//infed. org/mobi/positve-for-youth-a-critique/2018-4-17.

② Ministry of Education. The Youth Service in England and Wales（The Albemarle Report）. London：Her Majesry's Stationery Office，1960.

青年人提供场所去维持和发展他们的同辈友谊，相互尊重和包容，让来自不同背景的青年人可以在彼此互动中得到成长。因此，早期的青年服务十分重视为青年提供各种俱乐部或青年中心，包括进行专门的建筑物建设和配备各种体育休闲设施；鼓励青年自愿聚合在一起，在获得培训和指导之前，先要满足他们的社交需要。不过，正如上面提到的因为青年工作将关注的对象越来越集中在那些所谓问题青年，包括中央政府为青年人推行的个人顾问，让以往那种以俱乐部或青年团体组织为单位的工作方式不再成为绝对主流。现在的青年工作要么将青年个人的学习发展成就，比如获得爱丁堡公爵奖、青年成就奖①，作为工作的重点；要么针对那些被认定为 NEET 的青年人提供个性化支持，帮助他们重新接受教育或找到劳动岗位作为工作目标。前者让青年工作越来越像学校教育，后者又让青年工作与社会工作联系在一起。许多评论家指出，青年人在青年工作中从原来的团体活动的发动者，向当下青年服务里的“消费者”发生转变。②

第三，青年工作和其他社会职业之间的整合。随着青年服务变成一种政府应对青年问题的社会干预措施，青年工作和社会工作、福利机构及学校之间的联系日趋加强。特别是 2000 年的克里比事件加速了英国政府下定决心通过《每个儿童都重要》（2003 年）以及《2006 年教育和督查法案》，明确希望地方当局建立青年综合支持服务体系（Integrated youth surport service，简称 IYSS）。各地关于青年工作的整合方式不尽相同，基本思路大致是将青年工作者和社会工作者、儿童福利官员、预防青少年犯罪、个人顾问等安排在一起，共享信息资源，为特定对象进行综合评估，提供全方位的支持帮助。当青年寻求社会帮助时，只需和一个专业人士进行一对一的接触，就可十分方便地得到协调统一，整合了各方意见和建议。这样，不论是身处困境的青年，还是他们的家长不用向不同的机构和人员，反复叙述他们的遭遇和问题。为此，有的地方建立起超级青年中心

① 爱丁堡公爵奖和青年成就奖，是为青年人提供帮助扶持，鼓励青年参与社会、塑造积极自我而开办的社会活动项目。主办机构根据青年参与者的表现，分别予以认证表彰。具体详情可参见本章的延伸阅读材料。

② Smith M K. Youth Matters—The Green Paper for Youth 2005，the Encyclopaedia of Informal Education，www. infed. org/youth work/green_ paper. htm. First published，March 20，2005.

枢纽，为青年工作者和其他社会机构提供联合办公的场所，方便处理青年个案问题；有的地方当局组建起涵盖相关专业人士的青年综合支持服务团队，进驻到当地学校，以校园为基地为有特殊需求的青年学生提供帮助。① 此外，在最近保守党的青年工作发展策略里，私营企业通过“youth contract”的途径深度介入青年工作对 NEET 问题的干预体系，可以预见到青年工作的社会化、市场化水平会越来越高，青年工作和其他社会职业部门的联合有加大融合趋势。

第四，英国青年工作和欧盟接轨的一体化趋势。虽然英国青年工作和国外的交流早有发生，但其国际化程度相当有限。随着欧盟的茁壮成长，欧洲内部的青年工作一体化过程加速，特别是两次欧盟青年工作大会的召开直接影响到英国国内青年工作的政策理念和实践安排越来越受到欧盟官方的影响。2010 年第一届欧盟青年工作大会召开，大会回顾欧洲各地青年工作的历史发展，重点分析总结各国青年工作的具体表现和特色，为下一步欧盟成员国之间的合作提出框架规划。2015 年第二届欧盟青年工作大会努力达成有关青年工作的基本共识，提出欧洲青年工作的总体愿景和基本原则，提出教育、赋权、参与和表达包容的根本宗旨。在 2010—2018 欧盟青年战略框架下，欧盟成员国在青年工作的八个领域共同发力，包括教育培训、健康幸福、就业创业、民主参与、社会包容、志愿服务、文化创新和国际交流。根据官方调查和各国提交的工作报告，包括英国在内的各成员国基本遵守欧盟理事会和欧盟委员会制定的青年工作纲要规划本国青年服务，同时根据本国国情选取重点突破领域。除了出台青年政策和青年工作的发展纲要进行政策层面的集中协调外，欧盟通过一些大型的青年活动项目对各成员国青年工作进行实践指引。诸如“Erasumus”“Youth in Action”等对英国青年工作有重大影响，因为欧盟对这些项目投入巨资，对财政投入不足或经费筹措困难的青年工作机构组织十分具有吸引力。当然，这一进程随着 2016 年英国全民公投“脱欧”会发生变数，这是后话。

21 世纪前十多年，英国的青年工作有了新的发展和变化，变革中的青年工作者一方面积极维护英国青年工作长久以来引以为豪的独特性，重

① Bernard & Emily. Youth Woke Practice within Integrated Youth Support Service［M］// Davies B. What Is Youth Work. Exeter：Learning Matters，2010：74-88.

视与青年建立积极关系，以青年自愿参与为原则。另一方面，青年工作者也意识到“政府会一直按照他们所希望的方向前进，你可没法让火车停下来”，积极面对社会变革，用更高效的结果向大众展示其对青年一代和社会发展的积极意义。①

第四节 英国青年工作的历史评析

从维多利亚时代末到21世纪初，发展一直是英国青年工作持续关注的主题。从不同时期的文件报告，我们可以发现，青年工作一直在被持续不断地反复界定并探索发展的方向。英国青年工作横跨三个世纪的发展历程，也是一个随着社会时代的变迁不断争议和抉择的过程。概括来说，英国青年工作发展史反映了五个方面的演变趋势。②

一 青年工作从社会自发走向政府自觉

青年工作的历史，可以看作是国家一步步从志愿组织手里取得青年工作主导权的过程。青年工作的起源离不开志愿服务传统，在法定青年工作出现以前，志愿组织一直是开展青年工作的唯一主体。那些最早的开拓者和赞助人，将向青年提供支持看作是一种出身高贵的人应当履行的义务，将美好的东西传递给青年一代的责任。③ 显而易见，这种将“礼物”和“机会”分发出去的行为品质，一开始被认定为上层阶级所特有的品质。

青年工作的这种志愿服务的传统阶级基础，在第一次世界大战后受到很大的冲击。战争让很多青年工作事业的生力军失去了生命，即便是战争幸存者，再也无法像战前一样维持为青年工作志愿服务的投入。过去富裕阶级参加的志愿服务，逐渐扩大到普通工商业阶层。平民出身的志愿工作者成为了青年工作领域里的一员，并越来越多地担任管理领导职位。

随着世界大战的爆发，志愿机构开展青年工作一枝独秀的局面开始出

① Bernard & Emily. Youth Woke Practice within Integrated Youth Support Service [M] // Davies B. What Is Youth Work. Exeter: Learning Matters, 2010.

② Davies B. What Is Youth Work [M]. Exeter: Learning Matters, 2010.

③ Davies B. From Thatcherism to New Labour—A History of the Youth Service in England [M]. Leicester: Youth Work Press, 1999.

现变化。以 1486 号文件为标志，国家正式介入了青年工作领域。一开始，志愿组织对于政府从事青年工作保持相当的戒备，如 1936 年专门成立了 SCNVYO 组织表达了他们对任何形式的强制措施的反对意见，并重申青年工作的一个核心要素——多元化和竞争性的价值观，抵制国家机器对青年工作的干涉。对于社会组织希望保持和捍卫青年工作志愿服务的传统，国家机构也予以理解和尊重，并一再表示法定青年工作仅仅是志愿青年工作的补充，只是去弥补那些没有被志愿组织覆盖的工作领域。总的说来，在 20 世纪上半叶，志愿组织的青年工作的独立性得到承认，并占据绝对主导的地位。

另外，从 1939 年的 1486 号文件问世以来的七八十年间，这些传统的青年工作志愿服务组织也一步步地妥协和接受国家法定机构作为青年工作的合作伙伴关系和地位。特别是 1960 年后因为艾伯马报告的出台，法定机构获得更多的财政资源，势力不断增强，逐渐取代志愿组织成为青年工作的指挥者。志愿组织则慢慢变成国家或地方政府的客户对象，它们中大多数不得不依赖于政府公共资金来实现发展，甚至维持基本运行。

1966 年，费尔布莱恩就对志愿服务和国家专职工作之间的力量变化做了清晰的说明，随着国家公权力对于青年工作的主导加强和公职人员在工作队伍中的壮大，志愿组织必须认识到政府机构已经越来越迫不及待地要成为青年工作领域的支柱力量。①

自从青年工作逐渐形成志愿组织和法定机构两套工作机制，有关两者之间的互动和联系，便成为各方研究和评论的话题。通常，政府当局出台的各种报告文件中，对青年工作志愿组织和法定机构两者的关系持一种积极肯定的态度，认为志愿组织和法定机构，尤其和地方当局之间的合作进行得非常顺利，即便存在某些分歧也无碍大局。与此相反，不同时期总会有学者毫不客气地指出两者之间的暗潮涌动。早在 1948 年就有学者批评当时的地方教育主管部门在管理青年工作时，和志愿机构的协商讨论非常有限。1967 年，YSDC 组织的调查结论也指出在志愿组织和法定青年工作部门之间的联系还很不充分。1996 年伦敦的青年工作报告，更是指出两者的冲突进一步加深；虽然，地方当局认为它们在过去五年开展的青年工作活动更多地将志愿组织纳入其中，而志愿组织的看法则是双方的关系基

① Jeffs & Smith. Youth Work Practice [M]. Basinstoke：Palgrave Macmillan，2010.

本没有什么改变。①

志愿组织和法定机构的冲突，有对青年工作基本认识方面的差异，也有在实践中因为资源分配引发的紧张。此外，志愿服务和职业化运作之间意识形态的分野更加隐蔽，特别是基于阶级意识的差异。地方政府机构系统里的青年工作者，属于“公务员”范畴，在那些经营志愿组织的人眼中领取国家薪酬的工作人员，是一群不讨人喜欢的官僚，不太值得信任。

尽管20世纪下半期以来，国家对青年工作的政策制定和实践发展的影响力一再加强，但不管是保守党政府还是工党政府，都没有或者拒绝用正式立法来明确其掌控者的法律地位。国家更多地使用间接的方式来逐步确立其对青年工作的主导。即便是撒切尔夫人对二战后“福利国家”的理念提出挑战，也没有把国家管理者的想法连根拔起。实际上，撒切尔政府加强国家作为社会政策制定者的想法十分明确和坚定。对于青年工作这种社会政策比较边缘的部分，撒切尔政府也积极利用错综复杂的财政杠杆施加了影响。一方面，政府采用财政紧缩政策削减了地方教育经费，减少对青年工作的直接财政支持，另一方面又通过一些特定项目重新将资金注入到青年工作中 。而这些特殊的项目，实际上正是政府部门的真实意图和想法。虽然，当时对青年工作的资金投入相当有限，但其影响非常长远，不仅形成了政府通过项目方式参与青年工作的模式，而且增加了青年工作对象的选择性和特殊性。政府这种非手把手的控制手段，其好处是保持志愿组织的自治性，同时确保地方当局对于本辖区青年工作的引导。

随着青年工作的主导势力从传统志愿机构向国家官僚体系迁移，两者之间的相处越来越“彬彬有礼”，彼此认可了相互之间社会背景的特殊性，但价值观的不同还将继续对它们之间的合作伙伴关系提出挑战。

二　青年工作从大众化走向特殊化

可以说，在整个青年工作历史进程中，自愿参与是青年工作最基本的特征。青年可以自由决定，选择是否参与或离开青年工作活动。这一前提也延伸出青年工作另外的一个核心特征，即青年工作包括非正式教育，作为一个普遍性工作措施，应当不分对象，对所有青年群体开放。虽然青年

① Davies B. From Thatcherism to New Labour—A History of the Youth Service in England［M］. Leicester：Youth Work Press，1999.

工作组织机构都一再强调其服务工作面向所有青年，但事实远非它们在章程中的表述那样简单。

最早的志愿青年工作组织如 YMCA、YWCA 等，实际上都有各自重点关照的工作对象，主要是那些在城市贫民窟和欠发达地区生活的年轻人。① 后来相继成立的志愿组织也同样关心其工作针对的是什么样的青年人群，包括他们的数量、性别、家庭背景等。

同样，法定机构的青年工作对于是要向所有青年提供服务，还是重点针对特殊人群，在不同时期也有不同倾向。第二次世界大战结束后，因为冷战思维的影响，为了对抗共产主义阵营，英国政府非常强调通过青年工作向所有青年宣传和维护其“民主国家”的政治传统，十分看重青年工作对象的普遍性。后来的艾伯马报告也声明青年工作应当坚持其普遍开放性的特征，认为不能将青年工作看作一种让无所事事的青年从大街上消失，或对付那些问题青年的管控手段。

但是，这种情形随着时代发展逐步发生改变。从 20 世纪 70 年代开始，国家对青年工作的总体期望开始倾斜，越来越注重青年工作对象的特殊性和选择性。比如，1975 年的工党政府要求青年工作要集中关注那些极度贫穷的下层青年。撒切尔时期，因为当时经济紧缩的状况，以及不断增加的对青年问题的担忧，国家要求青年工作应当着重于满足社会需求的领域，更多将失业青年纳入其中，投入更多资源到青年劳动技能培训。新世纪的工党政府同样延续了这一作风。虽然其开展的“联合服务”项目，名义上宣称是面向所有青年的信息、建议和指导工作，但实际工作流程直接指向的恰恰是其政治方案中的针对目标——失学无业青年。

英国中央政府对于青年工作对象的选择性要求，并没有直接用法律文件的形式表示出来，而是以一种比较隐蔽的方式来实现其主张。政府通过公共资金配置，比如用向地方当局拨款的比例来直接影响地方政府内的青年工作布局，同时也间接地将各地的志愿青年工作组织纳入到整个社会政策架构中。

如此看来，青年工作不再是如它的满怀理想主义色彩的先行者在开创这一事业时所倡导的，对所有青年一视同仁开放的工作理念。从大半个世纪的统计数据看，总体上积极参与青年工作活动的青年人数比例，基本保

① Jeffs & Smith. Youth Work Practice [M]. Basinstoke: Palgrave Macmillan, 2010.

持在30%左右。[①] 由此也说明了青年工作的开展，并没有能够吸引到足够广泛的青年人群，还不够超越不同的社会人口结构。因此，在艾伯马报告之后，青年工作才相继用不同词汇，如“未接触”（unattached），“未影响”（disaffected），“社会隔离”（socially excluded）等，表明那些一直没有被青年工作触及的人群.

三 青年工作从教育性走向干预性

关于青年工作的教育性和干预性之间的对立，可以看作是成人社会如何认识青年的观念差异。在整个青年工作的发展历史中，对于青年的基本看法有两大类：或是认为青年先天不足，又或坚信青年有无限潜力。

正如前面在大众化和特殊化冲突中已经提及的，最初的青年工作一开始主要针对中下阶层的青年，被社会忽视的贫穷生存状况的救赎。这些开拓者们其实也可以看作是19世纪“救助孩子”运动的一部分。在这个社会运动中，或明或暗地存在两种相互冲突的出发点和动机：青年自身存在的先天缺陷和不足以及社会经济制度对青年生活际遇的决定作用。

于是，在青年工作的实践中便出现了两种模式。有一部分青年工作者，可能会强调和敦促青年养成健康德性的生活方式，如保持个人卫生，勤换鞋袜，又或通过不同方式将青年（尤其是男孩）从麻烦中解救出来，或要求女孩子们保持“纯洁”的品质。不过，另一部分青年工作者并不认为这些青年有与生俱来，无法挽救的个人缺陷，更加强调青年具有的潜力。持有这种观念的青年工作者，不论其工作动力来源于宗教信仰、政治抱负还是后来的职业操守，他们的工作注意力都集中在如何努力通过青年工作，将青年拥有的无限可能性，以及未开发的才能解放出来。[②] 正是在这种思潮的影响下，青年工作后来会提出“参与”和“赋权”等主张。

20世纪40年代国家机构从事的法定青年工作逐步展开。纵观整个发展过程，虽然各个时期关于青年工作的提法有所不同，但青年工作始终被看作英国教育制度的组成部分。通过青年工作为青年提供服务，是英国地

---

① Jeffs & Smith. Youth Work Practice [M]. Basinstoke: Palgrave Macmillan, 2010.

② Davies B. From Thatcherism to New Labour—A History of the Youth Service in England [M]. Leicester: Youth Work Press, 1999.

方教育部门应履行的职责。1940 年 1516 号文件，1944 年的教育法案都将青年工作作为向青年提供社交、身体方面的训练，发展青年的生理、情感和思想的一种教育机会和方式。后来的政府文件和报告一直保持了青年工作的这一教育职责，重视将青年视为独立的个体，通过青年工作的非正式教育让青年得到个人能力和资源的发展，从而承担公民责任。

20 世纪 70 年代，英国国内开始强调青年工作针对特定的目标人群，对青年工作的总体期望开始变化，越来越注重青年工作对象的特殊性和选择性。国家主导下的青年工作往往在实际中更强调青年的不足和缺陷，而不是青年的潜能。所以青年工作才会不断作为解决青年社会问题的治疗方案或中间环节。在 20 世纪 70 年代初，就有一种意见，试图将青年工作合并到当时成立不久的社会服务部门中。尽管这个建议没有变为政治现实，但还是有人认为青年工作有偏离核心教育功能的危险。

是坚持认为青年一代有无穷潜力，只是因为社会制度不合理带来了对青年的压迫，需要通过青年工作的非正式教育实现青年个人成长和社会发展；还是认为，青年一代本身有许多缺陷，存在道德崩溃的风险，需要通过青年工作对之进行挽救，让青年适应社会规范。两种观念的碰撞，也深深影响到实践中关于青年工作的基本方法。青年工作的一种理想化方式是以需求为引导，即青年工作要对青年有吸引力，产生实际作用，必须直接以青年的兴趣和关注点出发。另一种工作方式则是以社会问题为导向，强调青年工作首先关注关系到青年的重要社会议题，尤其是当时的英国青年体验最强烈的社会歧视和压迫问题。

这种争议也带来了意外收获。比如，坚持以需求为指引的青年工作模式，间接地捍卫了以人为本的教育理念和原则；鼓吹以社会问题为基础的青年工作，也很好地回击了政治正确性的舆论指责，让青年工作积极面对社会上一些个人偏见和制度歧视。他们的努力结果正好为 1990 年讨论青年工作的宗旨，做了很好的铺垫。

1990 年第二次青年工作部长级会议，通过各方青年工作者的努力，最后通过了一个关于青年工作主旨的正式声明。在这个青年工作用来反对种族主义、性别歧视的文件里，同时提出和承认了这样一个观点：看上去纯粹个人的经历，其形成并不是单纯个体造就的，不是一个所谓绝对自主的公民通过一个个任意的选择形成的结果；这些个人选择，都是深受他们所处的社会制度和社会结构的影响。①

四 青年工作从单一走向整合

20世纪七八十年代，英国青年工作开始向社区发展拓展，并逐渐和解决青年就业等社会措施联系在一起，青年工作的职业定位和价值功能从最初单纯地为青年提供社会教育和支持帮助，向多机构多部门协作整合演变。新工党上台之初，就对英国公共服务的现状提出批评，认为其机构臃肿，条块分割，不能满足公众的需要。英国教育部在2003年的《每个孩子都重要》的绿皮书中，建议地方当局对青少年儿童工作进行整合，并且特别强调青年工作部分。正如英国学者Bernard和Emily所说的："这一次，当教育大臣说'整合'一词时，他们是真的要整合——（要求）地方教育、社会工作、儿童医疗以及其他一些如（防治）青少年犯罪等社会服务面对面一起工作。"②

英国政府在《青年重要》（2005年）和《青年重要的下一步》（2006年），以及《2006年教育和督查法案》中明确希望地方当局建立青年综合支持服务体系（简称IYSS）。这些法律文件没有对青年综合支持服务体系给出十分具体的设定，如何操作给了地方政府很大的选择余地。大体说来，有两种地方模式比较引人注意。

一种是以原有的青年中心为枢纽，建立一个功能更强大的超级青年中心（Youth Hub）。这个超级中心，除了青年工作者可以继续开展传统青年活动和教育外，还为其他相关职业提供场所开展工作（见图2-1）。这样的工作模式为青年工作的整合提供了非常好的空间。以具体个案为例，一位名叫Emmanuel的青年每星期会主动到青年中心一、两次，近段时间以来青年工作者发现他情绪低落，遇到很多麻烦，很可能和他的母亲有关。中心工作人员非常想知道是什么原因让Emmanuel的行为发生异常，到底他有什么需要。于是青年工作者通过超级中心的IYSS这个系统，

① Young K. Youth Work：Core Purpose，Principle & Practice ［D］. Leicester：De Montfort University，2003.

② Bernard & Emily. Youth Woke Practice within Integrated Youth Support Service ［M］ // Davies B. What Is Youth Work. Exeter：Learning Matters，2010.

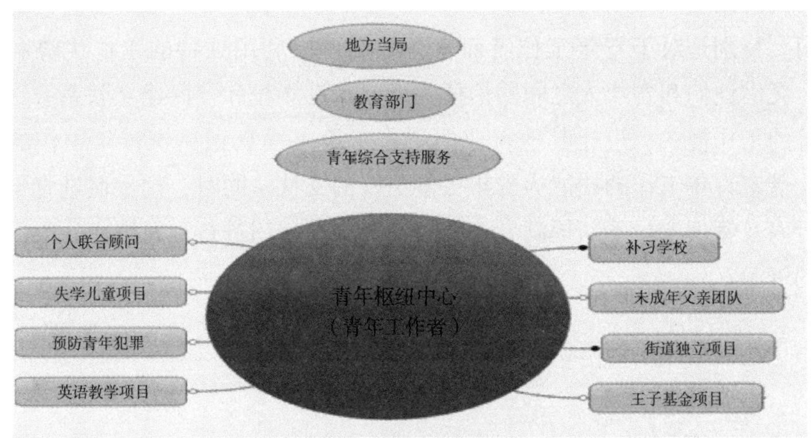

图 2-1 超级青年中心（IYSS）模式①

可以非常方便地与 Emmanuel 家的社工取得联系，交换看法，并提请社工注意 Emmanuel 家的问题。如有必要，IYSS 的各方人员还会集中开会，一起对 Emmanuel 的情况进行综合评估，分享彼此信息，制定统一的帮扶计划。②

在英国其他一些地方，如 Bexford，采取了另外一种以学校为基地的 IYSS 模式。对普通青年提供的青年工作仍由政府的青年服务部门和社会志愿组织负责，同时成立一个专为 IYSS 服务的骨干团队，主要为有特殊需要的青年提供支持。这个团队隶属于当地教育部门，其团队成员包括了青年工作和社会服务等多个职业领域（见图 2-2）。Bexford 的地方当局选择学校作为 IYSS 的基地，其目的也是为了让更多的学生享受到青年服务，毕竟这个年龄段的年轻人绝大多数都在求学，学校（老师）也比较熟悉和了解他们的需要，而主动去青年中心的青年比例相对低得多。

显然，不管以上哪种统筹模式对青年工作的影响都不是单方面的。英国德蒙福特大学的 Davies 和 Merton 的研究结果，指出了 IYSS 对青年工作

---

① Bernard & Emily. Youth Woke Practice within Integrated Youth Support Service［M］// Davies B. What Is Youth Work. Exeter：Learning Matters，2010，p，88.

② Bernard & Emily. Youth Woke Practice within Integrated Youth Support Service［M］// Davies B. What Is Youth Work. Exeter：Learning Matters，2010，p. 74.

影响的两面性①。从好的方面讲，职业整合为青年打开了更多得到帮助的大门。特别是对于青年工作者而言，他们可以利用独特的工作优势和能力，凭借他们和青年人之间的信任关系，帮助学校和社区建立联系。这种统筹的工作模式，也让其他行业的工作者第一次真正见识青年工作的优势，借鉴青年工作的技能为青年提供更好的支持。同时，这也促进青年工作者以及管理人员不断提高专业能力，和其他部门进行沟通协商，争取更多的资源。

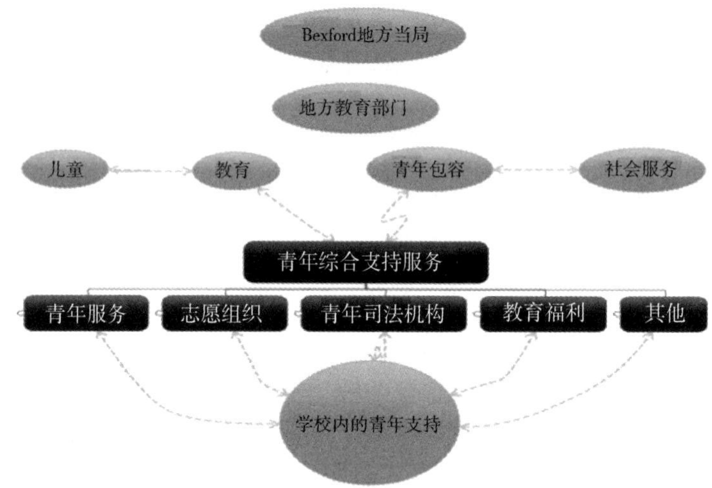

图 2-2 Bexford 地方当局的 IYSS 模式②

另外，新的整合趋势也对青年工作的传统观念带来了很大冲击。有很多人就表示，IYSS 方案的实施让青年工作越来越远离教育功能，传统青年工作强调的对青年开展社会教育的目的和方式有被边缘化的危险。有些地方的青年工作只是在学生无法完成学校教学要求时，为他们提供教育帮助；有些地方的青年工作越来越变成社会工作的部分，要么从事青少年收养，要么关注青少年行为矫正，或儿童权益保护。此外，这种职业整合还可能对青年工作坚持的自愿参与原则提出挑战。例如，有的青年因为违法

① Davies & Merton. Squaring the Circle：the State of Youth Work in Some Children and Young People's service［J］. Youth & Policy，2009.

② Bernard & Emily. Youth Woke Practice within Integrated Youth Support Service［M］// Davies B. What Is Youth Work. Exeter：Learning Matters，2010.

犯罪可能会被法庭判处一定时间的社会服务。青少年司法机构就会强制要求他们参加青年工作开展的活动或作为志愿者帮助青年工作者；青年工作者负责向有关当局报告青年的行为表现。这种做法对于防治青少年犯罪的积极意义不言而喻，但和传统青年工作强调青年自愿参与和保护青年隐私的观念，则有很大冲突。

五　青年工作从定性走向定量

20 世纪下半叶，英国青年工作在发展演变中除了追求青年工作者和青年人之间建立起友好互信的交往关系，越来越注重青年工作去解决社会现实矛盾和青年问题，将量化管理模式引入青年工作，带动了青年工作从定性向定量的重大转变。1997 年工党政府上台时承诺改善公共服务的质量和效率，提出“新公共管理”的口号，使用现代化的管理技术改革公共服务。新公共管理的决策从英国中央政府，逐渐推向地方当局，并蔓延到政府相关专业领域，如教师、社会工作者、医生以及青年工作者。2001 年的《改革青年工作》和 2002 年的《青年服务的资源优化》里，中央政府都明确表示要提高青年工作的标准，并且要求青年工作拿出“证据”来获取更多的公共投入。历史上，第一次出现中央政府为所有的地方青年工作订立工作指标。地方当局要完成的青年工作任务，可以用四个最基本的量化指标反映出来：（1）青年工作接触 13—19 岁人群的比例达到 25%；（2）13—19 岁人群参与青年工作活动的比例达到 15%；（3）60%的青年参与者要有书面记录；（4）30%的青年参与者取得正式认可的结果。[①] 接着，地方政府又进一步希望青年工作能够对一些具体的社会问题作出贡献，提出了另外一些任务指标——降低 18 岁以下少女的怀孕率、降低青年滥用药物的比例、减少 16—18 岁青年失学无业的比例，以及降低青少年违法犯罪的比例。

政府的这种量化管理方式对英国青年工作产生了非常大的影响，在从业人员中引起不同反应。英国学者 Raij、Spence 和 Davies 等人的研究，反映出青年工作的负责人和管理人员对于量化管理投入了更多的精力，比起

① Department for Education and Employment. Transforming Youth Work. Developing Youth Work for Young People. London：DfEE，2001.

一般青年工作者对指标化更加认同①。青年工作管理人员认为指标化能够更好地反映出青年工作取得的实效，易于向投资人、政治家和社会大众展示自己的工作成果，增加了青年工作的可信度。另外，青年工作的管理人员担心青年工作者会对量化指标有抵触，不能全身心地去完成任务，一旦这样势必会妨碍青年工作未来的资金投入的获得。

青年工作的一线人员对于指标化管理趋势的态度比较纠结。他们承认这是提高青年工作水准的一种方式，但对指标化管理也存有异议，主要体现在两个方面。青年工作者坚持认为青年工作是一个帮助青年成长的过程，而非达到一个预设的目标。青年工作通过青年工作者和青年人之间在相互尊重和信任基础上建立起的关系来开展工作。这种特殊的关系不是可以用数字反映出来的。青年工作者普遍希望他们在工作时，其注意力可以集中在如何与青年建立交往以及他们的成长方面，而不必拿出很多精力去完成书面记录和数据统计。实际上，因为工作人员得花时间去完成考核必需的书面文字工作，使得青年中心开放的时间缩短了，活动项目也减少了。这些文字材料未必能反映青年工作的真实情况，就像有的青年工作者表示的“（我认为）对于这些记录结果的解释和说明在各地有非常明显的差异，缺乏严谨性和一致性”。另外，青年工作者认为指标量化管理使青年工作的注意力放在了“问题青年”群体上面，让过去通过俱乐部或青年中心面向所有青年提供非正式教育的传统受到削减，甚至让大众化的、灵活有弹性的志愿性质的青年工作有消失的可能。政府资源向特殊目标人群的倾斜，使得青年工作不能像过去一样成为开发青年潜力的社会教育方式，而变成一种纠正青年缺陷和不足的消极防范手段。

青年工作和其他社会事物一样，伴随着社会生活方方面面的变化而出现新的表现形式，从来不会以一成不变的模式出现。它的发展过程，总是伴随着各种争议和矛盾。正如 Bernard 在解释什么是青年工作时说道：“好的青年工作和爵士乐一样，自身充满着各种矛盾。青年工作一方面要做好准备工作，遵守职业规范，同时又要能即席发挥、灵活应变。（青年工作者）要对他人的言行举止有敏锐的反应，又要能表达出自己的目的、

① Raij L. Targeting for Youth Workers［M］// Davies B. What Is Youth Work. Exeter：Learning Matters，2010.

观点、思想和情感。”①

青年工作在历史嬗变中出现的五个方面的理念和实践冲突紧张，也可看作是理想青年工作和现实青年工作两种价值观之间的对立。理想化的青年工作秉承了许多激进教育流派的思想，可以称之为是批判主义的青年工作。它从批判现实出发，着眼于青年群体受到的社会压迫和歧视，希望通过团体联合实现解放青年，发挥青年潜能的目的。现实主义的青年工作从社会实际状况出发，为实现政治经济的和谐发展而对青年进行社会教化，达成青年适应社会良好的目的，特别重视对问题青年的挽救。两者之间没有绝对对错，有时它们立场会鲜明对立，互相指责对方想法天真或肤浅虚伪，同时又会彼此学习和妥协，推动青年工作不断发展和完善（见图 2-3）。

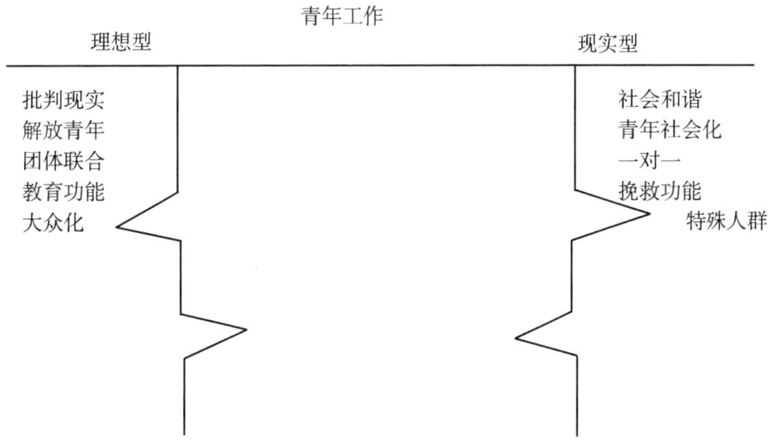

图 2-3　理想青年工作和现实青年工作

本章小结

• 现代青年工作产生于 19 世纪中晚期，工业革命带来英国社会结构和青年人生活的剧烈变化，一些宗教慈善团体开始为青年人提供教育服务。20 世纪前半叶的世界大战催化出法定青年工作，英国政府颁发 1486

① Davies B. Youth Work：A Manifesto for Our Times［J］. Youth & Policy，2005.

号文件后，地方教育主管部门正式涉足青年工作。

- 20 世纪下半叶是英国青年工作成型的关键时期。经过 20 世纪 50 年代的低迷停顿，英国青年工作在 60 年代迎来大规模发展，并在随后几十年不断深化工作主题、拓展工作功能，逐步达成青年工作基本共识。
- 21 世纪初，英国青年工作在新形势下进行变革。工党执政期间加强对青年工作的集中领导和标准化管理，而保守党内阁从树立青年的积极形象出发，大大提高青年工作的社会化程度。新世纪的英国青年工作通过不同职业部门间的整合，更多关注和应对问题青年和边缘人群。
- 横跨三个世纪的发展历程，英国青年工作反映出五个方面的演变趋势：从社会自发到政府自觉，从大众化到特殊化，从教育型到挽救型，从单一到整合，从定性到定量。

延伸阅读 1

爱丁堡公爵奖

爱丁堡公爵奖（Duke of Eidinburgh Award，简称 DofE）是以英国爱丁堡公爵菲利普王子名字命名的青年成长表彰项目。这项青年计划主要是对英国青年完成一系列自我提高的训练过程给予认可和奖励，后逐渐推广到其他 140 多个国家和地区。爱丁堡公爵奖最早出现在 1956 年 2 月，最初只是针对 15—18 岁的男孩，后来该项计划同样面向女性，年龄也逐渐扩大至 14—25 岁。

DofE 计划一般需要参与者历经一到四年时间完成，但最迟不得超过 25 岁周岁。青年参与者在成人（通常是青年工作者）的帮助下，通过自己努力达到相应要求，依据自己的完成情况可以得到三个等级的奖励：金奖、银奖和铜奖。青年在成人的指导和帮助下，需要在志愿服务、体育锻炼、技能培训和户外探险四个方面分别进行相关的活动和锻炼。

志愿服务。DofE 认为青年作为社会的一分子，有责任互相帮助，不计报酬贡献自己的时间和精力。青年参加志愿服务的形式多样，可以是环境保护、爱护动物、筹集善款、应急救援等。通过志愿服务，让青年有机会为自己的社区作出贡献，提高自信，增加责任意识，接触到平常难以联系的人群。

技能培训。DofE 提供给青年各种机会，去学习和发展各种实践技能和社交手段。青年可以自己选择感兴趣的爱好和活动，每周花一个小时的时间去提高这方面的特长，例如弹奏乐器、驾驶车辆、戏剧表演等，在一定期间内保持自己的兴趣并有所提高。青年达到最低标准的时间要求后，会有专业人士对青年的活动态度、行为表现和技能成果进行评价。

体育锻炼。青年和小组的指导者商量后，可以选择自己擅长的或感兴趣的体育活动项目，每周进行大约一个小时的锻炼，在达到基本要求的时间后，可以得到自己表现和成绩的测评结果。有的青年只是单纯地参与体育活动，有的人以此作为争取国家认可的奖章为目的。

户外探险。探险这个部分主要是为了鼓励英国青年的冒险精神，勇于发现未知世界。青年事先接受必要的紧急救援、野营技能的训练，在正式进行探险之前还要积累足够的实践经验，确保青年能够独自胜任最后的探险旅程，保证自己的人身安全。

要获得金奖的认可，还要在前面四项基础上，增加一项宿营活动。青年离开自己的家，到一个陌生的地方，和其他人一道参加特殊的课程或共同完成一项活动。通过这个任务，让青年有机会认识新的朋友，建立新的人际关系，学会团队工作。一般的宿营至少需要五天时间。

为了获得金、银、铜奖励和认可，参与者必须在他人的监督下在每个部分和序列完成最低的时间要求，而且不同奖励等级要求青年投入的时间期限长短不同，铜奖要求是3—6个月、银奖的要求是6—9个月、金奖的要求是12—18个月，每周参加具体项目的时间一般是一个小时。

爱丁堡公爵奖在英国有超过1100个合作中心，包括学校、青年俱乐部和商业机构。总计有超过500万青年参加过DofE计划，仅2013年就有30万青年参加DofE组织的各项活动。爱丁堡公爵奖，尤其是金奖，对于获奖者而言，是很大的荣誉。获奖者在申请欧美名牌大学的入学许可和奖学金上，在工作职位的申请上，都会被认可和优先考虑。因为获得这个奖励的人，被认为具备了服务社会，承担责任，勇于挑战自我的潜能。

延伸阅读2

批判性青年工作的历史演变

关于英国青年工作的历史渊源和产生发展，有一种观点把它和社会批判，激进运动联系起来。早在中世纪，主张社会变革的激进教育（radical education）就开始在英国社会土壤中萌生出来，距今已超过500年。

历史上，很多有关教育制度的观念与主张变革的社会斗争，有很紧密的联系。在工业革命之前，一种观点认为教育主要是确保将圣经教义在英格兰普及推广，通过进步性的改良运动推动教会服务工作。在这期间，有些人提出了一些尖锐的问题：为什么有人拥有财富，而有些人却一无所有；为什么有人拥有支配他人的权力；为什么社会存在着阶级分化。这种反封建主义和反资本主义的激进传统，被一些革命组织团体保存发展。

劳埃德组织（Lollard）是这些早期激进组织的其中代表，其领导人John Wycliffe，是圣经早期翻译者之一。Lollard组建了他们自己的“学校”，并成为反主流文化的雏形地。它反对天主教的等级制度，主张将组织的参与者，如仆人、裁缝、农民、纺织者等，直接与上帝福音发生联系。当然，这些组织及其主张被看作是对当时社会既存秩序的直接而危险的挑战。因此，英国一些学者认为，包括青年工作在内的所有具有解放性质的教育活动都与起源于14世纪的批判性教育学习实践有某种关联。左派学者Nichlolls坚持认为，将青年工作的产生与教会布道以及将普通人的生活引入传统救世的发展路径，是错误的观点；青年工作渊源于古老的激进主义传统。

这些激进的传道者、教育家宣扬反抗主义诗歌、思想和行为实践，他们可以看作是那个时代的社会主义教育者，积极寻找贫穷形成的根源，力图克服经济分化。伴随着思想观念以及出版物的传播，到1649年英国光荣革命时，激进的民主运动和左翼宗教团体积极投入到思想斗争中去，用雄辩而平实的语言宣扬其观点，并通过印发手册在群众中传播。

这一传统在工业化革命之前一直得以延续。星期日学校让数辈人得到知识启蒙，其中包括早期的工会组织者。左翼宗教团体发扬人道主义传统，反抗由天主教教会和君主制定的社会秩序。这种非正式教育对于早期工会组织和社会改良运动的意义非常重要。不难理解，Thomsa Paine的《人的权利》何以在很短时间内就被复印成千上万册。

进入大规模工业化生产，为了生存和自由的公立教育成为社会的重要制度。资产阶级慈善家们延续了为城市穷人提供教育与社区发展服务的传统。社会改良家们也积极加入其中，并将挑战传统戒律的思想教育和社会改良方向联系起来。工会开始建立图书馆，开设教育训练课程。群众性的左派读书俱乐部成立了，出现了一些社会主义学习小组。Robert Blatchford建立起英国最早的童子军组织，在警察、军队等人群中大力传播类似社会主义理想，并将年轻人送到各地的工厂去宣传社会改良思想。

到了20世纪，社会主义和工会学习规划方案得到很好的发展，创新出更多的艺术表现形式，如群众教育、社会主义者戏剧、合唱团、政治歌曲。此外，政党纪律学习和新的科学社会主义书籍以及社会主义书店网络，也相继出现。工会组织成员学习研究资本的性质、剩余价值的产生。工人阶级接触到更多的社会主义教育，积极参与社会改良的斗争。

• 在这个过程中，许多教育学家的思想观点被青年工作的非正式教育吸收借鉴，不断完善青年工作的方式方法，使非正式教育者和学习者更具活力。那种官僚化的公立教育体制，特别是为了生产和再生产劳动力的工厂式教育，受到了激进主义者的批判。通过数十年左派和工人阶级的努力，青年工作和工会教育、批判性成人教育、社区工作等一道，将学习延伸到了学校教室之外。这种教育大大解放了人的头脑，在国家公立教育制度之外为青年提供了另一种教育模式。

第二章

英国青年工作的理论概述

第一章概要地勾勒出自19世纪以来英国青年工作的产生、发展的基本路线及各个时期青年工作的特征。历史的回顾使我们看到英国青年工作在演变过程中逐渐形成一套完备的理论主张。尽管英国青年工作的理论研究大大晚于其工作实践，但近半个多世纪以来英国学者加强了青年工作的学术探讨，逐步形成了科学、规范、系统的研究成果。本章首先介绍对英国青年工作形成发展影响深远的学理背景，重点阐述英国青年工作的理论原则，最后对其实施过程中的基本范畴进行抽象解析。

第一节　英国青年工作的学理渊源

英国青年工作的形成和发展不仅有其特有的历史背景和社会条件，也离不开一定的理论依据。英国青年工作是在大规模工业化和现代化进程中，社会组织和政府机构为了适应社会变化和解决各种青年问题而进行的社会实践活动，其本质内涵和具体表现深受社会学、教育学和心理学等相关学科的思想观念影响。

一　社会学知识背景

关于社会学理论，英国学术界简要地将其划分为两大门类：宏观社会学和微观社会学。宏观社会学着重社会结构角度，研究的重点是社会制度，即将社会看作是一个联系紧密的整体结构，其研究方法倾向于通过对社会现实的收集去发现社会。微观社会学研究着重行为角度，认为社会是人类行为的结果，研究重点是个体和人与人之间的关系，其研究方法往往是关注个人对其社会生活的解释来分析社会。① 他们中的一些代表性观点学说深深影响青年工作实践，特别是如何理解青年人愿否接受教育，青年为什么吸毒，未婚生育，以及如何学会成为社会公民，等等。

（一）宏观社会学

宏观社会学重点研究社会制度，把社会看作是有机整体，社会事件可以用它们与社会体制的存在加以解释说明。这一学派的社会学家认为对人类行为的解释不能从其个人经历中加以说明，必须去发现和审视超出我们控制的客观力量，这些力量可以从语言体系，意识形态和政治制度中去发现。其中，宏观社会学又可以分为两个主要研究视角和立场：和谐型和冲突型。均衡—冲突的前提预设，决定了人们对社会结构和功能的整合与分化以及对社会治理的不同态度，社会均衡论和冲突理论是其现代标本，社会系统论则是其综合形式。

1. 均衡论

社会均衡论提出了一个理论假设和共同的价值观念，功能主义（functionalism）是其主要代表。简单地说，这种学说将社会比作人的身体，不同的器官有不同的功能。比方说，家庭就被看成是执行人的繁殖功能，教堂发挥着促进和提升道德价值的功能，司法体系规制着社会秩序，经济制度则具备食物供给的功能。

涂尔曼（Durkheim）作为功能主义的代表，其学说鲜明地体现了调和色彩。和早期的其他社会学家一样，涂尔曼认为社会变化是由工业化带来的。他界定了社会统一的概念，并认为工业化前的社会统一是机械性的，建立在社会个体持有共同的身份角色、思想观念和价值观基础上。到工业化社会，社会统一稳定则是有机构成的，建立在差异之上。为了提供社会所需的产品，社会成员需要扮演不同角色，并相互配合。这种有机的社会团体通过复杂的劳动力分工，需要有道德约束的高层次的个人主义来规范不同职业之间的人际关系交往。涂尔曼指出对于社会个体而言，社会制度发挥的作用并不清晰。他关于自杀的研究成果表明他认为社会角色是人的行为决定因素，而不是人的主观动机。

随着人类学家关于人类进化的研究深入，功能主义学派在 20 世纪

① Chris Parkin. Using Social Theory in Using Theory in *Youth and Community Work Practice* (Buchroth, Ilona, Parkin, Chris edn) [M]. Exter: Learing Matters, 2010.

30—60 年代迎来了大发展。以帕森斯（Talcott Parsons）为代表的结构功能主义认为，社会运行需要四个先决条件，因此社会制度相应地具备四种功能。具体而言：适应功能，即社会满足其成员的生理需求，生产维持人类延续所必需的资料，如经济制度；目标达成功能，即建立起统一的社会重心和相互配合的行为达成目的，如政治制度；整合功能，即通过建立起规则、制度，来减少冲突，如宗教、法律、司法制度；模式维持功能，即潜在的社会化过程，通过对社会规范的了解、掌握和服从，保持其社会成员的活力和热情。Parsons 继而指出了社会机构如何形成和运行的规律。他特别强调共同的社会价值体系对维持社会秩序的重要性。Parsons 的追随者 Robert Merton 在前人理论之上，还提出了去功能化观点。如某些功能会产生意想不到的结果，来抵消其应有效用。如社会福利制度，本是为了满足失业或残疾人员的需要，但也带来了社会依赖问题。①

2. 冲突论

持冲突论的思想家认为社会是由不同利益集团组成的，它们之间的矛盾是社会延续的基本特征，并不断地在社会制度的各个方面重复，代表人物有女权主义者，以及葛来西、布尔迪厄等。以上这些学者观点里面有不少受到马克思哲学思想的影响，认为社会制度的其他方面都与经济制度息息相关。

德国社会学家韦伯被西方认为是当代马克思主义者，但他强调个体的作用，把社会个体看作是有理性的，有某种动机的行为者，个体的角色是社会历史发展的中心。他认为行为的发生发展是有社会背景的，经济结构虽然很重要但并非唯一要素。韦伯提出了一个关键概念即“Verstehen”，为了理解个人行为必须要考虑其目的。他分析了一些典型行为：感性行为是个人情感状态的结果；经常性行为是个人习惯的结果；理性行为是个人认识到其想要取得的目标的结果。韦伯倡导一种“理解的社会学”观点，他把社会学的研究对象规定为社会行动者的“主观意义”，即驱使人们实施社会行动的动机和价值取向，并认为个人是社会学分析的最基本单位。他基于对自然现象与社会现象的区分，主张通过“理想类型”的纯粹主观思想建构，借助价值关联对行动者的主观动机进行理解，同时排除价值干扰对社会行动的客观可能性和因果性作出解释。韦伯的“理解”方法

① Worsley P. The New Introducing Sociology [M], Harmondsworth: Penguin, 1988.

既是“理解性的解释”，又是“解释性的理解”。[①] 韦伯的理论促使后来的学者发展社会行为理论。

葛兰西的“文化霸权”思想对英国青年工作的影响也比较大。葛兰西始终把文学艺术作为文化的一部分或一方面来进行研究，目的就在于把这种建立新艺术的斗争，与创立新文化的斗争，同改造人类自身的斗争融为一体，从而建立一种新的精神生活和感受、认识现实的方式。葛兰西这样描述他的文艺—文化观：“艺术始终同一定的文化或文明休戚相关，为改革文化而进行的斗争势必导致改变艺术的内容，人们不应当谋求从外部去创立新的艺术（例如提倡教诲性的、宣传性的、道德说教式的艺术），而须从自身开始，因为人的情感、观念和关系一旦改变，作为这一切的必然体现者——人，自然随之整个地改观。”[②]葛兰西将文艺的社会功用问题与意识形态理论相结合，并且将文化作为意识形态理论的核心内容，把以非暴力方式表现出来的文化控制作为一种极其重要的权力运作方式加以考察。他将文化，包括文艺，视为相对于强制性国家机器而言的隐蔽的专制统治方式，从而形成了一定社会形态下，某一社会集团在思想、意识、文化、道德等方面的领导权，葛兰西称之为“文化霸权”。葛兰西同时又指出，这种文化霸权的获得，并不是通过简单的强制和压迫手段来进行的。霸权的形成需要以被统治者自愿地接受和赞同作为前提，依赖于达成某种一致的舆论、世界观和社会准则，并且存在着一个斗争、冲突、平衡、妥协的复杂过程。[③]

女性主义有许多学说分支，但无一例外是冲突论的代表学说。就女性主义而言，社会是由父权组织所主导的，社会矛盾的来源是对女性的剥削所致。女性主义有许多不同的研究角度，如批判女性主义、社会主义女性主义、黑人女性主义和自由女性主义，观点的差异主要体现在对性别不平等的根源和解决方式的不同。批判女性主义者认为男性是妇女遭受到性别不平等的根源，因此需要用激进的社会变革来克服对妇女的压迫。社会主义女性主义将资本主义制度视作压迫妇女的主要根源，整个社会体制都得

① Chris Parkin. Using Social Theory in Using Theory in *Youth and Community Work Practice* (Buchroth, Ilona, Parkin, Chris edn) [M]. Exter: Learing Matters, 2010.

② ［意］安东尼奥·葛兰西：《论文学》，吕同六译，人民出版社 1988 年版。

③ 李震：《葛兰西的文化霸权理论》，《学海》2004 年第 3 期。

益于妇女无报酬的劳动工作；所以为了提高女性的社会地位必须改革现行的社会制度。自由主义女性主义者认为不论男性和女性都是性别不平等的受害者，要解决这个矛盾需要通过一个渐进的社会改良过程，例如通过立法，反性别歧视法案。黑人女性主义者关注的是黑人妇女面临的特殊问题，往往在其他女性主义者或反种族歧视运动中没有提及的问题。

（二）微观社会学

微观社会学又称为社会行为学，主张社会结构是由于个体行为引起的。社会行为学理论和社会结构理论之间的界限比较模糊，实际上涂尔曼的著作常常被社会行为理论的学者所引述，韦伯的观点同样促进了社会行为学的发展。与英国青年工作联系比较紧密的社会行为学主要有两大代表理论。

符号互动论。这个学派出现在 20 世纪 20—30 年代美国社会学家和心理学家的著作中，通过个人对社会行为赋予的意义来解释社会行为，其基本观点是人们通过与其他人的相互交往发展个人同一性，理解社会及公平等观念。早期的倡导者有 Herbert Mead，后 Blurm 又继续发展。Blurm 关注社会分析过程，认为人们的行为是建立在对行为所赋予的意义基础之上，而人与人之间的交往则是这些意义产生出来的关键。行为是解释的主题，随之而来社会网络构成和社会结构都是流动的和可以被再协商的。Erving Goffman 进一步发展，重点研究了人们在何种程度上根据社会情境来实现其角色。这类现象很容易观察到。你可以看到青年人和同伴一起时表现出一种类型的行为模式，而在家中或学校呈现出其他行为方式。许多青年工作者发现这套理论对于从不同角度去探究青年的行为十分有用。例如，当一群青年在一个废弃场所点火时，会有哪些解释呢？或许，他们这样做是在收集垃圾，为了避免居民的埋怨，觉得用燃烧的方法更容易处理垃圾；或许，他们无家可归，用此办法是为了取暖；又或许，临近篝火夜晚，他们提前点燃了夜里的篝火。总之，探明行为背后的意义对青年工作是十分重要的。①

现象学社会学。它是 20 世纪 60 年代后在美国兴起的一种反自然主义的社会学理论。代表人物是移居美国的奥地利哲学家和社会学家舒茨，以

① Chris Parkin. Using Social Theory in Using Theory in *Youth and Community Work Practice* (Buchroth, Ilona, Parkin, Chris edn) [M]. Exter: Learing Matters, 2010.

及倡导民俗学方法论的美国社会学家加芬克尔等人。

舒茨通过对生活世界、主体间性、行动、设计与角色、多重实在等概念的论述，描述了日常生活世界的结构及其基本形式。他的整个学术活动的主要部分用于研究每天运转不息的日常世界的意义构成。在他看来，每个人都是这个日常生活事件构成的、不断发展的世界的组成部分，人们在很大程度上认为世界的实质性存在是不言而喻的。人们的常识使他们预先设定的共同参与和分享的世界是存在的，进而设定人的所有行动在其中发生的日常世界是外在于人们的“彼在”。舒茨在对自我—他人自我、此在—彼在，以及它们在空间视野—时间坐标的描述性分析后指出，所谓的日常世界或生活世界从一开始就是由多重实在构成的主体间性的世界；人们关于这个世界的日常知识从根本上具有主体间性的特征。舒茨把重新建构人们在日常生活中解释自己世界的方式规定为现象学社会学的任务。他把自己的观点称为“自然态度构成的现象学”，实际上它是一种用自然观点研究社会的“社会学的社会学”，即关于人类社会怎样才是可能的知识的社会学。

民俗学方法论的代表加芬克尔试图从经验研究上证实舒茨的观点。按照他的界定，民俗学方法论是指研究作为有组织的、人为的日常生活实践的持续实现之表征性表达和其他实践行动的合理性质。他解释说：“民俗学方法论把日常生活当作使这些活动成为明显合理的和对一切实际目标而言都能成立的社会成员们的方法加以分析，亦即当作平凡的日常活动的组织而应该加以阐释的方法加以分析。”① 它关心人们使用什么手段赋予日常生活世界以意义，即关注人们怎样使用语言和其他符号为日常生活世界制定秩序和各种模式的意义，把实践行动解释成合理的。因此，语言符号及其意义表达问题就成为民俗学方法论的关注焦点。

二 教育学理论依据

英国青年工作从其产生之初，就被认为是一种对青年进行思想引领、品行塑造和价值观培育的特殊教育活动，自然和教育学的关联非常密切。英国有丰富的教育学思想，一些重要的哲学家、思想家，如洛克、斯宾塞等人，本身又是杰出的教育学家。他们的教育思想是英国青年工作深厚的

① Harold Garfinkel. Studies in Ethnomethodology [M]. New Jersey: Prentice-Hall, 1967.

理论渊源。此外，英国青年工作在20世纪吸收借鉴其他国家重要的教育思想，最具代表性的是杜威和弗莱雷的学说。

（一）英国传统教育观念：洛克和斯宾塞的思想

英国思想家洛克是17世纪教育理论的代表人物，其德育理论由于深厚的哲学基础和伦理学理论而呈现出深刻性，达到了同时代的最高成就。洛克首先抛弃了笛卡尔等人的天赋观念说，认为人类所有的思想和观念都来自或反映了人类的感官经验，道德是从环境和教育中得到的。他认为人的心灵开始时就像一张白纸，而向它提供精神内容的是经验（即他所谓的观念）。观念分为两种：感觉（sensation）的观念和反思（reflection）的观念。感觉来源于感官感受外部世界，而反思则来自于心灵观察本身。与理性主义者不同的是，洛克强调这两种观念是知识的唯一来源。洛克从经验论和功利论出发，指出人们接受道德是因为它对人有利，与人们利益相关的道德原则又是主要通过经验和教育得来的，其次是由习俗和权威影响而获得 。洛克不仅肯定教育在道德形成中的重要作用，同时将德育放在各种教育首位，肯定德育的重要地位。“（孩子）他应该懂得德行和良好的性情要比任何学问或语言都更重要，应该把主要工作放在塑造学生的心灵上，使之具有一种正确的倾向。一旦这一点做到了，即使是对所有其他的事物不去注意，到了适当的时候，所有其他这些也会自然产生出来。”① 为此，洛克提出了一系列的具体的道德要求和教育措施，不过他否认学校教育的重要作用，只注重社会和家庭对个人道德的影响。洛克要求父母及早实践对子女的道德教育，重视通过实际道德行为的锻炼来培养德行，反对死记硬背道德训条。②

斯宾塞被人称为“社会达尔文主义之父”，他把进化理论应用到社会学尤其是教育及阶级斗争之上。在教学方法上，斯宾塞反对当时学校中流行的形式主义、经院主义，主张把教学建立在学生的自动性上面，强调兴趣在教学过程中的作用，指出应该引导儿童自己进行探讨，自己去推论。给他们讲的应该尽量少些，而引导他们去发现的应该尽量多些。在道德教育方面，斯宾塞提出个人自我保存是最重要的道德原则，认为利己主义和利他主义必须互相协调。并且创设了道德进化公式：利己主义（集中）；

① ［英］洛克：《教育漫话》，郎悦洁译，武汉出版社2014年版。

② 武汉大学思想政治教育系：《比较德育学》，武汉大学出版社1999年版。

利他主义（分化）；道德的最高阶段——利己主义和利他主义的调和、平衡。在纪律方面，他反对惩罚，鼓吹自然后果的原则。斯宾塞的教育核心理念主要包括：提倡科学教育，反对古典主义教育；提倡自主教育，反对灌输式教育，“硬塞知识的办法经常引起人对书籍的厌恶；这样就无法使人得到合理的教育所培养的那种自学能力，反而会使这种能力退步”；提倡快乐和兴趣教育，反对无视学生身心发展规律的教育方式。①

（二）杜威的进步主义教育思想

20世纪上半叶，以杜威的进步主义教育理论为代表的现代德育理论形成和发展起来，深深影响了西方教育。这一时期，正是英国青年工作取得法律承认的关键时期，杜威的教育思想对英国青年工作的影响不言而喻。杜威的教育观是以实用主义哲学为基础，并结合庸俗进化论、本能心理学等理论而建立起来的。杜威从生物进化论出发，把儿童心理看成主要是以本能为核心的情绪、冲动等先天心理机能的不断生长的过程，提出了“儿童中心主义”的教育原则，认为教育是促进儿童天生本能欲望生长的一个过程，反对传统教育对儿童道德的强迫灌输。杜威反感对儿童的压制和灌输，主张合理的道德教育应以培养儿童性为基本原则的思想，不仅成为西方德育理论的共同要求，也是英国青年工作最核心的特征。

从实用主义立场出发，杜威主张“教育即生活”，教育是为未来生活做准备，学校应当是雏形的社会，使学校社会化是进行道德教育的基本要素，同时道德教育应贯穿于学校的全部生活中。杜威强调道德教育的社会性并未否定对儿童主体性的尊重，他认为儿童天性中有为他人服务的本能倾向，因此杜威主张学生参加社会实践活动，塑造他们的道德品行。实质上，杜威试图通过发展儿童的个性以适应社会发展的需要，道德教育的本质是在个人的能力、品性增加之后使其对社会情感、同情得以增加，以维护社会稳定和统治。② 杜威对德育的重视并赋之以社会学、心理学、哲学的理论基石，对德育理论的深入发展发挥积极作用，在英国青年工作的理论和实践中打下深深的烙印。

---

① ［英］赫伯特·斯宾塞：《斯宾塞的快乐教育》，雒真真、齐梦珠译，青岛出版社2011年版。

② ［美］杜威：《学校与社会·明日之学校》，赵祥麟等译，人民教育出版社2008年版。

（三）弗莱雷的教育思想

弗莱雷是20世纪下半叶著名的思想家和教育家，他的思想被英国青年工作理论界认为具有仅次于杜威的学术影响力。弗莱雷在长期的教育实践中，特别是在经历了动荡复杂的流亡生活之后，对教育的本质有了更深层次的认识与理解，提出了“教育即政治”的观点。弗莱雷认为在阶级社会里，统治阶层为了自己的利益建立了学校，通过学校再现他们的思想意识，学校就是要培养他们所需的人才。这充分体现了教育的政治性。不是教育使得社会去适应某些规范，而是社会塑造了教育，使教育去适应维系社会既存的价值观。什么样的社会决定了什么样的教育，教育总是有利于权力阶层的。

弗莱雷反对传统的那种贯彻执行压迫意识，维系强化统治结构的教育体制，称其为“银行储蓄式教育”（banking education）。怎样才能使被压迫者批判性地意识到灌输式教育所存在的矛盾呢？唯一的途径是，摒弃灌输式教育，代之以“提问式”教育（“problem-posing” education）。所谓提问式教育，就是否认人是抽象的、孤立的、与世界没有关联的，也否认世界是脱离人而存在的现实，师生双方处于一种对话的关系之中，从人与世界的关系出发，针对现实中的问题，共同反思，共同采取行动，以达到认识世界、改造世界的目的。弗莱雷指出，教育应该具有对话性。对话，不仅仅是交流、谈话，它的精髓在于它的构成要素：反思与行动（reflection and action）。这两个方面相互作用，如果牺牲了一方——即使是部分地牺牲——另一方面马上就受到损害。反思被剥离了行动，对话只会是空谈（verbalism）、废话；行动被剥离了反思，对话只会是行动主义（activism）。[①] 在这两种情况下，对话都不可能实现，教育也就不可能走向真正的解放。弗莱雷的突出贡献在于提出了以培养批判意识为目的解放教育理论，形成了自己独特的教育思想体系。这一方面对教育以及教学改革具有极为深远的意义，另一方面也具有强烈的社会政治意义。

三　心理学理论基础

心理学是青年工作另一个重要的理论支撑。心理学和社会学研究青年工作的视角不同。社会学认为青春期转折的原因和根源需从个体所处的社

① ［巴西］弗莱雷：《被压迫者教育学》，顾建新等译，华东师范大学出版社2014年版。

会背景中寻找，注意个体的角色及冲突，社会期望带来的压力，以及社会化过程中不同主体对青年的影响。心理学主要关注个体成长中心理变化，特别是青年从儿童时期形成的行为习惯和情感动态变化的心理因素。20世纪以来，心理学的三大理论流派对青年工作实践活动或多或少产生了相当影响。

（一）精神分析理论

精神分析理论对于青年时期的看法，是从发生于青春期的本能高潮直接出发的。这种生命本能的变化，打破了青年从儿童末期取得的精神平衡，引起青年内在的情感动荡和人格缺陷。具体说来，表现在两个方面。首先，个体被唤醒的性本能促使青年脱离其家庭关系去寻找合适的“爱的客体对象”，随之而来的是他们从婴儿时期建立起的与父母的情感纽带被切断了。这就是青年的解脱过程。其次，人格上的缺陷使得心理防御机制建立起来，去应对程度不同的适应不良的本能和焦虑。Lerner 在 1987 年出版的 *Psychodynamic Models* 被认为是近期关注青年发展非常好的心理分析理论成果。

回归和矛盾，被认为是研究青年成长过程的深层次要素。心理分析理论认为矛盾可以用来说明青年行为中许多过去认为难以理解的现象。例如，人际关系中情感的不稳定性，思想和行为的冲突，不同行为转变中不合逻辑，这些都反映了青年之爱与恨、接纳和拒绝、参与同逃离之间的对抗。它们很可能潜藏于儿童时期的经历和人际关系中，只不过在青年时期又一次被激活。因此，这种情感和行为的波动必然反映到青年人对待成长的态度。虽然自由常常是青年梦寐以求的目标，但有时也会因为严峻的社会现实，需要青年自我独立，不断与自我展开对抗。这种时候，孩子式的依赖对青年产生吸引力，更加强化了青春期的不确定性和对自我的怀疑。于是，在其表现行为上可能更像是一个肆意妄为的儿童，而非一个成熟的个体。

对于这种矛盾的观点，心理分析学者认为可以用来进一步说明青年的一些共同特性，如不配合和反叛。这类行为的产生有很多原因，有些直接来源于爱与恨之间的矛盾冲突模式，还有些可能与青年的解脱过程有关联。父母被视作是老的传统代表和应当脱离关联，这样打破情感纽带的任务才会变得轻而易举。如果一切都起源于家庭生活的话，那么去拒绝就会很安全，只需将过去一切统统放弃即可。

不配合其实是青年解脱的一个必然过程，在这一过程中包含着一定数量的中间步骤。学者 Baittle 和 Offer 详细阐述了青春期不配合的重要意义，以及与各种矛盾的紧密关系。青年通过反叛行为，以否定的方式来表达其目的和愿望。他们总是去做那些家长们不同意他们做的事情。如果他的父母希望他放下手机，开始做功课的时候，青年总是继续握着手机，声称他们还不想学习。如果，父母希望他们购买新衣服时，他们总是回答道"旧衣服还很不错"。这种情境在青春期会变得越来越明显。我们会发现，青年人做选择和决定的依据和基础，往往是为了否定和反对父母的想法，而并非出自于自身积极的愿望。换句话说，青年所作出的选择和判断，事实上仍然取决于他们的父母，只不过是以一种否定的方式出现罢了。这可以被称之为"否定性依赖"（negative dependence）。因此，当青年出现这些与父母的愿望背道而驰的行为或反抗，实际上就是一种青春期叛逆，是一种从父母那里的解脱，同时也反映出他们与父母间消极的依赖仍然具有很大力量。因此，青年总是处于一种父母愿望与自我解放的冲突中，反叛行为其实是一种妥协的表现形式，既支持了青年放弃父母目标的努力，又同时满足了对父母的依赖。

总的来说，心理分析理论对青年和青年工作的理论指导主要集中在三个方面。首先，青年被看作是一个人格容易失调的人生阶段和时期，主要来源于青春期本能的高潮。其次，心理分析学说非常强调，因为青年还没有足够的心理防御能力来正确处理其自身内在的紧张和冲突，常常会出现适应不良的行为举动。例如情绪上极度的波动起伏，人际关系的前后矛盾、抑郁和不配合等表现。最后，特别要注意的是青年的解脱过程。它是青年在父母家庭之外，建立起成熟、稳定的情感和性关系的必要步骤。

（二）认知心理学理论

英国心理学家麦独孤 1908 年在其《社会心理学导论》中首先提出"道德发展"概念，20 世纪 60 年代瑞士心理学家皮亚杰在其基础上继续发展，在研究儿童认识的发展过程中探讨了儿童道德认知的发展问题。皮亚杰认为，道德品质的形成不能简单地理解为规范和价值从上一代向下一代的传递，孩子本身是社会道德法则的积极加工者，当他的现实概念随着他的智力形成一起变化时，他会以不同的形式理解和解释这些法则。皮亚杰还设计了一系列道德两难故事，要儿童判断主人公的道德品质。最后，皮亚杰将道德判断归结为两个阶段：道德判断从他律到自律以及道德判断从效果到动机。

科尔伯格沿着皮亚杰开辟的道路进行研究，他认为道德发展分为两个阶段过于笼统，提出道德发展的三个水平六个阶段。科尔伯格的道德发展三个水平六个阶段是：（1）前习俗水平。处于这一水平的儿童对于是非的判断取决于行为的结果，或权威人士的意见，具体包括惩罚与服从的定向阶段和工具性的相对主义的定向阶段。（2）世俗水平。判断是非注意家庭与社会的期望，包括好孩子或好公民的定向阶段和维护权威与社会秩序的定向阶段。（3）后世俗水平。发展出一套独立、超越社会团体的道德标准，包括社会契约的定向阶段和普通的道德原则的定向阶段。[①] 根据调查，科尔伯格认为0—9岁的儿童大致处于前世俗水平，9—15岁的少年属于世俗水平，16岁以后有一部分人向原则的道德认识发展，但达到的人数不会很多。

（三）社会学习理论

班杜拉等人提出的社会学习理论属于新行为主义派范畴，重视实验研究，以实验的事实作为理论依据。班杜拉认为人的行为，特别是人的复杂行为，主要是后天习得。行为的习得既受遗传因素和生理因素的制约，又受后天经验环境的影响。生理因素的影响和后天经验的影响在决定行为上微妙地交织在一起，很难将两者分开。班杜拉认为行为习得有两种不同的过程：一种是通过直接经验获得行为反应模式的过程，班杜拉把这种行为习得过程称为“通过反应的结果所进行的学习”，即我们所说的直接经验的学习；另一种是通过观察示范者的行为而习得行为的过程，班杜拉将它称之为“通过示范所进行的学习”，即我们所说的间接经验的学习。这一学说强调观察学习在人的行为获得中的作用，认为人的多数行为是通过观察别人的行为和行为结果而学得的，依靠观察学习可以迅速掌握大量的行为模式。班杜拉重视榜样的作用，人的行为可以通过观察学习过程获得，但是获得什么样的行为以及行为的表现如何，则有赖于榜样的作用。榜样是否具有魅力、是否拥有奖赏、榜样行为的复杂程度、榜样行为的结果和

① ［美］科尔伯格：《学校中的道德教育：一种发展的观点》，参见瞿葆奎主编《教育学文集·教育与人的发展》，人民教育出版社1989年版，第706页。

榜样与观察者的人际关系都将影响观察者的行为表现。[①]

班杜拉对环境决定论和个人决定论提出了批判，并提出了自己的交互决定论，即强调在社会学习过程中行为、认知和环境三者的交互作用。班杜拉认为自我调节是个人的内在强化过程，是个体通过将自己对行为的计划和预期与行为的现实成果加以对比和评价，来调节自己行为的过程。人能依照自我确立的内部标准来调节自己的行为。按照班杜拉的观点，自我具备提供参照机制的认知框架和知觉、评价及调节行为等能力。他认为人的行为不仅要受外在因素的影响，也受通过自我生成的内在因素的调节。自我调节由自我观察、自我判断和自我反应三个过程组成，经过上述三个过程，个体完成内在因素对行为的调节。社会学习理论主张较高的自信心，认为一个人对自己应付各种情境能力的自信程度，在人的能动作用中起着重要作用。如果一个人对自己的能力有较高的预期，在面临困难时往往会勇往直前，愿意付出较大的努力，坚持较长的时间；如果一个人对自己的能力缺乏自信，往往会产生焦虑、不安和逃避行为。因此，改变人的回避行为，建立较高的自信心是十分必要的。

以上这些各具特色的学说理论，对英国青年工作的基本理论和实践操作在不同程度上产生着直接间接的影响。如前章所述的理想主义青年工作和现实主义青年工作的分歧，其实反映着社会学中和谐论和冲突论之间的对立。正是因为洛克等人的传统教育观念和杜威等人的现代教育学理论的深刻影响，使得英国社会普遍对学校道德教育灌输持怀疑的态度，促使青年工作这类非正式教育的发展。而不同的心理学流派也或多或少地指导着英国青年工作实践，帮助青年工作者认识青年的独特性，并根据青年的心理发展规律开发出团队工作、同辈教育、青年导师等具体的教育手段方式。

第二节 英国青年工作的基本理论

在英国青年工作开展的丰富多样实践活动中，逐渐形成了一系列青年工作的理论观点：非正式教育理论、参与理论、赋权理论、反歧视理论。

---

① ［美］阿尔伯特·班杜拉：《社会学习理论》，陈欣银、李伯黍译，中国人民大学出版社2015年版。

这些基本理论不仅反映出英国青年工作的价值诉求，也在很大程度上成为指导实践活动的重要原则。

一 非正式教育理论

英国青年工作的形成和发展有其特有的历史背景和思想渊源，不论是英国的思想家、教育家，还是社会组织和政府主管部门，都有一个基本共识：青年工作不是单纯意义上为年轻人提供休闲活动，而是对青年进行自我管理和公民教育的一种非强制性训练，是最广泛意义上的一种教育（方式）。[①] 这种思想观念逐渐发展成为英国青年工作最重要的非正式教育理论（informal education）。

（一）教育的含义

对于什么是教育，有两种理解。广义理解的教育，即凡是增进人们的知识和技能、影响人们思想品德的活动。[②] 对人的发展起决定作用的，并不是什么由遗传而继承下来的天赋素质，而是后天的环境和教育。环境和教育的影响又有所区别。一般说，环境的影响是自发的，既有积极的影响，也有消极的影响。与此不同，教育的影响是自觉的。它能够按照社会发展的需要对遗传、环境的影响加以利用和组织，限制其消极影响，发挥积极作用。这种意义上的教育，范围比较广，无论是学校教育、社会教育，还是家庭教育，都包括在其中。广义上的教育历史悠久，从原始社会以来就存在；当时年长者和年轻人之间所进行的关于生产经验和社会生活规范的传授和学习活动，都可看作是一种教育。对教育的另一种理解，即狭义理解主要指学校教育，具有较强的组织性、计划性和系统性。学校教育在 19 世纪中后期，逐渐在早期工业化国家成为公共事业的组成部分，并不断提高国民接受义务教育的年限和阶段，因而对人的发展，特别是对年轻一代的成长起着更为关键的作用。

青年工作之所以形成非正式教育的主张，和英国传统教育思想以及二十世纪进步主义教育理论等的学说分不开。英国青年工作对于教育的理解深受洛克、斯宾塞、杜威和弗莱雷等人观点的影响。

---

① Her Majestey's Inspectorate. The Youth Service in England and Wales. The Albemarle Committee, 1960.

② 《中国大百科全书·教育卷》，中国大百科全书出版社 1985 年版，第 1 页。

(二) 社会教育、政治教育和非正式教育

受上述教育思想和历史背景的影响，青年工作从产生时便被视为一种特别意义上的教育实践，尤其是二十世纪上半叶政府开始法定青年工作后，一再指出青年工作是为青年闲暇时间提供的不同于学校的教育活动。不过青年工作的教育定位也经历了一个发展过程，曾分别被看作社会教育、政治教育和非正式教育。这三种表达方式出现在英国青年工作发展的不同阶段，不仅反映了青年工作的教育侧重点不同，也从另一方面看出青年工作教育观念的时代变迁。

社会教育。这个概念早期是德国学术界使用的名词，后传入其他国家。美国教育学家大概在 19 世纪 90 年代开始对社会教育进行研究和实践，主要以公民教育的形式出现，强调人格的全面发展和意识的教育觉醒，是一种和关于伦理的理论教育相区别的，非常“实用”的教育。在英国，社会教育更多的和青年工作放在一起进行规定和发展。如《70 年代的青年和社区工作》中就规定青年工作的首要目标是对青年进行社会教育。① Booton 将社会教育看作是青年工作的课程内容，关系着青年的个人发展和成长，以及集体中人际交往的提高。② Davies 和 Gibson，认为社会教育首先要发展的是对青年人的教育，它是英国青年工作的中心。社会教育可以使青年发展有效参与社会生活所必需的个人和社交技能，能够清楚其社会生活环境，建立起有效的个体人际关系，让青年成为社会生活成熟的个体。这种成熟，实际上表现为清楚地意识到他人对自己的要求，以及能够灵活地表达自己的独特性去适应环境。成熟不是一夜之间完成的，需要青年对自我的社会处境和个人潜力有仔细地觉察之后，慢慢形成自律和谦卑。一个好的社会教育，应当是能平衡好个人的自我诉求和对社会规范的遵从两者的关系。③ 随着时代变迁，社会教育的提法逐渐淡化，到 1997 年 NYA 在总结青年工作的目的时，将社会教育一词变换成社会发展。但社会教育并没有完全消失，同样在 NYA 提出青年工作的职业功能

① Her Majestey's Inspectorate. Youth and Community Work in the 70s. The Milson-Fairbairn Committee, 1969.

② Booton F. Studies in Social Education: Vol 1 1860-1890 [M]. Hove: Benfield Press, 1985.

③ Davies B & Gibson A. The Social Education of the Adolescent [M]. London: University of London Press, 1967.

时提到“青年工作通过对青年的社会教育，帮助他们在社会（区）发展中承担起积极角色，从依赖走向独立。”总之，青年工作领域内的社会教育，包括青年的个人成长和青年对社会集体的贡献两方面。尽管，社会教育一词的使用频率有所变化，但一直是青年工作的基础，两者关系紧密。

政治教育。这也是一个在对青年工作下定义或阐释时，常常出现的一个名词。政治教育出现在正式文件里，可以追溯到 1969 年《70 年代的青年和社区工作》。它被看作是青年批判性地参与到青年俱乐部的管理和项目设计，以及批判性社区参与和共同形成公共意见的活动。为了实现青年对俱乐部和社区生活的批判性参与，促进参与式民主，有必要让青年获得必要的知识信息，并在此基础上作出决定和表达意见。因此，青年工作应当为青年提供渠道了解信息，让青年能够区分和判断不同观点的优劣。实践中青年工作者偏向认为政治教育是要阐释说明权力和制度运作。当然在青年工作政府报告和学者眼中的政治教育范围很广，既包括种族主义和性别歧视，也包括关于投票选举等制度问题，还包括了社区行动等实践活动。青年工作不仅是宣传政治教育理论的论坛（forum），还是青年表达政治关注和开展政治活动的场域。青年必须学会如何主张其权利，影响社会，有发言权，通过正式或非正式的政治行动积极参与。如果青年没有接受政治教育，那么民主也将消失，两者缺一不可。但是，很多学者对政治教育概念持否定态度，认为政治教育和政治灌输之间的界限非常难把握，极具争议性；而且政治教育只会让青年人联想到无聊的校长演讲或道德说教，并转身离开。①② 因此，英国青年工作在 20 世纪 80 年代后很少明确宣传政治教育理念，而用非正式教育的方式将政治教化隐蔽地渗透于青年工作。

非正式教育。早在 1946 年 Macalister Brew 就在青年工作中提出非正式教育这一概念，“如果说苏格拉底将哲学从天堂带到了人间，那么青年工作这个被看作是非正式教育的部门，将哲学从书橱、图书馆、学校和大学，带到了俱乐部、茶桌和咖啡屋。接下来的五十年，最重要的是人们学

① Her Majestey's Inspectorate. The Youth Service in England and Wales. The Albemarle Committee, 1960.

② Her Majestey's Inspectorate. Youth and Community Work in the 70s. The Milson-Fairbairn Committee, 1969.

会适应这个变化的世界——这个世界虽然物质财富大大增加，但人们的智力、情感和精神世界却仍有大片的荒芜。”①

一般认为，Mark Smith 是积极推广青年工作非正式教育理论的代表人。他在 20 世纪 80 年代对青年工作的社会教育理念提出批评，认为社会教育这个概念过于宽泛，将很多不属于教育的实践活动都囊括进来，同时“社会”一词纯属多余，对于普通教育所要求的目标——促进人的意识的内在变化，没有什么新的实质内容。而且，社会教育的实践往往与青年中的特殊群体联系在一起，被认为针对下层阶级的活动。② Smith 用“非正式教育”一词概括青年工作的教育性，这一提法在 20 世纪 90 年代后逐渐普及，目前在青年工作理论界和实践工作中得到广泛认可，甚至常常和青年工作一词相互替换。

（三）非正式教育的内涵

这里要谈及的非正式教育是一个特定的概念，指的是由某些专业人士（主要有青年工作者、成人教育者、社区教育者）进行的与学校正式教育相对应的教育活动。与一般意义上以朋友、家长身份进行“教育”不同，这些专业人士进行的非正式教育通过特殊的工作方式能够给教育对象带来不一样的视角和看法。青年工作自诞生之初，特别是法定青年服务出现以来，就一再重申青年工作和学校教育的区别。1945 年，当时的教育大臣强调青年工作应当以一种不同于学校教育的方式开展进行，青年应当是自愿参与，是其他社会服务的补充，更多地接近娱乐消遣性质。虽然学者们关于青年工作本质特征有不同的总结归纳，但都与上面的意见大同小异。1960 年的艾伯马报告用“非正式教育”一词，将青年工作和正规的课堂教学区分开来。发展到现在，非正式教育已经被用来表示一种特殊形式的教育实践活动，特别是在巴西教育学家保罗·弗莱雷的著作中提出以“批判性对话”为中心更加强化了非正式教育的特殊性。

非正式教育可以出现在很多背景下，包括用于其他并非直接以教育为首要目标的社会活动中。毫无疑问，以青年为对象的青年工作一直是非正

① Brew J Macalister. Informal Education：Adventures and Reflections ［M］. London：Faber and Faber，1946.

② Smith M. Creators Not Consumers：Rediscovering Social Education ［M］. Leicester：National Association of Youth Clubs，1982.

式教育的最重要代表。非正式教育虽然不像学校教育必需完备的教学大纲和教案内容，但也需要有精心的准备和明确的目标，让人们努力去获得知识、技能或情感态度，只是这种目的和意图并不总是清晰地表达出来。非正式教育的时间地点场景可能是多种多样的，总是由特殊的有相互交换的机构制度的驱动力下建构出来的，即便某些机构不一定首先关注教育功能。非正式教育的参与基于自愿，自发形成；非正式教育的过程表现为对话，要求教育者和受教育者互相尊重。非正式教育十分关注和阐释参与者身处的社会、文化制度，常常利用经验学习和吸收同化信息的学习模式。对话是非正式教育社会关系的中心，包含了关注、信任、尊重、理解、情感和希望。①

Jeffs 和 Smith 专门说明了为什么现代社会需要有专门从事非正式教育的工作者。一是因为对于一些专门技能的需要越来越超出了人们日常生活的经验层面。例如，如何驾驭一个团队，如何与个人进行一对一的交流，这都需要进行专门的训练和思考。这也是资本主义制度下劳动分工的结果。二是现代社会工作生活节奏的加快，人们能够分配出来和他人交流学习的时间在缩短。尤其是新型个人娱乐媒介的发达，人与人直接交往在下降。三是相当多的非正式教育工作需要和其他工作和职业发生交集。例如，非正式教育工作者在学校以学生为对象开展工作时，还要能影响学校教师和其他职员去理解学生的需要。因此，非正式教育工作者具备某些类型的职业资格，对于他们在一个讲究身份的现实社会中开展工作，十分必要。② 在日常生活中，所有人都可以时不时地充当教育者，但现代社会也需要有一群专业的非正式教育工作者，具备专门技能、责任感，愿意通过会话或其他活动和人们分享生活经历，让人们生活得更有意义，一起分享社会进步的成果。

作为非正式教育主体，青年工作者在给予青年指导时，就像是音乐表演中的伴奏者，而青年则是独唱者。青年工作者在和青年的对话中，需要聆听和注意，积极回应主角，不要占据主角的舞台中央。他们之间的表演

① Jeffs T & Smith M. Informal education—Conversation、Democracy and Learning [M]. Derbeyshire: Education Now Publishing Co-operative Limited, 1999.

② Jeffs T & Smith M. Informal Education—Conversation, Democracy and Learning [M]. Ticknall: Education Now, 2005.

大纲并不是事先安排妥当的，往往是表演者根据一个选题即兴完成的，伴唱者（青年工作者）要跟从主角（青年们）的意图进行下去。这样看来，青年工作者和青年之间虽然是一种合作关系，但双方的地位并不需要绝对一致。合作双方有统一的目标，相互支持和尊重对方。在青年工作实践中，双方的地位和作用会发生动态变化，有阶段区分；就像是舞台表演一样，有时音乐的节奏要求所有人齐声歌唱，有时又会要求不同角色有主次之分。因此，青年工作者在教育中要掌握好节奏，适应变化，找到新的平衡点。[①] 青年工作者因为比青年更加成熟，也会在许多问题上拥有更多发言权。有时，教育者会主导双方之间的会话；但更多时候，青年工作者需要有意识地保留自己的观点，收起自己的发言机会，更多地听青年讲，让青年发出更多声音，维持好非正式教育过程的对等性。当然还有人将青年工作者如何处理非正式教育中青年的地位和作用，比喻成为青年提供旅行陪伴。青年工作者作为陪伴，他们要为非正式教育准备好行程方案。然而，这始终是青年人自己独一无二的旅程。在这个青年自我发现之旅中，非正式教育只是要准备好在需要的时候，以适当的方式为青年提供支持，而时间地点往往不一定是青年工作者能够舒适自在的选择。有时，青年工作者和青年的对话是过去不曾遇到过的，不管是多么亲密或痛苦的对话，青年工作者都要表现出对谈话的驾轻就熟。毕竟，青年没有经历过从儿童到成人的转变，也不会重新再来一次。青年工作的非正式教育既要注重熟悉青年成长过程中一些标志性事件和问题，又要将每一个青年的教育看作一个全新的对话，因此这种陪伴是一种精神和人文上的支持，不仅要关注儿童向成人转变的具体方面（如教育、就业、培训、人际关系），还包括探索人的本质等终极性问题。

二 参与理论

参与并不是简单意义上的参加某项活动，它包括了青年人可以自主选择是否参加青年工作的活动或课程，同时还表现为青年有发表意见的权利，可以影响关系到他们切身利益的决策。青年工作的参与理论包括自愿参与和自主管理两个方面。

---

① Young K. Youth Work：Core Purpose，Principle & Practice［D］. Leicester：De Montfort University，2003.

（一）自愿参与

自愿参与是青年实现自主管理的前提。自愿是指青年自主选择参与青年工作，接受教育，而不能强求青年的加入。青年工作必须尊重青年的意愿，将青年的所思所想和利益追求作为工作的出发点。青年16岁之前无法自己选择是否接受学校教育，无法选择自己的父母兄弟。拥有自由和选择权，是成为成年人的标志和特征之一。儿童被认为没有表示同意的自主权，是因为他们还不能理解其需要和他人的要约。在儿童逐渐成长中，他们的知识、理解力以及人际交往的选择力慢慢增强；到青年向成年的转变时期，他们自主性大大进步，行动范围不断拓宽。

2000年，英格兰青年工作通过的联合服务（connexions service）项目提出了一个青年行为能力发展的大纲：（1）13岁青年在一定条件下，可以有份兼职工作；（2）14岁的青年可以进入酒吧，但不能购买或饮用含酒精的饮品；可能被指控强奸；（3）16岁的青年：如果已经完成义务教育，可以有全职工作，取得监护人同意可以结婚，可以购买香烟和酒精制品，可以驾驶50cc以内的机动车，女孩可以有性行为，不经父母同意可以流产，取得监护人同意男孩可以参军，可以申请护照，在餐厅进餐时可以饮用啤酒或果酒；（4）17岁的青年可以拥有驾照，可以驾驶航空器，可以移民，监护关系终止；（5）18岁的青年在法律上获得成年人资格，可以参加选举，可以结婚，可以自行开设银行账户；可以在酒吧购买和饮用酒精制品等。①

在法律上取得成人资格，和社会意义上到达成年是不一样的，青年工作关注青年的后者发展。青年工作十分明确地帮助青年完成向自治，包括表达自主同意的转变。青年通过自己决定是否参加青年工作，得到一个实际训练，学会接受或拒绝。学会明白人际交往中个人角色，其实也正是社会教育的基本内容。是什么让青年可以自由地表达“是”或“不是”，而不是屈从环境的压力？怎样可以让青年学会对亲密的人说出“是”或“不是”，同时还不会影响这种亲密的人际关系？这些都需要青年工作为青年人提供机会去学习和实践。

青年工作通过强调青年自主决定，帮助他们实现行动力和理解力的提

① Department for Education and Employment. Connexions—The Best Start in Life for Every Young Person. Nottingham：DfEE Publications，2000.

高。因为没有青年自觉的同意认可，青年工作无法进行下去。根据非正式教育理论，是青年工作者先打算和青年一起开展非正式教育，而不是青年不得不接受青年工作的教育。正如，要衡量公民的自由，最终是看他们有无发表社会异议的机会，而青年工作里的自愿原则也包括青年拥有离开的自由，在他们感到青年工作枯燥无趣时可以自行结束。根据这样的观点，青年工作者不能因为主观认为有益于青年就强迫青年参加活动，即便事实也的确如此。青年的加入不是被迫，而是被吸引过来的。即便青年主动选择加入青年工作活动，青年工作者也要以平等、互信心态处理好双方之间的关系。

（二）自主管理

很早开始，青年工作提出让青年参与到青年俱乐部或活动项目的自我管理的主张，后来又将自主参与逐渐扩展到民主政治进程中，如青年论坛和青年议会等。最著名的要数 Bedminster 的男孩俱乐部，提出“先做后说”的口号，给予青年真正的责任，让他们自行管理属于他们自身的事务。[①] 到 21 世纪，与青年相关的公共服务事业，包括学校等教育机构，在组织和发展青年事务时都将提高青年积极参与作为改革重点方向。特别是 1991 年联合国儿童权利公约在英国生效，英国青年服务的相关法律将儿童和青年的积极参与作为法定义务。这也正好契合英国社会面临的“民主的缺失”，青年在关注政党议题，民主选举等参与的下降。包括英国在内的欧洲政治家也希望能够结束这种政治参与衰减的趋势，认识到青年在决策和行动方面的参与，对于建立一个更加民主、包容的社会至关重要。社会参与，不只是参加选举和投票，它关系到公民有权利、有途径、有机会，参加和影响政策决策，并通过行动去建设更加美好的社会。青年工作的参与也有多种形式，可以表现为组织特定的青年群体对青年政策或项目实践进行验证，或组成青年影子委员会，还有青年加入专业组织和地方政府联合对社会参与进行评估。

参与理论使得英国青年工作越来越重视青年的意见。青年工作的官方评估体系就有专门指标考核青年工作是否咨询青年意见，并且和政府资金投入联系在一起。1998 年英国青年理事会（British Youth Council 简称 BYC）在为“参与”下定义时，指出三个基本特征：青年可以表达他们

① Long S. Democracy. Bristol：Bedminster Down Boys Club，1987.

的观点，并且让社会听到他们的想法；青年可以改变、影响、指引或控制他们自己的活动和服务；青年要对自己作出的决定承担责任。[①] 同时，美国学者 Arnstein 在 1969 年提出的公民参与阶梯理论对于英国青年工作产生重要影响。根据参与阶梯理论，青年人在青年工作实践中的参与度可以从低到高依次分为八个层次：操纵、引导、告知、咨询、劝解、合作、授权、公众控制。从最底层的，青年工作者具有绝对权威，青年毫无发言权，直到最高层的参与表现为青年可以有效地控制活动项目（见图 3-1）。

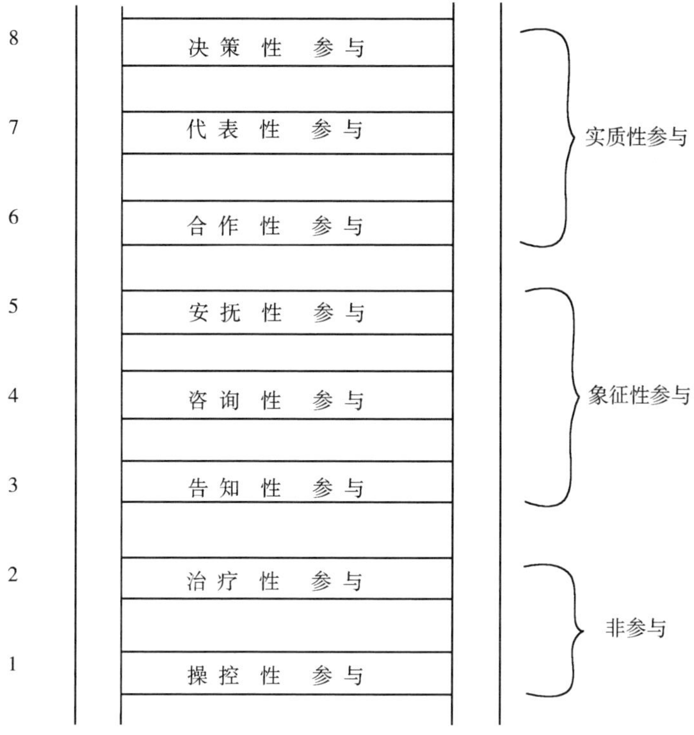

图 3-1　Arnstein 的参与阶梯理论[②]

BYC 还针对不同程度的青年参与，提出了相关的工作模式，如开展青年咨询、组建青年评议小组、成立地方青年议会或论坛等。每种结构模

① British Youth Council. Youth Agenda—Participation, 1989.

② Sherry R Arnstein. A Ladder of Citizen Participation [J]. JAIP, 1969 (7): 216-224.

式提供给青年递进的机会去参与决策。虽然英国各地的青年工作采取不同方式给予青年参与的机会，但有一点基本一致，那就是将青年视作青年工作的伙伴（partner），积极创造条件鼓励青年体验式学习，让青年有实验的机会，允许他们犯错。

总体上，英国青年工作对于参与理论的认识非常统一，当然青年参与的实践效果还有待进一步验证。例如青年在何种程度上可以决定政策和实践的发展方向，可以让他们自主决定青年工作的事项而不是被动的回应，虽然现在的青年参与实践活动是否合理还值得考量。因此，很多学者提出，如果青年不能作为青年工作中的关键角色，那么现实的参与原则和活动不过是在给民主贴金，变成一种徒有虚名的橡皮图章。

三 赋权理论

“empowerment”这个单词，在中文里被学者们分别翻译成赋权、增权、充权或赋能等名词。它是西方政治学提出的一个重要概念，西方政治家最初借用赋权概念试图解决种族问题，20 世纪 70 年代后逐渐被社区发展、社会工作、成人教育所吸收并应用。在 20 世纪 80 年代，英国青年工作也开始提出赋权主张，1990 年英国青年工作第二次部长级会议中提出青年工作的赋权原则：“赋权是要让青年人能够通过青年工作理解并付诸行动去应对各种个性、社会性和政治性议题和事项，最终对自身的、他人的以及整个社会共同体的生活发挥实质影响。”① 当然，部长级大会上关于赋权的解释非常抽象，而实践中青年工作者以及社会学者对赋权的理解相对来说比较具体，侧重点有所区别。

简单说，青年工作理论和实践中对于赋权的解释有两种主张。最常见的一种观点，将赋权看作是把某些力量或权能赋予青年人，把能力提供给青年人，或使青年人能够实施某种行为。这种定义实际上是假设力量是可以透过某人（A）给某人（B）的。但这种观点受到某些青年工作学者的反对，批评青年工作（者）将成人社会和青年人摆在不平等地位，以自上而下的姿态对待青年人，让青年人处于一种弱势或不利的境遇。持这种观念的人认为力量是不太可能被他人给予的，必须由个体自身去发展或获得，因此青年工作坚持的赋权原则应当是青年人通过青年工作去发展、增

① Kerry Y. The Art of Youth Work［M］. Dorset：Roussell House Publishing Ltd，1997：17.

加力量的过程，包括从青年个体本身、青年群体之间及政治/社区三个维度，青年人可以用自己的力量挣脱生活中的各种束缚，试着追求自己想要的，突破现实限制，不论是制度上的或是观念上的歧视。亦即是，让人将现时那种“无力感”“无法掌握”的感觉移走，换上一种有“权力”“力量”“可掌握自己或身边事情的感觉”，采取行动，改善生活境遇。前一种赋权理论比起后一种观点更具现实操作性，后者相较而言带有浓厚的激进批判意味，理想化一些。

虽然青年工作有两种赋权观念，但一致认为参与和赋权有紧密联系，参与是赋权的前提和基础，参与的结果是赋权。虽然近来的青年工作文件章程中一再强调青年参与，但如果青年人没有通过参与得到力量，对青年工作和社会事务作出回应反馈，带来社会变化，这样的参与不是真实的，只是将青年视为服务对象和消费者。[①] 参与和赋权是有机联系的整体，两者互为前提条件，赋权是参与的最终目的和结果，即参与者获得对有利害关系事务的控制力和影响力。没有参与，也不会有赋权；参与的程度，决定了青年获得能量和权力的层次。因此，青年工作将参与理论和赋权理论积极联系在一起，实践中的青年工作很多时候没有特意区分参与和赋权，而是通过各种工作模式或课程设计将参与和赋权结合起来。例如，英国目前非常有代表性的 Huskins 模式吸收借鉴 Gloucestershire 等地青年服务的经验，将参与理论和赋权理论融合在一套完整的青年工作课程模块里。Huskins 模式分别对应了青年工作中青年参与的阶梯状发展过程和青年的权力能力发展状态。从最初青年工作者初步接触青年人时，青年只是获得有限的信息，到双方可以平等地公开讨论，到根据青年人的兴趣组织活动，到青年人能够制定工作日程，到负责活动的计划，以至实现青年活动领导力，主导团队工作。在青年人一步步深入参与青年工作过程中，他们的权能实现增长和提高。见图 3-2。

图 3-2 所示的青年参与和赋权发展阶梯分布，并不是青年发展的绝对范本样式。现实中，不是所有的青年参与者都能到达最高层级的行动

① Jon Ord. Youth Work Process, Product and Practice [M]. Dorset: Russel House Publishing, 2007.

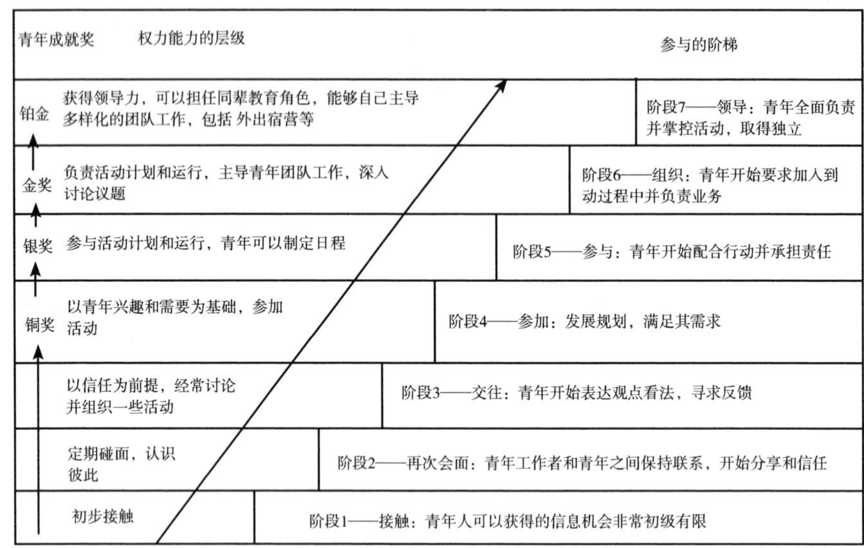

图 3-2 Gloucester 青年工作参与的发展模型①

权能。即便是同一个青年人，身处不同的社会背景，他的参与度和权力大小会有不一样的表现。一个年轻人在自己的同辈群体中可以负责重大问题的决策，作为团体中的领导者；在其他场合里，他也有可能被看成是一个缺乏热情，态度消极的参与者。所以，青年参与和赋权的发展阶段不是绝对单向动态演进，青年的参与可能忽上忽下，视具体情况而定。

赋权理论虽然是公认的青年工作基本准则，但它有时引发的道德两难也会造成青年工作者和青年之间的冲突。赋权理论要求青年获得行动的自由选择权，可是青年人的选择不是发生在道德真空中。例如，青年人可能选择通过网络浏览色情淫秽信息，也可能会选择将其他成员排挤出俱乐部或活动之外。青年工作者遇到这种“瑕疵的选择”时，基于其工作立场尤其是教育者的身份角色，有义务向青年指出问题所在，让青年人懂得自己对待他人的态度和承担的社会责任。青年工作者和青年人之间的这种对话，无疑是对青年人选择自由和行动力量的干预和限制。如何处理好青年

① Jon Ord. Youth Work Process, Product and Practice [M]. Dorset: Russel House Publishing, 2007: 49.

工作者对青年行为的“控制”和“赋权”青年发展自身行动能力之间的冲突，让青年人的选择结果在被社会可接纳的范围内，一直是青年工作面临的挑战。

四　反歧视理论

反歧视理论和英国青年工作追求的机会平等主张紧密相关。青年工作的机会平等原则包括两个方面：首先，对青年人面临的各种压迫、歧视进行揭露和挑战，包括因为种族、民族、性别、文化、语言、性取向、生理、年龄等带来的压迫和不平等；其次，积极认可和接纳多元化，尤其是尊重上述差异而产生出的特色优势，推动青年人享有平等机会。[①] “机会平等原则，在青年工作实践中用反歧视（anti—discrimination）的表达方式更恰当。平等一词，更多地与公平（fairness）联系在一起，反歧视可以更直接指向社会存在的各种歧视现象。”[②]

歧视的英语字面意义是识别出差异，本身是一个中性词汇。例如，能够识别出安全食品和有害毒物，显然是一件好事情。然而，当英国青年工作从法律、道德或者政治意义上来使用该词汇时，一般指不公平的歧视。也就是说，它指的是这样一个过程：（1）识别出差异；（2）把该差异作为不公平对待的基础。因为一个人或者一个群体被认为是“不同的”（就性别、种族/种族划分、性别认同等而言），导致他们遭遇伤害，身处弱势。

人与人之间的差异不仅没有被看作是积极的，相反它们变为了不公平歧视的基础，构成了将某些群体置于弱势地位的基础。因而歧视也就成为压迫的来源。某些人由于被视为“有差异的”，因而遭受非人道和侮辱性的对待而受到迫害。理论上任何人都可以歧视其他人；事实上相对有权力的群体才有条件去有组织地歧视那些相对弱势的群体。这样的权力是由于个体的环境或特征、文化规范或社会地位所引起的。这就体现出长期存在的歧视模式，如种族主义、性别主义、年龄歧视，已经根植于社会实践中，不仅仅是个人喜好或偏见的简单表现。

反歧视理论要求青年工作者必须在实践中对与机会平等、歧视和压迫

---

① Young K. The Art of Youth Work ［M］. 2nd ed. Dorset：Russel House Publishing Ltd，2006.

② Thompson N. Anti Discriminatory Practice ［M］. 3rd ed. Basingstoke：Plalgrave，2001.

相关的议题和举动保持敏感的觉察力，对自己和他人的偏见和歧视提出挑战。英国青年工作以 Allport 在 1954 年提出的反歧视理论为基础，将青年面临的各种类型的歧视和不平等从低到高罗列为五个发展阶段，分别为：言语刺激、态度冷漠排斥、行为举止歧视、人身攻击和剥夺生命。见图3-3。

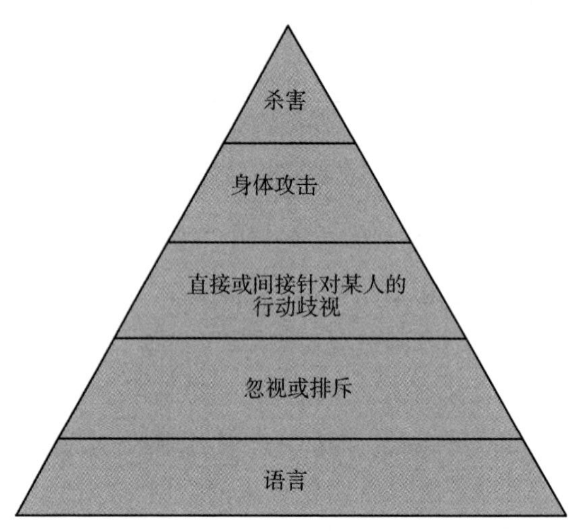

图 3-3 Allport 的反歧视理论①

近来，英国青年工作又吸收尼尔·汤普森提出的 PCS 理论，说明青年人身处的社会环境，以及青年人和青年工作者的相互作用中，不平等和歧视是如何产生重要影响。汤普森通过个人、文化和社会三个层面来分析歧视的产生机理。这三个层面（P，C，S）密切联系并不断相互影响(见图 3-4)。

P 指的是个人或心理学层面；它是思想，感觉，态度，行动的个体层面。它还指实践，即个体工作者与个体当事人相互影响，偏见，即阻碍公平和非评判性实践的顽固思想。我们对社会中特定群体的思想，感觉和态度至少在某种程度上形成于我们在个人层面的经历。

C 指的是文化层面，即看，想，做的共享方式。它与普遍的共性——价值观以及思想行为模式有关，是一种对于什么是正确，什么是

① Allport G. The Nature of Prejudice ［M］. MA：Addison-Wesley Publishing，1954.

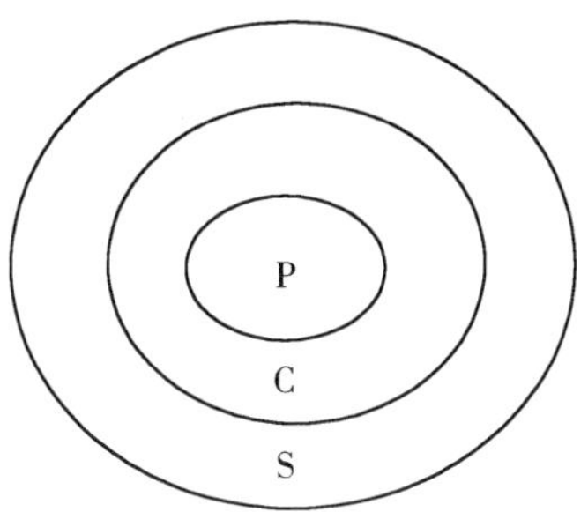

图 3-4　PCS 歧视分析[①]

标准的假定共识；它带来了社会标准的一致，作为一种工具传播并巩固了这种观念文化。因此它主要是关于意义共享的一个问题。它包括了传统意义上的文化概念，如宗教、信仰系统和国家，但是不仅仅指这些。文化层次是一个复杂的网络，由一些被认为是理所当然的假设或"不成文规定"所构成。在任何既定环境中，文化具有强大的影响力来决定什么是"正常的"。

S 指的是结构层面，社会分化的网络以及与它们紧密相关的权力关系；它还与压迫以及歧视被"制度化"（通过思维，语言，行为的模式而牢固确立）并因而被嵌入社会组织的方式相关。它意味着社会动力的更广泛层面，是将权力模式和影响力模式进行联合的社会政治维度。

图 3-4 说明的 P 层次，嵌入于 C 层次或文化层面中，即 C 层次规定了我们个人经历发生的背景。我们的思想、行为、态度以及感觉都在一定程度上是独一无二的、具有个人特色的，但是我们还应认识到文化在塑造我们的观念，指导我们的行为等方面所具有的强大影响力。C 层次代表了社会的利益和影响，反映于我们通过社会化过程而内化的社会价值观和文化规范中——例如：礼貌，礼仪，仪式（例如当某人生日或订婚时我们对其的行为）。只有理解内化才能理解这一难以置信的事实，即最外部的管制在大部分时间为社会上的大部分人工作。社会不仅控制我们的行为，还塑造了我们的身份、思想和情感。社会的结构成为我们自我意识的结

① Thompson N. Anti Discriminatory Practice [M]. 3rd ed. Basingstoke: Plalgrave, 2001.

构。社会对我们的影响不会只停留在表面。社会笼罩着我们并渗透进我们。

青年工作对反歧视理论的贯彻，主要体现为两个方面：一是专门开展反歧视的青年工作项目，最具代表性的是反种族歧视项目，如 Oldham 开展的和平制造者（peacemaker）项目。二是专门针对最容易遭受到歧视和压迫的青年人群开展青年工作。例如英国青年工作有很多专门为同性恋者提供安全的私密空间，让这一群体可以自在地讨论，减少孤独感，并通过非正式教育获取更多的技能。正如汤普森所说，即便青年工作者有反对歧视的良好愿望，但如果不能在日常事务中根除歧视和压迫的思想行为，我们的社会交往还是免不了将歧视和压迫渗透和影响到文化和制度中。①

第三节　英国青年工作的一般过程

实践是理论之源，丰富的青年工作实践经验为非正式教育理论、参与理论、赋权理论和反歧视理论的生成和发展提供了思想资源和理论动力。这些基本理论又发挥其实践参与能力，指导英国青年工作的实践，具体表现在青年工作的实施过程经历了青年工作双方主体关系的建立、对话的展开、行动的反思和意义的构建四个方面。关系（relation）、对话（conversation）、反思（reflection）、意义建构（sense-making）也可看作是青年工作中的基本范畴。

一　关系的建立

不管是非正式教育，还是自主参与理念，都要求青年工作者和青年的关系建立是以青年人的意愿为前提，青年有选择和决定的权利。双方的交往互动必须为青年创造一个适宜的氛围，让他们对自己的疑问进行探索并积极寻求答案。这种关系必须肯定和重视青年人，双方以诚实、信任、尊重和互惠为原则建立人际交往。青年工作者在交往中，不应以个人道德标准进行评判，应当无条件积极看待青年人。双方的交往以青年人关注的问题为基础，而不是青年工作者的议题。青年工作者应当相信青年有能力通过改变去成长，这也是赋权观念的具体反映。

① Thompson N. Anti Discriminatory Practice [M]. 3rd ed. Basingstoke: Plalgrave, 2001.

虽然关系在整个青年工作发展中是一个延续不断的主题，但它也是青年工作最难以捉摸的方面。因为关系无法用量化的方式反映在外部，为了外界考核要求，青年工作者只能用他们干过什么来说明双方的关系，用做过的活动（doing）代替在一起的关系（being）。当然，青年工作者和青年之间交往，也时常经历一个从活动到关系建立的过程。现实生活中，青年工作的确用开展活动或提供机会去吸引很多青年人开始加入到青年工作。青年人最初并不是冲着“关系”这个目的而来，可能只是有机会做某事（甚至不需要多么让人兴奋或与众不同），有时他们只是需要有个温暖的，可以接纳他和同伴的场所而已。

> 多年前我们在一个村庄进行问卷调查。这个地方没有任何提供给青年的活动。调查中（我们）问这里的青年人他们想要什么时，青年人的回答是想去 Doncaster 的某个地方，因为那里有他们想要参加的所有活动。的确，他们没有回答说想要社会教育，或想要一个可以倾听他们心声的青年工作者。但当他们深入到青年工作后，逐渐意识到在他们和青年工作者之间的交往中，从青年工作者身上收获到的东西超出预期。最初，青年人只是简单地认为他们不过是去参加划船或登山活动，慢慢地他们觉察到相互之间的人际关系，并且越来越珍视这种关系。
>
> 暑假的一天，有两位老先生走到我们跟前，开始还以为他们是某人的父亲。老先生递给我们黄色的宣传单，自我介绍他们是青年工作者，告诉我们当地开展新的活动项目，并邀请我们到那里聊一聊。那时的我们只相信自己的同龄人，排斥所有比自己大的人。不过我们也想进行新尝试，于是老先生开始给我们具体说明他们的活动安排。我们听了后，觉得这些活动似乎是要给我们权力为自己干些事情，例如宿营（residentials）。于是，我们决定一起试一试。正是从这里，我们开始用信任建立起关系。
>
> 之前，我们就只能在公园踢踢球，或去游戏厅玩耍。我们觉得有免费的外宿和其他活动，非常不错，这些我们还没有机会尝试过。不过，后来我们都意识到这些活动并不仅是让我们开开眼界。它关系到我们社会发展，掌握新技能，而不是到此一游。我们开始学会自己组织安排，并可以向他人介绍自己做过什么，组织过什么活动。这个过

程中，我们也会问自己正在做什么？我想要我的生活向哪里发展进步？我们也开始去观察自己生活的环境，包括犯罪等，并思考如何解决这些问题。这就像是一块敲门砖，让我们帮助社区，鼓励更多的同龄人加入到青年项目中来。[①]

最初，青年可能只是被可以参加某种活动的机会所吸引，想在其中为自己获得好处，比如一个度过周末的免费机会。在经历了初期交往后，他们会逐渐认识到青年工作超出其预期，自己获得和发展了新的技能和才干，接着还会审视自我的存在和发展，并参与社区，推动社会发展。

在和青年进行交往中，必须注意这样几个方面：接纳和珍视青年；诚实；信任；尊重；互惠。这几项品质相互重合，不能截然分开，它们结合在一起构成青年工作者和青年人之间人际交往的基础。[②]

接纳和珍视。青年人在遇到工作者之前，已经形成了一定的情感态度和价值观。青年工作应当是保护和珍视青年的特征，并且要明白社会存在着的不平等会影响人们的生活，要承认人与人之间的差别，既不要假称人人都是平等的，也不能相信有些事情只能由特别的人才能完成。接纳意味着接受青年的一切，包括其情感、态度、价值观和历史渊源；不要用成人自己的思想体系和价值观念去评判青年；重视青年，愿意给他们时间和帮助。

诚实。接纳本身也包含了诚实。青年工作者在和青年打交道时，应当完全的开放和诚实，告诉对方自己的身份，哪些是自己能做到的，哪些事情自己办不到。有时，青年对工作者的能力想象超出实际范围，青年工作者一定要实话实说，不能因为想让青年加入到自己的青年工作中来，让考核的数字升上去，而将错就错。在青年工作中不要隐瞒真实情况或日程（agenda），有需要商量的事情，应该拿出来和青年开诚布公地商议。其实，这也是尊重青年的表现。

尊重。青年工作者不能因为自己年长，自己的职业身份自动地获得控制青年的权利；也不会因为自己是成年人，就认为青年一定愿意与之联

① Young K. Youth Work：Core Purpose，Principle & Practice［D］. Leicester：De Montfort University，2003.

② Young K. The Art of Youth Work［M］. 2nd ed. Dorset：Russel House Publishing Ltd，2006.

系。只有当青年工作者对待青年对象是开放的、真诚的，才有可能获得青年的尊重，他们也才会愿意倾听青年工作者的意见。尊重要求青年工作者真正关心和理解青年特殊的处境，用积极正面的眼光看待青年，时刻准备帮助青年。只要青年工作者没有用心关怀青年，尊重青年，很容易就会被青年觉察出来。

信任。青年和成人一样，只会和自己信任的对象分享希望和恐惧。如果对方是自己十分相信的人，那么青年也会愿意认真思考他们的观点，哪怕某些意见让青年人一时还难以接受。怎样才能获得青年的信任？以青年人的眼光，他们只会相信那些关心自己，愿意抽出时间，有耐心，不怕青年麻烦他们的人。尤其是在青年工作中，不管是工作者还是青年人都一样需要对方的信赖，而青年工作者应当成为那个不惧风险首先向青年人伸出橄榄枝的人。

信任、尊重、诚实，和相信青年能够改变，成长为他们希望的人，这些构成了青年工作者和青年人际关系的底线。

互惠。最后，青年工作者和青年之间的交往实际上也是一个互惠的关系。在他们相互交往中，青年工作者除给予青年支持外，也从青年那里获得了专属的技艺、观点、看法。青年不仅可以给工作者实在的帮助和提高，比如学会最新的信息媒介，也能让青年工作者在工作和金钱之外收获到被肯定和珍视的情感满足。

二　对话的开展

青年工作者和青年人交往的中心环节就是“对话”，也就是和青年人进行交谈，一起对青年人的经历、行为、情感态度等进行探讨，帮助他们思考发生的事情，并假设还有何种其他的替代选择和过程。所有的青年工作者都重视通过营造一个舒适的环境氛围，去推进和青年人之间的交谈。这个环境生成一个温暖、有趣和自发性的氛围，让青年能拓宽视野，理解面临问题的复杂性，用清晰、直接和肯定的方式表达自己的看法。因此，对话也成为青年工作被看作是非正式教育的关键。青年工作者需要做的是，能够倾听、理解，并对青年人的经历保持同理心，帮助青年人理解自己的遭遇。对话的结果不是要青年工作者对青年人进行评判，或指出青年人的错误，而应当是让青年如何去理解自身经历并继续前行。

任何对话的发生都不是在真空中，而都有其对话背景。有时，对话是青年工作者为学习困难的青年提供个人帮助的背景下发生的；有时，对话是因为青年在面临升学、就业等人生选择，向青年工作者咨询中发生的；有时是青年工作者利用活动项目进行与青年的对话，激发学生思考其生活经历和价值标准。

要和青年人好好对话，青年工作者必须表现出亲和力，愿意与青年分享意见，记录下青年告诉你的想法，还可以在适当的时候回忆给青年，让青年知道对方付出努力记住自己的言论。一开始，青年工作者可以花时间和青年"闲聊"，了解对方的背景来源以及兴趣爱好。这些细节都有助于让青年对工作者产生信任。当然，只是简单地通过聊天，让青年真正触及自己的内心世界，不是那么容易。在对话之外，还需借助其他类型的活动，如放松、冥想、击鼓、拼贴、艺术、手工、摄影、叙事等。因为大多数时候，人的防御机制都在发挥作用，通过以上这些富有创造力的表现形式他们将自己的内心世界展示出来，或帮助青年工作者从中去发掘其内心的想法。许多青年在描述青年工作者的会话时，都提到"（除青年工作者外）我还没遇到其他任何人，我可以和他们述说我的经历和疑惑，而青年工作者可以真正帮助我认清自己的想法和作出抉择。"① 青年工作中的对话，大多被青年看作是帮助他们了解自我，并思考自己想要成为什么样的人。

对话是利用青年自我的体验来帮助他们发展有反思的行为。特别是青年工作是一种非正式教育，所以教育者和受教育者之间的互动主要是通过对话展开进行的。青年工作者要十分清楚他们和青年的对话中，自己是什么样的角色，能够进行何种形式的介入或干预。青年工作者要有足够的知识储备，可以预见下一步，愿意将会话看作是教育者角色的一部分，尽管这是一种非正式的教育者。

不同学者对青年工作中对话的认识有所差异。例如，Jeffs 和 Smith 认为对话包括了关注、信任、尊重、理解和希望。Green 和 Chritian 将对话看成是一种陪伴（accompanying），就像是一个独唱者的钢琴伴奏，必须要集中注意力，能敏锐抓住演唱者的情绪，一直陪在青年人的身边。陪伴者和被陪伴者要相互倾听，从对话中学习和成长。尤其是陪伴

① Young K. The Art of Youth Work [M]. 2nd ed. Dorset: Russel House Publishing Ltd, 2006.

者要帮助对方深入地剖析其情感、想法，让青年学会分析、接纳和开始计划行动。因而陪伴被认为一定要有同理心、同情心、宽容和尊重青年的观点。

三 行为的反思

青年工作作为一种教育活动，按照杜威的观点，并不是去灌输僵化的社会行为规范。教育不是静止的尺度，而是一个不断评估，能够满足不同背景、不同个体需要的过程。教育有自己的目的，那就是一种解放的体验，鼓励反思的行为，促进健康和成长，发展和支持受教育者参与社会。① 同样，青年工作也是解放青年，而非奴化青年，作为追求自由的实践活动是要让青年能够“思考自身、思考责任、思考新文化中的角色——实际上就是反思的能力。这种能力的发展结果体现为选择力的增强。”② 青年工作是一个反思训练的过程，具体表现为三个方面：从经验中学习；发展批判思考的能力；自我发现和重建。

从经验中学习。青年工作中的学习不是简单将观念机械地植入大脑，而不去应用、验证或放入新的联系中。学习是一个动态过程，最后必须见诸行动，理论必须在实践中检验。英国青年工作吸收了美国学者库伯（Kolb）的体验式学习理论。根据库伯的理论，学习过程包括四个阶段：体验，反思，概念抽象和实践检验。体验包括青年在日常生活中的经历，和在青年工作中的特殊体验。反思是指青年有机会思考其经历，对自己的想法和感受进行分析。概念抽象化是青年对自己的想法感受与其他的场景，从其他人包括青年工作者、同辈处收集观点，将以上的反思结果和信息观点整合成一个有逻辑推理的理论框架，为决策和行动做准备。实践验证是青年将自己的新理论运用于现实生活。当然这并不是学习的终点，它又为青年提供了新的体验，从而开启了一个新的反思、理解和实践验证的循环过程。青年人的体验倒不一定是发生在自己身上的事件，它也可以是自己接收到的信息或遇到的观点。任何时候，青年人面临的新情况，都可

① Dewey J. Democracy and Education: A Introduction to the Philosophy of Education [M]. New York: Macmillan, 1961.

② Freire P. Education: The Practice of Freedom [M]. London: Writers and Readers Publishing Cooperative, 1976.

以派生出学习过程，他们会进行反思，获得新的认识，并形成未来的思想和行动。见图 3-5。

批判地思考。这需要一种推理的能力，即能够确认假设，和对假设进行挑战；认识到每一事件、假设、解释和行为的社会、政治和历史背景的重要性；提出替代；对那些普遍真理和终极解释进行反思和怀疑的能力。因此批判性思考必然包括了青年具备抓住观点的要义、避免含糊不清，找到矛盾，知道什么情况下结论是不可靠的，什么时候论据是充分的，知道什么论点是可靠的，以及辨别出问题是否得到确认和解决了。这些都不是轻易可以办到的，需要训练和实践。根据杜威的观点，规范的讨论可以加深和完善推理过程和能力。这和青年工作十分注重讨论和对话的过程，正好一致。弗莱雷说过："一个成功的教育者的标志不是他多么善于说服对方，而是能够以互利互惠的态度和受教育者开展对话。"①

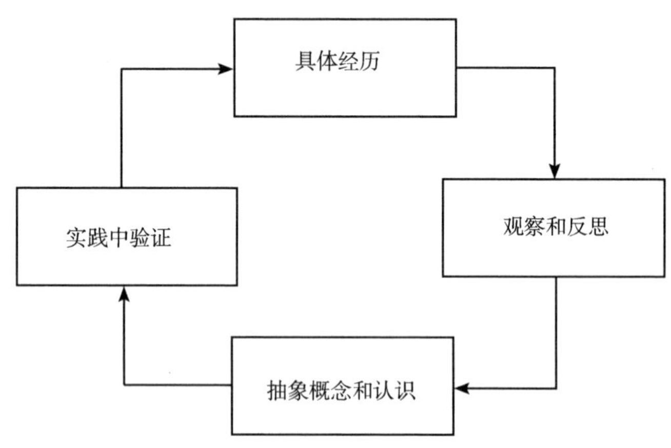

图 3-5 Kolb 的体验学习理论②

发现自我。尽管青年工作中的对话涵盖各种议题和背景，但非正式教育所强调的是如何让青年认识自己，理解其经历，看待世界。对话就是为青年提供必要的非正式教育机会，有意识地深刻审视其人生体验和意义之所在。每个人的叙述，都是一个特殊的表达，它将个人的不同片段建构成

① Freire P. Education: The Practice of Freedom [M]. London: Writers and Readers Publishing Cooperative, 1976.

② Kolb D. Experiential Learning as the Science of Learning and Development [M]. Englewood Cliffs, NJ: Prentice Hall, 1984: 21.

有意识的，令人信服的整体。人们不是通过个人叙述来“发现”自我，而是用叙述来构建其自我。叙述让自己或他人的生命有了意义，为自己的过去、现在和未来下一个定义。人的生命要有意义，离不开人们动态的叙述，让看上去混沌的生命存在变得连贯合理。当然，人们在谈论自己的生活时，有时会有所隐瞒、遗忘、夸大，然而这也可算是揭示了某种真相。个人叙述里的真相不同于自然科学中的真理，并不要求证据来证明。青年工作者只是要对青年的叙事加以合理解释，特别是结合其成长的背景和形成的世界观。因此青年的叙述不一定是对其经历的真实描述，而是赋予经历以意义，其解释会随着他们的情绪，理解能力发生变化，而这些又与社会、政治和历史背景息息相关。

四　意义的建构

正如会话的开展与行为反思如影随形，意义构建和行为反思也是密不可分。意义的建构不是单纯地反映现实情景，它有可能是对过去经历的再解释以此来符合现状，也有可能为了和过去建立一脉相承的联系来阐释现在。意义的构建不是一个散乱的过程，相较其他理解或解释等说明活动，它有七点不同。（1）以同一性建立为基础。要回答“我是谁”的问题，先要去发现我思考的是什么，我是如何去思考的。（2）回顾性。在了解我的想法是什么之前，先要回忆我之前说过什么，做过什么。（3）呈现。通过说和行动，青年创设新的情景，来查验自己想的是什么、思考方式以及“我是谁”等问题。（4）社交。青年的发言，包括其甄选出来的事件、思想和结论，都是青年社会交往的结果，反映着青年的交往对象是什么人、交往方式如何，他期望对自己的论断加以审视的观众，等等。（5）正在进行时。青年的谈话，会与时俱进，在其他正在进行的项目中征求意见，讲述结束后得到对方的思考。（6）注意其中的暗示。青年会抽取出或对事件、行动及思想的某一小部分进行点缀，这是因为青年将之看作是焦点或个人倾向。（7）追求的是合理性，而非精确性。意义的找寻，不是要有一个准确无误的复述，只要求叙述是连贯的，可信的。个人叙事不是简单告诉他人自己的生活状况，而是构建同一性的途径。“自我同一性不是别人给你的，它需要个人对行为的反思中一步步地形成和发展。”① 青年工作者的职

① Giddens A. Modernity and Self Identity [M]. Cambridge: Polity Press, 1991.

责是让青年人积极投入到道德哲学化的进程，发展出一套价值观体系，明确其同一性，支持他们作为真正意义上的人的美德发展。

青年工作是一个帮助青年人进行道德哲学思考的过程，以此来发展自我同一性和承担起社会责任。当然这不是说青年工作要向青年灌输一套价值观或行为规则。既然是进行道德伦理的哲学意义思考和追求，必然离不开反思和质疑，这不可能靠按部就班的训练得以实现，不仅需要自身的努力，还得要有他人的互动交流。现代社会，我们的言行都得接受他人的评判，同时我们也要能够向他人去说明自己行为的理由和正当性。所以说，人们不可能按自己的喜好随心所欲地行为，而必须依循一定的社会共同观念。①

青年同一性的发展不是一个孤立的活动，青年工作的过程就是要和青年建立积极联系，使他们发展批判的技能和德性的品行。这个过程也是一个帮助青年探寻其存在和经历的意义，赋予其生活的价值。青年工作的关系建立、对话开展、经验反思和意义找寻是一个相互交织、有机融合的过程，实践中它们不可分割，青年人不会专门停下来进行批判反思或意义建构。这一过程，可以看作是青年工作不分工作对象和工作背景的不同，针对青年大众开展非正式教育所遵循的一般过程。

本章小结

- 英国青年工作的形成和发展受到各时期社会学、教育学、心理学等思想观念的影响。各具特色的学说理论，对英国青年工作的理论体系和实践操作产生着直接或间接的影响。
- 英国青年工作最具代表性的理论是非正式教育理念，将青年工作者进行的教育活动与学校正规教育区分开来。非正式教育强调青年自愿参加，以对话形式的自发过程，支持青年积极获得知识、技能和情感态度。
- 此外，英国青年工作提出了倡导青年自愿参与和自主管理的参与理论，让青年充分发展力量和权能的赋权理论，以及追求机会平等的反歧视理论。
- 英国青年工作的实施过程包括建立关系、开展对话、行为反思和

① Coleman J & Hendry L. The Nature of Adolescence［M］. London：Routledge，1990.

意义建构诸环节。青年工作坚持接纳和珍视青年，以诚实、信任、尊重和互惠建立起双方主体关系；青年工作的中心环节是对话，展开讨论来学习成长；行为的反思，则是通过批判性思考，从经验中学习，发现自我；最终，青年工作要帮助青年探寻其存在和经历，建构起生活的意义价值。

第三章

英国青年工作的内容和方法

前一章谈到英国青年工作通过长期摸索在学校教育之外建立起一套完整的非正式教育制度，形成了独特的理论观念和实施过程。接下来，本书的研究重点从英国青年工作的动态演化转向静态分析。第四章和第五章将集中探讨青年工作系统中的内容、方法、主体、对象和环境等结构要素。具体说，本章结合非正式教育课程理论，分析英国青年工作作为一种特殊的思想教育活动的内容和方法。

第一节　英国青年工作的课程建设

很长一段时期，英国青年工作非常注重和学校教育区分开来，青年工作虽然被视为教育活动，但教育的具体内容和方法之间关系松散，缺乏有机联系。20世纪后期，英国青年工作，尤其是政府主管部门，开始推动课程建设，尝试将青年工作的内容和方法整合到课程体系之中。

英国青年工作接受“课程”一词的时间并不长远。在艾伯马报告、汤普森报告等官方文件中，一直没有出现课程的概念。可以说，在相当长的一段时期里青年工作者坚持认为，只有学校教育才需要进行课程建设。最早将“课程”概念引入青年工作的是1975年主管英国国家青年事务机构（National Youth Bureau）的John Ewen，他制定一份名为“青年俱乐部的课程发展”的文件。John Ewen认为用“课程”一词可以很好地向人们解释和回答这样的问题——“我们到底在青年俱乐部里干了哪些工作”。他的意见在当时引起很大争议，直到现在关于青年工作是否使用课程概念，还有相当多的学者持不同看法。

1988年教育改革法对整个英国教育体制的课程建设发挥相当大影响。它不仅在学校教育中强化了国家核心课程体系，将过去学校教师享有的课程自主权加以限制，也大大推动了青年工作的课程建设。1990 年前后英国教育大臣召集的几次青年工作部长级会议上，课程问题成为大会商议的主题之一。虽然这几次青年工作全国大会没有如预期对核心课程得出一个统一认识，但不可否认的是自那以后青年工作关于课程问题的研究和实践逐渐兴起。到 20 世纪 90 年代中期，许多地方当局慢慢改变了过去对青年工作课程建设的疏离态度，在政府文件中正式承认和出台了有关青年工作的课程方案。

青年工作谈到的课程和正规教育所说的课程是不同的，两者有很多差异，但是主流正式教育的课程理论与青年工作的课程观之间仍然有千丝万缕的联系。大体说来英国青年工作的学者和实践人员，对于课程的理解主要有三种。

一　内容为中心的青年工作课程

第一种观点是将青年工作的课程看作是一种“内容”。这种观点算是一种传统的课程观，最为大家熟知的是把课程和教学大纲联系在一起。比如说，在正式教育中将课程看成教师将具体内容或科目单向度地传递给学生来接收。乍一看，这种课程观视教育为往空瓶中倾注知识的机械过程，与充满活力和动态变化的青年工作没有关系。其实，在有些地方当局制定的青年工作课程规划中，这种观点并非完全没有市场。例如，有的地方将青年工作的课程表述为一个个包含若干目录的主题，如独立生活能力，性意识行为，公民资格，生理健康；有的还加上人际关系、公平正义等，大体上涵盖了个人社会化技能或健康生活方式。

很多人对这种观点提出批评意见，认为将课程简单等同于内容的一个缺陷是把课程看作是知识组成的内容体系，而且这种知识被认为是绝对真理，不容置疑。而后现代社会，知识已经逐渐被人们视为根源于一定的社会意识形态，课程中的知识不再是绝对正确，不容挑战的内容。此外，这种将课程看作是一种知识内容的传授，也让教育演变为一种消极被动的实践过程。学生不能进行批判性学习，只能被动接受，就像是银行储蓄式教育模式。这种教育模式，在弗莱雷等人的学说中遭受到严厉抨击。弗莱雷认为这种教育贯彻执行压迫意识，维系强化统治结构的教育体制，是一种“银行储蓄式教育”（banking education）。

二　产品化的青年工作课程

第二种观点是将青年工作的课程看作是一种“产品”。这种观点在主流教育，尤其是目前学校教育中占统治地位。教育首先要考察的是它的目的和结果，而非手段方式。而要确定教育的目的结果，实际上要清楚教育的产品问题。持这种观点的学者，归纳了课程建设要解决的四个基本问题。①

· 学校希望取得什么样的教育目的及目标？

· 要提供什么样的教育经历来实现前面的目标？

· 怎样才能有效地组织好这些教育经历？

· 通过何种方式去判断教育目标是否达成？

这四个问题的回答，其实可以用“目的”——“内容”——“方式”——“评估”四个方面来反映。其中教育目的是课程建设中决定性因素，这个目的不是简明扼要的宗旨，而是十分具体实在的指标。根据Tyler的观点，产品化的课程观是通过行为目标体现出来，具体说是一种可以测量的学生行为的具体改变。但是这种主流课程观存在一定的缺陷和不足。以行为转变为基础的课程建设，将某种才能匹配转换为目标行为产品，自然而然教育关心的是评价学生会做什么和不会做什么。对某些传统的学校教育课程，这样的测评不成问题，如语言、算数。对于有些学科以及青年工作课程，这种考评却有难度。因为这些课程要么没有什么行为变化，要么这种变化难以衡量。还有就是，这种主张下的课程设计和实施，直接将某种行为变化作为教育目标认为理所当然，而没有任何论证说明为什么选择某种行为变化作为课程起点，或者说为什么选择这种行为而不是另一种行为作为课程目标。这种理论假设本身存在某些疑惑。长此以往，教育会沦落为一种流水线般的工业化生产或培训。尤其是对于青年工作的教育职能的影响，就是使得青年的非正式学习变成一个从“输入点”到“输出点”的直线型学习过程，很有可能将青年工作变成一种机械灌输。

虽然青年工作者对于这种将课程首先看成特定的产品或目标的观点，在理论上并不认同，但既然这是一种占主流地位的课程观，对青年工作实

---

① Jon Ord. Youth Work Process, Product and Practice [M]. Dorset: Russel House Publishing, 2007.

践的影响却挥之不去。最初 Alan Howarth 在第一次青年工作部长级大会上正式提出课程这个关键词时，实际上就是秉承的这种观点。在当前英国青年工作的法定督导工作中，经验丰富的巡视员们在青年俱乐部检查具体的项目活动时，提出的第一个问题常常是“今晚青年可以从中学到什么?”这种提问，恰恰反映了青年工作的产品或目标优先于青年工作相关的背景知识、实践过程、环境因素。

三　过程化的青年工作课程

最后一种课程观是将课程看成是某种“过程”。持这种观点，最有代表性的教育家是 Stenhouse，虽然他的很多理论是直接对应学校教育而言的，但对青年工作也有很大影响。Stenhouse 首先假设在当今这个多元社会中，文化知识具有不确定性，知识体系本身就内在矛盾，包含了许多对立的观点。知识的习得不是简单的分类或检索，还包含着对材料的思考。既然知识不是独立存在的，那么将它简化成某种目标就是不合理的。学生的习得和理解，都离不开他们过往的经历和体验。知识是一种现象学范畴，与个人特有的思考和背景经历直接相关。争议性话题或知识都是可以辩论的，对立观点都有其合理性。因此，在教育本身都是不确定性的前提下，不能用预设的特定结果或目标来指引教育，课程需要的更多是一种原则的引导。[①] Stenhouse 提倡的这种原则就是将课程当作一种“过程”，帮助学生获得知识，理解问题中的逻辑关系。过程化的课程建设，遵循的是这样一些基本原则：鼓励学生作出理性选择；学生积极投入到学习情景；鼓励学生考察个人或社会问题；教学活动对学生有意义；教学活动与学生表达的目的有关联。

过程化的课程观在学校教育中没有成为主流，更多的是一种批判性主张，最大的原因是对其难以考核评价。不过青年工作有别于学校正式教育，无须测验考试来评估课程，所以相对而言有实用的可能性。根据青年工作自身性质和价值诉求，将青年工作的课程视为一种特殊意义的过程，也是非常必要的。它吻合了青年工作这样几个方面的基本特征。

以青年（儿童）为中心。按照卢梭的思想和理论假设，每个人的天

① Stenhouse L. An Introduction to Curriculum Research and Development [M]. London: Heinemann, 1975.

性都有其合理性，每个孩子的天性都是良善的。因此孩子的发展应当是自然而然的，教育也应当是自然主义的。相应地，以青年为中心的青年工作也应当是让青年在适当的环境下自然成长，让青年自己确立发展的方向；教育者的角色是让青年学会学习，而不是传输知识信息。Pring 专门归纳了两个方面：一是课程主题内容的选择不能只考虑教师、政策制定者或成人社会的愿望，还要满足每个孩子的兴趣；一是知识不能离开探寻；课程应当有机地包含基本信息、技能、争论以及问题解决等各个方面。①

教育即经历体验。作为 20 世纪最具影响力的教育家，杜威对传统学校教育提出很多批判，指出其主要是一种自上而下，由外向内的灌注，培育的学生态度是温顺、接纳和服从。② 他提出的进步主义教育思想，首先强调了通过经历去学习，所以被认为是经验式教育之父。他特别指出个体的经历是进行教育的首要工具。他所说的个人经验包含连续性和互动性两个基本点。连续性是指个人的日常经验从他的过往经历中生长出来的，并且还会以某种方式影响和修订着他未来的人生经历。互动性则说明所有的人生经验都是一种社会化接触联系，它是人和物、地点、事件的独特结合，同时又融合了个人需要、喜好、目的和能力。杜威认为过去传统教育过于强调客观环境的外部作用，还应同等重视个人经历这样的内在条件因素。

认知发展的过程。根据认知心理学，课程不在乎教师输入，即信息本身，而是受教育者对信息输入的操作。按照班杜拉的观点，自我具备提供参照机制的认知框架和知觉、评价及调节行为等能力。他认为人的行为不仅要受外在因素的影响，也受通过自我生成的内在因素的调节。自我调节由自我观察、自我判断和自我反应三个过程组成，经过上述三个过程，个体完成主观因素对行为的调节。学习作为认知过程，包括学生获取新信息，依据自身已有的知识体系进行转化，并在新形势新环境中验证知识的效用。知识是过程，而非产品。知识的建构要看学生是否能有效地将接收的信息与他既往的参照结构进行连接。③ Jsrome Bruner 提出，课程建设应

---

① Pring R. Philosophical Issue ［M］ // Lawton D. et al. Theory and Practice of Curriculum Studies. London：Routledge & Kegan Paul. 1978.

② Duwey J. Expeience and Education ［M］. New York：Mscinllan，1997.

③ Curzon L B. Teachin in Further Education ［M］. 4th ed. London：Cassell Education，1990.

当根据认知心理学的发展观点组织课程，受教育者必须在学习过程中发挥积极作用，根据认知理论通过一个探寻过程处理信息来源。他还特别提出了一个“发现式学习”理论，通过设置问题背景，鼓励学生通过解决问题使得他们能够建立自己的理解，最终发展出必要的认知或知识技能。

Kelly 将 Stenhouse 的程序、杜威的经验教育和认知心理学的发展教育三种观点进行融合，提出了以过程为特质的青年工作课程理论。他认为可以为课程设立一种抽象意义的教育目标并以此为基础，但绝不应该为青年工作提出非常具体的教育目的或结果。从抽象的教育目标中，可以建立一个程序性原则。比如，Stenhouse 提出教育一个总体目标是消灭种族冲突，而相应的程序法则可以是：

· 我们（教育者）应当帮助青年认识自己对种族问题的态度。

· 帮助青年找出自己认识上的偏见以及背后的动机和出发点。

· 帮助青年了解到许多问题表面上是种族因素，而决定性因素往往是整个社会背景。

正如 Kelly 指出的，这种课程安排让教育者可以充分利用教育过程中出现的各种意料中或意料外的元素，对青年进行指导。预先将课程的结果或目的确立的模式，让教育者全力盯着既定目标，从而减少了教育的其他可能性和机会。① 与其他课程模式声称的价值中立不同，Kelly 坚持课程建设的民主导向。他认为的民主包含了个人自由、平等待遇，有机会参与治理，或对政策制定者的决议进行评论等方面。为了追求民主，教育应当让受教育者有充分的道德发展，还要获得必要的知识去参与民主进程。为了满足民主所需的道德和政治要求，青年工作的课程应当是一个发展过程，青年逐渐真正理解和参与社会制度对个人生活的控制。青年的社会发展过程，不仅是认知的发展，还是情感的发展，了解自己，认识和他人的关系以及相互之间的差别。青年工作的课程不应是预先设计好的固定模块，没有什么必须教授的内容设定，更不应只强调知识的传递。

青年工作的课程不能是一种控制手段，不能将课程进程中可能出现的结果转变为进行测量的课程结果。因为青年工作首先关注的是青年个体情感、社会和道德等方面的发展。如果教育者提前规定课程目标，那就不是关心青年内在的发展，而是一种社会外在的控制。在既定教育产品下，赋

① Kelly A V. The Curriculum Theory and Practice [M]. London: Sage, 2005.

予教育者绝对的权威和责任，让他着手课程计划、实施和考评，违反了青年工作的民主性，没有真正遵循以青年为中心的原则。

当然这种过程化课程观，也受到了一些人的批评。最主要的诘责是认为这样的课程建设一点不具体，缺乏教育的目的性。其实，过程化的课程观并不反对青年工作的课程内容有具体规定，并且内容的确定也会或多或少地引出教育可能的目的或终点，只是不会表现为一种非常详尽具体的特定结果或产品。所以真正意义上的青年工作课程必须要有大体目标、基本内容和程序方法，但这些不是取决于先设的具体指标；而青年工作课程最终会出现的结果只能在课程进行之中或结束之时，才能清楚显现。

这种观点也被官方文件或一些地方当局的青年服务实践逐渐认可。例如 1993 教育标准局（Ofsted）就明确承认青年工作课程建设中过程的角色和地位，并强调青年工作课程的主要方式是通过行动和实践的体验式学习。诸如 Glottcestershire、West Sussex 和 Hampshire 等地方当局在青年工作文件中，都表示青年工作的课程过程必须和青年进行协商，满足青年的需求，还要重视青年工作的反思方面，让青年有机会探索自己的信念、态度和价值观。还有的指出青年工作里学习环境的不可预见性，要利用日常生活或突发状况开展有意义的对话或给青年反馈，帮助青年思考。① 最生动形象的规定要数 Devon 的青年服务，它提出了一个新颖的青年工作课程概念——“波浪式青年工作（wave）”，将青年在青年工作过程中的变化、发展和进步比喻成滑板上冲浪者的运动过程。海水起伏就像是青年工作不断变化的过程，冲浪板则是青年工作者和青年人建立起人际关系的工具。青年人取得的成长进步是他们置身波涛起伏的过程中完成的。

如前所述，尽管课程观逐渐被英国青年工作的理论界和工作机构接纳，但目前从业机构和人员还没有形成一个清晰统一的课程观念。20 世纪末，英国政府关于建立全国统一的青年工作核心课程的设想，还没能实现。21 世纪以来，虽然英国青年工作不断推进课程建设，政府文件中也一再强调相关的课程规定，但基本上英国中央政府放弃了推行全国通用的

① Jon O. Youth Work Process, Product and Practice: Creating an Authentic Curriculum in Work with Young People [M]. Dorste: Russle House Publishing, 2007.

课程体系，只是希望地方当局和志愿组织应当结合自身实际进行非正式教育课程设计，注意以下方面：首先，课程应当结合青年人的兴趣，尤其是因为青年工作课程是由青年人自愿选择的结果；第二，课程提供的活动要和正式教育形成补充，有不一样的内容，如戏剧、政治教育或文学素养；第三，青年工作的课程方案要关注当下社会问题，如医疗健康或犯罪；最后，青年工作课程要反映青年人的特殊需要或人生任务，这一时期的青年面临着人生中的重要过渡，如就业、住房和人际交往。

第二节 英国青年工作的主要内容

青年工作课程直接或间接地包含着体验、机会和挑战，并以组织化的方式、结构和方案提供给青年人。英国政府目前还未建立全国通用的青年工作核心课程体系，因此其青年工作不像我国思想政治理论课有自上而下，统一标准的小学、中学到大学的课程内容。英国青年工作的教育内容在不同地区和组织中不尽相同，每个地方都会根据自身实际需要确立青年工作的具体内容，涉及的范围和类型差别较大。简单归纳，认识自我、积极公民、人际交往、健康生活、预防犯罪、全球化等六个方面，是各地青年工作相对集中的教育内容。

一 认识自我

认识自我、完善自我或寻找自我同一性，是英国青年工作一向重视的教育内容和目标。起初，青年工作在教育青年中更多的使用认识自我或完善自我的说法，如艾伯马报告和米森—费尔布莱恩报告中都有此类表述。20 世纪 60 年代后，英国青年工作逐渐吸收借鉴艾里克森提出“自我同一性”概念。Kerry Young 就将青年工作的教育内容概括为两个：自我同一性和道德哲学化，两者之间相互联系。他认为青年工作关怀青年的个人发展，离不开帮助青年理解和寻求个人同一性：自我形象（self-image）——个人对自己的描述；自我评价（self-esteem）——个人对自我的评判，其中一个关键是个人的对于道德和伦理标准的遵循。[①]

虽然，自我同一性自提出以来，其概念的表达缺乏统一性、清晰性，

① Young K. The Art of Youth Work [M]. 2nd ed. Dorset: Russel House Publishing Ltd, 2006.

但教育界和青年工作者都认为认识自我，寻找同一性是一个伴随一生的过程，青年时期是自我同一性发展至关重要的时期。因此，在青年俱乐部或青年志愿组织开展的活动或对话中，一般都关注青年对“我是谁”这个问题的探索。通过青年对这一问题的内隐和外显的回答，把个体的过去经历和未来期望整合成为新的统一，引发最基本的一致感和连续感。以此为基础，青年工作还会让青年更深入地将自我的认识与将来的职业、性、宗教和政治理想进行整合，保证了个体建设性地整合到社会中，最终达到一种深刻的下意识的根植感、幸福感、自尊、自信和方向感。青年工作强调对青年进行同一性和自我之间的联系，从内容上包括以下方面：

自识主动性。自我同一性是自我对自身的整合，自我认识的内在需要是推动整合的最初的动力，而整合的结果也进一步促进了自我认识，使个体逐渐明确“我是谁”。缺乏自我认识的主动性，个体的整合不能顺利进行，同时个体的主体性也渐渐丧失。因此，主动、深入的自我认识是自我同一性发展的前提基础，是建构自我同一性的保证。[①] 个体的自识主动性与自我意识发展密切相关，并在社会化过程中不断发展。

自我表征。自我同一性是自我对其自身的整合，而整合的过程必然以主体我与客体我的分化为前提和基础，因为只有个体将“我”分开理解时，个体的自我整合和统一才具有意义，而统一的过程就是自我同一性确立的过程。也就是说，个体要脱离自我中心的状态，以同一社会群体中其他成员的特定观点，或从他所属的整个社会群体的一般观点来看待自我，形成对自我的表征，从而使“他我”的意义在自我之中建构起来，形成自我同一性。成熟不是一夜之间完成的，需要青年对自我的社会处境和个人潜力有仔细地觉察之后，慢慢形成自律和谦卑。

自我调节。自我同一性的形成或自我同一性获得状态以不断地自我调节为前提，这种调节使个体在获得自我表征的过程中，既能维持自我的主动性，也能契合背景的特殊性，同时还协调自我和背景的关系，推动自我的内部整合。自我同一性整合过程中，需要诸如创造力、判断悬置、批判性评价与问题提出等问题解决技能来形成公正、合理的决策过程，从而增

① Sabin T R. The Poetics of Identity［J］. Theory & Psychology，1997（7）.

加满意感和减少自我痛苦感。① 因此，自我调节是自我同一性获得的重要条件。青年清楚地意识到他人对自己的要求，以及能够灵活地表达自己的独特性去适应环境。

因为自我同一性的理论学派众多，青年工作者的学术倾向影响到对青年进行自我认识教育的侧重点不同。受艾里克森影响较深的青年工作课程内容中，自我同一性是生物、心理与社会的相互作用过程，其结果既表现为自我同一性的阶段更替，也表现为自我的结构性发展。马西娅思想指导下的青年工作课程，自我同一性的形成与发展是个体应对人生任务的策略，主要是投入与探索两个维度的结合，其结果表现为同一性四个状态间的变化，从同一性混淆与同一性前闭到同一性延缓与同一性获得的上升趋势。在建构理论取向的青年工作者那里，同一性是个体和背景之间的一种交互作用，一种持续而非间断的过程，强调青年以原有的知识经验为基础，对外部的客观世界进行自己独特的加工，把外部客观世界内部意义化，从而把自己和外部世界整合在一起，获得自我同一性发展。社会—文化取向的青年工作者强调了自我与外部背景之间的关系，相对建构主义理论取向而言，更重视背景对青年角色的规范性以及背景意义的渗透性，从而使同一性的发展具有情景意义性与规定性。

二 积极公民

自每个人降临于人世间，社会无时无刻不在对他施加影响。进入青年时代，社会通过各种信息传输符号的设置，如家庭、学校、社区、宗教、职业、传媒等，加大了对青年的社会化。英国青年工作也将对青年的社会化作为教育的核心内容，通过各种方式把青年人必须具备的知识、技能、行为准则和价值观念传输给青年。19 世纪的早期青年工作大张旗鼓地将对青年社会化作为基本目标和内容。20 世纪六七十年代后随着青年解放运动，社会化这个概念被有些人指责将青年作为被动客体，居高临下地驯化青年人，因此社会化提法在青年工作中渐渐淡化。有一段时期的青年工作主要用“合格公民”“负责任的社会成员”的提法。21 世纪以来的青年工作在内容设置时比较多地概括为“积极公民”，例如 2013 年莱斯特

① Schiwartz S J. The Evolution of Erickson and Neo-Erickson Identity Theory and Research: A Review and Integration, Identity [J]. An Integration Theory and Research, 2001 (1) .

市政当局青年工作的课程目录："积极公民：乐于奉献、有政治头脑，理解民主进程，参与社会，发表意见，在共同体中有影响力，学会可持续发展和保持社会和谐。"①

20世纪80年代青年"反叛"运动以后，英国青年工作加大研究并实施影响青年的对策，对青年社会化也出现了一些新理论、新观点，如"代沟"理论、"青年救世主"理论、"青年反文化"理论等。英国青年工作进行的公民教育主要受自由主义和共和主义两派观点的影响。自由主义公民观推崇公民独立人格和权利意识，对个人利益、个人尊严的维护；共和主义公民观则强调公民的责任意识和公共精神，对他人、对家庭、对社会、对公共利益、对国家利益与尊严的维护。综合两种观念，英国青年工作对青年进行积极公民的塑造体现为三个方面。

公民人格。青年工作要帮助青年树立公民意识，并能以独立的人格自主作出自己的判断、决策。公民意识与人格独立是紧密联系的。公民意识的前提是公民的主体性，即独立自由的人格精神和民主平等的社会地位。英国青年工作认为那种压抑个性和自我的观念和行为都不是现代公民意识应有的内容。没有基本人格独立，其他的平等、自由、民主、法治、责任、义务等都无从谈起。公民的独立主体人格的获得，也是人的社会化过程。如果说人的早期社会化主要是在家庭和学校中发生的，那么发生在青年之后的再社会化则是在人与人的交往过程中实现的。青年工作的非正式教育具有自主、自愿、非强制性等特点，其活动本身就是主体个性的张扬。青年人是否参加，参加何种形式的青年工作，都是根据其意愿决定的，自愿加入，同时也自由退出，参加的动机可以是多种多样，但都不是出于外在强制压力。青年工作的课程内容通过强调青年自主参与，帮助他们实现行动力和理解力的提高。非正式教育实践中每天都会有各种活动或机会和青年进行协商讨论，自然提供青年锻炼表达自己同意与否的机会。青年工作也存在冲突和差异，需要青年人能相互信任和相互容忍，成员之间感受的是平等、协商、妥协、宽容等公民理性。在这种自主活动的氛围中，公民观念和独立意识会逐渐融入人们的日常生活之中，青年的主体性和公民人格也会在活动中不知不觉地逐渐加强。

① http：//www.leicester.gov.uk/your-council-services/education-lifelong-learning/young-people/youth-services-new-site/youth-services/

公民责任。现代社会要求权利和责任义务相统一，主体在享有权利的同时也就意味着选择了责任。公民是一个有着明确的社会规定性和权利义务要求的清晰的“自我”，这样的“自我”不是建立在个体自我规定的基础上，而是建立在社会规定的客观基础上，所以公民必须体现出对国家和社会事务的关心。青年人公民意识的形成，除了在知识层面对于公与私有基本认知，还要有积极主动关心社会利益和价值的公共情怀，最后将这种认知和情感内化为公共责任意识。只有这样，青年人才不把自己作为一个孤立的个体来看待，而是把自己与整体联系起来，认同整体责任和义务。青年工作帮助青年认识自己的社会位置，参与到社会社区中去，在家庭教育和学校教育之外，为青年提供各种类型的机会，为他们的成人生活进行准备，成为自由社会中创造性、负责任的公民。① 青年成熟的终点有很多，但其中一点是不断认可和寻觅自我的责任与对他人的责任。青年工作敦促青年人为自己和他人承担起责任，不仅是让他们以公民的身份为将来的民主生活做准备，也让青年人在青年工作中就能直接以民主姿态处理现实问题。②

社区参与。资本主义以来，个体的独立个性获得承认与发展，公共生活也得到了空前的扩展。尤其在以高科技、知识经济、信息革命为基本要素的当代社会，公共生活的内容、形式发生了深刻的变化。积极公民作为一种自然而然的思维和态度乃至行为方式，其形成需要公民大量参与公共互动和公共实践。公民意识的塑成，不是一朝一夕可以完成，除了有知识习得过程，需要公民在公共生活实践中逐渐训练，积久成习才能完成。青年工作提倡青年俱乐部或其他青年组织的成员对社会争议问题展开讨论。青年人在俱乐部和同龄人中，听取他人严肃认真的观点，而不是一味地愤世嫉俗。青年人能对其思想观念进行公开表达，才不会出现极端的社会疏离和漠不关心。同样，青年在公共参与中学会听取他人的表达，帮助团体明确自己的需求，推动参与式民主来满足自己的需求，并形成全面协调的社会政策。新千年来，英国政府在青年工作中大力推行志愿服务，以建设

① Her Majestey's Inspectorate. The Youth Service in England and Wales. The Albemarle Committee, 1960.

② Her Majestey's Inspectorate. Youth and Community Work in the 70s. The Milson-Fairbairn Committee, 1969.

性和积极方式利用青年力量，思考他们的行动给他人带来的影响以及青年与公民社会的关系。青年工作利用非正式教育让青年知道自己在社会中的位置，不会只关心与自己有直接利害关系的事务。[①]

总之，英国青年工作需要的是青年在社会化过程中政治上最大限度的中立，对国家采取合作而不是对立的态度，实现顺应主义的社会化。通过积极公民的塑造，青年社会化过程中的阶级矛盾、青年反对剥削制度的一面被掩饰了。英国青年工作通过青年社会化和积极公民的教化，实现对青年思想观念的软控制。[②]

三 人际关系

英国青年工作非常重视青年的交往需求。“鼓励青年基于自己的选择走到一起，是青年工作的一个基本内容。在满足青年人接受培训和指导之前，先要满足他们的社交需要……许多青年在学校上课之余，没有学会如何与同伴相处；如果他们在青春期没有学会社交，他们就再难学会了。”[③] 因此，青年工作致力于为各个阶层的青年提供相互交谈、认识彼此，建立共识的机会和训练。除了有基本的场所、设备等物质保障外，青年工作会在这几个方面支持青年开展人际交往。

提高交往认知。青年期是从儿童向成人发展的一个过渡阶段，这种过渡性使青年的人际交往具有既不同于儿童，也不同于成人交往的特点，但同时又保留或吸取了邻近年龄阶段人际交往的一些心理特征。身心的迅速发展，使青年产生了许多强烈的社会性需要，而这些社会性需要的实现以及个人的发展和价值的实现，都必须通过社会交往才能完成。青年工作者帮助青年理解青春期生理、心理上的急剧发展和变化，使他们获得许多新的，尚未经历过的体验，加强对男女青年在交往上表现出来的性别特征的认识。青年工作通过各种团体联合让青年人认识到人际交往受到这一时期性生理、性心理发展特征的影响，以及伦理道德、舆论习俗等社会因素的

① HM Government. Youth Matter. London: Department for Education and Skills, 2005.

② 中共中央宣传部教育局：《国外社会文化思想和我国当代青年学生》，大地出版社 1988 年版，第 243 页。

③ Her Majestey's Inspectorate. The Youth Service in England and Wales. The Albemarle Committee, 1960.

制约，是多种因素交互作用的结果。通常，青年工作者会在青年俱乐部或青年组织中强调两个交往准则：一是平等原则，即在人际交往中，双方应平等待人，互相尊重；二是互利原则，即在人际交往中，从整体上讲应是互助互利，使双方都得到某种利益和满足，而不应因交往使一方感到毫无益处或成为一种负担。

端正交往态度。在人际交往中，每个人都要同各种类型的人打交道。青年工作提供一个青年可以和其他人进行广泛接触和了解的机会。许多青年工作者会利用角色扮演的方式，让青年人体验不同社会角色，强化青年的角色意识，能根据不同的对象在不同的时间场合变换自己的角色。这样更能处理好不同形式的人与人之间的关系。因为英国是一个国际化程度高，移民人口多的国家，为了配合政府推行的社会包容政策，青年工作也特别注意培养青年人际交往的兼容性，对多样性持开放态度，即在人际交往中，要宽宏大量，对不同种族、文化、宗教背景的人际往来有包容、欣赏的态度。

提高交往能力。青年工作根据青年需要组织各种兴趣小组，让青年一起学习和完成冒险、划船、骑行、露营等活动。各种兴趣团体不仅让青年人之间开展社交活动，而且通过团队活动对青年成员的品行产生积极影响。在具有相同兴趣爱好的青年之间，彼此有一种天然的吸引力，从而愿意互相接近，加深了解，增进友谊。青年工作者帮助青年人培养自己的兴趣爱好，扩大自己的知识面，与他人寻求更多的共同语言，提高人际吸引力。

四　健康生活

青年健康状况是英国社会比较关注的一个重要议题。英国青年人生活方式不健康问题突出。英国卫生部建议成年人每周至少五天开展不少于30 分钟的适度剧烈运动，只有 52%的 16—24 岁男青年和 32%的女青年达到了国家建议的运动量。2000 年左右，8%的 16—24 岁男青年和 12%的女青年患有肥胖症。根据 1997 年的调查，青年是英国人口中酗酒和抽烟最严重的人群，不健康饮食习惯普遍存在。18—24 岁之间的青年，有41%的男性和 29%的女性每周的酒精摄入量超过正常标准。此外，青年人群中的心理健康状况也在恶化。100 个青年中有 5 个处于严重抑郁，有20%的青年遭遇到情绪或行为上的失控。从 1982 年以来，年龄 15 到 24

的青年中自杀的比例上升了75%。证据表明，被诊断出精神出现异常的青年占到英国人口总数的10%。①

1980年后，英国政府和社会机构开始将健康教育作为青年工作的重要内容。20世纪末新工党政府上台后，更是将青年健康摆在一个前所未有的地位。《每个孩子都重要》的绿皮书中，英国政府将青年工作的目标归纳为五个方面：保持健康、保障安全、成长成才、积极奉献和经济宽裕。位居其首的健康又分为五个方面：身体健康，心理健康，生殖健康，健康的生活方式，远离毒品。②

青年工作和家庭、学校、社会一道承担对青年人进行健康生活的教育任务。不管是政府法定机构还是志愿青年组织，都在青年工作的活动内容中加入青少年健康，日常活动也会涉及健康问题的各个方面，只是根据当地青年的需要，侧重点不同，有的更强调健康饮食，有的重点为生殖健康等。比如，女孩俱乐部中的青年工作课程，提供机会让青年女性获得各种信息，讨论酗酒、合理饮食等与健康相关的话题，有能力作出健康生活方式的选择，特别是对早孕、性健康进行广泛讨论。

总体说，青年健康问题是一个综合性的议题，既有社会文化因素、家庭关系和生活背景的影响，也与青年个体生活调适不良紧密相关。青年工作关注的健康教育内容也比较宽泛，包括理解与健康促进和疾病预防有关的概念；能够获得有效的健康信息和保健产品和服务；能够实行增进健康的行为，减少疾病危险；能够分析文化、媒体、科技和其他因素对健康的影响；能够运用交流技术来增进健康；能够使用目标设定和决策技能增进健康；能够支持个人、家庭和社区健康。

五　预防犯罪

根据1996年的调查报告，每年有700万件违法行为由18岁以下的青年作出。1997年，超过三分之一的违法行为由21岁以下的青年实施。白人青年和黑人青年违法的概率相差无几，分别为44%和43%。与此同时，

---

① The Mental Health of Children and Adolescens in Great Britain Office for National Statistics, 2000 (Meltzer Gatwand R, Goodman. R. et al.

② HM Government. Every Child Matters: Change for Children. London: Department for Education and Skills, 2004.

青年比起成年人，也更容易成为违法犯罪行为的受害人。青年不仅有比较高比例的违法犯罪倾向，也同样深受其害。年龄在 16—29 岁之间的青年被谋杀的风险在整个英国人口分布中比例是最大的。16—24 岁的年轻人有 21% 遭受过暴力犯罪，占英国总人口的 5% 。[①]

针对青年犯罪蔓延的趋势，1991 年英国内政部专门召开了预防犯罪会议，提出安全社区的报告，要求地方当局开展预防犯罪的合作工作。依据《1998 年犯罪与动乱法》，各地方当局组建了青少年犯罪特别工作组（Youth Offending Team，简称 YOT）。YOT 是一个由地方政府牵头，将警察、社会福利机构、教育部门、志愿组织等各方人士联合组织起来，教育和预防以及干预辖区内青少年犯罪的专门机构。其中，因为青年工作者的专业性，以及与青年人独特的友好关系，成为预防青年犯罪团体中的骨干力量。现在英格兰和威尔士有 154 个这样的机构。每一个 YOT 均有关心这项工作并善于与孩子交流的青年工作者加入。他们的工作主要有：首先对青少年犯罪进行早期干预，对初次违法的孩子，专业人员有责任对其进行教育，防止其进一步滑向犯罪深渊；其次，开设培训课程对有轻微行为失范的青年进行培训，从行为矫正、心理辅导等方面帮助青年正常融入社会；最后，帮助因犯罪必须进入司法程序的青年准备详细的法庭答辩。青年工作者帮助青年人讲述犯罪过程，分析犯罪原因，评估犯罪行为的危害程度，促使他们认罪伏法，并向法官建议恰当的判决。青年工作者通过 YOT 的教育、指导以及针对进入司法程序的孩子的干预工作，有效地开展了预防青少年犯罪的教育。[②] 比如，有的青年因为违法犯罪可能会被法庭判处一定时间的社会服务。青少年司法机构，就会强制要求他们参加青年工作开展的活动；青年工作者负责矫正失足青年的行为，定期向有关当局汇报青年的行为表现。这种做法对于防治青少年犯罪的积极意义不言而喻。

此外，青年工作不仅要关注预防青年犯罪，而且也对青年进行防止受侵害的教育。统计表明，青少年特别是社会底层的青少年，更是容易遭受犯罪攻击伤害的人群。青年工作需要向青年传播被害发生的规律，采取相

---

① Audit Commission. Misspent Youth. London：The Audit Commission，1996.

② 张潘士：《英国的青少年犯罪与司法概况及其启示》，《青少年犯罪研究》2001 年第 2 期。

应防范措施，消除各种受伤害因素。青年工作会通过灵活机动的课程活动，向青年普及一些防止受伤害的基本常识。例如，遇事不要冲动，善于控制情绪，不争强好胜，正确处理人与人之间的矛盾，用合理合法的方式解决冲突。通过青年工作课程，让青年人认识到被害预防不是空洞的口号，而是一种实际行动，无论侵害之前、之中、之后，都能采取措施预防受到伤害或避免伤害进一步加剧。

六　全球化

1995 年英国的发展教育联合会（The Development Education Association，简称 DEA）主持了一项关于青年工作教育议题的研究，名为“差别的世界”（A World of Difference），主要针对人们尤其是青年一代对于全球化的兴趣和关注。研究表明，英国的新一代青年不仅关心与他们生活直接关联的“北半球”，对于包括“南半球”在内的更广大的世界也感兴趣。[①] 青年一代需要信心、鼓励和技能，对他们关心的地区和全球性议题采取积极行动。这里的“北半球”主要是指那些赤道以北，经济发达的白人国家。“南半球”则指主要分布在赤道以南，生活贫困，主要居民是黑人的国家。南北半球概念的出现，清楚地反映了近 300 年来世界各国发展不均衡带来的国与国之间的显著差异。

英国人用发展教育（development education）这个定义来表明一种关注和应对全球化不平等的视角和手段，通过教授给人们必要的知识和技能，以此转化为行动，加以变革。最初的发展教育主要由一些大型的非政府组织，如慈善团体开设。青年工作的全球化视角，实际上强调青年工作应当把本国本地区出现的各种青年问题放在一个全球化背景下去分析。例如英国的青年人希望举行的足球比赛是公平的，那么他们也希望同样的公平原则能够适用于巴基斯坦的年轻人。后者因为贫穷等原因，无法上学和参加娱乐活动，而只能每天劳动很长时间去进行足球的生产加工。

与“地球村”“世界公民”这些民众耳熟能详的名词不同，全球化一般是指一个将世界不同地方的人们、组织、国家和社会联系在一起的过程，反映了现代普通人的生活会因为远隔重洋的其他地区人们的行为和活

① Bourun & McCollum. World of Difference：Making Global Connections in Youth Work ［M］. DEA，1995.

动而受到影响。某个地方的人们的决定和行为会影响到地球另一端人们的生活。由科技革新推动下的全球化，既有积极的一面，又有消极的一面。最近三个世纪来的全球化运动，大大加剧了世界各国之间力量的不均衡。虽然有人会认为全球化给世界各地的人们都带来的益处，但现实情况是“北半球”的国家和人们是全球化运动的最主要受益者。世界前200强公司，主要集中在北半球，它们掌控着整个全球经济，尤其是主宰着南半球发展中国家的经济。另外，诸如世界贸易组织，国际货币基金组织、世界银行等国际组织也在这个过程中发挥着推波助澜的作用。

1997年，英国工党政府发布关于国际发展的白皮书，提出了国际发展的共同目标，希望到2015年将生活极端贫困的人口降低一半，并特别提出要向新一代英国人强化全球发展的意识。相应地，一些英国机构通过一些项目，加强青年工作的全球化。1998年英国首相布莱尔在年度报告中指出：“英国的青年一代，在全球化进程不断加剧的社会中，必须要提高竞争力，增加信心，加强联系，来保持他们的（国际）地位和影响力。新的千年，我们（青年）要提高全球意识，加深对欧洲和整个世界的认识，让青年学生增强世界公民概念。”①

21世纪的青年工作者一定要有全球化意识，认识到现代青年面临的各种问题和挑战，既与他们生活所处的国家地区有直接联系，也和全球化发展关联。地区事务和全球化挑战联系在一起，已然成为青年工作的有机组成部分。

许多青年都意识到了全球化问题，但这种单纯的认知还不足以直接去改变现状，所以他们必须要有相当的能力去采取有效的行动，否则只会使青年感到愤怒、失望和无力。要让青年真正懂得自己积极公民的角色和责任，只有让他们参与到现代民主进程中，加入到地区、国家以及国际事务中，能够自信地发表看法。

实际上，青年工作里几乎所有的活动、话题都可以从全球化视角加以展开。以食品为例，青年工作不仅可以从健康角度让青年了解食品的营养，还可从经济、道德和伦理方面讨论我们应该购买什么样的食物，和我们应当吃什么样的食物。一个地方的青年对食品作出的选择，常常会影响到地球另一端的人们生活。特别是，虽然全球每年生产的粮食超过世界人

① Eliminating World Poverty：A Challenge for the 21st Century，DFID.

口所需总量的百分之五十，但全球仍然有超过 8 亿人忍饥挨饿。这可以帮助青年去认识世界的粮食和饥饿问题，懂得并不是现在的粮食供应不足，而是源于贫穷、战争、贸易争端等非常多的复杂因素。所以青年工作者注重的是怎样倾听青年，帮助他们挑战不同的观点，从个人、地区、国家和全球层面去作出改变。[①]

青年工作开展全球化教育可以通过组织年轻人进行国际交换项目，或参观访问其他国家，深入了解其他人的生活，并且将这种经历作为一个学习过程。这样一个过程不是简单的公益活动，而是在平等和相互学习的基础上，双方真正投入到变革中去。全球化青年工作不是一个到遥远地方的探险，也不是一个价值中立的活动，而是提高青年批判性地反对不平等的意识活动和促进青年参与的实践活动过程。

如何将全球化融入青年工作？大多数青年工作从内容到结构虽然以本地区青年事务或社会问题为出发点，但也给全球化青年工作的发展教育问题提供机遇，只不过青年工作者要善于发掘利用这样的机会。青年人在学习过程中并不是简单地获取别人告诉他的事实，而是通过积极地对话，交互叙事，投入行动，建立自信等多种途径来进行学习的。例如，一群 15 岁青年人周末坐火车去宿营。一开始他们谈及的是文学，其中有个人会提及某本书中说全球有 1.25 亿失学儿童，同伴会对这个数字表示惊叹。接着，他们会在旅行中讨论不同教育形式，设想在世界不同角落各自需要何种类型的教育体制。慢慢地，青年们会将讨论的焦点放在计算机时代传统的语言教育还有必要存在吗？教育真的能够消除贫穷、性别歧视吗？他们讨论的起点是各自接受教育过程中的体验，话题范围逐渐延伸到学校教育没有直接涉及的领域。这群青年争论的前提是消除贫穷，起源于他们关于未来的设想和对发展中国家青年的同情之心。好的青年工作就是要给青年探索世界提供一个支持环境。尽管，青年的观点本身可能会含有错误的种族主义思想，但这些观点是他们在不同场合听他人多次提及的，只是又重复听过的论点，如“非洲人之所以很贫穷，是因为他们生了太多的小孩”。只有通过青年工作的非正式教育，才能让青年对于非洲大陆的现实状况更多了解，知道南半球的经济财富如何流向了欧洲和北美，知道非洲

① DEA. Global Youth Work：A Practice and Training Resource Mannual，London：2000.

国家担负的巨额债务。①

当然，青年工作也可以组织开展专门的全球化议题项目。例如，英国Hackney地区的一个黑人青年工作组织，在暑假举办了为期三周的全球化问题项目。黑人青年不仅了解了英国黑人的历史发展，还研究了非洲和加勒比地区历史。作为活动的一部分，其间青年们还到英国各地旅游，参观博物馆，如利物浦黑奴博物馆。整个课程和活动讨论了债务危机、国际贸易和各国的难民问题，让青年从不同视角看待他们自己作为英国黑人的生活状况，最终让青年们不仅知道自己是英国社会的一个小小的组成部分，同时也是整个国际社会一个群体部分。②

一般说来，自我意识、积极公民和人际交往训练是传统青年工作非正式教育中的基础内容，更能体现教育青年的本质要求，帮助青年顺利实现向成年的过渡。健康教育和预防犯罪是近些年来英国社会矛盾和青年问题的凸起，引发青年工作向预防和纠正社会问题的功能方面转化而发展起来的。当然，这些青年工作内容相互开放，不是孤立存在的。寻找自我同一性为青年社会化做准备，青年的社会交往也会帮助青年确立自我意识，理解社会规范，成为积极负责任的公民。培养健康的生活方式，不但可以远离抽烟、酗酒和滥用药物，也降低青年违法犯罪行为的发生概率。全球化视野的训练教育反映出英国政府和社会通过青年工作不断增强本国年轻人的对外竞争力，在国际舞台持续发挥影响力。

第三节　英国青年工作的具体方法

英国青年工作从志愿组织自发行为到政府自觉规划的发展历程中，从业人员积极开拓创新，摸索出许多灵活多样的工作技巧和手段方法，通过具体的青年工作课程体系服务于不同的非正式教育内容。下面，重点阐述英国青年工作最具代表性的五种方法。

---

① Winter A. Is Anyone Listening? Communicating Development in Donor Countries [M]. Geneva: UNGLS, 1995.

② Bisi W. Global Youth Work is Good Youth Work [M] //Fiona, Chouhan and John. Working Young People. Dorset: Russell House Publishing Ltd, 2001.

一　团体工作法

非正式教育和社会工作中被广泛使用的团体工作法（group working），在英国和北美地区有一个演变过程，最初出现在19世纪的基督教会及其青年组织的工作活动中。首先在非正式教育中出现的团体工作法，后来受到心理学和社会学的关注，逐渐成为相关领域里的主流工作形式，尤其是在美国20世纪20年代开始有了长足发展。[①] 英国对团体工作进行专门理论研究的时间比较晚，1956年和1961年Josephine分别出版了她的著作《团体研究》和《与团体一起工作》。

青年工作的团体工作法，是指两个以上的青年通过社会交往，相互联系组建成一个团体或小组，在青年工作者的支持和帮助下，自主完成特定的任务或活动，青年工作者利用青年作为团体成员的经历和体验，帮助青年个人的社会性成长，对社会作出贡献。[②] 青年工作围绕人与人之间的互动展开，成功与否主要是衡量和分析成年人与青年之间关系的质和量。青年工作者最常用来发展人际关系的方式和手段，就是团体工作。团体能够提供机会通过个人和集体的行为去改变和影响团体成员。在工业生产以及学校教育中，为了提高工作效率，会将一项工作（学习）任务，根据人们不同的技能、知识或经验，分成不同的小组去完成。但青年工作里所使用的团体工作或小组工作法，不仅与特定的工作任务目标有关，更让这个团体变成一个特殊教育环境，青年可以在其中分享共同生活经历，建立积极的人际关系，彼此提供支持。

从小组工作法诞生以来，许多工作人员就认识到小组的成立和发展会经历不同的阶段。比如青年人开始认识其他成员，在完成任务中逐渐相互依赖，慢慢学会处理小组内部的冲突，等等。对青年工作实践和非正式教育理论，影响最大的是Tuckman的研究成果。[③] 他将小组历经的阶段分为了四个过程，简称为“4M”理论。

---

① Forsyth, Donelson R. Group Dynamics [M]. 4th ed. Belmont CA.: Thomson Wadsworth Publishing, 2006.

② Wilke, Henk, Meetens, Roel. Group Performance [M]. London: Routelege, 1994.

③ Tuckman B W & Jensen M C. Stages of Small Group Development Revisited [J]. Group and Organizational Studies, 1997 (2): 419-427.

第一阶段是形成阶段（forming）。团体或小组的种类有计划内的小组和计划外的小组。专门计划的小组，既可以是由成员自己创建出来的，也可以是从外部组建出来的。不经意间出现的小组，更多是人们自发成立的，可能是经常出现在同一地点的人们，通过一段时间的交流和互动，相互了解之后发展出来的。第二个阶段是冲突阶段（storming）。成员可能会对小组的任务或其他人的影响产生抵制态度，意见不统一，出现矛盾。第三阶段是规范阶段（norming）。通过小组标准和角色分配，小组内形成一定规则，克服上面的抵触情绪，达成团体归属感和凝聚力。第四是执行阶段（performing）。小组成员能灵活地发挥团体功能，团体能量被用来完成任务。

后来，Tuckman 又进一步深化小组发展阶段理论，1984 年提出在小组任务完成之后还可能存在一个体验阶段，有人将之称为“默哀”（mourning）阶段。任务完成后，成员间依赖的减少和角色的终止，有时会让团体内的青年感到某种失落。①

青年工作者和青年团体通过志愿行为建立关系。青年参与青年工作是因为他们有交往、成长的需要，这是最独特之处。成年工作者可以为团体提供一个活动方案、特定项目、体育活动或外出旅行。这些活动只是一种手段，工作人员以此用来和青年建立联系。青年工作通过这种非正式的组织，为青年提供间接指导，实现教育目的。青年工作者以团体工作的方式积极帮助小组内青年人相互帮助，既从个人角度关心个体成长，又从小组的角度去促进这些由青年组成的团队组织更大的发展和成就。

作为一个青年团体中的工作者，必须注意三点。第一，是坚持以团体的视角去开展工作活动。把这个小组看成是一个整体，从团体的角度去思考发生的所有事情，必要时还要将这个小组放在更宽广的背景里，从社会、政治、组织等角度思考，发现意义。虽然这些小组是一个个独立的青年组成的，但他们的结合可以表现出团结一致的强大力量。成员之间的信任和互惠是团体的纽带，帮助成员实现他们个人的，同时又是共同的目标。因此青年工作者要避免和小组成员单独开展工作，将青年个体的成长置于小组互动和团体生活之中。

① Tuckman B W. The Long Road to Boston，Tallahassee ［M］. FL：Cedarwinds Publishing，1988.

青年工作者是这个青年团体的支持者，而非领导人。要让青年团体发挥对青年成长的教育意义，必须处理好青年工作者和青年团体之间的关系。在社会教育中，真正的成长只有当团体成员感觉到自己是决策过程的一分子，对团体的发展有连带责任。在这个过程中，个人的自我决定和团体的集体决定如何协同，实际上也是一个青年认识个人需要和他人需要的过程，是青年期一个自然成长的进程。在两者利益的平衡中，他们要学会新的技能，在发展自我个性和满足自我需要的同时，为团体的发展作出贡献。这也同样要求青年工作者有丰富的经验和技巧，能够根据不同情形相应地作出适当干预和调整，成为青年团体的助力人（facillitator），而非主管人和负责人。①

第二，考虑目的。除了要将小组工作看作是一个利用成员集体力量的过程，还需要联系工作的目的。在青年工作基本目标外，团体工作者还应当努力实现附加目标，即个人和小组希望他们的活动应当达到的目标。青年工作者应当知道在合适的时机，对青年团体进行干预，帮助他们去澄清和实现这些目标。当然在思考小组本身的目标时，应注意不同的小组有不同的特征。有的小组是治疗性的，那么青年工作的目的应该是个体的社会适应；有的小组是互惠性，工作目标应当是增强相互的帮助和个人与社会之间的协调；第三种小组是社会性，目的是通过集体行动实现社会正义。②

第三，挖掘自我。团体工作不能仅靠出色的技巧就能成功，它需要青年工作者对其内心世界的挑战和关照。好的青年工作者除了要了解倾听青年人，还要认真地剖析自我。因为青年工作的非正式教育属性决定了它和其他有意义的人类活动一样，是由内而外发散出来的。在教育过程中，教育者将其内心灵魂投射到了教育对象之上。如果青年工作者对自我都不了解，就不可能明白他的工作对象，更不能开展积极有效的教育。

尽管青年工作者面对的青年团体性质不一，有的是计划内的和俱乐部性质的团体，有的只是一群意气相投的年轻人随意组成的小组。不过工作

---

① Janet A. Group work ［M］ //Fiona, Chouhan and John. Working with Young People. Dorset: Russell House Publishing Ltd, 2001.

② Papell & Rothman B H J. Group Participation: Techniques for Leaders and Members ［M］. 2nd ed. Thousand Oaks, Ca. : Sage. 1994.

人员只要方法得当，可以在不同类型的团体工作中实现三个方面的基本目标。首先，通过团体为青年提供一个机会，发展他们的社会情感和态度，学会通过各种方式互相适应协调。小组团体就似一所教会青年处理人际交往的学校。其次，团体成员学会互相协调外，还能有机会发展新的兴趣爱好，拓宽知识面，掌握新技能。青年工作者从现有的兴趣出发，有技巧地带领团体成员丰富人生经历，有更好的社会技能，进入到新的知识领域，负担更大的社会责任。最后，通过青年积极参与团体事务，让他们在团体生活中得到训练，学会互相配合完成任务，处理错综复杂的社会关系。①

青年工作通过团体工作方式给予青年支持和能力，是一个让青年作出选择，思考决定后果的民主过程。它既不是放任青年，听之任之，也不是直接对他们的行动指手画脚。团体工作法提供机会让青年建立自信，在相对安全的环境下进行“冒险”。青年人的决定并不总是正确的（正如成年人），他们常常会犯错，不过这正是青年工作和非正式教育的土壤和肥料。为了青年的个人成长，团体工作法给他们提供这样的机会，而不是阻止他们。②

二　青年导师法

青年工作中的青年导师或指导（youth mentoring）法，是指阅历丰富的年长者在被青年接纳的前提下，给予青年指引、支持和挑战，帮助青年顺利地向成年转变。青年工作者以青年导师的身份开展工作，在美国有一个多世纪的传统，如 1904 年出现的“大兄弟”“大姐妹”项目，但直到 20 世纪 90 年代中后期才开始在英国各地出现。尽管导师这种青年工作方式出现非常晚，但发展迅速，到 20 世纪末便成为英国政府和各地十分欢迎的青年工作形式之一，被广泛用来应对一些青年面临的具体社会问题，如药物、酒精、犯罪、少年父母等。“新方案”“14—17 岁的新起点”“城市卓越”等项目，都包含了不同形式的指导。

英国的青年指导计划深受美国指导计划的影响。其理论来源主要是 James Coleman 的功能主义社会学思想，认为传统的青年社会化方式，例

① Coyle G L. Studies in Group Behavior [M]. New York: Harper and Brothers, 1937.

② Janet A. Group work [M] // Fiona, Chouhan and John. Working with Young People. Dorset: Russell House Publishing Ltd, 2001.

如学校、家庭，都在丧失其权威和力量，青年对朋辈的依赖大于父母，对主流社会规范持有怀疑。正因为如此，指导计划可以对贫困家庭提供支持，帮助青年免受街区和同伴的不良影响，完成到成年人的转变。此外，从美国传入英国的“自然指导”理论，也对英国的青年工作实践和研究影响颇大。根据Rutter、Rhodes等人的学说，自然形成的指导关系可以帮助和提高青年处理各种问题和危机的应变能力，在青年和导师之间产生一种“文化资本”，处理他们日常生活中面对的挑战，如人际交往，谋求必需的生存资源和刻画自身的性特征等。①

简要地说，指导工作包含了一对由年龄较长的人和青年人组成的人际关系，前者作为榜样，帮扶、建议和支持后者去达到某种目标。在实践中，指导形式的青年工作可以有很多具体表现。如按照指导由谁制定标准，分为成人向青年作出的指导、年长的青年向年少的同伴作出的指导。按照接受指导的人物不同，有在校学生、罪犯、青年俱乐部成员和少数民族（人种）团体等。按照指导者的身份，有地方政府的雇员、志愿者、接受过指导的人等。按照指导工作发生的组织机构，可以有学校指导、预防青年犯罪团体指导、教会指导、职业指导、监狱指导等。按照指导进行的途径，有包含在一个大工作项目中的指导工作，和独立进行的指导项目。不过这种分类也一直饱受批判，主要是这些区分建立在主流社会白人男性的成长视角，有极度的个人主义倾向，隔离了青年人的社会关系网络，同时没有对青年自身需要的强调，将青年看作是被动的指导受体。

欧洲指导中心组织（EMC）将指导导师形容为个人发展，取得成就的一种方式，任何一个人都可以从其具体工作场景中的导师获得收益。在现代人力资源管理中，导师被广泛应用于各类组织，从企业的首席执行官到部门负责人都拥有自己的私人导师。青年工作领域强调青年比起其他人群更需要有自己的导师。正如英国的“开始就业和培训”项目手册中总结的导师对青年的作用是“积极发掘青年自身具有的丰富才能和精力，避免因为青年的自我怀疑而被掩盖。”② 特别是现在，这种观点越来越被

① Coleman J S. The Adolescent Society：The Social Life of the Teenager and Its Impact on Education［M］. New York：Free Press of Glencoe，1961.

② BETA. Beaging Employment and Training Leaflet，Project Information，BETA，1997.

英国社会和政府用来帮助那些“危险”青年群体，将他们之前未展露的才能通过导师引向积极健康的方向。

不管是何种形式的指导计划，项目的统筹人是整个工作的中心，这往往是专业青年工作者担任的角色岗位，他们的职责和任务是工作成功的关键。专职青年工作者作为项目的协调人，负责整个项目的开始和进行，招募导师，进行培训，与管理方进行联络，联系其他合作机构，评估青年对象的需求，与监护人联系，对导师和受指导人之间的关系进行支持和监督，等等。可以说，这个统筹人同时也有自己的指导职能。如果项目导师一般只用负责一个受指导人的话，统筹人可能有 10 到 20 名接受其指导的对象。他们要对整个团队给予支持帮助，组织持续的培训，在导师和青年的交流遇到困难第一时间给出帮助。毕竟，大多数志愿者作为指导人时，他们和青年接触的经验有限，对青年的了解还不充分，非常依赖项目的统筹者和其他人的实践建议和情感支持。

通常说来，指导项目的进行主要包括三个阶段：首先建立计划的组织机构，和其他相关机构建立合作关系，确立计划的目标和活动，寻找办公场所空间，设计具体的活动程序、评估、工作移交、监督等。接着，对活动项目计划进行宣传、举办开放日活动，招聘导师，举行面谈，对导师人选进行仔细筛选和调查，有初步的导师培训。同时和其他工作移交机构开展联系，取得青年家长的同意，需求评估，介绍导师和青年之间认识。第三个方面是继续跟进，后续的培训和支持活动。导师和青年人之间指导关系的建立，往往是一个更大规模青年工作项目里的一部分，如教育培训、娱乐休闲、健康意识、预防犯罪等。项目的统筹人会提供各种便利，通过会面或周末宿营活动，让双方建立正式的指导关系。① 英国的全国指导工作质量协会总结了三十条基本规则，具体运用到如何开展指导工作的进程里。概括地说就是强调在指导项目工作中应当明确目标，精细规划青年目标人群，加强不同机构之间的合作，以青年的需求为指引，注重健康和安全事务等。②

---

① Crimmens D & Storr F. The Hull Compact Mentoring Programme：An Evaluation [M]. Hunberside Education Business Partnership and Hull Compact Ltd，1998.

② Skinner A & Fleming J. Quality Framework for Mentoring Socially Excluded Young People [M]. Manchester：National Mentoring Network，1996.

与此同时，指导形式的青年工作需要注意三个方面潜在的紧张和冲突。首先是如何在青年群体中，选择合适的对象作为自己指导项目的工作目标。因为有些青年本身并不喜欢和欢迎导师；有些青年人面临的问题和挑战十分复杂，给他提供一个业余志愿者作为导师，效果不会理想。青年工作者要平衡好这个矛盾：一方面，你会遇到许多青年面临着各种困境，需要青年工作者的介入，但他们却并不是你指导计划合适的候选人；另一方面，有些原本可以从你的指导项目中受益的青年，你却没有给他们机会接受指导。

第二个矛盾是这个指导过程到底应该具有的“专业化”到何种程度是恰当的。尽管导师的角色被认为类似父母、教师、顾问，但却又不是他们中的任何一种。具有讽刺意味的是，指导作为青年工作的一种新兴方式，恰恰是因为有人希望让专职的青年工作者把这项工作任务交给一些对青年工作感兴趣的“业余爱好者”去做。因为志愿者没有专职人员那样的权威地位或公职人员身份，更容易和青年建立起信任和友谊，比专业人员较少遇到交往障碍。[①] 值得注意的是，在那些运行良好的导师项目里，都在指导过程中注入了重要的专业化理念。从目标的确定、招募培训的程序、行动计划、活动记录等，无一不是在贯彻某种职业化操作规范。所以，在指导计划中存在着一定的不和谐，一方面是强调指导关系里的友谊，一方面是整个项目面临压力进行系统管理。

第三个矛盾是导师面临着和青年人之间友好关系和承担角色责任之间的冲突。例如，经常会有青年人将他们的私密信息分享给导师，不希望这个信息再继续传播给他人。但这个信息可能会显示出这名年轻人正处于某种危险之中，那么他的导师有责任将消息报告给相关机构。这样的做法，常常会给双方的人际关系带来颠覆性影响。像这样的两难境地在青年工作中不可避免，只能由工作人员根据每个案例具体分析处理。[②]

其实这些矛盾和冲突，从更基本的层面上可以总结为“解放模式”和“纠正模式”之间的紧张和冲撞。[③] 从指导方式到青年工作本身，最初

---

① Porteous D. Befriender Mentoring in Camden：A Feasibility Study，University of Luton，1997.

② Freedman M. The Kindness of Strangers：Adult Mentors，Urban Youth and the New Voluntanism [M]. San Fransisco：Jossey-Bass Publishers，1993.

③ John Pitts. Review of Mentoring Research [J]. Research Matters，2000.

作为一种提供给边缘、弱势青年的发展成长工具，逐渐转变为对那些“一身毛病”青年的纠偏防范手段。

当前英国青年工作实施的指导计划不止一种模式，有各种各样的指导模式，例如同辈之间的指导、成年人的非官方指导、朋友对朋友的指导和团体指导。通过以上各种形式，青年可以从他们信任的人那里获得相关的知识信息。这个过程，也是一种“授权”，使青年能够积极反思其观念和经历，特别是指导发生在一个团体内部时。① 指导方式可以出现在各种具体场景中，其指导的内容和议题应当是指导双方协商的结果，与时俱进，对各种社会问题进行相互学习和反思的自然行为过程。

三 同辈教育法

青年人不论何时何地都在向同龄人学习，通过聆听、观察或讨论，增加对世界的了解，发展自我的社会生活技能。和同龄人的交谈就是一种获得信息的方式，同时还可以得到支持，构建其观点立场。虽然同龄人之间的学习可能出现消极后果，比如迫于同伴的压力下参加了破坏活动，不过更多时候青年人之间的相互影响朝着积极方向，可以被青年工作利用来进行同辈教育（peer education）。

青年人世界也不是同质，他们既是一个整体，同时又有特殊的亚文化团体，用成人的传统观念很难理解。成年人的立场不太容易和青年对这些差异进行沟通交流，而在同龄人中没有距离感，更方便建立相互的信任、理解和尊重。在青年的成长中，有很多知识和技能用学校正规教育的方法很难教授给青年，例如男子气概和女人味，性健康、人际关系、就业失业、公民资格、种族主义等话题都不太适合学校教育。对于这些话题，青年之间经常私下谈论，但如果没有正确指引，常常会一知半解或以讹传讹。这也是进行同辈教育的意义所在。

同辈教育有很多近义词，如同辈帮助学习、同辈指导、同辈学习、同辈支持，等等，但基本特征都是没有专职教师存在。简言之，同辈教育就是将发生在同龄人之间的自然学习过程，加以整理，通过更结构化的系统方式呈现出教育效果。它不是单纯自发性学习，而是有某种控制管理成分

① Clutterbuck D. Everyone Needs a Mentor: How to Foster Talent within the Organization [M]. London: Institute of Personnel Management, 1985.

在内的同辈人中有意识地观察和交往下的学习。同辈之间有了特定的学习教育目标、监督和评估过程。最初这种方式出现在学校正式教育中，18世纪在英国的 Lancaster 和 Bell 等地的学校中已经有了同辈教育的记载。而非正式教育出现同辈教育是第二次世界大战之后快速变化的复杂社会背景下，伴随经济复苏和青年消费市场壮大，青年文化与成年人世界的差异被拉大，同辈教育受到了学校和其他与青年相关行业的欢迎。20 世纪七八十年代后，同辈教育被青年工作在健康项目活动中使用，取得不错反响。1994 年，在伯明翰召开的青年工作大会专门肯定了同辈健康教育工作。1996 年国家青年局（NYA）举行同辈教育的会议，界定了青年工作同辈教育的特色，探讨了如何更好开展同辈教育工作。① 同辈教育的具体实践过程包括：

焦点。在开展同辈教育时，首先要确定其达到的目标，是积累知识、增加交流技巧、改变行为习惯、转变态度或其他？当明确了项目的目的是什么后，接下来要确定你对“同辈”这个概念的理解。他是一个和对象有相当能力、立场、和价值观的人？还是一群和对象有相同年龄、地位、兴趣爱好的人？还要想想这个同辈教育项目，首先是为了同辈的学习者，还是同辈的指导者，甚或是为了青年工作者本人？②

计划。虽然每个青年都会向他的同伴传递交流信息，但不是每个人都有兴趣愿望或能力作为同辈教育中的指导人。英国青年工作总结了以下几个方面，对于选择合适的同辈教育指导人非常有借鉴意义：有尝试新事物的热情；对学习和帮助他人学习感兴趣；能够听取和接纳建设性的意见；尊重他人，尤其是项目中其他青年人；即使他的朋友没有被选上，也愿意参加；能在相当长时间保持工作动力。③ 有些青年一开始被工作人员认为对同伴有不利的影响，但只要能够将他们的精力引入到项目实现的方向，也能成为非常优秀的同辈指导人。同辈教育成功的关键是同辈指导人的可信度。Shiner 和 Newburn 指出，这里的信度主要有三个维度：一是个人维度，例如指导人的性别、种族出身；二是经验维度，即学习人相信对方确

① Annmarine T. Peer Education [M] // Fiona, Chouhan and John. Working with Young People. Dorset：Russell House Publishing Ltd，2001.

② Dolling J. Peer Tutoring in Action [J]. Youth Action. 1996 (56)：11.

③ Lewisham Young Women Resource Project，1999

实经历了类似遭遇，如丧亲之痛或药物滥用；三是信息维度，即同辈指导人对他们说了些什么，是用什么方式说。①

培训。接下来是对同辈教育项目里的指导人进行培训。作为同辈指导人需要很多技巧，对于刚开始学习的青年指导人会有一定的难度，他们的能力需要一步步建立起来。这些指导人要承担起什么样的责任也需要青年工作者不断重申。青年人在担任同辈指导者这个新角色时，面临的挑战和困难主要是：担心无法知道足够的信息；担心工作会超出其能力范围；遇到意外情况不知如何处理，等等。所以通常对他们的培训主要抓好：相关工作活动领域的情况和信息；探讨作为指导者的个人情感态度；了解人们学习的规律；还有观察、交流、制定计划、监督等方法。

评估。经过多年青年工作对同辈教育形式的运用，理论界总结出四个方面的积极意义。首先是认知的提高。同辈教育对于指导人和学习人的认知能力都有帮助。在同辈教育中，作为指导人的青年要学会观察理解、区别对待、选择、储备、简化、暗示、联系、论证、阐释、回应等各种技能，特别是在教授过程中将计划、监督、评估等综合认知能力进行整合提高。同时，指导者本人也会加深对相关知识的理解，更好地让他的学习对象去掌握。在一些同性教育项目中，指导人会报告他们能更轻松地谈论与性相关的话题。② 对于同辈教育中的学习者而言，他们的学习有更多的提问和挑战，大大丰富了他们的学习经历。同辈之间的讨论，使得知识和技能的实际运用比起其他学习方式更加高效，尤其是在同辈学习过程中学习者和指导人之间能建立起一种相互陪伴的关系，提高了学习者对知识世界和社会生活的理解。

其次，情感的收获。情感上的收获主要是针对同辈教育中的指导人在青春期自我概念的发展。青年人在同辈教育中作为指导人的身份，使他们有了类似成人角色的体验，他们教授同伴的学习过程对于责任感的提升、学习合作、同情他人、树立自信和自尊，都有显著影响。对于同辈教育中的学习者而言，也会带来情感的满足。比如在一些同辈主导的反种族歧视

① Shiner M & Newburn T. Young People, Drug and Peer Education: An Evaluation of the Youth Awareness Programme (YAP). Home Office, 1996.

② Walker B. You Learn From Your Mates, don' t You? [J]. Youth and Policy, 1997 (57): 44-55.

的青年活动中，因为学习者和指导者之间相似的文化背景，常常会促进和加强学习者的交流和沟通。①

再次是教育收获。青年在学习中可以更积极地参与学习过程，降低了他们的焦虑感。比起传统教育模式，同辈教育能提供更多机会给予青年个人指导。

最后是经济、职业和政治影响。同辈教育多年来已经被公认为是一种经济有效的教育手段，通过青年人自己教自己，让更多的工作人员可以解放出来做其他事务，节约了金钱和资源。对于青年工作者而言，由青年人作为同辈教育的指导人可以给他们提供一个更宽松和谐的工作环境，较少纪律方面的问题，可以将一些例行性任务交给青年指导者完成，对于同辈教育者非常有利。而且同辈教育被认为是一种理想的非正式政治教育方式。因为，通过一个“代理”将政治观念传递给学习者，这个过程有更多的民主色彩，给学习者更多的权利，使得同辈教育成为了英国对青年进行政治教育的重要手段。②

同辈教育作为一种重要的青年工作方式，非常吻合青年工作的基本原则：教育原则、赋权原则和参与原则。但恰恰在平等原则问题上，同辈教育受到了一些批评和指责。有人认为同辈教育中的三方主体（教育者、同辈指导者和学习者）之间，教育者利用廉价的志愿者作为同辈指导者去完成对学习者的教育活动，实际上是一种不平等和剥削。当然这个职业伦理问题，在青年工作研究中还有很多争议，值得继续探讨。

四　青年交换活动

随着青年工作的国际化发展，1985 年英国成立青年交换活动中心专门为青年工作组织和发展相关的青年交换项目，对青年进行全球化教育。青年可以通过国际交流，增加对全球化的了解，南半球和北半球的划分，知道全球化对英国人生活的影响。Maurice 就这样总结青年交换活动(youth exchange)，“一个 5—25 人组成的青年团体，在 1—3 周的时间里

① Rolt S. Taking on Rural Racism [J]. UK Youth. 1999：8-10.

② Beebee S. Youth Work，Informal Education and Professionalism [J]. Youth and Policy，1996(4)：13-25.

对其他国家和地区的双向参观交流等活动，其重点不在旅游观光”① 要成功开展一个国际青年交换活动，是一件相当艰巨的任务，需要大量的时间和精力。

第一，明确交流活动的需要。是否有必要进行青年交流活动，或者开展青年交流项目的原因是基于青年工作者的想法还是青年人本身的愿望？需要和青年人一道进行活动项目吗？这些问题，青年工作者都应当事先认真思考。如果没有找到清楚的缘由开展交流活动，或你没有办法吸引任何支持，那么没有必要尝试组织一次青年交流活动工作。英国是一个典型的岛国，大多数英国人对出门旅游拓宽视野有天然的好奇和兴趣，青年人也不例外。虽然打包旅游的方式对普通人非常便利，但它不能像青年交流活动一样给青年人提供发现的机会。还有一些英国青年人因为条件受限难得有到海外旅游的机会，所以青年工作利用国际交流活动，为青年提供宝贵的机会，增长见识，拓展交流，打破地域限制，对于反对种族主义特别有帮助。

第二，确定目的，招募青年。通常青年工作者在日常工作和一些青年的接触过程中产生了进行国际交流的想法，那么交流的对象可能提前有了人选。但也有可能情况并非如此。一般认为下述对象更适合作为青年交流项目的参加者：缺乏自信的青年、价值观需要接受挑战的青年、社会边缘青年、有生理缺陷生活受限的青年、有违法倾向的青年、缺少生活目标的青年、基本没有出门旅游的青年等。青年工作者通常在当地报纸等媒体上，通过广告宣传自己的项目，说明参加活动的要求和职责。通过面试，最后选择合适的青年参加活动。

第三，联系活动的合作方。青年工作者需要和交流国家的大使馆或其他组织取得联系，也可通过英国的青年交流活动中心（YEC）等机构与对方国家建立联系。如果幸运的话，对方还会热情邀请工作人员前去参观。也有可能，YEC 会为青年工作者推荐其他的合作方。

第四，进行前期考察。在计划阶段提前对目的地进行访问，可以决定下一步是否推进交流活动。只有对对方国家和组织有更多的了解，才能更加确保活动的成功。在提前进行的访问中，工作人员可以对他们关心的安

① Maurice N. Youth Exchange: Valuable for Challenging our Own Values. In Youth Clubs UK, 1986: 40.

全或品质问题全面考察。通常英国的青年交流活动中心或地方议会、教会等组织都有经费专门用于青年工作人员的访问。[1]

第五，计划和准备。和项目中的青年人一道对交流活动制定计划，进行准备活动，是非常必要和值得推荐的。青年通过准备活动增加自信，学习新的社会技能。不过青年工作者要时不时维持青年人的活力，特别是当旅行项目周期较长，到活动的后期青年的积极性很可能消耗殆尽。所以，青年工作者在召集成员相互认识后，还要定期组织会面保持青年人的活动干劲，推进下面的工作。通过青年人参与交流项目的准备活动，可以大大提高他们团队工作能力、筹集资金能力、积极宣传能力、灵活适应能力、外交协调能力、应急处理能力，等等。此外，青年工作者还要提前考虑青年人的衣着、饮食、文化习惯等细节，在相互尊重的前提下了解对方的经济、文化、政治等。

第六，筹集经费。为青年工作活动项目筹措资金是一个挑战，青年工作者必须和他人展开竞争。想象力和创造力是获得经费支持的关键，它使得你的项目具有不同寻常的独特之处。但前提必须是建立在青年工作者和青年都实实在在地相信自己参与的交流活动是一件非常有意义的活动，能够有所斩获。[2] 如果青年工作者向他人请求活动赞助，必须事先问自己交流活动能够为他人带来什么样的益处。这可能是一个简单地让人感觉良好的答案，或者是对他人的事业进行宣传的有益方式。这些捐助可以是现金、免费机票或提供跳舞游泳等娱乐活动。

第七，确认活动的安排。在最后真正开始交流之前，青年工作者必须列出清单，对各项安排进行确认，如监护人的同意书、成员护照的有效期、购买团体保险，告知对方自己的行程表，等等。

第八，交流阶段。交流活动既可能是自己作为访问者去参观对方国家，也可能是作为主人接待对方的来访。不管哪种情况都要有规划好的活动方案，确保整个交流取得最大限度的成效。这些具体的活动，可以是参观感兴趣的宗教场馆，或登山滑冰、或化装舞会，等等。通常这些活动随着不同的需要或实际环境会有所变化，所以活动的安排应当有灵活性和弹

---

① Davies B. From Thatcherism to New Labour [M]. Leicester: Youth Work Press, 1999.

② Caroline T. Youth Exchange [M] // Fiona, Chouhan and John. Working with Young People. Dorset: Russell House Publishing Ltd, 2001.

性。到活动的尾声，要留出机会向对方表达感谢或安排告别仪式。大家可以互相交换礼物，或发表正式的演讲表达谢意。

第九，交流活动收尾。交流一结束，就要立即安排完成相关的任务，包括撰写交流报告，对活动进行团体评估，让每位成员写下自己的体验、向提供帮助的组织和个人写感谢信，等等。通常，交流活动的赞助方会要求青年工作者提交活动的总结报告，这对青年工作者也很有用处，可以用来鼓励他人继续支持下一步的工作。交流活动的参加者可以召集会议，一起讨论各自的体会和感受，最后在报告中可以回答这样几个基本问题：你学到了什么？你喜欢的是什么？你不喜欢的是什么？你会有什么样的改变？① 现实的交流活动带给青年的感受和改变，按照青年自己的话来说，主要是：学会适应他人难以接受的困难环境，例如吃奇怪的食物、适应奇怪的昆虫或野生动物等；向对方成员发表演讲后，增强了自信；成为一位好的交流者，不一定使用语言交流，学会用身体语言，音乐等方式进行交流；觉得自己只要积极努力，想办法，就会完成任何挑战，例如筹措经费；碰到危机、困难，可以保持冷静；学会以前不会的演讲、滑冰、爬山等；学会了团队工作，支持团队中的其他人，承担团队责任。②

五　流动工作法

在英国东得莱汉姆的博物馆里收藏了一张照片，反映 19 世纪 90 年代的星期天学校用马车到外地进行青年非正式教育活动，可以算得上流动青年工作（mobile youth work）的前身和发源。③ 最初借用车辆来开展青年工作，主要是针对一些没有其他途径开展青年工作的地区，增加青年工作的覆盖面，传送重要的信息。1964 年的 Salter Davies《农村青年工作的问题》报告里建议汽车青年工作，在车辆上配备有经验丰富的青年工作者，用汽车吧的形式吸引青年参加青年活动项目。④ 英国成立了“全国娱乐巴士联合会”为流动青年工作提供建议、培训、资金、健康和安全等方面

---

① Caroline T. Youth Exchange [M] // Fiona, Chouhan and John. Working with Young People. Dorset: Russell House Publishing Ltd, 2001.

② Youth Exchange Centre. Youth Exchange: A Training Video [M]. London: YEC, 1997.

③ Fabes R. Working with Wheels. Conference Report. Leicester: National Youth Agency

④ Salter Davies. The Problems of Youth Work in Rural Areas [M]. London: HMSO, 1973.

的服务，还对相关问题组织研究，出版发行刊物。1993 年 NYA 和莱斯特的德蒙福特大学联合主持了“农村汽车（青年工作）”项目，研究了当时英国境内运作的 46 个汽车青年工作项目。[①]

流动青年工作为青年提供一个在其社区参与青年活动的独特方式，同时又可通过参观其他社区增长青年的见识。汽车项目的独创性为青年和他们的社区建立起合作伙伴关系，也为青年工作和其他组织机构搭建起桥梁。

要实际运作一个流动青年工作项目，需要考虑诸多因素。首先，对当地开展汽车项目的必要性进行评估。综合考虑当地的总体面貌、基本设施、青年的需求，决定是否进行汽车青年工作以及使用何种形式的车辆。同时，不同的青年工作组织也会有专门的目标区域、目标人群和工作模式。例如在莱斯特西北部的一个女孩项目，通过一辆巴士和妇女青年工作者为当地青年女性提供一个安全的环境去抒发情感和学习提高人际交往。

明确了汽车项目的目的后，下一步要根据财政状况选择合适车辆。一辆专门组装的新车，可能要花费 12 万英镑，但一辆二手车可能只需 2000 到 10000 英镑。流动青年工作积极联络当地社区，不仅社区的商业机构可能会为车辆提供装备，还可以积极吸引当地的志愿者和兼职工作人员加入项目。

虽然像其他的青年工作者一样，流动青年工作也需要对工作人员进行培训、支持和监督；但因为工作环境的相对隔绝，在车辆内开展青年工作的人员尤其需要更多的自给自足。青年工作鼓励开展流动工作的青年工作者们相互碰面，分享工作经历。

流动青年工作项目的持续时间相比有固定工作地点的青年工作，往往是它们的两倍。因为它包括了从基地出发，沿路接载青年，泊车，开展活动，到最后将成员送回，返回出发地。另外，汽车项目还有一些隐性的支出，例如工作人员通过专门的驾驶培训、燃油消耗、车辆维修、停车安全等，这些都要提前列入工作预算。

流动青年工作可以为那些没有别的方式接受服务的青年带去服务，不论是大型社区还是偏僻的乡村，通过非正规的方式和他们建立联系，对他们的想法及时反馈。所以说流动青年工作方式大大加强了青年工作的平等

① Davies B. From Thatcherism to New Labour［M］. Leicester：Youth Work Press，1999.

机会原则，让更多的青年接受青年服务。同时，汽车青年工作项目通过健康教育，信息交流实现了青年工作的教育诉求；让青年有安全的地方进行交流和讨论，融入社区，分享知识和技能。此外，在汽车项目的发起、策划等多方面，都鼓励当地青年的提出想法，参与工作，这也是青年工作所要求的参与和赋权原则的具体体现。迄今为止，流动青年工作实践表明它有效地将青年工作基本原则融合到具体实践中。[①]

本章小结

• 20 世纪后期，英国青年工作，尤其是政府主管机构，开始引入学校教育中的课程概念，尝试将青年工作非正式教育的内容和方法整合到统一课程体系之中。

• 英国青年工作相关人员对于课程建设的认识有三种不同观点：内容型的课程观、产品型的课程观和过程型的课程观。

• 英国青年工作尚未建立起全国通用的青年工作核心课程体系。各个地区和组织根据实际需要来确立青年工作的主题内容。英国青年工作进行非正式教育的内容主要有：认识自我、积极公民、人际交往、健康生活、预防犯罪以及全球化等方面。

• 英国青年工作从业人员经过长期实践，摸索出一套灵活实用的教育方法，最具代表性的方法有团体工作法、青年导师法、同辈教育法、青年交换活动法和流动工作法。

---

① Kathy E. Mobile Work ［M］ // Fiona，Chouhan and John. Working with Young People. Dorset：Russell House Publishing Ltd，2001.

第四章

英国青年工作的参与主体和渠道

第三章开始对英国青年工作的探讨深入到微观层次，从课程建设的角度分析了青年工作的内容和方法。英国青年工作是一个复杂的结构系统，除了内容和方法，还包括参与者和地点场所等组成要素。英国青年工作突破传统学校德育的时空局限，联合政府机构和社会组织的力量，通过多种渠道支持不同青年人群的个人成长和社会性发展。本章具体介绍英国青年工作的参与主体，即青年工作的组织机构和工作对象，并论述参与主体之间如何通过学校、社区、教会等渠道开展青年工作实践活动。

第一节　英国青年工作的组织机构

英国青年工作在历史演变过程中自然而然形成了官方法定青年工作（staturay youth work）和社会志愿青年工作（voluntary youth work）两套组织机构。这也成为英国青年工作的独特之处。下面，本书列举典型代表分别论述两类机构主体的具体情况。

一　地方当局的青年服务①

英国中央和地方的政治体制比较特殊，既不同于美国松散的联邦制，也不像法国实行高度集权的单一制。因为历史原因，英国的四个组成部分英格兰、苏格兰、北爱尔兰和威尔士之间政治经济发展和人口分布极不均衡。为了研究方便，本书以政治经济中心和人口数量占绝对优势的英格兰为例，介绍英国地方当局实施的法定青年工作，包括英格兰青年服务的整

---

①　青年服务（youth service），一般专指政府下属机构开展的青年工作，英国地方当局也多用“youth service”作为机构名称。

体概况和代表城市莱斯特的青年工作具体现状两个方面。

（一）英格兰青年工作的基本情况

1997 年新工党政府上台后，为了整体了解和推进青年工作的发展，专门对地方当局的青年工作进行了一次全面的调查。这次调查由英国教育部联合地方当局，社会机构（国家青年局 NYA）等，针对英格兰各地的青年工作发放问卷，并委托 NYA 组织专家进行问卷分析，最后提交正式审计报告。这份报告成为有史以来，关于英国（法定）青年工作最权威、最全面的报告。本节提及的统计数据没有特殊说明，都出自 1998 年英格兰青年服务审计报告。①

机构名称。关于工作的机构名称和设置，各地不尽相同。在总共 127 个地方当局中，有相当多的地方有专门的青年工作部门，其中 45%的地方机构的名称是青年服务（youth service），有 24%的地方机构名称是青年和社区。另外，有 15%的地方将青年工作称之为社区教育部门、其余还有娱乐休闲、社区服务和发展、儿童青年机构，继续教育等政府机构名称。见图 5-1。

部门归属。绝大多数地方（84%）认为青年工作属于公共教育服务，将青年工作部门归属到地方教育部门。对于少数没有将青年工作纳入教育机构的地方，有的将青年工作放在休闲部门或社区服务和发展、社区和环境等政府部门。有两个地方干脆将青年服务作为一个独立的政府部门。见图 5-2。

经费开支。根据调查，地方当局用于青年工作的开支总计约 2.4 亿英镑，占整个教育经费开支的 1.29%。每年用于 13—19 岁青年的花费，人均 57 英镑；而 11—25 岁之间的青年，人均年度经费 26 英镑。这之中，有 51 个地方当局表示其青年工作的开支较前一年有增加，43 个地方报告其经费保持稳定或有所减少。还有地方因为机构重组等原因，没有数据统计结果。就青年工作的经费开支占整个地方财政支出的比例看，有 42 个地方份额比重增加，有 50 个地方的比重出现下降。

工作队伍。根据 1998 年的统查，英格兰各级政府内的全职青年工作

① Department for Education and Employment. England's Youth Service—the 1998 Audit［M］. Leicester：Youth Work Press，1998.

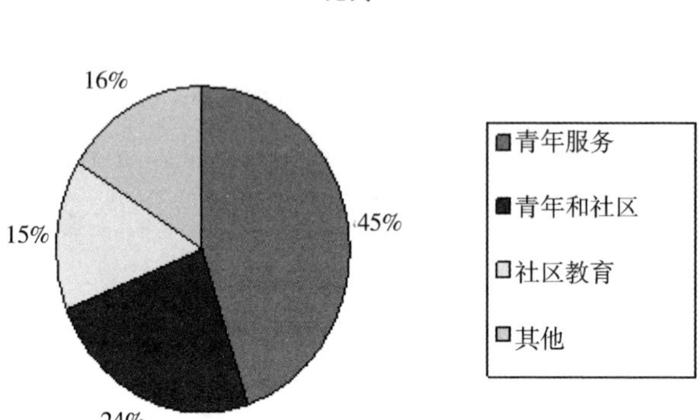

图 5-1　青年工作的名称①

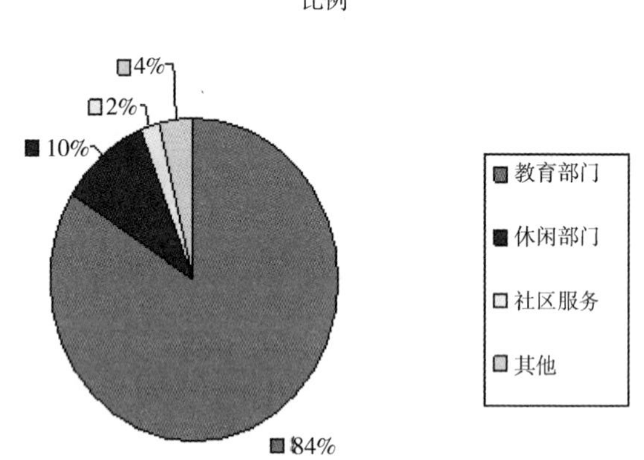

图 5-2　青年工作的部门归属②

者人数是 7190 名，还有 23890 名兼职青年工作者，青年工作的后勤支持人员总计 2370 名。其中 90%的全职工作人员都有职业资质，有 68 个地方当局报告其所有全职工作人员都具备青年工作资格证书。虽然对于兼职工

① Department for Education and Employment. England's Youth Service—the 1998 Audit [M]. Leicester: Youth Work Press, 1998.

② Department for Education and Employment. England's Youth Service—the 1998 Audit [M]. Leicester: Youth Work Press, 1998.

作人员的资质要求没有硬性规定，但 33%的兼职工作者具备职业资质；82 个地方的兼职工作人员资质证明的拥有率超过 50%，有 6 个地方的兼职人员全部有职业资格认证。青年工作者人数和青年人数（11—25 岁）的比例从 1∶266 到 1∶4900 不等，绝大多数地方维持在 1∶1000 到 1∶2000之间。根据各地的统计，整个英格兰青年工作部门中有 750 名管理人员，不过各地关于管理人员的认定标准不一。因此，有的规模较小的地方管理人员和青年工作者之间的比例高达 1∶2 或 1∶3；比例最小的地方则是1∶52。此外，根据 110 个地方当局的数据，在政府青年工作部门内总共有 21187 名志愿者，每人志愿者服务的时间从 1.3 小时到 7 小时不等，多数志愿者的工作时间平均为 2.5 小时到 4.5 小时之间。

与志愿组织的合作。地方当局和志愿组织在青年工作方面的合作非常多，在 1998 年的统计中各地向社会志愿部门发放的资金援助总计 3620 万英镑，有 6 个地方将当地青年服务总经费的一半以上投放给志愿组织开展青年工作（见图 5-3）。41 个地方当局和志愿组织建立了正式的联席会议制度，联络机构一般是当地的志愿组织联盟或市政议会中的志愿组织部门。个别的地方将青年服务主要委托给了志愿组织去完成。有的地方有专门制定的四年资金援助计划，或和志愿组织一道设计统一标识，或者在年度报告和出版刊物中将志愿组织的青年工作纳入其中。

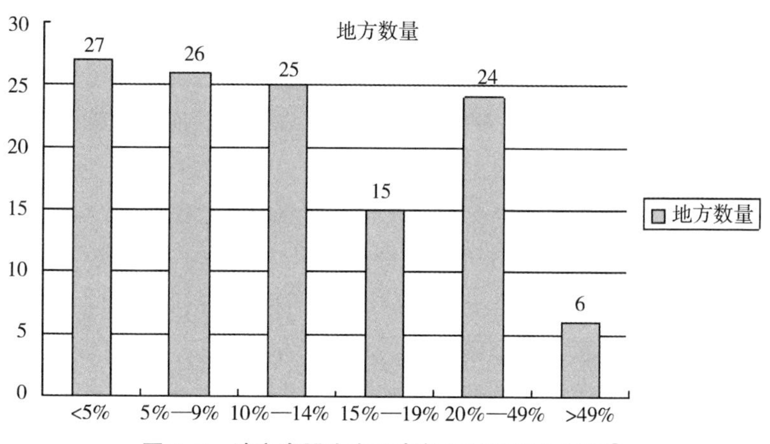

图 5-3　地方当局为志愿青年组织的资金提供①

① Department for Education and Employment. England's Youth Service—the 1998 Audit [M]. Leicester: Youth Work Press, 1998.

工作声明。各地的青年工作基本都有工作任务、工作职能等方面的总体声明。很多文件关于部门职能的表述大概可以看成是对这样一些疑问的回答：我们是什么？我们会对什么人的需求作出怎样的回应？我们做的是什么？我们对于利害关系人的出发点是什么？我们的核心原则和价值准则是什么？我们与相关机构之间的不同之处是什么？

课程建设。20 世纪 90 年代初期召开青年工作全国大会后，地方当局加大了对青年工作的课程规定。课程建设已经成为青年工作机构重要的文件声明。一方面，课程安排可以看作一种管理手段，地方当局借此表明对青年工作和青年工作者的具体期望；另一方面，课程安排也可以看作是一种面向社会的公开声明，表明青年工作核心事务，人员发展的过程和质量管理。[①] 那些青年工作实效突出的地方机构，一般都将课程视作培训和发展的工具，强调青年工作是全局性过程，课程设计了关键词或模块，还会有精心挑选的案例分析，其表现形式颇具吸引力。

配合学校，提高教育成就。根据 1998 年审计报告，英格兰有 39 个地方当局制定政策，通过青年工作帮助学校预防学生受到排挤，还有 84 个地方专门有针对校园霸凌（bullying）的政策措施。青年工作帮助学校处理青年的教育问题，主要有两种方式途径。一种途径是，青年工作机构和学校开展合作，给学生提供辅助。例如，青年工作者可以参与到学校开设的个人、社会和健康教育课程；开展反校园欺凌活动；提供学生咨询和加入家庭作业俱乐部。还有一种途径是，针对那些受排挤或有辍学风险的学生开展一对一的青年工作。例如，青年工作者和教育福利官员，学生指导机构等一道，为这些学生制定实施特别措施，防止危险出现。不同地方采取的具体方式各有不同，重视的程度也有所区别。[②] 有些地方对以上两种途径都相当重视，有的地方可能只开展了其中一种。针对青年工作的帮助，学校一般对青年工作给予了充分认同，评价其正面影响主要表现为：提升学生的自尊，提高学习积极性，改善学生课堂行为，发展学生组织、自我管理、团队合作、领导力等方面的能力，转变了学校对某些学生的做法和反馈，为学校教育中的难题提供了外部介入。

---

① Jon O. Youth Work Process, Product and Practice: Creating an Authentic Curriculum in Work with Young People [M]. Dorste: Russle House Publishing, 2007.

② Suzanne G & Eilis H. Aggression and Bullying [M]. Oxford: Blackwell Publishers, 2002.

伯明翰地方的青年工作者就在学校内开展了扎实具体的活动，帮助提高学生的教育成就，具体包括了：午餐会，户外活动、公民教育，公民参与计划，青年交换活动和青年会议，为争取爱丁堡公爵奖的青年群体提供支持，提供青年志愿服务机会，为青年提供建议和信息（如电话帮助热线），开展艺术项目（如学生摄影展览和竞赛）。有的地方当局还深入分析如何更好发挥青年工作帮助学校的作用。剑桥郡就此归纳几点注意事项：青年工作、学校等相关机构，要对任务的目标有统一认识；学校项目组成员要获得上级管理团队的批准和认可；充分发挥青年工作的价值诉求、方式和经验优势；要让学校负责人员从方案拟定阶段就充分参与进来，而不要到项目后期才进行联络；确保一个合适的“转诊”体系；让家长理解项目的性质和目的，并吸收他们加入进来。

积极公民培养：青年参与决策

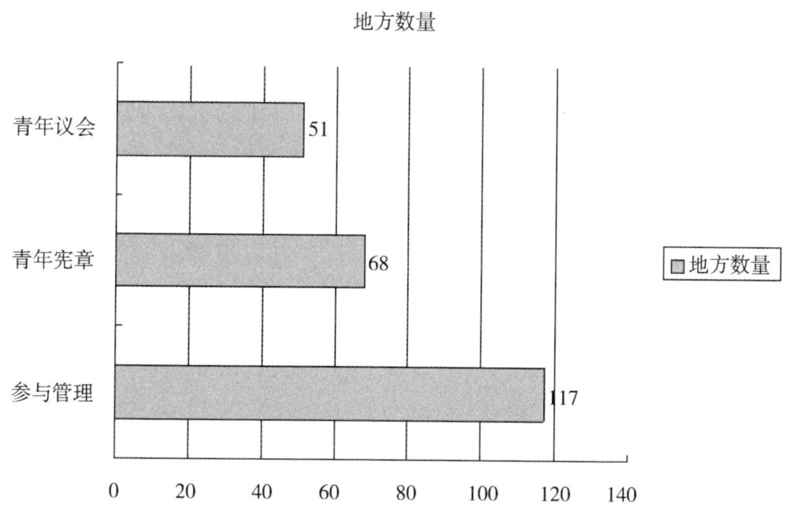

图 5-4　青年参与的基本类型①

英国各地关于如何落实青年工作的参与原则，主要通过六种机制：参与青年中心或青年项目的决策；同辈主导的项目；青年论坛或青年议会；

① Department for Education and Employment. England's Youth Service—the 1998 Audit [M]. Leicester: Youth Work Press, 1998.

协商咨询，包括调查和会谈；青年宪章或权利公约；出席地方议会的下设委员会，参与监督巡视等。[①] 有 37 个地方当局还设有公民教育方面的规划。

让青年参与青年俱乐部或具体青年工作项目，是青年参与最传统的表现形式，绝大多数的地方青年工作都积极重视青年对这一领域的意见，发挥他们的影响力。青年人要么在成年人（青年工作者）的指导下对青年中心的活动进行全面管理，要么在青年中心的管理委员会中有自己的代表发表意见。还有的地方当局让青年人参与到青年工作的人员聘用和选择。Kent 地方当局声称，任命青年和社区工作者时，在选聘程序中必须要听取青年的意见，否则不会进入到下一步的面试程序。另外，通常在对青年中心等工作情况进行质量监督时，也会考虑青年人的加入。

在 1998 年审计报告里，有 21 个地方政府的青年工作者明确表示开展了同辈教育工作，归纳起来最常见的同辈教育内容主要集中在青年健康、反校园霸凌、文化艺术等。Devon 在地方报告中十分重视同辈教育，成立专门的同辈教育团队，包含了社区教育、青年志愿组织、地方健康主管机构和一个同辈主导的项目，大大提升了同辈教育的社会形象。当地开展了 13 项具体的同辈教育计划，主要涵盖：预防滥用药物，提供青年人更多的毒品知识，减少青少年吸毒；提高青年关于校园暴力问题的体会和知识；促进多元文化意识和青年人种族平等；和社区学院一道，提高低年级学生的性健康教育等。有的地方还专门出版了青年同辈教育的杂志，向青年宣传。

青年论坛和青年议会是青年工作近来发展迅速的一个领域。截至 1998 年，64 个地方当局成立了青年议会或青年论坛，其余地方也大都表示已经着手筹备相关组织机构。不过，各个地方关于青年论坛或青年议会的工作机制不尽相同。在 51 个成立了青年议会的地方当局，36 个地方当局总共投入了 531400 英镑。青年议会或青年论坛的实际权力也有大有小。有的机构只是单纯地进行讨论，而有的能够参与或影响决策。特别是在 St Helens，一些青年从当地青年论坛中脱颖而出，进入到当地公立学校的管

---

① Department for Education and Employment. England's Youth Service—the 1998 Audit [M]. Leicester: Youth Work Press, 1998.

理层。同时，青年论坛或青年议会也不是青年发挥影响或参与决策的绝对唯一有效机制，有些地方当局倾向对青年的意识提升或通过另外一些非正式程序来吸引青年的注意力。有的青年论坛仅就单一的事项或议题进行讨论，有的已经成了当地权威性青年参政议事的组织机构。有的地方的青年议会或论坛有成人的加入或指导，有的地方青年议会或论坛的成员全部都是青年人。

截至 1998 年，已有 34 个地方当局和青年建立起正式的协商咨询机制。大多数采用和青年的座谈会形式，少数地方面向青年发放调查问卷，个别的地方两种方式都有运用或没有对两者进行严格区分。有的协商咨询座谈会议完全由青年主导，有的会议是成人主导，有的会议双方合作，成人提供协助。而召开青年座谈会的人数范围，一般维持在 50 人到 500 人之间，会议主题既可以是关于无家可归青年，也可以涉及与青年相关的各项市政服务方面。比如 Hillingon 就是由专职的工作人员和一个青年团队一道担任会议的组织者。关于对青年的调查问卷规模，也大小不一。例如，Lambeth 就曾向超过 10000 名青年人进行调查问卷，而 Leeds 的青年调查对象仅有 1455 人。总体说来，采用问卷调查或青年会议的形式和青年进行协商的目的大都是为了改善某项青年服务，或促进青年政策方针的发展，对当地青年参与体系的完善发挥了重要影响。

青年宪章（青年章程），主要是确保青年服务的水平和质量，以便达到公民的期望，并且让公民对没有兑现的青年服务能够有权采取行动。在调查统计中，已经有 29 个地方有了相关的章程声明或权利声明，还有些地方已经在制定过程中。很多地方的青年章程直接以青年工作为基础，向青年声明当地青年工作可以为青年提供哪些帮助和服务（见图 5-4）。

绝大多数地方的青年工作都有关于为青年提供平等服务的政策，而且关注到如何为弱势青年人群提供青年工作。其中最受关注的是残疾青年、亚裔青年、同性恋、难民以及青年妇女。青年工作关注的另一大类问题青年人群，主要有失学无业青年、青年违法犯罪、吸毒青年、单身父母、无家可归青年等。正是因为青年工作加大了对特殊青年人群的工作力度，所以各地的青年工作呈现出一个趋势，即外派性青年工作和独立性青年工作出现了显著增长。另外加大为青年提供信息服务、咨询服务，特别是青年工作和其他相关社会机构的合作越来越普遍。① 根据统计，126 个地方当局开展了外派青年工作和独立青年工作，106 个地方当局提供相应的信息、建议和咨询服务。从数量上看，与地方青年工作建立正式合作关系的其他机构从高到低分别为：社区、警察、社会服务、其他公共部门、休闲、住房、求职、私营组织（见图 5-5）。

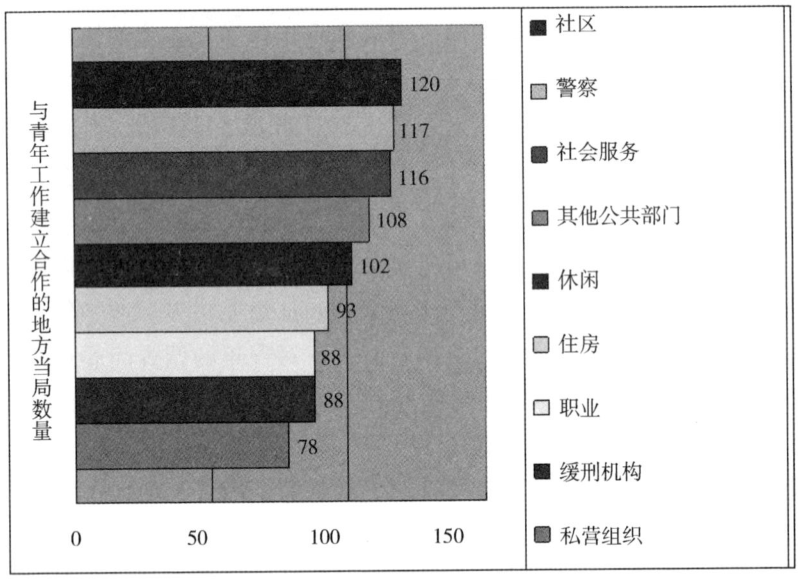

图 5-5 青年工作的合作机构②

（二）莱斯特市政当局的青年工作

莱斯特市政当局（city council）下属的教育部门（education department）专门负责青年工作。根据莱斯特 2014 年发布的青年工作五年规划，其工作重点首先放在了提高青年工作的质量以及提升（非正式）教育的水准，总体目标是"促进青年个人和社会发展，使他们积极参与实践、成长成才，在多种族的城市和社会里发挥影响"。③

① Mountain A. Starting out in Detached Work and Helping Others Manage It [M]. Leicester: NAYC, 1989.

② Department for Education and Employment. England's Youth Service—the 1998 Audit [M]. Leicester: Youth Work Press, 1998.

③ http://www.leicester.gov.uk/your-council-services/education-lifelong-learning/young-people/youth-services-new-site/youth-services/

莱斯特地方政府作出承诺，为青年提供的服务工作包括这样几个方面。在距离青年居住地合理的范围内，为他们提供安全舒适的场地，让青年可以参加个人发展或社会发展的活动，如艺术、戏剧、音乐、体育、国际交流和志愿服务；提供多种形式的青年俱乐部、项目和活动；提供一定机制，如青年论坛、青年议会，让青年的意见被听取，支持青年以多种方式参与地方民主；给青年提供机会，参加一些可以得到社会认证的学习性质项目，如爱丁堡公爵奖、青年成就奖等。同时，这些承诺可以让青年用来对政府开展的青年工作进行监督和评价。教育当局会每年发放调查问卷，或对青年中心和项目实施进行巡察考核。

2003 年英国政府出台了一个新的青年工作国家标准，将青年工作对外开放的层级进行了正式区分。以此为依据，莱斯特政府计划将青年工作覆盖面从 2002 年的 10%，用三年时间提高到教育部规定的 25% 的标准。有 15%（大约 4200 名）的青年每周至少参加 4 次的青年活动，有 5%的青年（大约 1400 名）成为青年工作重点对象。除了针对普通青年全面开放的非正式教育外，莱斯特教育当局还针对特殊的青年人群制定专门的青年工作项目，主要包括边缘青年或失学青年、学习困难青年、海外青年、无家可归的青年、滥用药物的青年，等等。[①]

从教育当局开展的青年工作实践看，青年工作者和青年之间在自愿基础上建立人际交往仍然是青年工作的重要前提。只有双方互相尊重、地位平等，才能为青年营造出最佳的个人成长环境。青年工作要坚持体现和维护青年的利益，特别是在青年工作和其他政府机构一起合作处理青年事务时。因为像预防青年犯罪团队这类机构和青年人之间的关系并不总是基于青年自愿选择的结果。以青年为中心的青年工作，还是要去积极倾听和反馈，重视和尊重青年的经历，不能采取先入为主的立场，要认可青年有独立思考和行动的能力，即便他们的行为不太令人满意，允许青年有自己安排。青年工作者要对青年的生活感兴趣，愿意和他们待在一起。为此，莱斯特教育当局特别推荐了两种青年工作基本方式——反应型青年工作和主

① http：//www.leicester.gov.uk/your-council-services/education-lifelong-learning/young-people/youth-services-new-site/gold-standard-youth-service/

动型青年工作①。

反应型青年工作，善于将青年工作中非正式的、即兴的场景、事件或焦点转变为有教育意义的体验过程。比如，为青年提供其他替代的观点和看法；对谈话中的种族主义或性别歧视的态度、言语和行为提出挑战；让青年去考虑或分析其他可能的结果；让青年有能力作出选择；

主动型青年工作，一般都由青年工作者发起。青年人和青年工作者一起对活动的内容和形式进行协商，并共同制定计划、组织和评价他们的经历。开始前，青年人和青年工作者事先对目的、内容和结果进行讨论；青年工作者要向青年解释项目学习的预计结果，目标、结果和方式之间的关联；青年要在青年工作活动中持续性的投入；最后青年和青年工作者能够提出证据表示活动给个人和社区带来的影响。

总之，青年工作的非正式性十分强调青年工作者具备必要的技能、意识、灵活性和快速反应的能力，将自发性的事件转换成对青年进行教育的有利时机。青年通过反应型青年工作和主动型青年工作对自己的学习可以回顾和评价，将自己的感悟和能力应用到其他场景中去。

莱斯特青年工作确立四个核心课程主题。(1) 感性认识：自我意识、自尊、动机、敏感、处理人际关系、应对压力、珍视多样性。(2) 创造力和事业心：开放思维和想象力，解决问题，勇于冒险，提高教育成就，为工作做好准备。(3) 身心健康：自理能力，有良好的饮食和生活方式，维护身心健康。(4) 积极公民：乐于奉献、有政治头脑，理解民主进程，参与社会，发表意见，在共同体中有影响力，学会可持续发展和维持社会和谐。

莱斯特的青年工作通过各种方式展开课程内容，具体包括团体工作（包括讨论、辩论、游戏、会议），一对一的工作，青年论坛或议会，参观访问、指导、同辈教育、校外学习俱乐部，筹集资金，集体运动，宣传，信息建议，咨询，奖项认证，音乐，戏剧，出版杂志，计算机互联网，体育休闲，户外教育，环境保护，国际交流，交通工具项目。

莱斯特的青年工作可以在很多地点和场合展开。既有以青年中心或青年俱乐部为基地，也有以学校为基地；既有专门针对街头青年的独立形式

① http：//www.leicester.gov.uk/your-council-services/education-lifelong-learning/young-people/leicester-integrated-youth-support-strategy/

（detached work），也有吸引青年到中心接受教育的外联工作（outreached work）；既有专门针对男孩女孩的单一性别的教育，也有为边缘青年、失学青年或未成年父母提供的特殊教育项目；既有青年外出宿营的项目，也提供青年海外交流的活动。所有青年工作活动项目，希望青年从中可以获得学习成果，促进青年的个人和社会发展。高效的青年工作帮助青年发展他们的生理、智力、道德、思想和情感、社交能力，明白和承担起作为个人、团队的成员和公民的责任，了解和认识个人和社会问题，有理性的行动。非常重要的一点是青年工作者在青年自愿活动时，要和青年沟通协商，让青年自己选择他们希望实现的学习结果。在每一个具体的青年工作教育课程中，与其特定的主题或范围相联系，还有许多非常细微的学习目标和结果。

莱斯特要求青年工作部门必须对课程实施的基本情况进行记录和表示，以便加强管理，提高教育实效。以上的记录或展示，最终可以帮助管理部门或市政当局，通过青年工作质量担保体系框架对青年工作进行评估。

课程展示的内容有：①

·青年参与俱乐部或项目决策和管理；

·青年和工作人员事先就项目或活动的目的、内容和结果进行了讨论；

·项目和参与者的需要、能力和兴趣之间的关联；

·青年在非正式教育中有持续性的参与；

·青年能够将所获得的技能和知识运用到新环境；

·在实现目标中，运用的非正式教育的方式性质和种类；

·评价青年需求和发展的性质和成效；

·青年参与非正式教育的需求评估和最终实现的结果；

·工作人员在促进青年发展过程中有效运用的技能及其体会；

·工作人员在非正式教育中得到的支持、培训、信息和监督；

·青年获得合适的教育学习场所；

·使用最新教育资源；

① http：//www.leicester.gov.uk/your-council-services/education-lifelong-learning/young-people/youth-services-new-site/youth-services/

·不论青年的性别、文化背景、身体状况和出身，都能得到平等接受教育的机会；

·通过青年工作，青年可以积极参与社区事务，发挥他们个人或集体的影响；

·非正式教育的基本方针规划和跨区域合作；

·政府政策付诸实践目标并满足当地需求。

在 2013 年至 2014 年间，莱斯特市政当局提出了青年服务的黄金标准建设方案，旨在为青年提供高质量的青年工作。青年工作针对的人群，优先考虑 13—19 岁的青年，有特殊需要的话也包括 24 岁以下的青年人群。莱斯特市政府积极和志愿组织、社区组织协调合作，为青年提供四份套餐计划：对所有青年开放的青年服务和积极活动；只在学校假期向青年开放的青年服务和活动；对特定青年人群提供的针对性支持服务；在街头开展的，以早期帮助为特征的预防性青年工作。莱斯特市政当局开展的青年工作，积极吸收和接纳成年人作为志愿者参加不同形式的青年工作活动；也欢迎有兴趣的青年人加入到具体的活动项目，作为同辈教育指导的帮助者或成为地区青年论坛的一分子。①

二　志愿组织的青年工作

英国青年服务在其历史演变中，并不是一种单一性质的组织架构，而是呈现一种复杂的合作关系。其青年工作起源于 19 世纪时期宗教慈善团体对青年的帮扶活动，志愿服务一开始就成为英国青年工作的中坚力量，诸如 YMCA、YWCA、童子军、男孩俱乐部、女孩俱乐部等都是志愿青年工作的重要代表。不同类型的志愿组织开展的青年工作各具特色，本书以具有全国志愿青年工作联盟组织身份的英国青年理事会为例，介绍志愿组织开展青年工作的具体情况。

（一）组织简介

英国青年理事会（British Youth Council，简称 BYC）成立于 1948 年，当时正处于二战结束后东西方关系紧张时期，最初是英国外交部门为准备“世界青年大会”而成立的组织，其目的是对抗苏联为首的社会主义阵

① http：//www. leicester. gov. uk/your-council-services/education-lifelong-learning/young-people/leicester-integrated-youth-support-strategy/

营。1963 年 BYC 从英国政府中独立出来，并致力于将英国各地青年理事会联系在一起。到 20 世纪 70 年代，BYC 声名鹊起，尤其是在积极推动青年政治议题方面。1971 年 BYC 组织召开了“世界青年大会”，时任首相 Edward Heath 发表演讲。同一时期，BYC 还出版了极具影响的报告“青年失业问题：原因和对策”；并派代表出席古巴举行的第 11 届世界青年节活动，和苏联、美国等代表就人权问题进行辩论。20 世纪 80 年代，随着政府财政紧缩，BYC 的工作发展受到很大制约，1987 年因为经费紧张，甚至一度关闭了苏格兰的机构。尽管如此，BYC 克服各种困难，继续帮助和支持地方青年理事会的工作，还协助英国政府签署了历史性文件——《联合国儿童权利公约》。90 年代，BYC 和其他组织一道配合开展了一系列运动，如青年争取选举权、关注青年就业等。此外，BYC 还就青年政策和研究进行大量努力，出版发行了一批有影响的期刊和著作。同时期，BYC 得到英国政府的帮助，增加了对青年人的培训和参与项目。2000 年英国政府委任 BYC 主持了一项历史最大规模的咨询活动，花费近 10 年时间去了解青年人的教育、就业和意见表达等，相关成果收入到欧洲青年论坛中的欧洲青年问题白皮书。进入 21 世纪，BYC 继续以独特的组织身份，强调自己是真正由青年人主导为青年争取权益的组织，在 2008 年组织了一系列庆祝成立 60 年的纪念活动，用来展示青年人积极正面的社会形象。①

BYC 提出工作愿景——帮助青年人得到世界的尊重，发挥影响力，作出明智的决定。BYC 致力于将其会员组织，地方青年议会和英国青年议会紧密联系起来，赋权给 25 岁以下的青年人，不论他们来自何处，都能够发表意见，让社会听到他们的想法；帮助青年人参与到和他们息息相关的事务决策；发表意见，共同行动，激励他们发挥积极影响力，获得社区、社会和世界的认可。组织坚持的价值准则包括：参与和赋权——相信青年人有权利参与影响他们生活的决策，不论是地区、国家或国际事务；平等——珍视和提高青年人的平等地位，一律平等对待每个青年人；多元——青年人是多种多样的，有不同的需要和观点；认可——相信青年人对社会有积极贡献，他们是现在和未来的社会公民。

BYC 的会员单位除了主流的青年组织，还包含宗教团体和工会组织

---

① http://www.byc.org.uk/about-us.aspx

以及一些具有特殊代表性的团体，如同性恋、黑人和少数族裔青年、乡镇青年和残疾青年人团体。地方青年议会和论坛的数量也在不断增加。根据统计，到 2012 年底，BYC 共有 234 个会员单位。

2011—2012 年间，有 6254 名青年人和 BYC 进行联系互动，有的是参加培训活动，有的参与完成线上调查。其中 22%的青年人是黑人或其他少数族裔；55%的青年人具有一定宗教信仰，主要是基督教和伊斯兰教；13%的青年人表明其为同性恋或双性恋群体；8%的青年人认为自己有某种残疾或学习障碍。①

BYC 资金来源多样，因其与英国政府间的密切关系，长期得到政府大力资助。以 2011—2012 年的财务情况为例，政府拨款占总收入的四分之三强。有指定用途的经费拨款为 1075124 英镑，其他来源的收入为 333417 英镑（包括会费、捐赠、出版费、培训和咨询、补偿报销），两项相加总计为 1408541 英镑。资金的支出情况主要为：项目和培训开支为 919832 英镑；政策和交流开支为 162220 英镑；国际活动为 210386 英镑；管理费用为 19625 英镑；筹资花费为 18080 英镑，总计金额为 1330143 英镑。②

（二）BYC 组织的运动（campaigns）

BYC 每年召开一次例行的大会，讨论年度活动重点。参照 2011—2012 年度的决议精神，BYC 近年来开展的青年活动主要有这样一些。

16 岁选举权运动。支持 16、17 岁的青年人参加大选，争取选举权。英国目前大约有 150 万年龄在 16—17 岁的青年，他们在法律上还没有获得选举权。不过这部分人，已经拥有或承担了其他一些权利和责任，例如缴纳个人所得税和国民保险，性行为权利，参军等。因此，BYC 和其他一些青年组织认为 16、17 岁青年人理应参加政府官员、议会议员的选举活动，因为这些直接影响到他们的生活。青年人关心的一些切身问题，如学费、教育津贴、青年服务等问题，都没有直接听取这部分青年人的意见，应该让他们都获得选举权。其他许多国家的同龄人已经有权参与政治活动，让他们的民意体现出来。16 岁的青年获得普选权，会帮助他们更早习得积极公民的习惯，惠及终身。相比澳大利亚等国，英国获得选举权

① http://www.byc.org.uk/media/221408/byc_ar_2013_final.pdf

② http://www.byc.org.uk/media/221408/byc_ar_2013_final.pdf

的年龄偏高，不利于创造一个积极参与政治的青年一代。①

公共交通优惠行动。为青年人争取在英国全境内安全的享有不超过青年人经济承受能力的公共交通服务。青年儿童占英国总人口的五分之一，他们不仅是公共服务的主要对象，也是公共交通的主要使用人群。公共交通对于青年人的上学、培训、工作和参加社交活动非常重要。英国的四个组成部分——英格兰、苏格兰、威尔士和北爱尔兰各自有不同的公共交通规划和管理体制，各个地方当局也有为青年人提供公共交通的相关职责。不过从收集的资料看，乘坐巴士、火车等出行，对青年人来说仍然是一种负担和障碍。例如，英国火车票一直是世界上最贵的，而且每年价格还会不断上调，超出了通货膨胀的水平。英国火车分属不同私营公司，效率低于欧洲国家40%。巴士是英国民众使用最频繁的交通工具，但2011年以来各地相继缩减公共支出，使得一些巴士线路被迫取消。虽然，各地已经有一些针对青年人公共交通出行的优惠措施，不过各个地区之间的优惠条件差别较大，比如什么年龄可以减让票价等，而且公共交通提供给残疾人的设施普遍不健全。英国大约20个儿童中就有一个具有某种残疾，根据2009年调查，22%的残疾人在乘坐公共交通工具时会遇到困难。目前，只有61%的巴士和46%的火车配备无障碍设施，距离政府提出2020年全面实现无障碍的目标还有很长距离。BYC希望和它的成员组织一起，游说国会为26岁以下的青年人争取到一个全国性的优惠方案，让全英青年人可以得到一个类似苏格兰地区的青年优惠条件。此外，青年人开始支付公共交通费用的年龄应当提高到18岁。BYC负责为青年人提供信息，让他们和当地交通运营方进行接触，直接告诉他们青年人面临的问题，寻求帮助。②

消除儿童贫穷。督促英国政府实现承诺，到2020年底消除儿童贫穷现象。1998年，英国政府出台了最低工资标准，确保全英的劳动者可以获得维持相当生活水准的工资报酬。法律规定的最低劳动报酬有三个系列，主要依据劳动者的年龄大小。例如，22岁以上的成人工资标准每小时不低于6.19英镑；18岁至21岁的青年人最低工资标准为每小时4.98英镑；16岁至18岁之间的青年人最低工资标准为每小时3.68英镑；19岁以下的青年人第一年的最低工资标准为2.65英镑。最低工资委员会

---

① http：//www.byc.org.uk/campaigns/votes-at-16.aspx

② http：//www.byc.org.uk/campaigns.aspx

（LPC）负责收集数据和研究建议，每年向英国政府提出工资调整意见。不过，最近9年16—17岁青年人的工资仅仅上调了0.68英镑，而21岁以上的工资水平增长了2.51英镑。尤其是，根据LPC的建议，中央政府上调了21岁以上的最低工资标准，而21岁以下青年人的最低工资标准没有变动。同样工作岗位，低龄青年人的单位报酬和成年人之间的差距还在扩大。不仅青年人的劳动报酬遭遇到不平等待遇，而且他们的劳动收入水平不足以维持最低生活的水平。按照当前的生活成本，伦敦以外的地区最低生活工资应当不低于每小时7.45英镑，而内伦敦的最低生活工资是每小时8.55英镑。BYC通过青年收集必要的证据，进而向LPC等机构进行游说，将最低工资标准提高到最低生活工资水平，并且不分年龄。[①] 这些工作是由青年人通过实际案例研究，记录最低工资下青年人一周的生活，并通过案例研究评估和展现青年人的窘迫生活。

保存青年服务行动。青年人比起过去更加需要青年服务。根据最近的一次调查，英格兰有四分之一的地方青年服务经费被缩减了21%至30%，这一数字是地方政府财政经费下降金额的四倍。地方当局的资金遭到削减后，并没有被告知如何进行经费分配，所以地方政府更多地关注到其他公共服务，而对青年服务的投入受到巨大冲击。[②] 不仅如此，地方议会减少了青年服务经费，使得地方青年理事会也面临着资金困难，甚至停摆危险。尤其是英国中央政府会进一步将青年服务职能交由地方当局，可能会继续加大不同地区之间青年服务的质和量的差异。虽然苏格兰、北爱尔兰和威尔士等地青年服务经费减少的情况没有英格兰严峻，但情况仍不容乐观。有的地方青年服务职位被缩减了23%，有的地方青年服务被列为地方施政方案的最末考虑对象。BYC坚持青年服务可以帮助青年人的个人发展，给青年积极的社会角色担当，用有意义的活动度过他们的青年时期。BYC采取各种行动，让青年人向社会大众展示他们因为青年服务削减遭受的不公正待遇，说明青年服务对青年人的重要性，给青年人的生活带来的积极影响。BYC希望青年人和青年工作者将他们的经历说出来，并传达给国会议员和政府官员等政策制定者，让青年服务得到更充足的财政支持。

① http：//www. byc. org. uk/campaigns. aspx

② http：//www. byc. org. uk/campaigns. aspx

（三）BYC 运行相关青年组织的选举

BYC 负责运行管理一些青年社会团体，组织青年选举代表，鼓励他们参与民主生活，通过集体运动的方式带来社会变化。这些由青年人自己主导的组织团体有：

英国青年议会。英国青年议会总共有 600 名年龄在 11—18 岁之间的代表，每年都会在全国进行选举活动，选出青年代表，和政治家进行直接互动，影响政策制定和服务开展。2011 年 9 月，BYC 从英国教育部得到委托协议，开始负责英国青年议会的管理工作。当年在 64 个地方进行了青年议会选举，有 771 名候选人参加选举，有 33 万名青年人参加投票，最终选举出 297 名青年议会成员。①

青年市长组织网络。17 名直接选举出来的青年市长，可以相互支持，分享经验。2011 年，有五个青年市长选举活动，共有 118 名候选人，有超过 3.5 万名青年参加投票，最后选举出 9 名正副青年市长。②

地方青年理事会组织。地方青年理事会是地方层级青年发表意见的代表机构，给青年人机会讨论各种相关问题，让地方事务决策者听到青年人的看法，改善青年人的生活。全英目前有超过 620 个地方青年理事会，它们分别和当地政府开展合作，包括运营青年发展基金，监督地方公共服务。BYC 支持 600 个英国各级地方青年理事会，代表各地青年人发表观点看法。2011 年，30 个地方当局的青年理事会进行选举，共有 1462 名候选人，22 万多青年人参加投票，总共选出 712 名地方青年理事会成员。

（四）BYC 为青年人提供的培训和认证

BYC 为青年人提供各种培训学习，帮助青年掌握必要的技能和知识，提升信心，带来地区、国家和全球的变革。2011—2012 年，BYC 为青年人开设的培训课程包括：③

表 5-1　　BYC 2011—2012 年的培训课程表

序号	课程名称	课程时间	课程内容目标
1	Making democracy happen	半天	了解地方和国家的民主政治过程，和为什么与青年人有关系

① http：//www.byc.org.uk/uk-work/uk-youth-parliament.aspx

② http：//www.byc.org.uk/uk-work/young-mayor-network.aspx

③ http：//www.byc.org.uk/training-services.aspx

续表

序号	课程名称	课程时间	课程内容目标
2	Youth at Table	一天	训练青年如何成为委员会或会议的合格参与人。训练青年通过会议，作出正确决策的技能
3	Train the trainer	三天	青年人如何将培训内容教会给其他青年人
4	Power，participation & advocacy	半天	了解不同类型的权力，青年人如何通过参与和建议改变权力平衡
5	Campaigns	90 分钟	学习简单的计划组织运动的五步骤方式
6	Consultations	90 分钟	如何鼓励你的团队熟练地开展有效咨询
7	Engage young people you dont normally engage with	90 分钟	让你的团队可以和平常接触不到的青年人打交道。
8	Impartially	90 分钟	理解什么是公正及其重要性
9	Know when to ask for help	90 分钟	让你的团队知道何时、如何寻求帮助
10	Media	90 分钟	帮助提高通过媒体开展活动的技能
11	Meeting	90 分钟	帮助青年提高开会发言的信心和技巧
12	Negotiation	90 分钟	了解协商的意义及协商的准备活动
13	Public speaking	90 分钟	增强在公众面前发表演讲的信心和能力
14	Representation	90 分钟	鼓励团队找到新办法发现人们的想法，并带进工作中来
15	Time management	90 分钟	让团队学会更有效的时间管理
16	Youth voice and action in-Europe	90 分钟	了解和参与欧洲政策、计划和决策
17	Intercultural dialogue and action	半天	学会实践中和不同人群共同合作的能力
18	Global youth action	半天	深入了解地区全球间的联系
19	Putting Your Point Across	9 个培训	为地方青年理事会提供支持
20	Do you speak trustee	2 天	让青年人学会成为合格受托人或理事

BYC 还有专门在学校为学生开展的培训，教会他们如何进行协商、管理时间和公众演讲等。培训课程的评价结果显示，有 83%的青年表示“会更积极参与活动”；76%的人表示“掌握了有意义的技能”；84%的人表示“会将自己所学传递给其他青年人”。①

此外，BYC 设立了相关的青年活动奖项，对于那些积极参与社会实践，为社会作出贡献的青年人给予认可和鼓励。

① http：//www. byc. org. uk/training-services. aspx

青年声音奖项（youth voice award）——BYC 为那些积极参与当地社区活动，付出辛苦劳动的青年代表，设立了青年声音奖项。要获得此奖励，青年人必须完成至少 10 小时的不同类型的活动。

青年支持奖项（youth on board awards）——BYC 有专门的青年支持行动计划，呼吁青年组织让青年人能深入到决策制定过程，为此设立了青年支持奖项。对那些个人或组织，通过创新方式激励青年参与到项目活动或组织建设的行为给予奖励和认可。获奖者除了得到证书，还可以使用相关标示，个人还可以得到专属徽章。

（五）国际交流

BYC 开展国际青年项目让青年了解全球问题，和其他国家青年人建立交流和联系。青年人可以参加国际项目活动，参与讨论，影响国际事务的政策决定。

英国青年大使项目。BYC 每年招募和培训 6 名英国青年大使，分别代表英国各个组成部分（英格兰、苏格兰、北爱尔兰和威尔士）以及全英范围。这些大使作为正式代表，参与到重大国际问题的决策。

英国官方青年理事会身份。作为官方承认的国家青年理事会，BYC 在国际交流中代表英国出席相关组织和会议，包括：欧洲青年论坛——BYC 每年一到两次出席欧洲青年论坛成员大会，和其他国家青年理事会和国际性青年组织一道参加会议；青年交流理事会——BYC 会派出代表参加英联邦部长级会议，政府首脑大会，教育部长青年部长大会。在 2011—2012 年间，BYC 帮助 19 名青年到 8 个国家参加国际青年论坛，在 5 个国家进行培训和咨询工作。①

BYC 除了代表英国青年参与国际会议和论坛外，还组织一系列国际项目活动和文化间交流对话，让英国青年人增加和其他地区之间的理解。同时，BYC 邀请其他国家，如中国、巴基斯坦、埃及、尼日利亚等国，对英国青年组织、青年理事会进行参观和交流活动。

第二节　英国青年工作的对象分类

青年工作致力于为所有的青年提供一个平等参与的场所和机会，同时

① http：//www. byc. org. uk/international. aspx

又能为一些特殊群体提供特别参加的机会。本书序言及第三章的相关内容已谈及英国青年工作如何在普通青年大众中开展教育和服务实践，这里不再赘述。本节主要阐述英国青年工作的对象分类情况，以及如何针对特殊人群开展具体活动。这些特定人群可能遭遇不同难题，使他们不方便加入到青年工作中来。相关机构和从业人员在依循青年工作基本原则和一般规定的前提下，照顾不同人群的需要，寻求切实可行的工作策略，帮助这些特殊的青年对象更多地参与青年工作。

一　残疾人群的青年工作

据英国人口统计，1989 年年龄在 16 岁以下的人口中，大约有 36 万人有某种残疾。年龄在 16 岁到 19 岁之间的青年，有 7.6 万人身体有缺陷，年龄在 20 岁到 29 岁的青年中这类人群有 26.4 万人。[①]

大约在 20 世纪 60、70 年代，英国的青年工作开始正式关注残疾人这一特殊群体。《70 年代的青年和社区工作》中专门提到当时的志愿组织和地方教育部门为残疾青年提供特殊的帮助。有些地区设立特殊学校，为有需要的孩子提供教育。有的志愿组织从教育部门获得资金帮助残疾人群。有的志愿组织开展宿营活动，将残疾青年和健康青年组织在一起。有的教育部门制定计划，让女孩俱乐部成员“收养”弃儿，和她们共度周末。[②]

长期以来，残疾青年常常被人们看作是有“特殊需要”的群体。事实上，残疾人的期望是能和他人一道充分享有各种设施和机会，而并非要满足其特殊要求。这也常常阻碍青年工作者开展工作，他们会认为和残疾青年一起工作，必须具备一定“特殊技能”。

以残疾人为对象的青年工作要致力于反歧视的实践行动，必须认真讨论当前对待残疾人的两种工作模式：医学模式和社会模式。以往，人们对待残疾人的态度主要是“区别”。残疾是一个病理学定义，残疾人被认为是身体有缺陷需要治疗的一个“问题”。这就是所谓的“医学模式”，残疾人得改变去“正常”适应社会。如此一来，得到医学诊断的残疾人，被社会认为他们的需求只有一种，那就是治疗残疾症状。他们没有条件和

① National Youth Agency. Youth Policy and Youth Services in the U. K.

② Her Majestey's Inspectorate. Youth and Community Work in the 70s. The Milson-Fairbairn Committee, 1969.

途径亲自影响到本人生活的决策制定。同样，青年工作在对待残疾人时，也只是从他们有无足够能力加入青年活动项目来考虑。所以，青年工作的重心被放在了残疾人的“能力”之上，而忽视了青年工作本身是否应当为之改变。①

残疾青年在参与青年工作时，体验到了各种形式的歧视，最常见的是生理原因带来的障碍。此外，不情愿为残疾人提供帮助的态度，即便不太明显，也常会给残疾青年带来无助的感受。要确保让所有的青年拥有平等的机会参与青年工作，并不是要同等无差别地对待每一个青年，而是要让青年工作有足够的灵活性，适应工作对象多样化的需要。

作为人权运动的一部分，残疾人联合起来通过斗争争取自主决定的权利和反对歧视，带来了“社会模式”的发展。这种模式将重心从残疾人个体转移到社会政治结构，认为社会制度和公众人群的态度才是阻碍残疾人融入社会的障碍。政府决策以及青年工作者要努力去消除这些阻隔，创造一个更加包容的社会。残疾人不用被当成是可怜的“受害人”，青年工作看待残疾人要超越他们的身体局限，从一个更宽广的社会背景下去了解他们的需要。在人权运动的推动下，英国于1995年通过了（反）残疾人歧视法（Disability Discrimination Act），给残疾人参加就业、接受服务消费、租赁买卖不动产等方面广泛的权利。根据法律规定，青年工作必须在其基本政策、工作实践和程序等方面进行相应的调整。②

青年工作实践要尽可能将残疾青年人包括进来，其实它并不需要多么复杂的专业化技能，最重要的是改变工作态度。每个具体的活动或项目，其工作设施有各自考虑对象，如年龄范围、性别要求、种族出身、性取向等，但绝不能因为青年人的生理条件将他们排除在外。因此，青年工作者有责任确保他们的项目活动是开放性和包容性的，设计和规划青年活动项目将多样性考虑在内。活动的规划之前，先要想想哪些青年可能参加进来，参与的对象是否多元化，活动的内容和形式是否有足够的灵活性以便让青年人有不同层次的参与。当然这一过程，也需要让青年人自己可以积

---

① Kutner & Factor. Inclusive Practice：Disability [M] // Fiona，Chouhan and John. Working with Young People. Dorset：Russell House Publishing Ltd，2001.

② Rieser R & Manson M. Disability Equality in the Classroom，A Human Rights Issue，London，Disability Equality in Education，1992.

极加入到活动的选取和开展过程中，毕竟青年最了解自己。

因为社会的高度分化，许多正常人没有机会与残疾青年共同分享其社会化过程。青年工作可以为他们提供第一次尝试。青年工作者应当时刻铭记，其工作角色是教育，消除偏见，创造一个积极的环境，让各种思想观念和情感态度能够以积极的、具有教育性的方式表达出来，被青年充分讨论和提出挑战。只有这样，我们才能对任何歧视残疾人的行为进行挑战，带来改变。[①] 在这过程中，要注意合理使用工作语言，创造一个将残疾青年包容进来的友好工作氛围。在所有反对歧视的工作领域中，语言表达非常重要。“困在轮椅上的人”和“轮椅使用人”，又如“残废”和“残疾”，这些不同的表达方式对人带来的影响是显而易见。青年工作实践中，一定要特别注意在使用一些与残疾有关的词语时，不能是消极负面的，造成对他人的冒犯。在工作活动中展现出残疾青年积极健康的形象，向陈旧的观念挑战。

常常有很多人会在实践中提出，残疾青年没有能加入到青年工作活动中来的主要原因是资源条件的限制。一个青年中心要将整个建筑物或大楼的基础设施进行改善以适合残疾人活动的要求，的确需要大量资金。即便没有那么多的经费支援，青年工作也可通过其他的途径使工作环境更加向残疾青年敞开。例如只需将门框涂上不同的颜色，就能让人将门和门框区分开来。青年工作在利用信息技术时，也要考虑合适的软件，尽量满足残疾青年的不同需要。学者 Kutner 和 Factor 就举例说明如何在一个青年旅行活动中，充分将残疾人青年吸收进去。

· 最好有一个前期考察。如果不能，则一定要通过电话联系进行详细地询问。例如，参观场所是否适合残疾人停驻或行动，当地工作人员是否持欢迎态度。

· 预定便利的交通工具；

· 确保工作人员的数量与青年人数成比例；

· 检查当地的饮食和医疗设备是否满足需要；

· 检查提出的方案能否满足各种各样的需求；

· 如果参观需要当地工作人员的加入，要确信这些工作人员能够贴合

---

① Rieser R & Mason M. Altogeth Better in Special Needs to Equality in Education [M]. London: Hobsons Publishing, 1992.

青年（残疾青年）的要求，包括场所内有必要的标志和指示牌；

· 检查参观地的逃生设计是否安全，是否适合特定人群（残疾青年）；

· 检查其他风险评估是否考虑清楚。[①]

总而言之，开展残疾青年的青年工作，机构的内部合作和努力十分重要，通过青年工作者之间的知识和观点的分享，促使他们不断学习，为残疾青年提供一个更加开放的工作氛围。青年工作机构与残疾青年家长和监护人的交流也很关键，它能为残疾青年提供一个持续性、不间断地个人成长支持。例如，一个残疾青年在家中和学校使用了一个特殊的画板来帮助他与人交流，那么同样的机会也应当在青年工作中继续下去。青年工作的培训教育一定要强化服务残疾人意识教育。维护残疾人的意识应当贯穿于青年工作的各个方面，而不仅限于一个青年工作项目是否有残疾青年参加。[②] 青年工作本身有责任消除对残疾人的偏见，通过实践活动和尊重人的氛围，将残疾青年包容到青年工作中。

二　黑人群体的青年工作

英国是一个国际化程度高的多种族国家。大约 50 万年龄在 16 到 24 岁之间的青年是少数族裔人群，占总人口的百分之五。另外，三分之一的少数种族人口年龄低于 16 岁。[③] 本书专门介绍针对黑人青年的青年工作，它是最具代表性的移民青年服务。1965 年 11 月，以 Hunt 为首的委员会负责对移民青年问题进行调查，考察青年服务如何满足青年移民的需要。委员会提出建议：各级地方当局以新姿态讨论移民问题，改善青年服务，以社区为基础开展青年移民工作。[④]

“青年工作者、社会工作者、老师，甚至我的父母只是看到了我的某一个方面，他们并不全部了解我的每一个方面。我并不是要他们了解我的

---

① Kutner & Factor. Inclusive Practice：Disability ［M］ //Fiona，Chouhan and John. Working with Young People. Dorset：Russell House Publishing Ltd，2001.

② Minister for Disabled People. Disability on the Agenda. London：HMSO，1996.

③ National Youth Agency. Youth Policy and Youth Services in the U. K. ，2000.

④ Her Majestey's Inspectorate. Youth and Community Work in the 70s. The Milson-Fairbairn Committee，1969.

全部，但他们自认为知道什么是对我最好的打算。”① 这段话引自一个祖籍摩洛哥的英国青年，反映了一个发生在他身上的社会干预其实建立在一个片面理解青年需要的基础之上，说明了黑人青年的个人视角和社会专业人士的想法是多么迥异。虽然，青年工作者、社会工作者花了大量时间和这些黑人青年交流、政治家们通过各种手段评估黑人青年是否融入主流社会。但这些努力都没能真正承认黑人青年群体身上的多样性，正是他们构成了当代英国社会引人入胜的多元文化特征。

二战后的黑人移民常常被认为有足够能力去应对日常生活中的各种歧视，黑人青年也能正确地对限制他们潜能的各种种族主义文化和制度坚决地加以抵制。少数个体的成功虽然值得庆贺，但不能得到一个所有黑人青年都获得平等机会，积极融入英国社会的结论。就整个社会现实状况，还不能否认黑人青年的大多数仍然处于英国社会边缘的事实。在英国社会，黑人青年的形象和经历受到两种对立的政治派别的影响。在政治右翼团体看来，黑人青年被认为是一种社会“问题”；富有同情心的白人自由政治团体认为黑人青年身处各种不同的社会地位和角色中，必须综合考虑他们的身份地位才能更好地将他们融入英国社会生活中来。正如学者 Patricia Williams 所说的：“仅仅只是一个人皮肤的颜色，却如此复杂地影响着他所享有的社会待遇方式，深刻地影响到他对社会的感知。”② 因此，1999 年黑人青年论坛宣言指出：我们相信，作为黑人青年，我们的生活处于（英国）社会中的不利境地。我们在教育、就业、医疗、新闻报道中遭受到了不公正待遇。我们承受了太多因移民带来的问题，我们的独特性和多元文化需要，我们期待的娱乐设施等，在我们的生活环境中被忽略。

20 世纪 80 年代，发生在英国一些地方的城市暴动，使社会公众和学术界对于黑人青年的需求开始了广泛地争论，这些思考主要与英国社会政策联系在一起。过去，对于黑人青年需求的认识主要受到白人主流文化的影响，常常认为黑人青年带来的是一种麻烦。在这种思维模式下，英国对待黑人青年群体政策的指导方针是对社会形势的被动反应，而不是进行积

---

① Mark Webb. Black Young People [M] //Fiona, Chouhan and John. Working with Young People. Dorset: Russell House Publishing Ltd, 2001.

② Williams P J. The Alchemy of Race and Rights. Virago, 1993.

极的预防。应急性的政策不能真正深入认识到黑人青年群体特征的复杂性，无法全面把握黑人青年的文化、社会和政治生活。针对黑人青年开展的青年工作总是强调黑人青年和白人青年的“差别”，这种“差别”又总是与“低人一等”的符号联系在一起。应急性青年工作不断强化英国社会对黑人青年陈旧的思维定式：黑人青年是懒惰的、攻击性强、有犯罪倾向，智力不如白种人，在公众讨论中也要将他们排除在外。Frantz Facon 就曾指出，种族主义的结果是将黑色人种外化为社会主流人群（白人）之外的“其他人”，这种社会制度上的异化，又会使黑人青年逐渐将这种定义不断内化，自觉不如他人。①

青年工作虽然很早开始关注黑人青年问题，但总是将黑人青年的问题行为进行分门别类，具体到黑人青年犯罪工作，黑人青年滥用药物工作，等等。因为青年工作只是试图单独解决一个个具体的问题，不能建立起相互之间的联系，更无法在问题之初进行有效预防。如果青年工作不能正视黑人青年的多样化存在事实，仔细考察不同的青年工作政策和实践活动，黑人青年的需要自然也会在青年工作实践中迷失，导致恶性循环。英国社会同样也会面临着风险，出现一代黑人青年“屌丝”（losers），被看作是社会病瘤，遭受社会孤立。因此，关于种族和种族主义的认识理解非常关键，必须是可以作为青年工作向黑人青年赋权的有力工具，帮助人们全面了解黑人青年受到各种压迫，尤其要对这类青年工作中一直潜伏着的歧视现象提出批评。如 Baljeet S. Gill 就指出：虽然官方文件没有了种族主义，但在当前的法定青年工作中，种族主义还大量存在，以白人中产阶级为主的青年工作者通过各种活动将白人中产阶级的价值观强加给黑人等有色人种青年。青年工作的开展完全缺乏黑人青年的视角，还有很多已经过时，相互矛盾的同化和多元文化的观念。②

英国政府通过了新的“（反）社会疏离政策”，要求青年工作者继续发挥其重要作用，开发出新颖、有效的工作方式，为黑人青年提供预防性的服务，将黑人青年更多地吸引到青年工作实践中来。1999 年，英国的麦克弗尔森报告（Macpherson report）作为一项重要的政治成果，指出了

① Facon F. Black Skins, White Masks [M]. London: Pluto Press, 1986.

② Baljeet S Gill. Work with Boys and Young Men [M] //Fiona, Chouhan and John. Working with Young People. Dorset: Russell House Publishing Ltd, 2001.

英国社会存在着的两种鲜明的种族主义表现形式：体制性种族主义和潜隐性种族主义。体制性种族主义是指社会组织因为人们不同的肤色、文化和种族出身，而没有给予他们合适的社会服务和保障。这是一种从操作流程、工作态度和行为措施，便能被大众轻易发现和觉察到的种族歧视。隐形的种族主义产生的原因多种多样：可能是因为人们的不了解、无知或错误的认识；可能是一些愿望很美好但言语却高高在上；可能是因为我们对少数民族的文化传统不熟悉引起的；可能是对黑人错误的陈旧观念，认为黑人是潜在的罪犯或麻烦的制造者等。以上这些都会对开展黑人青年的青年工作带来严重的后果。

对于种族主义全面深刻的认识给青年工作一个很好的平台，让青年工作者有了一个建设性的概念工具，利用“多样性”和“社会包容”概念在具体的工作实践过程中，为黑人青年提供更多合适的活动和服务。特别是青年工作本身所要求的教育、赋权、参与和平等机会等基本准则，都要求黑人青年工作的中心任务是帮助和支持黑人青年审慎地了解自身的特征和多样性，认识自身遭遇到的各种形式的压迫，应对解决各种种族主义的影响。

黑人青年对于自身的定义和对其境遇的客观分析，并不是要对其贴上特定的标签。例如，青年工作者在描述一个黑人劳动妇女时，会说明她在服务系统中所遇到的种族歧视。在形容一个尼日利亚青年时，会提及他虽然很有学习天赋，但因为体制性种族歧视而没能得到学术升迁。但要注意，对黑人青年上述的表述，不能成为对整个黑人群体的标签，而只是更好地在工作中反思黑人生活的现实状况，以便更好地开展工作。因为将黑人形象和经历标签化是一种消极的判断，而青年工作应该是通过积极的行动去实现一个远大的目标，即要实现预防目的，赋予黑人青年广泛的权利，让他们富有远见卓识。

黑人青年工作还要注意工作中的整体性和综合性。英国曼彻斯特独立的非营利黑人组织 the Bibini 中心为黑人青年开展了大量的青年工作实践，并且在工作中始终贯彻了组织的基本宗旨和重要原则，包括：

· 自主决定
· 重视文化的多样性和差异性
· 向种族主义进行挑战
· 以黑人青年的优势和特长为基础

· 建立巩固多种联系
· 坚持青年人的权利
· 对黑人残疾青年的歧视进行挑战
· 向黑人同性恋青年提供支持①

以此为例，可以清楚地理解如何整体性推进黑人青年工作。不论上述声明是工作的目标，还是一种工作愿景，它们都整合到了每一个具体的青年工作活动之中。“要全面综合地掌握青年生活，必须要从各种角度对他们的经历、需求和情感态度进行考察，他们既是一个个独立个体，又是家庭中的一员，社区成员，以及社会中一分子。”② Bibini 中心在青年工作中将黑人青年需要的独特性和共同性联系在一起，为工作实践提供了一个很好的基础框架，并且在青年工作基本理论指导下，很好地实现其组织宗旨。这种整体综合性的工作模式将青年的潜力置于工作中心，帮助黑人利用其自身力量处理他们面临的挑战。这种工作方式面向的是多样性，而不是差异性，体现了青年工作的基本价值取向：尊重人权和个人自主选择的权利；尊重不同的文化和宗教；追求平等，反对歧视；赋权和参与。③

总之，以黑人青年为目标的青年工作必须要预防制度性或潜隐性的种族主义对青年带来的伤害，并且最大限度地发挥黑人青年自身的潜力，去克服和战胜加诸在他们身上的种种歧视。

三　同性恋人群的青年工作

同性恋青年群体在英国社会中是一群容易受到伤害的高危人群。当他们试图公开其性取向时，许多人经受了焦虑和抑郁等情绪，不知道如何寻求帮助，尤其是他们的父母和家人很可能不会给他们支持。如果要让同性恋青年与其他人一样健康成长，积极融入社会，青年工作必须给他们创造安全的空间，让他们抒发情感，畅谈相关议题，建立起自尊。

① Mark Webb. Black Young People [M] //Fiona, Chouhan and John. Working with Young People. Dorset: Russell House Publishing Ltd, 2001.

② Webb, Kenny & Cockbum. Moss Side Initiative Youth Audit: Stage One [J]. Manchester Metropolitan University, 1995. 24.

③ National Youth Agency. Statement of Purpose. NYA, 1997.

1. 同性恋青年人面临的压力

现实生活中，同性恋青年可能会遭遇各种伤害，尤其需要从以下方面减少阻碍，给予他们支持。第一是来自家庭的阻力。虽然许多同性恋青年得到了他们家庭的承认和接纳，但调查表明有百分之五十的同性恋者公开其性取向时，被家人反对或拒绝，甚至引发暴力伤害，① 结果可能是同性恋青年被迫离家出走。即使他们的家人没有过激的反应，但对同性恋青年而言仍然面临许多难题。因为，普通家庭对于同性恋生活方式知之甚少，甚至还存些错误观念，很难为这些青年提供恰当的帮助和支持。

其次，学校常常存在着仇视同性恋的文化氛围。那些在学校中公开或半公开的同性恋青年容易受到其他人言语奚落或身体伤害。根据 1999 年一个同性恋组织 Stonewalld 研究，1000 个同性恋人群中有百分之七十七的人遭遇过校园欺凌。情况更糟的是，即使教师意识到学校中的反同性恋现象，他们不知道如何处理这样的行为。这种社会孤立和打压，对同性恋青年的影响十分大。1993 年的调查发现，在 416 名年龄在 15—26 岁之间的同性恋青年中有百分之十九的人出现过自杀倾向；还有些人出现自残的现象，形成对药物或酒精的依赖；或因为学校中的不受欢迎的境遇，最后不得不中途辍学。②

最后，当这些青年进入到职业生活后发现他们的性取向也给他们带来了伤害。他们很难直接得到法律的保护免受工作中的歧视，于是选择完全隐瞒其同性恋取向。即便这是一个比较“明智”的决定，但他们所受到的压力仍然令普通人难以想象。比如，当同事们在谈论他们和配偶、家人去哪里过周末，这样的谈话会让同性恋者感到特别的孤立。

2. 性向公开的困扰

最让同性恋者困惑的是，是否或如何公开其性取向。在他们向家人、朋友或同事表明身份之前，首先是向自己“承认”事实。虽然，有人陈述其首次发现和承认自我的同性恋事实时是非常兴奋的，但相当多的人认

---

① Remafedi. Farrow, Deisher. Risk Factor in Attempt Suicide by Gay and Bisexual Youth [J]. Paediatrics, 1987 (6): 869.

② Shaffer D. Suicide Risks and the Public Heath [J]. America Journal of Public Health, 1993 (83, 2): 171-172.

为当时的感受是令自己感到恐惧不安的。毫不奇怪，许多青年在寻求青年工作帮助之前，会相当长时间否定自己的情感。因为，他们之前可能并不认识其他同性恋者，或者家人、朋友包括自己都曾有过仇视同性恋的话语。他们往往会将同性恋者与媒体中表现出来狭隘、僵化的形象联系在一起。其实，不仅是一般社会群体，甚至是同性恋人群内都有敌视其他同性恋者的倾向。青年工作首先要对过去那种简单、绝对化的同性恋形象进行挑战。① 那种“娘娘腔”的小白脸或“男人婆”这些同性恋特征，应当逐渐淡化。

同性恋青年向他人公开其性取向，更是一个没有终点的行程，情况也因人而异。有的人会有强烈的愿望，希望向他们遇到的所有对象说出事实，不论亲疏远近；有的人会有自己的选择性。绝大多数人第一次向外人公开事实都不是一段轻松的体验。青年工作者应当在和同性恋者讨论中，将性取向公开的有利因素和不利因素都全面涉及。积极的反应，一般是人们听说后相当平静、自然，自己不用再隐瞒真实情感；同性恋青年也会感觉到鼓起勇气做了一件自豪的事情，成为同性恋群体中的一员。消极的反应，可能是被朋友拒绝后的伤心难过，还有担心自己会成为学校、社区“八卦”的对象。只有将这两面性都充分探讨后，才能帮助他们积极设想处理可能的后果。②

青年工作者对待同性恋青年是否公开性取向的问题，保持积极的态度是很重要的，但并不是告诉他们公开事实一定是正确的选择。因为生活中还有很多同性恋不被他们的家人和朋友接受，这是一个不争的事实。青年工作者和这些青年充分探讨可能发生的各种后果，并让他们知道当出现不友好的反应时可以到哪里得到帮助。只有当事人自己才有权决定，是否准备冒这个险。通常，青年工作者采取以下具体方式帮助求助者认真考虑这个问题。

·角色扮演。青年人自己试着表演向他人、父母、朋友或同事，公开其性取向的过程。青年工作者则可以向青年说明不同人物的性格特征，或他们进行回应的不同方式。这样帮助青年对各种可能的后果有所准备，尤

---

① Lucy Ashby. Working with Lesbian，Gay and Bisexual Young People ［M］//Fiona，Chouhan and John. Working with Young People. Dorset：Russell House Publishing Ltd，2001.

② De Crescenzo. Helping Gay and Lesbian Youth ［M］. New York：Harington Park Press，1994.

其是那些不太愉快的处境。

·编写指导手册。同性恋青年将他们各自的想法和经历贡献出来，制作成一个帮助手册，给每一个加入进来的新成员。这样的活动对于建立自尊和自信非常重要，让整个同性恋群体感受到相互之间的支持。

·制作海报。海报描写出同性恋的积极一面，在活动项目中进行展示。

3. 青年工作注意事项

青年工作首先提供给同性恋青年的服务是为他们准备一个安全的场所空间，结识其他年轻的同性恋者。只有在一个团体小组中，青年才有机会安静地和工作人员进行一对一的交谈，而这些青年工作者接受过相关的训练，比较熟悉他们面临的问题，也能保护谈话内容的隐私。他们还能在这里结交朋友，或者进行小组讨论。

工作地点。工作地点和场所需要在青年工作中有周密考量。理想工作地点应当满足若干条件。地点的入口应当既低调，又容易找到，还要方便轮椅进出。工作地点可以让初次拜访的青年对场所开展的工作有自我意识。虽然场所内部要展示同性恋的积极形象，但建筑物的外观尽量中性化，减少招致偏执狂注意的可能性。

许多同性恋青年都经历过进出同性恋酒吧被羞辱的事情，甚至有人还知道在哪些地方可以攻击同性恋者。虽然在英国一些大城市，如伦敦、曼彻斯特等地，有为同性恋群体提供服务的集中区域，可以为他们带来一些保护。但在小地方，特别是农村地区，一般青年工作都在现有的青年中心安排特定的夜晚或专门的房间，为这一部分青年提供工作活动。有时，有的同性恋青年非常害怕首次进入到这样的地方，青年工作者一般会先选择在其他地点与之会面。①

隐私保护。当同性恋青年在群体之中进行讨论交流或与青年工作者一对一对话时，让大家清楚这个群体的隐私保护政策，是非常重要的。许多青年工作者告诉群体成员，他们在活动小组之外一般不要相互介绍认识，除非事先同意。有时，活动中青年向其他成员袒露了自己非常私人的想法和体验，所有的成员包括青年工作者在内都要十分敏感地处理这些信息。

① Epstein D. Chanllenging Lesbian and Gay Inequalities in Education [M]. Buckingham: Open University Press, 1994.

作为一项基础规则，有必要在每次活动之初将之作为一项底线告知大家，反复强调，让青年不但知晓规则，而且感觉到自己正是规则形成的一部分，更加尊重隐私守则，鼓励其他人同样遵守规则。

初次拜访者。当一名同性恋青年鼓足勇气主动联系青年工作者，保证他有愉快的初次体验十分关键。许多同性恋者在向他人承认其性取向之前，反复思考了很长一段时间，而青年工作者经常是首个诉说对象。因此工作人员必须十分清楚第一次接触的重要性。一般，青年工作者在每次活动开始之前留出半个小时专门接待初访者。在其他成员进来前，青年工作者会和首次拜访者聊天交流，了解对方的处境，介绍更多的工作和项目信息给新来者。此外，许多同性恋青年组织都会有联系电话等交流方式，这样新人会通过电话事先掌握更多的工作细节，帮助他们作出是否加入进来的决定。

活动的结构。有的青年工作组织通过非常随意的方式，如喝咖啡、聊天，为同性恋青年群体提供安全、舒适的沟通场所。还有的青年工作主要采取更为课程化的方式，为对象提供支持。不管青年工作机构的实际状况如何，即便没有条件将两者结合起来，但也要给参加者机会去结识新朋友、交流各自经历，这正是他们参加进来的主要原因。特别是活动中的新人，最初不太愿意参与大型的分组讨论活动，更喜欢坐在一边倾听别人，所以一开始不要强迫他们发言。

同性恋青年工作可以有很多有趣的方式，如游戏、讨论、角色扮演或参观其他机构等。青年工作通过这些活动对相关议题给予关注，如：公开性向的过程和结果；同性恋者能否成为合格的家长；人们能否选择成为同性恋者；同性恋男女有何异同之处；异性恋者可以进入同性恋酒吧吗；同性恋者处理人际关系的方式和异性恋者是否相同；每个人是否都欢迎同性恋。这些议题，可以提出来在全体成员中进行讨论，也可以将团体成员分成更小的单位，相互之间就不同观点进行辩论。或者每个小组成员分别被赋予一定角色特征，然后相互考问对方是否有类似的人物特征，分析每个人物后面的动机。不同的人物视角，可以让同性恋青年面对敌视行为时，减少受伤害感。①

---

① Lucy Ashby. Working with Lesbian, Gay and Bisexual Young People [M] //Fiona, Chouhan and John. Working with Young People. Dorset: Russell House Publishing Ltd, 2001.

最后，青年工作者还可通过其他方式，如参观，建立起同性恋青年团体和其他组织如警察局、医疗单位之间的联系。同性恋青年通过和他人分享其观点看法，加深他们的认识，积极影响关系自身群体的政策形成。当然，相关的法定机构也要对青年的看法给予积极认可，使他们的想法得到尊重或能付诸实施。

四 同一性别的青年工作

同一性别的青年工作，是指专门针对青年男性或女性开展的工作活动。在英国青年工作早期发展阶段，区分性别成立男孩俱乐部或女孩俱乐部是青年工作的惯例。20 世纪中期，英国青年工作开始提倡不分性别，但传统的男孩青年工作和女孩青年工作依然保留下来。

1. 男性青年工作

英国青年工作实践是从多种形式的社会活动发展起来的，最初可以追溯到 19 世纪中期，一些专门为青年男孩准备的活动和组织，如星期天学校，YMCA 和其他一些为贫困家庭的男孩准备的体育锻炼或社会交往。当时青年工作的发起人之一，Sweatman 在 1867 年谈到这项工作的初衷时说道："提供娱乐、休闲，陪伴，但同时又是健康、有益、强有力的知识、指导，引领青年（男孩）社会发展和道德向善向上。"① 虽然在大半个世纪以来，青年工作的理论和术语发生了巨大的变化，但大多数青年中心，包括后来的青年和社区服务中心里，仍然保留着专门针对青年男性（男孩）的青年工作，并常常通过各种体育活动形式表现出来。当前，专门针对男性开展的青年工作主要集中两个方面的议题：反对性别歧视和正确理解男子气概。

男性成长中很可能通过社会化过程形成性别歧视的意识，认为女性是性行为的目标对象，将妇女和儿童看作是男性支配的财产，最后导致对妇女儿童的压迫、虐待。因此，这是一项非常具有挑战性的专门针对男性开展的青年工作。为了更好地在工作中让男性在青年时期理解和探索两性互动关系，青年工作主要将工作重点放在这个方面，经常通过各种谈话和活

① Young K. Youth Work：Core Purpose，Principle & Practice［D］. Leicester：De Montfort University，2003.

动向男孩提出这些问题。[1]

·介绍自己和自己的爱好兴趣。

·你对自己满意的方面是什么，寻求自尊和自信。

·你和其他人之间的人际关系如何，包括非常重要的、有关联的，或关系不大的成员，如父母、朋友、老师、亲戚、宠物等。

·你如何看待两性关系，以及关于同性恋和异性恋的困惑。

·你如何看待性别差异以及男子气概。具体包括人们喜欢男性有哪些特征？真实情况下，男性的表现是什么样的？男性如何才能表现出男子气概？

通过以上思考，可以帮助男性对自身和他人有更多创造性和开放性的探索，明白身为男性真正的含义。青年男性需要对人们加在他们身上的理想化的男性品格，进行认真思考：自足、独立、强壮、冒险、勇敢、竞争、愤怒、冷酷、怀疑、嫉妒、占有欲、无情、运动性、掌控、自以为是，追求异性等。男孩知道自己不一定和上面的分类完全一致，同样也能持积极的态度看待其他人表现出的另类气质类型。如有的男孩表现出的脆弱、敏感、服从、友善、平和，甚至同性恋者也能得到其他男性的平等对待。总体上，英国的青年工作正是通过各种方式和活动发挥其非正式教育的影响，使青年男性懂得人的情感和行为不能简单地分为独立的断层结构，现实生活中对男子气概的定义是一种美好幻想，可能成为他们成长生活中的压力。青年工作帮助男孩认清人际关系的实质，尽量避免他们在两性关系中设置障碍。

不管是以反性别歧视为中心的，还是以男子气概为议题的青年工作，要取得针对性和实效性，都要获得青年男性的积极反馈。因此，在整个非正式教育的课程内容进行中必须鼓励参与者的观点、情感和经历的分享，不仅包括年轻人还有青年工作者的开放态度。这是一个挑战性的探索支持过程，不能变成一个对青年人贴标签的活动。在这样一个对多样性的男性气质探究中，包含了反抗压迫的实践，同时将有色人种、同性恋等问题渗透进学习过程中。[2]

---

① Gill B S C T D. Anti-sexist Work with Boys and Young Men [M]. Chicago: University of Chicago Press, 1991.

② Chouhan V. Black Young People in the Youth Service [M]. Leicester: NYB, 1989.

2. 女性青年工作

纯粹针对青年女性开展的青年工作，从青年工作产生之初就已经开始了。19世纪末期出现了专门为年轻女孩提供的青年工作，如女孩友好社团，其宗旨是将青年女性集结起来做祷告，为她们提供服务，净化其生活，敬仰上帝。1911年英国成立了第一个全国性的女孩俱乐部组织。根据早期青年工作者Stanley的观点，青年女性工作就是帮助她们挖掘自己的潜力，不断提升自我形象。[①]

不过长期以来，女性参加青年工作和青年组织的比例一直低于男性，1960年的艾伯马报告就提出青年工作（机构）需要加大对女性青年特殊需要的研究，用更有效的方式去吸引青年女性加入。在1982年的《经历与参与》报告中进一步强调了重视青年女性的工作要求。20世纪70年代以来青年女性工作的研究和实践有了一定发展，但长期以来存在的女性不太积极参加青年工作的现象并没有根本改变。根据1989年英国青年工作咨询委员会的报告，男女参加青年工作的比例是3：1。[②] 理论上女性有平等机会参加青年工作组织，但她们却未能加入；即便是在青年工作中，女性对活动的现实投入程度也不乐观。这在一定程度上说明英国一贯的青年工作注重向男性倾斜。因此，英国女性青年工作的重心是如何为年轻女性提供恰当的活动或项目，吸引女性积极参加法定机构或志愿组织的青年活动。

现代社会的年轻女性有了更多的机遇和自由，但也同时面临更大的压力和责任，从传统家庭和社区得到的支持在减少。女性力量和妇女解放等现代化概念实际上掩盖了女性仍然存在的较低的自尊和自我形象，而媒体和社会大众对女性的期望不断滋生出新的压力和矛盾。整体上，英国青年女性工作的需求伴随着这些社会压力还在不断增加，加之与女性相关的社会问题，如少女怀孕，更加凸显加强女性青年工作的迫切性。[③]

要让更多女性参加青年工作，第一次的接触非常关键；第一印象是对

---

① Stanley. Club for Working Girls [M]. London: Macmillan, 1890.

② Department of Education and Science. Youth Work with Girls and Young Women. Wales: HMSO, 1989.

③ Jo Steward. Working with Girls and Young Women [M] //Fiona, Chouhan and John. Working with Young People. Dorset: Russell House Publishing Ltd, 2001.

象决定是否进行下去的重要原因。首先，要让青年女性自己能够选择通过什么途径进行工作接触。基于不同的个人环境，第一次接触她们可能通过书信、电话或非正式访问和说明。不论青年女性是马上接受邀请还是表示想一想，都要让她们明白其选择权和活动的自愿性。有时，还要成立一个同一性别的工作队伍，让女性感觉非常舒适、放松，可以在同性中交流敏感话题。

隐私保护同样对于青年女性工作十分重要，特别是那些容易遭受创伤的年轻女性非常需要安全感，知道私密话题不会被他人知晓。为了增加信任，有的活动项目的资料文件应对青年女性公开，让她们看到第一手的活动记录。NYA 制定的《与青年女性一起工作》手册收集了一整套专门为女性准备的活动和项目。这些活动基于女性的特殊需要，通过穿插的讨论和小组工作等非正式教育，促进女性的积极投入，在学习新技能的同时建立起自尊和信心。NYA 的指导手册，将女性青年工作在实践中分为六个部分。①

第一，热身活动。每一次系列活动前，用小游戏和任务鼓励女青年开始一起工作，并引入一个活动主题，让小组成员互相认识。这也可以用在活动不同阶段的间隔，重新调动大家的兴趣。

第二，自我形象。通过身体形象来提高青年女性的自尊，也是工作中的重要部分，让她们有多种途径来积极反思和讨论。

第三，健康生活方式。提供机会让青年女性获得各种信息，思考酗酒、合理饮食等与健康相关的话题，有能力作出健康生活方式的选择。

第四，两性和人际关系。主要是提供积极的友谊和科学的性知识。通常，在工作小组内部首先要有一个共同约定，并且在活动中不断确认隐私限制和儿童保护的要求，以确保每位年轻女性清楚明了。有时，工作人员根据情况需要事先征得女孩父母的同意，告知监护人活动的基本内容。

第五，小组活动。尽量在一个广泛的社会背景中去了解积极的女性角色榜样，关注职业生活的平等等深层次问题，对陈旧的性别观念提出挑战。

第六，活动的结束。在活动小组终止阶段，将各种工作进行整合，进

① National Youth Agency. Working with Young Women [M]. Leicester: NYA, 2004.

行总结，鼓励青年女性对她们的学习所得进行反思，对收获加以评价。

第三节　英国青年工作的实施渠道

青年工作的实施渠道是将青年工作机构和工作对象联系起来的中介。随着青年工作主客体及其身份的多样化发展，英国青年工作出现了学校、社区、教会等多种渠道途径。

一　学校为基地的青年工作

将青年工作引入校园的政策始自1944年的McNail报告，后成为英国政府的一项重要举措，基本上各个时期的青年工作文件都有强调。学校内的青年工作已经有多年发展史，最初这样的选择可能更多是基于经济因素。资源相对匮乏的年代，在学校之外单独准备青年工作的场所或楼宇，而且它们非全天候运作使用，毕竟比较“奢侈”。于是，许多地方当局在校园设计建造时，将学校职能和青年工作等相关服务综合考虑进去，形成了青年工作和学校教育的整合。① 这样的工作模式逐渐在英国各地得到大力推广，到新世纪已经成为提高学校教育水准的组成部分。青年工作主要对青年人进行社会教育和政治教育，发展他们的个人能力，担负起自身责任。青年工作者在学校里以青年导师的身份，开展各种活动项目和组建社团，向青年学生进行非正规的社会教育和政治教育。

就工作条件和环境而言，学校内的青年工作主要分为三种常见类型。②

第一，学校校园内有独立的青年工作场所。那些对青年工作持积极欢迎态度的学校，会为青年和青年工作者提供独立自主的机会。青年工作有专门的空间，用来张贴宣传海报，安放必要的设施设备，让青年获得一个归属感，营造出青年喜欢的友好氛围。青年工作者有开展工作的专属区域，基本不用和校方就工作场所进行协商沟通。

---

① Davies B. A Colletion of Professional Papers on the Future of Youth and Community Work in the 1970s［J］. Youth Service Information Centre，1969.

② Parminder K P & Leona W. School Based Youth Work［M］// Fiona，Chouhan and John. Working with Young People. Dorset：Russell House Publishing Ltd，2001.

第二，校园内没有独立的青年工作场所，但校方会单独设计某些空间，分配给青年工作，如专门的教室、体育馆等，用来支持青年工作项目开展。不过，这需要青年工作者或青年导师与校长等学校管理层有良好的工作往来，甚至还需与共享这个空间的其他工作团队维持好多边关系。青年工作者通常要花大量时间协调场所和设备，容易滋生沮丧的情绪，因为总会感到自己的工作不如其他工作受到重视。如果这个学校机构庞大，有很多社会事务和活动项目，那么青年工作的进行更为不易。

第三，共享学校校舍。学校会将教室或礼堂分配给青年工作者，让他们在特定时间使用，其他时间仍将用作教学。这种方式对青年工作开展最为不利，因为学生会感觉又回到教室上课，对青年工作难以产生新鲜体验。为了尽量避免这种效果，青年工作者通常会在活动之前挪动教室家具，力图营造一个不同的空间感受。他们还得在事后将家具放回原来的位置，以免引起学校其他教职员工的不满。让校方人员满意，成为这些工作人员的重要职责之一。

以上三种类型各有利弊，而且不同的学校也会有很大差别。如果校长认为青年工作是在浪费时间的话，青年工作则很难从学校获得相应的时间和空间。不论是以上哪种方式，很少有可能校方和青年工作者之间对青年工作的认识理解完全一致。校长可能会要求青年俱乐部能够规范有序地活动，学生的来去有章可循。青年导师会希望提供场所让学生共同分享，承担责任，作出决策，规则越少越好，积极创造一个让青年参与的工作情景。再如，对于什么样的青年项目或活动是有积极意义的，学校和青年工作也会有不同看法。那种宣传性强的学生艺术团体，可以在学校或青年艺术节上展示给外界，被学校高度肯定。因为它们可以有很多成果公布出来以供校方评估，而且还能在媒体中加以宣传报道。而青年工作者可能会更看重那种规模不大、项目活动影响小的青年小组或团队，能够持续三年时间，让成员和青年工作者之间建立起牢固的联系。甚至，青年工作领域里不同主体对此看法也会不一致。一般，青年工作的管理者和负责人也会喜欢那些有看得见的成果，可以提升工作形象的项目活动；青年导师不太关注成果的多寡，更重视和学生分享共同的经历。①

① HMI. A Survey of School—Based Youth Work and Community Work. London：The Department of Education and Science，1889-1990.

青年工作者的优势是他们致力于促进青年积极参与社会，给予他们更多的权利和力量，他们与青年学生间有特有的沟通符号、指导方式和行为准则。简单地说，就是一种相互间的尊重。例如，学生午餐时间在青年中心吸烟，违反了校规，不被接受；如果正常学习时间以外，在青年活动过程中抽烟的行为，也可能被接纳。对于这样一些行为进行协商讨论，得出不同结论，不仅给了青年学生集体商议进行选择的机会，同时为之负起责任；还让大家有可能对正式教育中的规章制度进行审视，找寻制度后面的缘由，发现教育带来的影响。这样的工作机制让青年学生对青年工作（空间）有了主人翁的感受，能更自由地表达自我。

对于在学校开展工作的青年工作者，他们的身份决定其要完成三个方面的基本任务。首先与中学、预科学院、大学等建立工作联系；然后要保持和发展学校内的青年工作，包括一对一的和集体性质的青年工作；最后还要发展和支持其他兼职或志愿青年工作人员。在这三个基本任务之外，他们还要承担与之相关联的其他具体工作，如打印同意书、风险评估、购置球拍，准备宣传品，规划参观活动，安排外出宿营。这些青年工作者同时身兼教育者、老师、管理人员、咨询顾问、训练人员、监督人员、看门人，司机等角色。希望每个青年导师面对任何一个青年都能高效完成所有职责，本身就是不切实际，而且还会让青年工作者有挫折感。① 尽管青年导师被赋予了如此多责任，而且大多数青年工作者都有过硬的资格证书并拥有研究生学历或硕士学位，但他们仍被看作是学校非专业工作人员。

在各种年度大会或政府管理会议中，只有正式教育机构的需要被提及，而涉及青年工作的内容少有提及，使得学校内青年工作者进一步被边缘化。虽然有少数管理者和教师积极评价非正式教育的贡献，但大多数学校工作人员还没有真正认清青年工作的教育价值，轻视青年工作者的付出。青年工作方式可以为学校正式教育带来极大的积极效果，但必须以青年工作者和学校教师彼此之间理解和认可为基础。所以，学校的青年导师必须参与到学校教育的整个发展规划之中，不能只是在教师遇到“问题”学生，无法应对“麻烦”时，才推给青年工作者去处理。对于那些只在教室给学生进行课堂教学的教师来说，应当知道青年导师和年轻学生之间有独特的相处模式，对于学生的教育和成长有重要意义。除了学校教育者

① Dunlop S. Youth Tutor Role：A Way Forward?［J］. Youth Policy，1985（12）.

外，青年导师的行政主管和地区（社区）负责人都要支持和促进青年工作在学校的开展，否则青年工作者只能在被边缘化中苦苦挣扎，要不然就是一遍又一遍地向周围人解释他们的岗位职责以获得认可。[①]

同样，作为教育体制的部分，青年工作特别是学校里的青年工作，更多是一种社会教育，必须对学校教育的特征和性质有所反映，对学校课程有必要的支持。因此，青年工作者需要清楚学校内师生关系的属性，才能更好地将青年工作的基本原则付诸实施。教师和学生的关系是以尊重和某种不容置疑的权威为基础，所以师生之间的平等对话少得可怜。青年工作者有一个不同于其他成人的地位，与青年学生在相互尊重和信任上建立不一样的关系。虽然青年导师不能完全摆脱权威的力量，但还是能提供一个机会和学生有积极互动的人际交往。青年工作的开展是以主体的自愿为基础，这也正是青年工作独一无二的特征。青年工作既要遵守学校规章制度，还要依据自身的机构和体系来组织管理相关工作实践。

青年工作可将它特有的知识和技能通过学生会，运用到学校教育过程中。1989 年 Elton 领导的一个咨询委员会，指出学生在自己学校内的角色发挥还有很大提升空间，"我们认为学生会的主要优点，是让学生能公开讨论学校政策，提出积极建议，促进他们的集体责任感。"[②]。学生会的作用没有得到充分发挥，过多精力放在学校生活中日常部分，如规范行为标准、筹措经费、提升学校形象等，对与学生关系特殊的问题关心不够，如校园暴力、种族歧视等。青年工作者可以积极参与到学生会中，确保学生会的运行可以更加有教育性、参与性、赋权性和促进机会平等。学生会给了青年人一个宝贵的机会表达其观点、讨论问题和参加某些决策制定。学校工作人员应当保证选举学生代表的过程是一个吸引学生，并且学习赋权的经历，同时和学生会有共同的目标追求。目标的冲突，使成人很难自我认可他们与青年之间的关系，最后让青年发现学生组织徒有虚名，否定学生会的价值。[③]

此外，青年工作者对于那些欲被学校开除的学生也有很大帮助。尽管

---

① Parminder K P & Leona W. School Based Youth Work ［M］// Fiona，Chouhan and John. Working with Young People. Dorset：Russell House Publishing Ltd，2001.

② School Councils. Starter pack supplement，1989.

③ Prority Aear Development. Growing up with Pupil Councils. Prority Aear Development，1991.

学校和青年工作者都有义务满足青年学生的学习需求，但两者的表现形式各不相同。学校首要关注的是去发现难题，并将那些问题学生清除出学校体制。青年工作者则是要通过一定的方式和策略，将这些青年保留在学校教育系统内。当然这就会给学校和青年工作间带来矛盾，特别是学校坚持让学生离开时。尽管有这样那样的困难，青年工作者仍然可以通过积极努力，支持那些已经开除的学生或有被开除危险的青年。

青年工作以学校为基地是一种比较理想的工作渠道。学校是一个11岁以上的青年聚集的地方，具有广泛代表性，可以成为开展工作的良好开端。现代学校也越来越懂得青年是他们教育的伙伴，对于青年工作也十分有吸引力。同时，校园内部各种设施也可让经费有限、资源短缺的青年工作能有大量可利用的设施条件。学校当局了解学生大量信息，包括个人履历、家庭背景和来自的社区。这些资料对青年工作者有很大帮助。

总之，学校的青年工作要取得成效，必须坚持：学校、青年工作管理者和政府管理人员必须理解和重视青年工作；地方当局支持，制定相关的青年工作政策、课程和培训计划；青年工作与学校的整体发展规划联系在一起；青年导师能够充分展示出非正式教育的特征，如合理的计划、预期的结果和相应的评估机制；需要有积极奉献的兼职青年工作人员，其地位和作用被学校所有成员珍视；青年导师认识到以学校为基地开展工作，需要对学校教育背景正确认识和响应。

尽管青年导师在工作中遇到巨大挑战，但他们可以有一个独特的身份，作为一个不具威胁性的成年人，受到青年学生的信任，和青年人一道见证他们一步步成长。

二　社区安全下的青年工作

根据1996年的调查报告，英国每年有七百万件违法行为由18岁以下的青年实施。1997年，超过三分之一的违法行为由21岁以下的青年实施。与此同时，青年比起成年人，也更易成为违法犯罪行为的受害人。16—24岁的年轻人有21%遭受过暴力犯罪，占英国总人口的5%。[①] 因此，青年不仅有比较高比例的违法犯罪倾向，也同样深受其害。

① Audit Commission. Misspent Youth. London: The Audit Commission, 1996.

1991年，英国内政部专门召开了预防犯罪会议，提出安全社区的报告，名为预防犯罪的地方合作工作（the local delivery of crime prevention through the partnership approach）。报告要求相关机构组织，针对犯罪发生的根源采取更积极的社会措施减少犯罪发生的机会，同时关注社会反响强烈的犯罪问题，帮助受害人，减少他们对犯罪的恐惧。一个关键性措施就是通过地方各个部门的通力合作防止犯罪，其中就包括了青年工作。报告建立了一个多部门组成的社区综合安全体系，统一由警察部门和地方当局调配，关键环节之一是如何更多地将青年人纳入到这个工作体系中，同时让不同社会机构能更深入了解青年人犯罪问题。

1993年，一个关注犯罪的志愿组织在内政部的支持下成立了青年行动组，在全英中学和其他青年组织里开展活动。这些青年行动组建立起来后，积极探讨各个地区与青年息息相关的犯罪问题。青年行动组与地方行政主管部门、教师、家长、青年服务机构等，成为预防犯罪社会体系的重要成员。青年行动组在青年中开展协商工作，成为其成功的关键。英格兰的卢顿成为这项工作开展得最成功的代表城市。卢顿早在20世纪80年代末期，就开始了独立的多部门综合预防犯罪计划，将地方当局、警察部门和当地商业机构整合在一起；1996年又在全英统一的社会预防犯罪规划下，组建了卢顿的青年行动组，作为防治犯罪的分支机构。在当地的高中招募青年加入青年行动组，培训他们，进行毒品教育，作为学校教育的一部分，向其他青年说明滥用药物问题。通过这项计划，青年获悉必要的毒品知识，以积极态度掌握处理相关困难的能力和技巧。这个针对毒品的青年教育工作，减少青年毒品或药物成瘾问题，同时降低与毒品相关的违法犯罪发生。①过去预防青年犯罪工作都是以地方的犯罪统计报告和研究结论为基础，由成人组成的委员会作为领导机构，决定计划的方向，同时日常的管理事务也是由成年人完成。即使青年愿意参加犯罪防治，这项工作也是成人提供给他们的机会，而不是将青年视为工作同伴。因而，让青年成为犯罪防治工作伙伴，可以让他们开始了解社区安全事务。正如Edward说的“如果我们要将我们的犯罪预防计划推销给人们，就必须弄明白他们究竟是怎样理解这个问题的，他们对于犯罪关注的视角，这样才

① Home Office. No More Excuses: A New Approach to Tacking Youth Crime in England and Wales, Cm, 3809.

能通过有趣的方式抓住人们的注意力”。①

在卢顿的青年行动组计划中，还有一点是取得成功非常重要的环节，那就是通过咨询过程让青年有机会对当地的社区安全工作方针发表看法，表达他们的意见。1998 年的犯罪和社会失范行为法明确地方当局和警察局，应当在统计、分析和处理地方犯罪等违法行为中，广泛和其他组织进行协商咨询。1999 年内政部特别强调要将青年纳入到工作体系中来，而不是总将他们看作是一个“问题”。内政部肯定了青年工作的价值，希望在全国范围内通过青年行动组减少违法犯罪。法律建立了一个新的预防犯罪，保证社区安全的机制：一个多方合作的决策机构，一个人们发表看法的论坛，一个处理地区问题的任务小组，同时还有一个贯穿始终的咨询过程。这个咨询过程出现在审计报告制定之中和完成之后，向人们了解想法，反思各方观点，促进目标的公开性和问责性，使地方行动更有实效。

正是基于上述的做法，卢顿的青年通过青年行动组被吸收和投入到影响预防犯罪的工作议程中。青年的关注点不仅在咨询报告中受到重视，而且青年人的研究成果也被写入到卢顿社区安全三年规划里。毕竟，青年是组成社区的重要部分，他们的意见被社区听到是非常重要的。青年群体有充沛的精力、热情、创造力和责任感，这些都是需要考虑的积极因素。同时，许多社区论坛和讨论都很重视青年问题，将犯罪和毒品作为居民关注的优先部分。青年加入到问题的讨论中，他们的观点才能被知晓和认真对待。青年对于本地区的犯罪活动，尤其是青少年违法犯罪，比起成年人知道更多情况。因此要对本地的犯罪现象作出回应，必须有效利用青年人丰富的信息，他们可以向其他成人提供来自他们作为受害人、见证人和犯事人的亲身体验。青年是他们社区的未来主人。如果他们对学校暴力、偷盗、毒品等问题没有参与到反应和决策之中，那么青年很难对此有认识和体会。最后，青年对他们接触的对象、同伴、教师、家长或其他人都会产生影响，正好可以一起预防犯罪活动。同样，青年也有机会和途径，认识其他专业人士和政治人物，因为这些人对社区安全事务有非常直接的影响力。

以卢顿为例，全镇通过青年行动项目组建了 18 个青年行动组，其中

---

① Edward H. Planing for Safer Communities ［M］ // Marlow and Pitts. Planing for Safer Communities. Lyme Regis：Russell House Publishing，1998.

八个设在卢顿的高中学校里，七个设在青年俱乐部内，另外三个以社区为基地。通过多样性的组织建构，确保青年工作尽可能考虑到不同的种族、年龄和地理划分。每个青年行动组的工作人员还考虑了男女性别平衡以及残疾人需要。因为，青年行动项目在卢顿取得了专业组织和其他职业机构的信任，所以小组的合作者也能得到学校和青年组织的支持，开展和青年之间的咨询工作。

根据咨询结果的分析，青年最关心的是酒精依赖和药物滥用，此外还有娱乐休闲活动和地方治安。这与老年人关注的"一塌糊涂的青年"和"反社会行为"问题完全不同。50 岁以上的成人在意暴力犯罪和入室盗窃；20 岁以下的青年关心校园霸凌、种族冲突和家庭暴力。问及如何解决这些问题时，青年人推荐的是教育和其他多样化手段，成年人更趋向严格执法。①

要让青年加入到当地社区安全工作，应当从一开始的咨询活动让青年参与进来，成为整个过程的核心，肯定他们的能力和看法，提供支持。在卢顿，青年聚集在一块，对社区安全策略草案发布评论；相关的工作小组对青年的评论给予反馈；最后这些评论和反馈经过整理，进入到正式公开的文件里。市议会成立青年论坛，让青年发表看法，听取工作进展状况，接触专业人士；同时欢迎青年参加委员会会议，为代表陈述他们关于有关议题的看法和措施；一旦地方作出最后工作决策，积极鼓励青年人加入到完成任务的小组。②

Canterbury 和 Thanet 独立的评估结果显示在青年行动组开展工作的地方，攻击性行为尤其是校园欺凌下降了 50% 。那些没有上述青年行为计划和组织活动的学校和地区，数据没有变化或有所上升。在 Kent，通过青年行动组活动，自行车的偷盗案件下降了 80% 。这些都清楚表明青年对于减少犯罪，维护社区安全作出的贡献。③ 同时，在社区发展中积极吸收青年的参与还有助于打破成人的陈旧观念，将青年视为犯事之人，或麻

---

① Agbewu L & Marlow A. An Analysis of Community Safety Priorities Emerging from a Proess of Consultation within Borough of Luton, Luton of University, 1999.

② Joan B. Community Safety: Involving Young People [M] // Fiona, Chouhan and John. Working with Young People. Dorset: Russell House Publishing Ltd, 2001.

③ Joan B. Community Safety: Involving Young People [M] // Fiona, Chouhan and John. Working with Young People. Dorset: Russell House Publishing Ltd, 2001.

烦的一部分。通过青年行动计划，不但提升了青年的正面形象，让青年也成为解决社会问题的主体之一。随着计划的进行，学校和青年俱乐部开始将社区安全纳入到青年工作的组成部分。① 学校将社区安全引入到课程体系中，作为个人、社会和健康教育课程的部分，让青年自己维护校园安全，并通过自己参加的项目加强学校和社区的联系。特别是在处理校园暴力、药品滥用和逃学等问题时，青年工作和学校、政府部门、家长一道建立更加积极健康的校园风尚。

虽然青年行动计划在英国得到了全国的认可，但每个地方要取得成功，有赖于和青年进行协商以及青年工作者给青年一定的权利，支持他们，让青年成为工作的驱动力。通过这样的行动，青年会更加自信地去认识行为的性质，在青年俱乐部中开展同辈之间的法制教育，以此为起点扩大到更多社区活动项目和计划。青年行动组还会聚在一起，相互交流分享工作经验。有的组织还将他们的工作从地方延伸至全英，甚至参与到国际项目活动之中。青年的想象力使得他们不断有新的想法和资源，让社区发展没有止境。主人翁态度，是任何一个政策措施付诸实施的关键；主人翁态度的获得，最大可能是青年从政策制定之初就有机会参与讨论和改变。②

三 教会开展的青年工作

青年工作是 19 世纪后期，由一些慈善人士组建的志愿组织开始发展起来的，先行者基本上都是基督教徒。最有名、影响最大的是基督教青年会（Young Men Christmas Association，简称 YMCA）。当时这些青年组织主要是为青年工人提供教育和休闲娱乐活动，到 1884 年伦敦的教区内有 300 多个类似的工人男孩俱乐部，绝大多数都与教会有直接关系。

在 20 世纪 60—70 年代，英国教会青年工作会（CEYC）成立，被当时英国政府视为青年工作最大的组成元素。吸收众多教会机构的 CEYC，成为英国教会开展青年工作的领导者，并加强对青年工作的研究和政策制

① Home Office. Safer Communities：The Local Delivery of Crime Prevention Through the Partnership Approach. London：Home Office，1991.

② Khan U. Putting the Community into Community Safety［M］// Marlow and Pitts. Planing for Safer Communities. Lyme Regis：Russell House Publishing，1998.

定。在 CEYC 推动下，英格兰的 43 个教区相继任命了青年工作负责人员。1969 年共有 80 位教区青年工作人员，其中 38 人是全职工作人员。在 20 世纪 80 年代后期，伴随着青年工作职业化，教区青年工作人员的选任也开始注重接受专业的教育和培训，通常要求具备青年工作的职业认证资格和在教会、志愿组织或政府部门的从业经验。每个教区的青年工作人员各自工作范围不尽相同，主要负责：支持和鼓励教区内的青年工作；为青年工作者提供培训；将教会开展的青年工作与其他机构的，更大范围的青年工作进行联合。青年工作组织机构的联系合作中，教区青年工作人员被地方教育主管部门、法定青年工作机构和其他志愿青年工作组织，视为宝贵的资源。

青年工作和上帝的使命。教会开展的青年工作首先要关注的是如何理解教会的使命。简单说，教会对人类社会担负的使命其实都是出自上帝的使命，完成上帝拯救人类的任务。[①] 教会自认为是一个带有神圣使命的团体，牧师作为引领者帮助全体教民去完成上帝交给的任务：宣扬上帝是万物之主，上帝创造了一切；宣扬上帝对人类的救赎行为，正是耶稣基督牺牲自己挽回了因人类罪恶被毁灭的世界。

基督的福音是永恒的，但每个时期教会的使命有其特定历史文化背景，因此教会青年工作必须要直接与各个时期的文化以及青年所处的人生发展特定阶段相联系。教会青年工作既有连续性，又有变化，需要向每一代青年宣扬和传授上帝的福音，但同时又要对不同时期青年基于自身经历提出的疑问给予回应，帮助青年自己去寻找基督教义，按照自己的理解去回答福音影响他们的方式。

教会在履行其职责时要对社会变迁保持开放的态度。青年工作需要倾听青年对于宗教的看法，让教会能够进行自我检视，避免自满；否则，基督的使命就会一步步被束缚而逐渐失去效力。教会青年工作要保持好平衡，一方面将宗教信仰传递下去，一方面倾听每一代青年对宗教的反馈。基督福音脱离了具体的文化，不可能被大众所获知。因此，基督教义对世俗文化的态度是既肯定又挑战。[②]

参与文化塑造。在教会青年工作发展的几个世纪里，经历了一个文化

---

① Advisory Council for the Church Ministery 22, 1987: 27-2.

② Lambeth Conference, Resolution 22, 1988.

“现代化”转型，教会机构面临着信任危机。像其他极权主义一样，宗教的影响呈下降趋势，但教会仍坚信宗教及其精神力量，在新时代文化形成中发挥重要作用。

西方文明向“现代化”“后现代化”转变中，青年总是处于社会变革的最前沿，他们是新兴文化形成的重要力量。摆在教会青年工作面前首要的挑战，是青年是否愿意以基督教为参考和指引塑造新时代文化面貌，特别是十几岁的青年经受了双重危机：青春期同一性危机和文化碎片化危机。教会希望通过青年工作有机会和青年一道参与到社会文化塑造中。

教会青年工作主要是寻求新的视角，如何将福音适用于新的社会背景。既要将基督教信仰中不变的元素传递下去，还要给青年以自由将这些元素按照他们自身的处境应用到生活里。英国不同年龄段民众对宗教的信仰有很大差别。35 岁以下的人群中教会处于信任链的底端，而年龄超过 50 岁的人群中教会的可信度位列第三。这和欧洲思想启蒙运动有很大关系，它带来的哲学思想和科学精神将社会变成一个前所未有的世俗社会，追求效率和财富。[①] 社会取得了以往任何时期无法比拟的成就，没有人愿意回到过去那种无知的社会状态。然而，宗教组织认为这种启蒙思想过于强调独立个体的理性力量，会使得人们对上帝缺乏基本认知，也会丧失对社会共同目标的追求。教会青年工作的目标是要青年确信福音是社会大众的集体真理，而不是单纯的个人喜好；基督教义应当成为生活方式的基础，不是一种休闲选择；还要注意把握好分寸，不要造成企图将宗教信念强加给青年的印象。

基督教会主要是通过七个方面的内容，参与到青年文化的重建之中。[②]

一是共同的理想。“为了回答我们是谁这个问题，我们必须要知道我们是如何成为现在的模样，以及我们将要走向何处。”[③] 通过宗教教义，将个人现实生活目标和他的过去与未来联系在一起。宗教可以在青年找不

① Clifford Longley. Introduction to Jonathan Sack: Faith in the Future [M]. Darton: Longman and Todd, 1995.

② Carlisle. Youth A Part: Young People and the Church [M]. National Society/Church House Publishing, 1996.

③ Charles T. Sources of the Self [M]. Cambridge: Cambridge University Press, 1989.

到商品社会生活的根基，没有共同的希望时，成为青年的精神支撑。

二是个人同一性。宗教反对青年建立个人同一性时，以绝对个人角度进行理解，而希望将个人同一性的建立，与其他社会成员，尤其是上帝联系在一起。宣扬宇宙间最本质的力量不是来自个体，而是基于上帝的奉献和爱。

三是真理。宗教认为对真理的认识，既是客观的又是主观的。人类存在的意义是通过上帝的行为揭示出来的，从这一点讲真理是客观存在的。但真理需要人的反思，依赖于个人经验体会，所以真理又是主观存在的。真理的存在不单纯取决于个人理性，也不能仅靠个人的主观感性，必须要求人类的坚持和付出，这只能是一种基督教生活方式。

四是精神力量。思想精神被宗教不仅放置于个人世界里，而且也要回归公共生活。建立一个爱的社会，精神的力量必不可少。

五是道德品质。教会认为要让青年在一个商品社会里保持洞察力，必须让青年树立基督教价值观。同时，也要通过青年让宗教组织察觉到青年文化中有意义的部分，成为宗教的组成部分。

六是奉献社会。青年人遭受到家庭破裂和社会分离的伤害，带来了人与人之间的不信任。宗教认为最急需的社会重建，它不是过去社会状态的简单复制。教会认为不仅要维系传统的婚姻家庭关系，也要对新型的家庭模式予以认可。现代青年通过许多非正式网络建立人际交往，跟过去的邻里关系不同，更不同于以往的教区内交往。教会在社会重建中，必须意识到这种共同体改变已突破地理局限。

七是关注环境。宗教认为要建立青年与自然世界的正确关系，在环境危机中发展健康的生活方式。通过圣经，与当代青年的环境保护意识建立紧密联系。

以上七点内容，是任何时期的社会秩序中的必备因素，都是上帝使命的具体表现，也是基督教会青年工作的基本目的。

关注青年的个人发展。牧师有责任对青年进行个人成长方面的教育活动，并以基督为青年成长的榜样。基督教神学家对耶稣如何从幼童成长为成年人进行解说。耶稣也和其他普通人一样，在青年时期有了生理（包括性）、心理、智力和社会性发展，并将这些成长有机地整合成为对上帝之父的联系和崇敬，最终在正式成年之前一年在思想意识上作出了个人选择，虽然与他的父母所想不尽一致但却没有违背其基本责任。

教会在对青年的教化中，肯定每个个体的独特性和价值观，但强调个体同一性来源于共同的“圣父”。基督洗礼既包含了个人特征的肯定，也有对于基督牺牲自己精神的期许。同样，青年只能通过赎罪才能建立真正的个人同一性，青年向成年的转变是通过奉献和爱才表现出来。

既然，基督是宗教塑造出来的所有人的模范形象，那么青年向成熟个体的转变必然有持续不断学习的特征，理解力的提升和服从、谦卑的养成是一个同时进行的过程。耶稣的青年时期，是他从受洗礼到被钉死在十字架的整个人生历程中重要的构成部分。青年时期不是一个静态、固化的转变阶段。耶稣的青年时期就是一个持续不断从圣父上帝处学习，向成熟发展的模式。其追随者应当与他们的前辈一样，对青年的教育也必须以持续学习为基础。①

基督教牧师怀着拯救和同情之心向人们转播福音，不论受众的态度是好是坏，都不应忽略人们的反响。同样，教会青年工作也积极主动关心青年人的个人发展，不论他们对基督教的看法如何，但必须坚持真实的人性、只能通过与人建立关系才能实现。

教会社区建设。教会青年工作认为人的同一性是通过人际交往建立起来的，基督福音调和着人与人之间的关系，教会（教堂）不仅是福音的内容之一，本身也是福音提出的目标。基督教青年工作的目标必定是使青年成为完整意义上的基督教会信徒。信奉基督精神是一件个人的事，但也必须有全体人的共同努力。基督教的年轻信徒很难在孤立无援中发展下去。

各地的教会一定要作出表率，使自己成为宣扬基督教价值观的实践典范。首先，教会必须要成为基督精神的追随者，在教会内部生活和处理社会正义等问题时，采取谨慎认真的态度，展现基督教义精神实质。教会要成为青年可以方便自在进出的安全场所，这里没有歧视只有爱；要注意青年在对基督的信仰中，也能包容和尊重其他不同信仰。

西方文明的嬗变使英国的基督教会面临着复杂的挑战，现有的教会模式存在着很多不足。教会将青年视为迎接挑战的潜在力量，通过将宗教信念输送给青年一代，参与青年对社会文化的塑造，寄希望于青年去发展和

① Carlisle. Youth A Part：Young People and the Church［M］. National Society/Church House Publishing，1996.

创新教会传道的新形式，最终成为教会主流。

四　乡镇地区的青年工作

英国青年工作一向比较重视城市青年工作，因为城市中青年问题和社会冲突表现更加醒目。传统上农村地区的青年工作一般不会在广泛人群中展开，非常小众。直到1964年的戴维斯报告才首次在政府文件中提及乡镇青年工作，真正开展乡村青年工作要等到1982年的汤普森报告后，由英国青年俱乐部联合会主持的乡镇青年工作教育项目。至此，乡镇青年工作正式成为英国青年工作中的一个特殊分支。

何为“乡镇”，在英国并没有一个统一的界定。英国环境和农村发展委员会以人口为标准，少于10000人的定居点就可称为乡村。学者Phillips和Skinner认为英国的乡镇，一般涵盖了这样五个区域：偏远的农村地区；村庄；集贸小镇；衰败的工业区；偏僻的沿海地区。① 有些地区经济富裕，有繁荣的商业和交通等设施；有些地区则经济发展缓慢，资源匮乏，长途交通只能依靠私人交通工具；还有些农村地区受季节影响大，青年在淡季获得的资源非常有限。村镇青年工作非常依赖志愿工作者个人的坚持和努力，因为全职青年工作者数量不多，而且相距遥远，时间和交通成本阻碍了工作开展。

英国乡村和城市有很多相同的发展困境，但农村所遭受的不公更为突出，主要包括：公共交通的匮乏；缺乏舒适的住房；收入微薄；有限的服务和就业机会；乡村商店、邮局和酒吧相继倒闭；家庭亲情联系困难，特别是那些新定居者。这些问题对于乡村地区的青年更加突出，他们只能在自己的村庄周围四处闲逛。② 英国青年工作将乡镇青年独特的生活体验和需求，归纳为三个大的方面。

第一，孤独。周围难得有其他相同年龄、性别、兴趣爱好、阶层的年轻人出现，不得不依附成年人开展人际交往，朋友固化。成人化的观念态度和行为方式，会让青年感觉其不受欢迎和不被需要。青年即便在乡村和

---

① Phillips & Skinner. Nothing Ever Happens Around Here [M]. London: National Youth Agency, 1994.

② NACRO. Hanging Around the Bus Stop. Youth Crime and Young Offenders in Rural Areas. NACRO, 1997.

朋友一起活动，常常无法摆脱公众的注视。

第二，同一性问题。青年对家庭环境的依赖之余，希望有所不同和改变。生活在出生地的青年，对于新面孔常有领地受到威胁的感觉，而那些新定居者则会有过去环境和友谊丧失感觉的遗憾。乡村青年更容易面临接受传统性别、角色和行为观念的压力，对外表怪异或性向不同的人会有更多的偏见和烦扰。他们包括他们的家人都容易被长期贴上固定标签，难以摆脱。

第三，机遇问题。乡村青年基本依靠学校班车或其他个人交通工具，教育、培训和工作的选择面少，留在当地工作的机会很有限，并且薪水低，季节差异大。

20 世纪 80 年代后期开始，相继有很多研究成果发表出版，专门对乡镇青年工作的经验和发展进行研究。要开展成功的乡村青年工作必须把握好两个方面，积极回应农村地区的青年需要和拥有训练有素的工作人员和志愿者。农村地区的青年因为少有其他事情可做，比起城市青年更加愿意参与青年工作，成为青年组织中的一员。但是为一个小小的农村社区招募全职工作人员，比较困难，尤其是愿意与 14 岁以上的青年开展工作的更少。因为，如果青年工作者在一个村庄里和青年一起讨论一些敏感话题，会引起居民质疑，不太得到村民的认同。有的乡村社区会将村庄发生的所有不得体的青年行为都归咎于青年工作者，认为他们应当解决所有的问题，给青年工作造成了很大的社会压力。① 结合乡村的实际，英国的青年工作主要通过以下方式进行青年服务。

巴士项目。将双层巴士、单层巴士甚至箱型货车，按照活动要求和特点进行改装，在交通工具内开展青年活动、开设课程或向农村青年提供信息和建议服务。

一周一晚的青年小组。志愿工作者或专职青年工作人员组织青年俱乐部或小组，每星期一个晚上在乡村礼堂里开展工作。

区域巡回青年工作。青年工作人员负责一个大片区，在区域内应各个具体青年群体的要求，深入到青年中去，巡回开展青年活动。

独立青年工作。雇佣独立青年工作者（detached youth worker），不附

① Janet Watson. Youth Work with Young People in Rural Area [M] // Fiona, Chouhan and John. Working with Young People. Dorset: Russell House Publishing Ltd, 2001.

属于专门机构和组织，主动深入到乡镇青年群体中，通过开展各种项目、活动，让乡村地区的青年人拓宽兴趣爱好，引导他们参加建设性活动。

远程服务工作。利用电台、电话和电脑等工具，联系孤独的年轻人。

地方特色活动。将青年组织起来，同时吸收感兴趣的成年人，一起加入到群体性活动中，如体育运动、戏剧艺术等；也可让成年人或大一些的青年开车将农村年轻人送到青年中心或其他活动场所。

不论是以哪种方式开展农村青年工作，也不论其发生的背景，要和农村青年一起开展好青年工作，需将青年工作的基本原则贯穿始终，即教育性、参与性、赋权性、平等性、自愿性等。

乡镇青年工作遇到的最大的物质障碍，就是工作资源十分有限，能够吸引到的资源主要是零碎式私人捐助。工作人员不得不尽最大努力利用有限的当地资源，实际上许多志愿组织都感到难以维系正常的开支和设施。以青年活动中心为例，许多时候作为活动地点的乡村礼堂往往有许多其他用途，会让青年与其他人群发生冲突。目前，农村青年工作要和当地建立积极联系，利用地方媒体、地区议会、政府部门以及各种志愿组织。此外，英国新千年志愿计划、农村挑战计划、国家彩票中心，欧洲社会基金等项目和组织专门为农村青年工作提供资金支持。①

与村镇地区的青年一起开展工作，既有挑战和失望，也有极大的回报。因为，这些青年难得有其他机会和途径获得自我发展，所以能够对青年工作作出热烈的回应。当前英国农业经济受到很大冲击，怎样获得足够资源让农村地区的青年得到和城市同伴一样的发展机遇，仍然是摆在农村青年工作者面前的难题。只有通过青年工作的努力，帮助青年获得经验和技能，最终实现农村地区的繁荣发展。②

五　街头独立青年工作

青年工作以街道为背景和渠道开展的活动，常被称为独立青年工作（detached youth work）。许多人区分不清独立青年工作和外派青年工作，尤其是两者在英语中分别表达为“detached youth work”和“outreached

① Janet Watson. Youth Work with Young People in Rural Area［M］// Fiona，Chouhan and John. Working with Young People. Dorset：Russell House Publishing Ltd，2001.

② Watson J. The Reality of Rural Youth Work［J］. Young People Now，1997（7）.

youth work”对英国民众来说，都比较让人疑惑。简单地说，独立青年工作是指青年工作的开展不在一个固定的活动场所，如社区中心、青年中心、青年俱乐部等，而是选择在青年人自己的据点开展活动或项目。外派青年工作，则是以中心为基地的青年工作者走出自己的工作地点，到青年社区或青年家中开展工作。例如有些妇女因为特殊文化的原因无法出入公共场所，就会选择外派方式对她们开展青年工作。所以说，外派青年工作只是一种传统的社区青年工作、学校青年工作等采取的特殊形式。独立青年工作则有其独有的历史渊源和价值功用，是对以中心为基地的青年工作的有益补充。①

很难考证独立青年工作是什么时候出现的，最早关于独立青年工作的著作是 Mary Morse 在 1965 年出版 *The Unattached*。早期的实践与社会学关于青年亚文化研究有关联，特别是当时的街头青年文化。Pearson 就说过早在 17 世纪，当时的伦敦和其他大城市有组织的青年帮派开始主宰着城市街道，街头青年（文化）引起社会极大的关注。② 相关的研究为政策制定者和从业者提供机会审视青年工作为街头青年服务状况。新时期青年工作的目标集中在如何使“有危险”的青年远离犯罪和不道德行为，参加工作或进入军队，所以独立青年工作正好回应国家政策和地区事务的需求。在 1974 年，英国 86 个地方当局中有 43 个开展独立青年工作。即便是经费十分紧张的 20 世纪 80 年代，除了一个例外，所有的英国地方当局都有独立青年工作。③

独立青年工作常被认为是与那些不愿或无法参加青年工作的对象建立联系的有效渠道，也被用在被社会遗忘角落。很多人认为独立青年工作是一种经济高效的替代青年俱乐部或青年中心的途径，能有效地处理失业或犯罪等青年问题。英国政府一般都积极认可独立青年工作的意义，特别是在那些传统青年工作无法触及群体中的作用。在伦敦，独立青年工作主要关注滥用药物、预防犯罪、种族歧视、性健康。有十分之三的参与者，肯定独立青年工作者是独一无二能够和 16 岁以上的“超脱”青年建立联系

① Brent J & Brent M. Outreached Work Hounslow Youth and Community Service [M]. London: Borough of Hounslou, 1992.

② Pearson G. A History of Respectable Fears [M]. Hampshire: Macmillan, 1997.

③ Davies B. From Thatcherism to New Labour [M]. Leicester: Youth Work Press, 1999.

的专业人士。①

虽然独立青年工作相较于在中心开展的青年工作有更多的随意性，但为了保证工作的连续性和品质，也逐渐发展出一套基本流程规范。

计划和实施。独立青年工作开展活动的地方是青年人自己的“地盘”，因此工作人员在进入其领地时必须要有认真的准备计划。一开始不能以评判者的身份去开展联系，建立关系。要有积极的、值得信任的人际关系，青年工作者需要不断与青年人进行协商。特别要注意工作人员是否与青年人群的人种、性别、文化背景、能力相契合。

侦察和分析。在正式和青年接触之前，独立青年工作者应当先对青年人的“地盘”做到心中有数。这期间，工作人员可以先熟悉这个地区，参观当地设施，如商店、咖啡馆、酒吧、体育中心、青年俱乐部等；确认哪些是当地重要的机构或人物，如警察局、图书馆、公园管理员、学校、医疗机构。此外，还应当和重要人物建立联系，进行自我介绍，说明工作的基本情况；事先了解当地的交通路线以及便道、胡同、死路、街巷、地下停车场、车库等。以上的调查应当在一天中的不同时段，或一周中的不同时间多次进行，这样才能有更好的风险评估。对观察到的任何青年团体都要有记录，包括他们的性别、年龄、种族、性向、学习或工作状态等时间、地点、方式。这种侦察活动，即便在工作正式开展后，也要抽出时间进一步补充完善。②

进行接触。工作人员在街区周围“晃来晃去”的时候，可能已经引起周围人的注意，有可能被人推荐参加当地青年俱乐部、社区中心活动。独立青年工作者与青年成为“朋友”的方式多种多样，可以是街头发生的一件小事件，社区民众邀请你为青年演讲，或青年人自己走上来和你攀谈。如果上述的情形，一个都没有发生，则需要工作人员主动出击，对青年走上前去说“我是一个独立青年工作者，你可能发现我在周围活动，我们是否需要进行自我介绍呢?”。有时，这种关系的建立可以非常随性的方式，例如眼神接触、微笑、点头、问候等。有些人喜欢用项目卡片来

---

① Sacha K. Detached Youth Work［M］// Fiona, Chouhan and John. Working with Young People. Dorset: Russell House Publishing Ltd, 2001.

② Mountain A. Starting out in Detached Work and Helping Others Manage It［M］. Leicester: NAYC, 1989.

介绍自己，有的人利用青年人感兴趣的东西来吸引他们。有时，调查问卷也可用来作为工作人员与青年开始联系的手段。

工作人员一定要对青年公开自己的身份，告知他们自己来这里工作的原因。这也常常引出彼此对青年工作的讨论，为下一步接触进行商议。工作人员有固定的时间和地点可以出现，对接下来的联系非常重要。在这个过程中，双方可以对工作中的界限和边界开始讨论。因为独立青年工作者不能像在中心工作的同事一样，通过墙上通告明示青年工作的基本政策，所以协商、解释和讨论是必要的。独立工作者不能用“贿赂”方式去取得青年的信任。如果一开始就向青年许诺某些“好处”，往往不能在彼此间形成真诚健康的关系。

介入。和青年建立起信任的工作关系后，工作人员就可以开始与特定的对象开展具体行动。这要基于独立工作人员的工作记录和分析，然后进行反思，采取各种手段，使青年发现自己的需要，找到青年能够继续下去的意愿。通常青年需要得到青年工作者支持的，包括：健康教育，药物指导，休闲娱乐，让社区听到他们的观点想法，与邻居、老人、警察和其他公务人员发展良好的人际关系。独立青年工作者为这些青年进行非正式教育的方式，一般是交谈、讨论辩论、游戏活动（通常要根据街道不同进行布置）、参观（展览馆、剧院、电影院）、朗诵阅读、野外露营、排练戏剧、观看影片等。①

青年工作者针对具体人群开展的活动方式不尽相同，一般都有一套精心准备的规划。最理想的方案是出自于青年自身，但同时又兼顾特定的问题和目标。还有一种有效的方式，就是预先设定活动的目的和结果，在青年工作进行的各个阶段，工作人员、青年和其他相关各方反复对活动进行评估和回顾，思考清楚是谁需要这些资料信息，计划的目标达到了吗？意料之外的结果是什么？下一步的建议是什么？整个工作总体目标是促进青年的个人发展，增强自尊和自信，加强组织和交流技能，辨别能力、解决问题能力和行动计划能力。

结束。工作尾声，伴随计划的完成，工作人员会转移注意力到下一个青年群体。工作重心转变后，青年相继离开或不再需要和青年工作者联

---

① Mountain A. Management of Detached Youth Work in Youth and Social Work [M]. Leicester: NYB, 1986.

系。双方的联系一般不会突然终止，但联系的强度和频度会逐渐减弱。如果独立青年工作者继续待在原地，他们之间会时不时联系，但不会有具体工作项目。有时青年工作者会通过一个总结评估会议来正式结束整个工作计划，有时顺其自然地结束彼此的工作关系。如果青年工作者要离开一个青年团体，最好是有计划地和每个成员道别，让所有人都清楚这个事实。①

关于项目评估，青年工作者会利用多种手段，如影像录影、面谈、绘画、数字评分、调查问卷、简短评论等。当然不是所有的年轻人都愿意辛苦思考，对活动进行评价，特别是用书面方式呈现出结果。而且，不是所有独立青年工作者的成绩都是可以用数字表示出来的，他们的工作有时不易用肉眼观察得到，例如青年人思想意识的成熟。② 表 5-2 比较完整地反映了一个独立青年工作者的实践活动和进展情况。

表 5-2　　　　独立青年工作的实践进程③

任务	2009						2010						
	七月	八月	九月	十月	十一月	十二月	一月	二月	三月	四月	五月	六月	七月
初次培训	■												
收集信息	■	■											
计划		◆											
行动			■	■	■	■							
回顾						◆							
计划						◆							
行动							■	■	■				
准备撤出										■			
实施撤出方案											■	■	
项目评估和建议													■

独立青年工作并不是以中心为基地的青年工作的对立面，它是其他青年工作模式的补充，具有同等意义。独立青年工作基本的工作理念和方式与其他没有本质区别，最重要的与青年主动接触、协商和记录等工作技能。独立青年工作是工作人员在街道中以成对方式进行的，所以工作小组

① Sacha K. Detached Youth Work [M] // Fiona, Chouhan and John. Working with Young People. Dorset: Russell House Publishing Ltd, 2001.

② Goetschius W & Tash J. Working with Unattached Youth: Problem, Approach and Method [M]. London: Routledge, 1967.

③ Davies B. What Is Youth Work [M]. Exeter: Learning Matters, 2010.

内部的相互理解和支持，是青年工作取得成功的重要保证。

本章小结

- 英国青年工作在发展中自然形成了官方法定青年工作和社会志愿青年工作两套组织体系。
- 英国教育部1998年审计报告，比较全面、权威地调研英格兰各地青年工作基本概貌，详细了解青年工作的机构设置、部门归属、经费开支、队伍建设、课程体系等方面。以莱斯特为例，当地教育部门下属的青年工作重点通过反应型和主动型两套工作方式，推行四个核心课程，积极回应中央政府出台的青年工作国家标准。
- 志愿组织一直是英国青年工作的中坚力量。以BYC为代表的志愿青年工作机构，长期与英国官方保持密切联系，重点开展争取16岁选举权、公共交通优惠、消除儿童贫困等方面的青年活动，为青年开设提供多元化的培训教育课程。
- 英国青年工作除了致力于为所有青年提供平等参与的机会，还照顾不同青年人群需要，尤其是围绕特殊人群，如残疾人、同性恋者、少数族裔，开展有针对性的教育服务。英国青年工作根据工作对象主体多样化实际，积极拓展工作途径，通过学校、教会、社区、街道、乡镇等实施渠道，将青年工作教育主体和工作对象联系起来。

第五章

英国青年工作的管理和评估监督

英国青年工作是由诸多要素构成的有机统一体，管理具有重要地位。英国青年工作通过长期的理论实践探索，将青年工作的管理要求融于相关的法律法规和各项具体政策中，并不断完善青年工作的实践测评体系和督导制度，以适应现代公共管理的要求。对青年工作进行必要的管理是青年工作顺利实施，发挥最佳效果的必要保证，特别是在公共事业不断庞大的现代化国家，青年工作作为整个社会和国家运行体系中的组成部分，如何进行高效管理是一个不小的挑战。本章详细阐述英国青年工作的管理模式和流程制度，同时结合现代公共管理改革分析英国青年工作的评估和监督制度。

第一节　英国青年工作管理模式

英国官方文件对于青年工作的管理最初是以“youth officer”这样的称谓出现。比如 1960 年艾伯马报告指出英格兰一些地方当局已经设置和聘用了“youth officer”，希望其他还未设立青年事务官员的地方政府为了大力推动当地的青年服务应当立即设置相关的青年工作管理岗位。除了用“youth officer”这个称谓外，在相关法律文件和政府报告中，青年事务官员还先后使用了“advisor”、“supervisor”和“manager”这些表达方式。具体的人员称谓，不仅体现出不同的青年工作管理模式，也反映了青年工作管理观念的变迁。

一　顾问型青年工作管理模式

在 1939 年法定青年服务出现之前，一些全国性的青年工作志愿组织就开始尝试雇佣所谓的现场工作人员（field officers），或专业顾问（specialist advisors)，帮助当地的青年俱乐部制定计划或完善青年活动安排，以及培训相关的青年工作人员。[①] 当然，这些专业顾问的职责不完全等同于日后的机构管理人员，因为他们并不直接管理青年俱乐部的具体事务。当时的青年俱乐部本身是超脱自主的社会团体，其中的工作人员也都是热心的志愿者。青年工作并没有被看作一种社会谋生手段和专门职业，这些凭借内心信念和使命感召唤投身于青年工作的志愿人员行动受到了充分的信任，他们的工作实践不受外部干预和审查。即便其中有少许的全职工作人员，为了完成他们的工作任务，可以做任何必要的工作，不用考虑工作的耗时长短。当然，这种过度强调工作人员使命感和事业心的做法，不一定能够确保青年工作完成的质量和效果。1939 年 1486 号文件规定地方教育部门开展国家法定青年工作，并且每年都有青年工作的财政支出，使得青年工作组织内管理人员的职责范围得到重视。不过，这一时期地方教育部门中的青年事务管理人员大都来自于志愿组织，秉承了志愿机构的管理理念和工作模式，多认为青年工作机构内的管理人员主要应以一种顾问身份出现，与青年俱乐部内的工作人员保持松散的联系，在必要时对后者的工作提供建议。[②]

同时，第二次世界大战以及二战后东西方阵营的对立，英国在青年工作实践中十分注意和集权政治保持距离，小心翼翼地避免在青年工作中体现出过多的国家干预色彩，强调青年工作的社会性和独立性。因此，青年工作管理人员的职责在相当长时期都被定义为顾问或建议。"青年事务官员的首要任务是帮助和鼓励所有的志愿组织适应（地方当局）的计划……不是直接的管理，而是为青年工作组织提供必要的资金和资源，支持那些和青年人面对面开展活动对话的青年工作者。"[③] 1960 年的艾伯马报告也特别提及地方当局设立专门的青年事务官员(youth officers)，并且对其职责进行了更具体的描绘，包括"负责为当地青年团体提供恰当的服务，提供信息和建议，评价估计青年人需要的设施设备，组织一般的服务和培训"。艾伯马报告中特意提到了青年工

① Her Majestey's Inspectorate. The Youth Service in England and Wales. The Albemarle Committee, 1960.

② Jeffs T. Young People and the Young Service [M]. London: Routledge, 1979.

③ Jon Ord. Critical Issues in Youth Work Management [M]. Abingdon: Routledge, 2012.

作的管理中要注意工作人员的培训和指导，和现代人力资源管理比较类似。

二　督导型青年工作管理模式

虽然，青年工作管理人员职责首先以顾问身份出现，这种观念一直盛行到20世纪80年代，但他们的另一种督导（supervisor）的身份也在时代变化中慢慢显现出来。① 因为青年工作，尤其是地方政府中法定青年工作的迅速发展，使得青年工作者的数量迅速增加。以20世纪60年代的黄金发展期为例，据统计，专职青年工作者从1960年的700名，增加到1968年的1550名，此外还有大量的兼职工作者和志愿人员。② 随之而来，社会希望对这些新加入到青年工作领域的人员进行必要的监督。一开始人们提倡的督导和后来真正管理学意义上的监督控制并不完全一致，但反映出青年工作管理思想开始发生变化。Sidebotton提出，为了让新加入进来的青年工作者不断推动和完善青年工作实践，有必要开设一些专门讲授督导方法的短期课程，以及出版一些青年服务监督工作的著作。事实证明，Sidebotton的建议在随后都一一实现，到20世纪60年代末关于青年工作的督导课程培训和参考书籍相继出现。总体说来，人们尤其是青年工作从业人员认为这种督导越来越有必要，特别是对刚刚参加工作的专职青年工作者，管理人员通过督导可以帮助他们更好地成长和发展。在当时背景下，青年工作领域强化督导管理，也是青年工作为了向社会大众解释其职业正当性，主张其专业性，说明青年工作不是一个仅凭热心快肠就能做好的工作，需要专业技能的培养和监督。

另外，这种观念和做法对传统青年工作提倡的职业自主性和自由裁量权是一种挑战，反映出二战后害怕青年工作被国家一手把持的担心逐渐消减，继而希望国家能够在青年工作中发挥更大的领导和管理角色。这种趋势在1960年的艾伯马报告中已经有所显露，随后越来越明显。“青年工作需要的是科学合理的规划，这种计划应当是官方权威的指导

① Her Majestey's Inspectorate. The Youth Service in England and Wales. The Albemarle Committee, 1960.

② Her Majestey's Inspectorate. Youth and Community Work in the 70s. The Milson-Fairbairn Committee, 1969.

或指令。”[①][②] 一些人批评青年工作一直未能建立起一套国家承认的职业标准，无法对青年工作进行评判。因此，青年工作的管理从过去单纯地指导建议的顾问角色，进一步强化到监督指导，国家对青年工作的领导和影响在加强，职责不断扩大。慢慢地，青年工作从业人员内部有了青年工作者（直接与青年打交道的工作人员）和青年工作管理者之间的区分。

三 经理人青年工作管理模式

自20世纪70年代以来在官方直接或间接鼓励下，青年事务官员的职责正式地向企事业管理者的身份靠拢，并且主动学习借鉴工商业机构的管理经验和管理学知识。这种管理方式的改变有深刻的社会政治经济因素。20世纪70年代，因为石油价格上涨，收支失衡，国际货币基金组织的经济干预，英国经济遭受重大挑战，公共部门的资金使用受到越来越严的控制，青年服务和青年工作管理都发生了改变。“青年工作（工作者）自由自在发展的时代已经过去了。现在，我认为我们（青年工作者）变成了一个庞大的行政管理机器中的一个功能部分。青年工作的决策通常由那些上层管理者作出来，从决策到行动的实施之间有相当长的距离，成本效益成为青年工作进行管理的标准依据。”[③] 到80年代撒切尔主政时期，加紧对青年服务等社会公共部门的控制和管理，包括要求青年工作要重视社会边缘群体，以及青年服务的有限资源用于解决青年失业问题等措施。这些政策意味着地方当局会更加注意对青年工作者的实践进行检查，判断他们是否符合政策规章的要求。《英格兰青年服务的回顾》（汤普森报告）提到了“搞好青年工作的管理并没有想象中那么神秘”，主要有四个方面的管理：确定目标，人事任命，分配资源和行动监管。

随着青年工作的问责机制一步步成型，青年事务官员的称呼被更多界定为经理人（manager）或管理者，从一些学术著作中的表述便可见到这种改变，如1984年出版的《管理和评估：青年服务管理者的参考文献》

---

① Youth Review. The Baby and the Bath Water, No. 11, Spring, 1968.

② Sidebottom E. Further Training for Full-Time Youth Workers. Leicester: National College for the Training of Youth Leaders. 1962

③ Davies B. Priorities in the Youth and Community Service [M]. Leicester: National Youth Bureau, 1978.

(*Management and Evaluation: A Selective Bibliography for Managers of the Youth Service*)，规定青年工作管理人员应当熟悉青年工作的目的，找准青年工作的目标人群，通过提高青年工作管理体系，对青年工作进行评判。英国教育部在 1991 年提出，当前青年服务的监管和评估工作还相当不足，青年服务的管理人员要承担起更多的检查和建议职能，青年服务的各个实施环节需要有明晰的标准。

过去半个多世纪，青年工作管理职能的表达方式包括了青年事务官员、组织者、顾问、督导和经理人（管理人员）。它们不仅反映出名称上的变迁，也说明青年工作管理观念上的改变。到 1997 年后，以布莱尔为首的新工党上台后推行的新公共管理模式（New Public Management），更是加强了对青年工作自上而下的指导和控制，青年工作管理文化就是围绕着公共支出物有所值的社会目标，青年工作被经理人主义牢牢把控了。① 不过，有人对青年工作管理主义提出不同看法，认为这种直接嫁接企业管理经验的做法，与青年工作本身所特有的职业价值取向有一定冲突，应当在青年工作管理工作中紧密结合其职业文化和特征。

第二节　英国青年工作的项目管理

青年工作很多时候表现为一个个具体的活动项目。这些活动针对青年群体展开，并以完成一个个具体的事件或展示作为结果，例如一次艺术手工展览，一次交流访问，或获得一个成绩奖项证书。许多青年组织的工作安排可以看成是一个接一个的短期项目，这些活动讲究形式灵活新颖，能够让青年参与者有持续的兴趣或吸引新的加入者。有的机构的资金来源比较固定，并且对资金的使用有特定的要求和结果，相应地这些机构的活动项目从开始计划设计就受到了某种限制。有的青年工作机构，虽然不像前者受限颇多，但因为其资金来源不稳定，所以其活动项目包括人员匹配的支持相对不足，对青年工作可持续发展有一定影响。下文梳理了一套比较普遍的青年工作项目管理规程。

① Jon Ord. Critical Issues in Youth Work Management [M]. Abingdon: Routledge, 2012.

一 项目流程管理

实践中管理一个具体的青年工作项目会面临许多理论和实践的冲突，管理人员进行决策需要从资源设施等各方面对现实状况和效果进行综合分析。一个有着管理人员称呼的个体，其实都担负着某些为工作指明方向，控制实践进程和资源分配的责任。当然管理人员的责任大小，主要取决于这个组织有无周详的工作守则或一套问责体系。本节主要介绍青年工作最常见的工作流程，即一个青年工作的活动项目（project）所牵涉的项目计划实施方面的管理工作。

（一）确定项目的宗旨

许多管理者会发现要作出明智的决定不太容易，青年工作的理想追求和现实可能之间存在着矛盾。青年工作管理者要有足够的智慧和信心，才能保持好职业价值守则和每个组织机构，甚至社会期许之间的平衡。青年人、社区成员、青年工作者、雇主和出资人之间各自对项目有自己的需要和想法，要在不同的利益需求中分出轻重缓急非常困难。管理工作要做到面面俱到，或促使各方达成共识，通常不太可能。因此，管理者必须全面考虑各方需求，综合各方意见，找到一个可行办法在有限的资源中进行妥协。

一个非常有用的办法是管理者让各方主体参与到青年工作活动项目的计划过程里，这也是青年工作参与原则的具体要求。青年个人或团体、社区成员、青年工作机构工作人员和其他组织的工作人员，可以在一起合作共事，明确项目的性质和目的，统一关于项目的任务说明或核心目的。这个任务说明可以非常简练，便于宣传，具有鼓舞力，也可以看作是各方利益需求达成一致的结果。

任务声明（mission statement）的范例

“A”组织致力于将青年人吸引到本组织，通过各种有趣的、有教育意义、有鼓励作用的项目，帮助青年人转变成为成熟的、有爱心和负责任的成年人。

“B”青年团队确保青年人在开展各种趣味活动的同时，能够为各种活动项目提供有意义的规划和组织活动，促进青年人的成长、幸福、权利和参与，为他们的未来生活作出明智选择。

“C”项目帮助青年人改善他们自己的环境，建立持续性的代际间联系，为青年人创造机会去改变他们的生活。①

（二）确定具体目的

与青年组织或活动项目的基本宗旨不同，项目的具体目的是这个项目希望取得的改变。这种项目目标又可以分为总体目标和具体目标。通常，项目的管理人员应当让各方参与者进行充分商讨，对需要达成的变化有一致的理解，确立项目工作要实现的目标。这种讨论会让活动的参与者对项目工作有投入感，相互认识和明白各自的责任，便于项目进行具体的计划，分配任务和具体的结果。通过协商项目的具体目标，让一个活动项目不仅仅是一系列干巴巴的任务，而且让参与者获得团体归属感。

项目目的和目标的范例

取得独立性的项目

总体宗旨（overall purpose）——为受看护的青年人提供机会，帮助他们更好地走向独立生活。

具体目的（specific aims）——增加生活技能和知识；

提供合适的支持系统；

帮助青年人找到合适的住房和就业；

发展青年人的经济自立和家务管理技能。

阶段性目标（objectives）——与即将脱离看护的青年人建立联系；

和他们中的个人建立起恰当的私人关系；

将他们聚集在一起，成为一个支持团队；

讨论他们在走向独立过程中遇到的问题；

为他们提供信息和建议，帮助他们寻找住房、经济来源和管理家务等。②

（三）项目计划

一个项目有了自己具体的目标后，就可以进行更为详尽的计划。一个比较完备的项目计划包括具体的活动安排，合理的时间安排以及各个阶段需要的资源配置。项目是否切实可行，很大程度要看项目能否激励他人，满足需要，有无充分的资源。如果管理人员在制定项目计划时可以让各方

① Jon Ord. Critical Issues in Youth Work Management [M]. Abingdon: Routledge, 2012.

② Jon Ord. Critical Issues in Youth Work Management [M]. Abingdon: Routledge, 2012.

参与者加入进来，那么更容易对活动的时间、人员、设备和开支等情况进行大致估计。比如，计划可能是要安排旅行的目的地和旅行的次数，印刷报告的长度和数量，房间的大小和数量，等等。大家考虑的细节越具体，计划的预算准确性越高。当然，管理者在制定任何项目计划时要保留一定的弹性空间，可以应对各种变数或意料外的开支。

一个项目计划的范例①

项目目的——提供替代的非传统活动。

分解目标——1. 分析问题进行研究。2. 接触目标青年人群。3. 找寻潜在的成员。4. 确定他们的兴趣。5. 组成一个青年团队。6. 和青年人一起开展有趣的活动。7. 鼓励青年人发展其他人加入扩大团队。

各个阶段的时间表——1 月和 2 月：确定骨干工作人员；和现有青年团体进行讨论；计划外派青年工作和街头独立青年工作。

3 月和 4 月：和至少 12 个可能的青年成员进行联系；和他们开展对话，了解他们的想法和兴趣。

5 月和 6 月：谈论相关活动的选择情况

所需资源：1.5 个工作岗位，还需要 2 名工作人员。2. 两部移动电话。3. 打印相关信息资料。4. 交通费用。5. 估计短途旅行、体育活动或娱乐项目的开支。

阶段标志事件：1. 每季度更新预算情况 。2. 每月召集青年团体会议。3. 每半个月进行一次督导检查。4. 每星期召集一次工作团队会议。

（四）项目行政事务

任何一个青年工作的项目运行，需要管理人员进行大量的行政事务工作：和外界电话沟通或邮件联系、完成预定、安排约会、反复检查活动时间表。这些需要管理者有良好的组织能力和沟通技巧。此外，青年工作管理人员还要在工作中做好记录或文件归档，必要时能和新闻媒体打交道，主动推广宣传活动项目。②

---

① Kate Sapin. Essential Skills for Youth Work Practice ［M］. London: SAGE Publications Ltd, 2009.

② Drucker P F. Managing the Non-profit Organization, Practices and Principles ［M］. London: Butterworth-Heinemann, 1990.

二　项目资金管理

当一个项目有了自己的目的和目标后，就需要对相关的资源配给和采购进行规划，因此项目计划和财务管理是紧密联系在一起的。财务管理和项目管理一样有特定的步骤，大体分为：

（一）制定预算计划

管理人员进行一个项目的资金预算时，要考虑到相关要素，清楚哪些资源是新需要的，哪些资源需要额外申请，或者寻找合作伙伴的帮助。每个具体的青年工作活动项目资金花费包含了不同的开支类型。有的是资本性支出，如购买设备或不动产；有的是运营费用，如文具、租金、采暖、水电等。有的开支是一次性，有的则具有长期性。另外，还可以将项目资金分为必要开支和选择性开支，以便更好地进行资金分配。同样，青年工作管理人员在进行项目预算设计时，应当尽可能吸收各方参与者的意见，更全面的估计项目可能的开支。例如购买计算机的资本支出，就需要考虑到后期的保险、维护费用，让预算方案更加准确地接近实际。参与者不仅可以帮助完善预算细节，还能基本了解预算限制，更有效地使用资源，与资金管理和财务记录等要求保持一致。一般说来，一个项目的预算通常包括：

收入——会费、拨款、捐赠、其他收入（志愿服务等）

支出——一般性花费：人员薪酬，管理性支出、人员培训、办公场所和办公设备等。

消费型支出：电话、办公用品、邮资、水电供暖等。

项目型支出：交通费用、餐费、志愿者补贴、人头管理费用、设备折旧、维护费用等。

（二）申请经费、筹集资金

青年工作的管理包括为活动提供充分的物资保障，因此管理人员的一个重要职责就是筹措项目经费。有的时候，他们是向自己所在的组织机构申请内部的资金分配；有的时候则需要向外部世界寻求经济来源，比如某个政府部门或大型慈善基金会组织。管理人员要保证成功申请到项目经费，需要清楚自己项目的资金需要、有详细的预算方案，还要认真研究可能的出资人，能够相互沟通和论证自己的项目，提供有力的证据。管理人员要认真分析各个资金源头，了解项目资金需要和潜在投资之间的关联。管理人员可以和项目其他参与者一道讨论各种类型的出资渠道，选择合适的投资者。有时，一个不好的投资来源可能会对青年工作带来不利影响。

不合适的资金来源的案例①

我们申请了一个项目经费，因为我们原以为这会对我们青年工作产生帮助。这个项目的资金要求非常简单，即减少 11—16 岁少女的怀孕率。我们也认为这个年龄段里的怀孕比例相当高，因此这样的要求对青年人非常有意义。不过，出资人对经费使用要求非常严格，很大程度上限制了我们的工作实践。比如，青年人要领取避孕套或获得性健康知识，必须披露本人的姓名、年龄和地址。任何要使用经费的活动必须要与项目结果有直接关系，否则得不到经费资助。这样一来，如果其他青年人来和我们互动，但并不关系到性健康的交往工作，就不会得到重视和关心。

（三）财务管理和监督

管理人员应当清楚地界定每个人的职责，根据预算计划控制好经费的收支情况，检查相关财务程序是否执行到位，这样才能避免不必要的债务或财务纠纷。青年工作的项目管理也需要有自己的经费申请和财务授权规则，从支票使用需要有两名负责人的签名这样简单的规定，到更复杂的财务发票追踪体系。项目的参与者都清楚经费管理程序，有助于开支严格遵循预算计划，管理者也可以随时确认资金的使用情况。因此，管理人员应当对经费的使用情况有准确的记录，对经费支出任何变化能及时掌握，保证控制好项目经费。为了了解项目资金流动情况，避免损失，有必要要求项目参与人收集好资金收据，做好交易记录。此外，管理人员根据计划对项目财务状况进行检查，及时发现支出不足或超支情况，保证有充足时间进行调整，实施替代方案，或告知出资人相关的资金难题。

三 人力资源管理

青年工作管理人员除了要保证项目有足够的资源保障，还需让每个项目工作人员都有能力，有动力去完成其工作任务。青年工作项目中的工作

① Jon Ord. Critical Issues in Youth Work Management ［M］. Abingdon：Routledge，2012.

人员，可以是专职的青年工作者或志愿服务人员，也可以是一个正在接受培训实习的青年大学生。项目的成功需要项目内部有一个健康和谐的人际关系，还离不开每个工作人员在善良意愿的指导下能根据自身条件和能力各司其职。①

（一）制定工作或任务描述

虽然现实工作中，绝大多数的青年工作项目都是从已有的工作任务中发展出来的，整个青年工作具有持续性，但我们为了理论研究的需要，将人力资源管理以工作岗位或任务描述作为起点。管理人员首先要清楚一个项目需要完成的工作到底有哪些。工作描述可以是一个非常有用的工具，帮助项目成员（不论是专职人员，还是志愿者）可以明确自己的工作目标。一个项目有了清晰明了的工作任务描述，有助于管理人员进行有效的监督，或者整个组织进行系统的工作反思和回顾。工作描述的内容一般包括：

工作名称——工作岗位级别或名称；

任务名称——项目名称；

工作背景——工作部门、组织、基地或地区；

岗位职级——收入水平；全职人员或兼职人员；长期岗位或短期岗位；实习期间；

岗位目标——对工作主要目的简述，或职位设立的原因，或该职位的历史发展，职位空缺原因；

工作负责人——该岗位应当向谁负责报告自己的工作；

主要职责——该职位主要的职责范围，一般依据重要性进行先后列举；特别的任务或必需工作成果；特殊的生理或心理要求；

工作条件——通常情况下的工作环境，或关系到生理或心理健康的工作条件；

个人要求——胜任该职位所需的最低要求，实践或教育经历、职业资格证书、能力、知识、个人品格等；②

---

① Butler R J. Management Voluntary and Non-profit Organization: Strategy and Structure [M]. London: Routledge, 1990.

② Jon Ord. Critical Issues in Youth Work Management [M]. Abingdon: Routledge, 2012.

（二）人员选聘

一旦确立了工作描述，在人员招聘和选拔过程中雇佣双方有了交流的前提。工作职位进行准确无误的信息披露，不仅包括工作责任和范围，也包含工作管理支持系统。应聘的求职者可以据此判断自己是否适合工作要求。另一方面，招聘机构最好是组成一个经验丰富，受过专业训练的选聘小组或团队，并且能够遵从机会平等原则，尽可能减少不公平和歧视，保证招聘程序公正合理。

（三）提供支持和指导

为了确保每个项目参与者能够清楚工作实践中的细节，项目管理人员应当为他们提供帮助和指导，让参与人员知道如何寻求帮助。不过项目管理人员要注意在提供指导时，避免事无巨细样样过问，或一味放任不管的两个极端。项目开端，管理人员可以介绍参与人员相互认识，了解各自的职责，以便让大家有合作共事的感受。项目管理人可以在项目进程中进行定期的讨论，给项目团队召开会议，对青年工作项目活动进行持续的关注和评估。

青年工作项目不同，管理的方式也会不同，而且每个项目负责人管理的理念和措施都有个人特色，对项目操控的程度也会因人而异。有的管理人员非常注重不让项目进行中出现冲突矛盾，因此会定期与每个项目成员会面，在出现问题时提出具体的指令。有些管理人员则放手让青年工作者自行处理各种事项，允许他们犯错改正，只要不是什么原则性的问题他们不会轻易插手具体工作。当然很多人的管理方式可能介于以上两种之间。管理人员可以准备一个任务纲要，提出对项目成员的期望，如预期结果、工作方式、角色划分和责任分配。这种任务大纲，不但让管理人员对将要发生的工作做到心中有数，也可以让项目的工作人员、志愿者或青年人对项目提出建议，并促使大家达成共识（见表 6-1）。

表 6-1　　青年工作项目任务纲要①

任务名称	项目或任务的设计者或执行人对任务的界定或再界定
概况	对项目或任务做的简要陈述，如任务的总体目的或阶段目标，相关的背景知识

① Jon Ord. Critical Issues in Youth Work Management [M]. Abingdon: Routledge, 2012.

续表

任务名称	项目或任务的设计者或执行人对任务的界定或再界定
项目负责人	有关项目管理团队成员姓名、职位以及联系方式
时间进度	开始和结束日期，预计的阶段和周期
场所	项目基地、联系方式、交通方式以及办公室、电话或复印机等办公资源
问责方	项目向谁负责报告自己的工作、由谁进行领导，由谁进行日常支持
主要职责	具体的任务或要求的结果
要求	参与项目的标准和条件，包括具体日期，或青年人取得家长许可，或主办方要求的性别、年龄

（四）人事纪律管理

每个项目在管理中，必须要讨论并明确规定有哪些行为或活动是不被认可或接纳。根据不同的违规行为，项目管理还要制定相应的惩戒措施。一般而言，青年工作机构会有一套行为失范的纪律规章制度，项目负责人可以据此制定更详细的说明或意见。纪律规章应当清楚界定各种失范行为、相应的处罚、提出复议和公正处置的机会和程序。通常在青年工作实践中的失职行为分为一般性失职和重大失职行为。一般失职行为包括：不按时工作；擅离职守；不遵守工作程序；未经授权使用相关设施设备；不能履行职责；接受馈赠或贿赂；对外轻微影响组织声誉。重大失职行为则有：偷窃、欺诈、篡改记录；人身暴力，严重欺凌或虐待；故意毁损财物；严重违抗指令或不履行职责；酗酒或吸毒，不能正常工作；重大过失导致严重损害后果；严重危及健康或人身安全，违反隐私条款；严重损害组织名誉等。①

青年工作管理体系中的纪律监察和申诉程序要符合法律规定，保护工作人员和青年人的权益。项目管理涉及投诉和纪律处分的事项，一定要遵循必要的步骤进行详细认真的报告并有完整的记录，允许当事人寻求其他人的帮助。

（五）人员培训

通过一个具体的青年工作活动项目，每一个工作人员和参与者都可从中获得全新体验，这对于青年工作从业人员而言是一个增进专业素养，实

① Senge P M. The Fifth Discipline：The Art and Practice of the Learning Organization ［M］. London：Doubleday，1990.

现职业能力发展的宝贵机会。管理人员可以在项目启动之前，运行之中或结束之后通过总结或评价活动，让参与者得到培训。这不仅是项目管理的必经过程，而且对于接下来项目的设计和计划都有好处。

第三节 英国青年工作的评估

所谓评估，是指依据某种目标、标准，通过相应的技术或手段对收集到的信息，按照一定程序，进行分析研究，判断对象效果和价值的一种活动。评估是青年工作管理中的重要部分，是对青年工作活动或项目的实施效果、质量或状态进行定性定量的分析说明和评价过程。

一 “评估”的两种观念

评估简单地说，就是对某事某物或某个实践活动的质量（quality）进行评价衡量。根据 Chelminsky 的观点，评估有三个目的：首先是问责（accountability），根据合同协议对出资人或利益相关者的要求作出反馈；其二是质量提升，促进工作实践活动的效能；其三是增进认识，加深对工作实践的规律了解。[①]

关于评估界定的“质量”本身难以捉摸，没有一个大家一致同意的定义。青年工作中的各方主体对青年工作质量的看法不一，青年工作项目出资人、管理人员、青年工作者和服务的使用者和对象关于青年工作的质量都有各自观点。因为青年工作涉及方方面面的利益关联人，使得青年工作的质量评估问题更为错综复杂。Kelemen 就青年工作的质量总结了两种认识角度：管理主义观点和批判性观点。前者将质量看成是一个技术性、操作类成果，通过各种技巧和管理知识可以对之进行计划和控制。这种观点倾向于实证主义方法，活动质量可以通过客观、价值中立的方式进行研究。与此相反，批判性观点认为质量是一个政治、文化和社会互动过程，它与组织和社会权力流动有很大关系。这两种质量评估范式直接影响对青年工作具体项目的评介产生不同结论。

青年工作的评估标准和理念在不同历史时期出现变化和波动。最初，20 世纪 60 年代的人们认为政府对青年工作的评估可以让青年工作职业加

① Chelminsky E. Thoughts for a New Evaluation Society [J]. Evaluation, 1997 (3.1) .

深科学合理性，因此这时期的评估工作由专业学者作出来，可以看成科学化浪潮的一部分。到了70年代，人们不再认为科学能够有效解决一切社会问题，而青年工作的评估也应该是多元化，建构主义取代了实证主义模式。这时期的评估可以看作是以对话为基础的浪潮。在90年代，又有些人对对话中包含了过多的意识形态、政治色彩和逸闻趣事感到不满，对话浪潮被新自由主义浪潮代替，同时意味着科学主义的回归，最明显的特征是关注工作结果，不太注重工作过程。[①] 总体说来，在整个历史发展阶段，特别是当前，英国青年工作的评估更多地受到实证主义影响，建立在以证据为基础上。20世纪末到21世纪初期，以布莱尔为首的新工党政府在英国公共服务中大力推行的新公共管理（New Public Management），实际上是新自由主义思潮的某种延续。在管理主义和新自由主义看来，评估和问责紧紧连在一起，强调对青年工作的控制，追求工作绩效。二战时期，关于青年工作可以依靠其行业自律和专业操守保证服务质量的想法，到现在慢慢发生变化；如今政府和社会都认为通过外在规范的测评更能确保青年工作的服务水平。青年工作和学校教育、社会工作一样，被看作不成熟的社会职业，需要专门的评估。21世纪初，英国政府在推行社会服务现代化中通过各种改革和标准化建设，加大了对青年工作评估的力度。

二　政府对青年工作的评估

英国政府对青年工作的质量评测逐渐建立起一套完备的制度，尤其是在《改革青年工作》（2002）第六章专门规定了青年工作的实践测评。英国中央政府要求青年服务和其他相关机构充分合作，对大量全国性、跨部门和跨区域的工作任务目标作出积极贡献，并提出一些具体建议给地方当局如何利用青年工作资源达成各种指令目标，如增加青年参加体育运动、休闲娱乐和文化活动等。最重要的是，在青年工作历史上第一次由中央政府为地方青年服务制定了具体的工作目标和实践指针，以便各地对青年工作进行评估。

青年服务年度目标

- 13—19岁的青年人中有25%接触青年服务（并兼顾社区文化多样性）；

① Vedung E. Four Waves of Evaluation [J]. Evaluation, 2010 (16.3).

• 在上述25%的青年人中，有60%的青年人取得经过认证的成果，实现个人和社会发展；

• 青年服务关照的对象中，必须照顾到失学无业青年或其他青年问题，如怀孕少女、吸毒、酗酒、滥用药物或违法行为；

• 参与青年服务的人群中70%的人对服务表示满意。①

青年服务特定的实践指标

• 青年平均人头开支/重点人群的人头开支；

• 为青年提供个人和社会发展的机会或活动数量；

• 为青年提供个人和社会发展的机会或活动持续时间在10—30小时，并且有记录结果的数量；

• 为青年提供个人和社会发展的机会或活动持续时间在30—60小时，并且有经过认证结果的数量；

• 为问题青年提供帮助的数量。②

英国教育主管部门除了为青年工作制定明确评价标准外，还有一套质量保证体系。英国教育部委托Ofsted机构每年对15个地方当局的青年服务进行考察评估。通常，青年服务（机构）会提前6星期得到视察通知。正式检查前两天对青年工作的档案材料进行审查，包括统计数据、人员、资源、组织背景等。检查团队会花一星期时间进行正式检查。一般，检查组会在检查周结束前给出一些初步反馈意见。检查报告的文稿准备好后，先送交教育部听取意见，然后正式出版。检查组会在出版前将结果提交给地方当局。报告公开四周内，教育大臣会要求地方当局根据报告中的意见和建议对下一步行动计划作出说明。行动计划的复印件会送交内阁办公室。内阁办公室在随后6个月内会跟踪行动计划，并提出简要的进展报告给教育部的青年服务部门。如果青年服务被评定为不合格，首次检查一年后会安排督导复查，两年后还会有第二次全面检查。极端情况下，国务秘书可以根据2000年学习和技能法以及2002年教育法的授权，采取进一步措施，发布命令督促地方当局立即整改，或将青年服务从地方当局职权范

① Department for Education and Skills. Transforming Youth Work：Resourcing Excellent Youth Services. London：HMSO，2002.

② Department for Education and Skills. Transforming Youth Work：Resourcing Excellent Youth Services. London：HMSO，2002.

围内移出。

青年服务管理人员在正式视察之前，进行自查非常有意义。2003—2004的规划意见书和2002—2003的改革青年工作发展基金指导意见，都鼓励地方青年服务在年度评估和规划程序中运用自查程序表。还有一些地方青年服务（机构）相互之间进行互评工作，也为青年工作评估提供了很好的示范。英国教育部和发展基金还向全国性志愿青年服务组织提供经费补助，鼓励其在工作中采纳自评程序表。教育部计划和NYA、LGA一道，向地方当局提供尽可能的帮助，发展各地的青年工作质量保证体系，促进青年服务工作规范发展。

尽管在青年工作评估中，这种以证据为本的实证主义范式占据了绝对主导地位，但不断有学者和青年工作者对之提出批评，并建议对这种以管理和控制为目的的评估方式加以改进。人们认为这种只注重工作结果的评估方式，与青年工作职业发展特征和追求存有冲突，并将青年工作从业人员和管理评估对立起来。青年工作的一线人员多认为这种评估主要是基于出资人和管理者的利益需求，对自己开展工作是一种负担和约束。此外，实用主义的评价标准将青年工作者和青年人之间面对面的交流对话排除在评估过程外，低估了实践经验的价值和意义。从评估应有的三个目的——问责性、职业发展和工作成效出发，青年工作的评估不能仅仅围绕问责性，还要能促进职业发展和工作项目效果。

三　青年工作的参与式评估

鉴于实证主义评估方式的缺陷与不足，有些学者提出另一种评估方式——参与式评估，作为对证据为本评估的替代或补充。参与式评估方式更多地结合了青年工作遵循的参与原则，坚持赋能给个人、共同体和工作机构分析和解决自己面临的问题，重视参与者的个人见识和经历，通过教育和学习促使项目从业者和参与者积极反思。参与式评估偏重质性方法去收集数据资料，得出结论，也不排除辅之以量化分析方法。通过各方主体广泛参与，集体努力，对青年工作实践得出更为全面深刻的认识，以使用者利益出发改善实践和组织发展。因此，有人将参与式评估的基本准则概括为“谁来评测变化以及谁会从中受益”。参与式评估可以具体分为四种基本形式。

回应型评估（responsive evaluation）。这种方式最早由Stake于1975

年提出，认为人们在评价某事时最自然的行为是观察和反应。[①] 青年工作的评估不应只从政策制定者的目标出发，而应让所有利害关系人都能对青年工作实践的价值和意义进行评估。回应型评估坚持价值多元化，评估工作从不同利益主体的需求出发，有步骤地通过各方利害关系人的会话加以整合，而不能从一开始就根据项目目的将评估标准固定下来。回应型评估非常适合青年工作中不同的利害关系方用自己的思维去理解问题，发现答案和寻求解决问题的措施；并通过评估结果找到有用的信息，提高青年工作实践水平。

赋能型评估（empowerment evaluation）。20 世纪 90 年代，Fetterman 提出了赋能评估观点，其出发点就是让项目活动的管理方、工作人员、出资人、社区成员等有关人员在评估的各个阶段广泛参与其中。通过大家的集体合作，设计和确定用于项目评估的事实证据。这种方法非常有利于过去被排除在决策环节外的相关人员获得各种权能，让他们寻求对评估至关重要的事实材料。青年工作的从业人员和服务对象从过去被动的资料数据提供者，变成了积极主动的评估人。当评估人与项目有直接利益关系后，他们就会为项目实施提出建设性意见和支持，因为他们会积极希望项目取得成功。[②] 这种评估可以让青年工作者积极参与项目，让评估变得更有意义。

从业人员评估（practitioner evaluation）。1975 年 Stenhouse 提出了从业人员评估方法，认为从业人员是他们自身工作实践最佳的评判者。从业人员评估介于赋能型评估和实践反思之间，因而逐渐和行动取向研究方法联系在一起。这种评估让从业人员自己评价自己的工作和机构，知道如何改进自己的工作，完善组织结构。从业人员可以更好地从服务对象的角度去思考问题，提高服务水平。同时，从业人员能够增进对自己职业的自豪感和新鲜感，让他们感知到青年工作专业性和自己对工作的发言权。[③] 不过，从业人员评估方式和主流实证主义评估之间冲突也是最为突出的。

---

① Stake R. To Evaluate an Arts Program［M］// Robert E. Evaluating the Arts in Education：A Responsive Approach. Columbus，OH：Charles E. Merrill，1975.

② Ferterman M. The Transformation of Evaluation into Collaboratin：A Vision of Evaluation in the 21st Century. American Journal of Evaluation，2001，22（3）：81-85.

③ Stenhouse L. An Introduction to Curriculum Development and Research［M］. London：Heinemann，1975

赏识性评估（appreciative inquiry）。1987 年 Cooprrider 和 Srivastava 提出了赏识质询的理论，和传统评估以发现问题和不足为出发点不同，这种评估是以发现工作中有哪些成功之处为起点。Bushe 认为，赏识性评估是一种生成性评估，不像过去评估是发现毛病解决问题。这里所说的生成性（generativity），大意是产生新思想、新观念以及带来新行动。这样，人们可以从新的视角预见未来，发现新的可能。这种评估包括四个步骤：发现、梦想、设计和实施。因此，赏识性质询不仅关注工作评估，还能逐步推动组织进步，将评估从一种“命令——控制”转变为“共同发现和协作”。

参与式评估摒弃了为评估而评估的管理主义，重视青年工作活动的各个参与主体的亲身体验和自主性。因此，参与式评估是一种理想的青年工作评价手段，可以让参与者，特别是青年工作者认真回顾过去，审视现在，计划未来。不过参与式评估需要相当人力、时间和精力投入。不论是法定机构或志愿组织的青年工作者面临的具体事务已经非常繁重，要真正实现参与式评估的理想有一定难度。因此，即便是积极倡导参与式评估的人也承认要完全否定和抛弃传统的实证主义评估是不现实的，只不过要将这两种不同范式的评估有机结合，在坚持问责性外，真正推动青年工作职业发展和理论深化。①

第四节　英国青年工作的监督

监督或督导（supervision），最一般的解释就是监视和督促。监督也是青年工作管理体系中不可或缺的部分。其实，很多时候青年工作的监督和评估往往交织在一起，管理者在评估分析的同时也会对发现的问题进行督导。严格说来，评估更多是对工作质量和效果定性定量分析，监督多是对工作活动挑毛病，找问题，督促改进。

一　青年工作督导的功能

青年工作的监督可以认为是对青年工作实践现场或某一特定环节、过程进行察看、督促和管理，使其结果能达到预定的目标。有人认为监督主要达到两个目的，一是工作人员对其工作机构负责；一是促进工作人员的

① Jon Ord. Critical Issues in Youth Work Management［M］. Abingdon：Routledge，2012.

职业能力发展。还有人提出监督要实现的目的有三个方面，分别是提高（青年工作者）工作能力，对工作实践进行评价和督察以及保持工作热情。这三个方面不仅相互关联，而且任何一方面的缺失都会影响监督的效力，给监督和被监督双方造成不便。1967 年 Tash 最早对青年工作的监督进行研究，认为“监督的功能（虽然有时会帮助青年工作者很好联系其雇主）不是看他们（青年工作者）的工作是否适当，而是在他们需要帮助时提供支持，更好地理解青年工作的性质和特征。”① 可见，最初的监督者并不是以管理者的权威为基础，更多是一种职业发展的目的。随着时代变迁，社会管理加强，监督的功能从最初的职业发展指向朝管理主义方向迁移。

监督有各种类型，不管是管理性监督或非管理性监督，内部监督或外部监督，都离不开参与者的态度和情感，以监督者与被监督者之间的信任、互助为前提。② 青年工作的监督和青年工作一样，应当以对话和提出问题为基础，需要监督者和被监督人之间的相互尊重，互相合作学习。监督是一个督导人和被督导人从对方立场和角度去学习，推动工作不断前进的发展过程。通过系统的监督结构，被监督人可以反思近来的工作实践，依据青年工作的宗旨和原则规划接下来的工作活动。青年工作组织机构可以利用督导，知晓阻碍工作发展的结构性矛盾，寻求办法解决问题。

二 青年工作监督一般规定

青年工作在进行监管活动时也需要有准备计划，分别考虑监督开始之前、进行中和结束后的注意事项。青年工作的监督步骤和方式见表 6-2。

表 6-2 青年工作的监督步骤③

监督步骤	注意事项
监督前的准备	清楚监督的种类 对特征、技能和经验的自我定位

① Tash M J. Supervision in Youth Work ［M］. London Council of Social Service, Reprinted by the YMCA National College. 1984, 2000.

② Hawkins & Shohte. Supervision in the Helping Professions ［M］. 3rd ed. Berkshire: Open University Press, 2006.

③ Kate Sapin. Essential Skills for Youth Work Practice ［M］. London: SAGE Publications Ltd, 2009.

续表

监督步骤	注意事项
建立起监督人际关系	彼此交换上述资料信息； 安排会面 对监督系列工作进行统筹安排 监督记录和保存
工作实践检查	倾听和重视工作体验经历 提供反馈和批评 工作总结综述 找寻工作难点
继续	行动计划 对工作成绩的回顾 明确学习收获 监督关系的结束

监督的种类。监督有各种意图，有的监督是为了坚持和维继青年工作特有的价值准则和职业追求；有的监督则是为了管理的需要，质量保证或得到某种咨询意见。一般可以把监督分为内部监督和外部监督两大类。内部监督是由同一工作机构内的同事或管理人员作为监督人，他们对于工作资源、组织宗旨、机构文化和工作程序十分熟悉。外部监督则是由与监督对象和机构没有联系的监督者进行，他们往往能够为受监管的青年工作带来不一样的工作方式和看问题角度。此外，监督人还可具体由团队负责人、同事同伴，监督合作人或专家顾问担任。由管理人员或负责人实施的监督通常包含了对具体青年工作活动的评介、责任分担、监督和工作发展的评估。对学生实习监督主要是对其学习完成情况和取得成果的评价。同事间监督则是从彼此共同的职责和工作背景出发，为对象提供个人反馈。合作型监督一般是合作双方在平等关系基础上为对方提供监督，没有机构等级差别。顾问型监督通常由外来的专家在比较短的时间内查看，为监督对象提供独到的知识见解或经验教训。当然，青年工作组织机构还可以根据自身需要和实际开展其他形式的监督管理。

青年工作包括青年工作者都有必要得到其他人的监督和帮助。事实上，许多青年工作者没有得到有效的监督或接受的监督非常不规范，有的监督只是强调对被监督人的管束和遏制，并不能带来青年工作的真正进步。

自我定位。在监督正式开始前，参与者们都应该花时间对自己在监督环节中的特长和不足进行认真思考。每个人，尤其是监督主体，要分析总结自己的能力、知识、态度和价值观念，这些因素与个人背景、政治参与和工作经历都有直接关联。通过自我定位，监督者可以更清楚明白自己能够给予被监督人的支持帮助。同样，监督对象知道自己的需求后能够为监督过程确立起明确的对象和内容。

监督中自我定位的实践范例[①]

一位经验丰富的青年工作者被要求为刚刚获得职业资格认证的青年工作者提供督导。后者目前刚开始带领一个青年团队，任务是要提高这些青年女性的受教育程度，并帮助她们追求职业发展。在与被监督人会面之前，监督者先是回顾了自己的人生经历和工作观念，知道自己的优势和差距。监督人自己本身没有和青年女性团体工作的经验，不过常常和男女混合的青年团队一起互动，所以对青年女性遭遇的问题有一定了解。随后，监督者还参观访问了专门针对青年女性以及反性别歧视的活动项目，阅读相关书籍，和其他同事讨论如何与年轻女孩交流的方法。监督者在自己负责的青年团队工作中，加大了对年轻女孩的同辈教育训练，以及开展了针对青年女性性意识和自信心的活动。通过各种自我定位和职业能力提升，监督者可以给予新同事很好的指导和反馈，给她最新的学术资料。

在正式监督开始前，监督者和对象之间可以就监督过程中的基本规则或行为边界进行讨论，达成基本共识。比如“哪些时间或什么场合，我不希望彼此进行联络”“间隔多久大家进行碰面，或每次会面大概持续多长时间”“我希望可以从中学习到什么有用知识，或得到何种帮助和信息”“什么问题，我会报告给上级负责主管或教育机构，甚至社会福利官员和警察”。对关键问题的讨论，不仅为下一步工作作出布置，还让监督和被监督双方有机会了解认识对方，对于双方在监督中的人际关系有了基本定位。

监督记录。监督人做好记录非常有意义，因为它反映了监督对象的语言和思想，让监督人更好地了解到对方的实际经历和思想观念。如果在每次监督活动结束后，双方一起复查记录是否完整准确，能让双方一起明确

① Kate Sapin. Essential Skills for Youth Work Practice［M］. London: SAGE Publications Ltd, 2009.

关键议题，并对接下来的监督环节和行动预先有所准备。当然，在准备阶段大家应当就监督记录的目的和内容达成一致。督导方要让对方清楚监督记录是否会作为考核证据，或会被披露给其他人或机构。比如，项目负责人作为监督人时，经常会将督查和青年工作质量保证体系联系在一起。如果是对青年工作专业的大学生实习活动进行监督的话，最后总是会以成绩考核形式出现。在监督记录之前，双方能够协议在先，就能减少事后意想不到的麻烦和纠纷。

一般结构。监督工作通常间隔一段时间定期开展，而且形成了比较固定的框架。这样不仅可以保证有充足时间仔细考察相关问题，也能验证计划是否发挥作用。虽然框架不是唯一的充分条件，但它可以让整个监督过程有聚焦点，明确讨论主题。监督人有责任让监督过程顺利向前推动，不过被监督人也应当为监督工作提出建设性意见，例如和督导商量如何在有限时间内找到青年工作实践中的重点难点问题。这样的对话方式才能使得监督工作更加切实可行。具体可参见表 6-3。

表 6-3　　青年工作监督工作的日程安排①

工作事项	督导的工作	被监督人的行为
1. 开始	开场寒暄； 让对方谈谈工作有无任何积极成果或进展	会面前可以先回想自己近来工作表现，可供讨论的积极或消极方面
2. 进入正题	本次会面我们需要谈论的事项； 上次有无遗漏问题； 是否列出清单	携带必要的工作记录或工作日志； 事先确认工作中的问题
3. 回顾和总结	让对方综述正在进行的青年工作项目活动的具体进展和情况； 计划进展如何	提出自己工作中遭遇到的困惑； 提供充足的信息，便于督导了解相关背景
4. 问题	对提出的问题进行深入具体分析	复述出具体细节，如言语表达、情绪感受等
5. 计划	针对出现的问题可以提出何种计划； 对方在开展的青年工作项目中有无新计划方案	找出任何对计划实行的现实不利因素

① Kate Sapin. Essential Skills for Youth Work Practice [M]. London: SAGE Publications Ltd, 2009.

续表

工作事项	督导的工作	被监督人的行为
6. 下次会面	下次会面的时间地点等安排	确认下一次会面安排，提出疑虑
7. 记录	一起确认会面中的重点都被记录下来	检查记录的准确性

督导会面中，监督者必须熟练地驾驭反思、倾听和反馈三者之间的关系。起初，督导人要鼓励被监督人回忆最近的工作经历。随着被监督对象深入具体描述自己的工作情况，监督人必须注意抓住对方表述中的细节，有些是话语中的词语表达，有些是传递出的情感态度等背景资料。只有监督人认真仔细地聆听，才能对被监督人的工作有全面深入的了解。有时，监督人应当及时对被监督者的话语给出回应，表示自己的关心和兴趣，鼓励对相关问题继续挖掘。①

督导对被监督者的工作实践除了认真听取汇报，还要给出相应的肯定或批评，并能提供进一步思考的建议。监督方一定要对被监督人工作中的优点和成绩给予积极反馈，肯定其运用到的技能和知识理论。得到肯定后的被监督人可以清楚哪些方式可以继续用于青年工作活动中，制定下一步工作计划。同时，监督人不能忽视和回避被监督人工作中的不足和问题，尤其是发现被监督人有不恰当的言论，态度或不甚在意的错误时，督导方有责任和义务让被监督人意识到问题所在，能够从工作失误中吸取教训。为了让青年工作者不断更新观念，勇于尝试新的工作方式，督导可以有意识地为之提供看待问题的新视角和新方法，改变被监督人的既定工作思维模式。督导要提供切实可行的反馈意见，需要对被监督人的角色和职责有清楚界定，还要考虑到被监督人的工作背景，知道其工作类型，可支配的资源以及掌控的权力界限。只有充分了解被监督人的工作实际情况，才能提出具有建设性的积极反应和对策。

当然监督工作并不只是简单聆听，而是能够对青年工作者的工作实践进行总体评述，将职业要求和原则贯彻到实践中去。督导帮助青年工作者关注到工作的不同方面和环节，涉及对工作项目活动的整体表现，以及具

① Rogers C R & Farson R E. Active Listening [M] // Ferguson & Ferguson. Organizational Communication. New Brunswick NJ: Transaction Publishers, 1987.

体的工作职责履行，近段时间工作进展，或新近出现的难题和困惑。督导可以充分利用青年工作者的记录表格、工作日志、评价标准等，和青年工作者讨论是否达到了专业水准和职业要求。一般，督导首先帮助青年工作者知晓组织机构管理目标，分析其劳动时间分配是否和青年人需要、项目宗旨、岗位责任或学生实习要求相匹配。有时候，青年人的需要，组织的希望或职业追求之间本身会出现不协调，督导应当帮助青年工作者寻找出现实可行的方法，进行协调，推动青年工作向前发展。监督过程应积极鼓励青年工作者自己找到并利用有利的工作条件和资源，寻找解决问题的措施，制定工作计划。督导一定要对青年工作者的想法观点表示兴趣和关心，但也不必为他们给出所有问题的答案，让青年工作者可以自己发现不足，用诚恳的态度对待工作。因此，督导不仅是查看青年工作实践中的问题和不足，还帮助青年工作者提高职业能力水平和知识素养。督导可以在监督过程的某些关键节点，专门让青年工作者思考总结这一阶段自己的体会收获。

在监督工作的尾声，监督者应该让青年工作者对监督工作及过程进行反馈，看看整个督导工作是否发挥作用，督导是否应该继续或者有所变革。这也是以被监督者的角度看待和评价监督工作是否满足青年工作者的实际需要。

三　关于青年工作监督的争议

正如前面一节中提到的，新自由主义支配下的现代公共管理使得青年工作领域中的支配权从一线从业人员转移到政策制定者和监督审计人员。针对现代化管理的要求，青年工作普遍采纳制定预定目标，精细化管理和外部审计的管理体系和结构。在包括青年工作在内的社会公用事业里，监督和外部审计联系在一起，越来越成为一种追求和达成目标任务的自上而下的监视和督促，在法定青年工作部门中这种现象尤为突出。近来英国的学者也在不断批评这种一味从管理主体角度对青年工作者进行问责的监督文化，要求监督必须保持好问责和支持、学习三者间的平衡。

首先，对“问责”（accountability）的狭隘定义进行批评。问责被很多人理解成仅仅是青年工作者向其所在组织机构对预定目标任务完成情况的负责。因此，青年工作者的服务实践和一套标准化准则高度一致，其工作自主性大大削减或被取代。有人评价，这样的监督机制让青年工作者不再关注自己可以在工作中做什么，而是小心翼翼地保证自己不要去做什么。[①] 更全面地理解“问责”含义，应该在青年工作者对工作机构的问责之外，增加对服务对象的问责，对青年工作者自身的问责，以及对整个青年工作职业伦理和价值的问责。如此一来，被监督者即青年工作者成为监督环节中的积极参与者，监督人或督导的角色从高高在上的“监工”变为一个“提出问题的人”。青年工作的监督应该和青年工作坚持的基本原则一样，以对话和提出问题为基础，不管是监督者和被监督者都要为监督过程承担责任，双方通过坦诚的对话，提出问题，相互学习。

当监督者和青年工作者进行公开坦诚的会话，双方要清楚意识到社会权力分配和运作对他们的讨论和青年工作本身的制约。权力以不同的层面出现在人与人之间、文化意识之间或社会制度和结构之间，它构成了任何一种监督关系存在的背景，对政策制定和机制运作产生复杂影响。监督应该充分考虑到青年工作实践活动所面临的外部组织环境，特别是政治经济背景，用发展的眼光看待和理解不同组织、社区和青年人需求间的冲突和矛盾。否则，所谓的监督会演变为“指责和辩解的怪圈，其他人都是自己的对立面和敌人，问题总是别人而非自己引起的”。[②]

其次，要打破这种互相对立的监督怪圈，建立起双方对监督工作的信任非常关键。其实任何人际关系的存在，信任都是必不可少的要素，监督关系也不例外。只不过 20 世纪八九十年代以来，管理主义和审计方式盛行，逐渐侵蚀青年工作中人与人之间的信任：内阁政府和管理人员，管理人员与从业人员，青年工作者和对象青年人之间的信任。当然信任这种情感态度不可能通过命令和服从得以发生，它依赖于双方的自愿和互惠。作为青年工作的管理方应当为建立互信发挥带头作用，可以积极吸收借鉴有助于正面认识青年工作者工作态度的观点。Proctor 提出过这样的观点，“（人们应当抱有这样）一种美好的假设，那些愿意从事服务事业的专业人士和从业者，本人都会亲自监督自己的工作实践，愿意积极不断总结学

① Chaharbaghi K. The Audit Dilemma in Public Services [J]. International Journal of Critical Accounting, abstract accessed at www. uel. ac. uk/business/staff/kazemchaharbaghi. htm, 2010.

② Bolman & Deal. Reframing Organization, Artisty, Choice and Leadership [M]. 2nd ed. San Francisco: Jossey—Bass, 1997.

习提高专业技能，并且会对他人的支持和鼓励给予积极回应。”①

此外，监督关系的建立脱离不了组织文化和职业风尚等社会背景影响。当前，英国青年工作管理中占据主流地位的是实现目标任务，规避风险的管理文化。因此要缓和监督中的紧张关系，应适当允许青年工作者可以在工作中冒一定风险，从失败和错误中总结学习。这不仅促进了监督者和被监督者之间的信任度，还增进了组织机构和成员间的社会资本和精神创新。总体说来，监督双方主体之间信任的建立是一个渐进发展过程，监督者要让自己和被监督者为双方的人际互动行动起来，那么他们之间的信任就会慢慢增加。

最后，针对技术理性青年工作管理监督模式，一些英国学者提出了社会建构主义的监管模式。以技术理性为代表的管理以实证主义为支撑，认为青年工作实践存在某种唯一真理，人们可以通过实验论证总结出来，并推广使用。它将客观凌驾于主观之上，推崇标准化，抑制创新。现实生活中，青年工作者每天实际面临的日常工作和现象并不是以整齐划一方式出现的，日常的青年工作实践活动千变万化、错综复杂。社会建构主义监督范式，强调双方的对话，将监督当作是一种合作，而非上下级间的管理。它让监督者和青年工作者有机会对制度和政策提出疑问，从不同的角度寻找看待问题的新观点和解决之道。监督者以社会建构方式建立起监督关系，会推动监督透明、合作和思想交流，让监督过程变成双向学习对话，不仅限于监督者以专家身份自上而下传授经验。在监督双方相互信任前提下，全面认识管理问责的基础上，以社会建构主义指导的青年工作监督能够将其三个基本功能——问责、支持和学习，进行整合和调衡。

青年工作是英国现实社会中的非正式教育，它的功能发挥离不开社会的重视支持和监督管理。英国政府通过立法等手段，不断加大对青年工作的监管。从 20 世纪以来，英国青年工作经历了从顾问型督导型到经理人制的管理模式。进入 21 世纪，在新公共管理体制下，青年工作的管理文化主要体现出物有所值的社会效益要求。因此，当下的英国青年工作更多地通过工作流程、财务收支、人力保障等环节，以项目运作的方式实现有效管理。近些年，英国中央政府和地方当局开始为青年工作规定任务目

① Proctor B. Group Supervision: A Guide to Creative Practice [M]. 2nd ed. London: Sage, 1998.

标，进行工作实践测评，并将监督和评估交织在一起，通过分析评价对青年工作相关问题进行督导。

本章小结

- 青年工作是英国现实社会中的非正式教育，它的功能发挥离不开社会的重视支持和监督管理。英国政府通过立法等手段，不断加大对青年工作的监管。英国青年工作具体经历了从顾问型到督导型，再到经理人制的管理模式。
- 新世纪，在新公共管理体制下，英国青年工作管理文化主要体现出物有所值的社会效益目标。因此，英国青年工作更多通过工作流程、财务收支、人力保障等环节，以项目运作的方式实现有效管理。
- 近年来，英国中央政府和地方当局开始为青年工作规定具体任务目标，进行实践测评，并将监督和评估交织在一起，通过分析评价对青年工作相关问题加以督导。

第六章

英国青年工作的评价

本书的前六章分别论述了英国青年工作的历史和现实，理论与实践，对英国青年工作的认识从一般抽象概括发展到较深入、分层次、不同方面的分析研究。从综合角度看，还有一个重要任务没有完成，那就是整体评析英国青年工作发展过程中的优点和不足。这是本章的主要内容，这一内容有助于加深对英国青年工作的认识，也使我们反思，为我国青年思想政治教育提供理论借鉴和现实参考。研究人类社会类似马克思主义理论和中国共产党话语中的思想政治教育现象，学习借鉴人类社会一切思想道德建设成果，对丰富和发展我国思想政治教育是十分必要的。

第一节　英国青年工作的积极因素

英国作为青年工作最早成型的国家，其青年工作不仅为其他西方国家处理青年问题提供借鉴，而且作为一种特殊的思想道德教育形态，其积极因素对我国思想政治教育也很有参考价值。

一　贯彻非正式教育理念

英国青年工作的形成和发展有其特有的历史背景和思想渊源，和我国思想政治教育的理论实践对比，非正式教育的理念不仅是英国青年工作最显著的特征，也是最值得我国思想政治教育思考借鉴的方面。

不论是英国的思想家、教育家，还是社会组织和政府主管部门，都有一个基本共识：青年工作不是单纯意义上为年轻人提供休闲活动，而是对青年进行自我管理和公民教育的一种非强制性训练，是最广泛意义上的一种教育（方式）。在英国青年工作的研究文献中，经常可以看到非正式教育（informal education）一词，并且常常和青年工作这个概念进行替换。

虽然非正式教育还包括成人教育、社区教育、闲暇教育等多种表现形式，毫无疑问青年工作是非正式教育最典型的代表。

确切地说，非正式教育并不是英国法律明确规定的正规职业称谓，它更多的是一种理论研究的学术概念。一般意义上，我们每个人都可以在日常生活中成为一名教育者。例如，我们会鼓励自己的朋友聊聊他们的遭遇，让他们处理好自己的情绪，想清楚下一步的打算。作为父母，我们可以向孩子演示如何书写或系鞋带。有时，我们把某种自学成才的过程看作一种非正式教育。譬如，当你打算垂钓之前，可能会事先阅读相关文章，购买资料，寻找其他的志同道合者。不过，这里要谈及的非正式教育是一个特定的概念，特指由某些专业人士（主要有青年工作者、成人教育者、社区教育工作者）通过其工作实践进行的与学校教学不同的教育活动。与一般意义上以朋友、家长身份进行“教育”不同，这些专业人士进行的非正式教育通过特殊的工作方式能够给教育对象带来不一样的视角和看法。从这种意义上讲，非正式教育有这样四个特征：

第一，交谈（conversation）是非正式教育的中心。非正式教育是通过会话与他人（受教育者）建立联系，进行下去的。在这个教育过程中，教育者必须花费时间倾听、交谈，分享人们的生活经历。Blyth 就曾这样形容，“（交谈）是建立起联系的自然过程”①。因此，交谈在非正式教育中有非常重要的地位。虽然这种交谈往往很难预见其结果，但“交谈可以改变你看待世界的方式，甚至改变这个世界”②。非正式教育通过人与人交谈中激发出来的思想观念作为指引，而非事先安排好的教材和大纲。教育者在会话中抓住恰当的时机通过言语或行为来加深人们的思考，或联系自己的情感。所以说，非正式教育没有课堂教学所谓的教材和教案。

第二，非正式教育是一种不断探索和发掘生活经历（经验）的自发行为。自发性，一方面可以说是非正式教育工作者对于会发生什么样的状况，并不要求事先作出万全准备，也常会遭遇到许多“意外”状况；另一方面，这也正是非正式教育可以有所斩获，得到回报的区域。在自然发生的非正式教育过程中，教育者挑选合适时机可以进入到人们的情感、经历和人际关系的世界里去，鼓励人们认真思考。正如杜威所说：“教育事

① Blyth C. The Art of Conversation [M]. London: John Murray, 2008.

② Zeldin. Conversation: How Talk can Change Your Life [M]. London: Harvill Press, 1999.

业可以被看作是日常经历的解放和放大。”① 非正式教育的目的就是帮助人们加深对其经验的理解，让人们获得解放，不会成为受生活摆布的受害者。

第三，非正式教育没有时间和场所限制。可以在任何时间，任何地点进行，这是非正式教育与正式教育最易察觉的区别。后者往往发生在特定的场所，如学校、教室。当然这种区分并不是绝对的，实际上正式教育也可出现在其他地点，例如教师可以带学生到市场购物来教授算术加减法。显而易见，非正式教育的工作方式没有定式，但同样可以针对正规的话题。非正式教育工作者可以在人们日常生活的各个角落出现，与人们进行交谈会话，同时又能抓住谈话中的某一点为契机，帮助他深层次地理解其经历，提出更有针对性的问题。例如，非正式教育工作者可以与一群妇女在家中或健康中心喝茶聊天，其间有人提出关于妇科肿瘤方面的问题。非正式教育工作者可以提议她们阅读相关资料，相互交流；也可以专门安排一段时间组织一门课程；再或者，非正式教育工作者对某些个人进行单独指导。所以说，学校教师可以在某些时候用非正式的方式开展工作，而非正式教育亦可以通过课堂开展教学活动。两者的区别，是它们各自强调的重心不同。

第四，非正式教育的目的是促进人类共同体或人与人之间的联合。一方面，非正式教育的目的和其他形式教育没有区别。非正式教育有时关注健康饮食，有时关注家庭关系。归根到底，非正式教育是要建立一种让人们生活幸福和充实的人类共同体和人际关系。杜威提倡的教育是让人们能够分享共同生活，也正是非正式教育要实现的目标。因此，非正式教育积极承诺的目标可以概括为：为了所有人的幸福；尊重每个个体独特的价值观和尊严；对话；平等和公正；民主和公民积极参与。

英国青年工作通过非正式教育巧妙、隐蔽地完成了对青年人的意识形态传播，维护资产阶级的统治地位。最初的青年工作宗教组织就是想通过教育，使青年养成服从、守纪律、自尊等所谓纯正的基督教义。男孩军团组织的发起人 Ardwick 就说过，（青年）执着于粗鲁的运动项目，低级的娱乐活动，饮酒，赌博，这些都是违背上帝的行为，这样打发空闲时光对

① Dewey J. How We Think ［M］. New York：D. C. Heath，1993.

工人阶级青年十分不利。[①] 基督教义的传播和将中产阶级的价值观强加给普通大众，直到现在仍然继续着，只不过披上了不同的外衣。不管是在法定青年工作机构还是社会志愿性质的青年组织中，接受帮助和服务的很多青年都是来自工人阶级和中下阶层，但是这些机构和组织的核心运行则是由英国中产阶级或富裕阶层掌握着，他们开展的各种工作活动必然是以中产阶级的价值观为基础的。所以，有学者直接承认青年工作，尤其是法定的青年服务，就是一个进行思想控制的社会教化部门，以白色人种为主的男性控制着英国青年工作，尽管如何与青年群体开展更有效的联系活动的创新性和专业性受到鼓励，但一旦涉及反对压迫这样危及统治的新想法、新措施却是被压制和反对的。[②] 英国青年工作体现了 20 世纪西方道德教育反对传统的道德灌输思想和对教育对象的主体性高扬，力图一种“无灌输的道德教育”。

思想政治教育作为中国共产党的优良传统，是学校教育的重要组成部分，特别是高校思想政治教育一直是对青年进行思想道德教育的主渠道。思想政治教育是一个社会主流意识形态建构、维护与发展的特殊政治实践活动。作为一种客观存在，思想政治教育具有极为丰富的存在形态和复杂的运行体系。令人遗憾的是，我国的思想政治教育工作以及思想政治教育学科研究对于思想政治教育的理解越来越片面，让我们在面对面地和青年打交道中道路越来越狭窄。造成这种局面，和整个教育观在传统教育理论指导下形成的局限分不开。从夸美纽斯到赫尔巴特，是现代教育学理论体系的创建时期。这是一个以实证知识为基础的近代经验自然科学挣脱神学牢笼而获得大发展的时代。笛卡尔的“我思”主体观、莱布尼兹的单子论、培根的知识论，以及经验自然科学的知性思维方式，是传统教育理论体系得以确立的思想基础，同时也是传统教育理论局限的根源。因此，现代教育普遍存在“学校教育的知识中心主义”。教育作为人类社会的一种进化机制，与社会生活紧密联系在一起的。在教育发展的初期，教育和社会生活处于混沌的统一状态。随着社会结构和功能的分化，教育在形态上

---

① Simth M. Developing Youth Work：Informal Education，Mutual Aid and Popular Practice［M］. Milton Keynes，Philadelphia：Open University Ppress，1988.

② Baljeet S G. Working with Boys and Young men in Working with Young People［M］. Dorset：Russell House Publishing Ltd，2001.

分化出制度化的学校教育和非制度化的社会教育。[①] 正是因为当前教育理论长期对教育概念的狭隘阐释，以及对学校教育过度强调，客观上抑制了人们对学校以外教育活动的自觉意识。这样的认识在当下我们探讨青年思想政治教育工作中，表现得非常明显。只要我们一谈到加强对青年的思想政治教育，十之八九都是围绕着学校课堂、“思想政治理论课”教学展开讨论，使人们认为学校能够并且必须包揽青年思想政治教育的任务。

思想政治教育单纯依靠学校教育和知识灌输的危害尤甚。以青年的道德成长为例，道德教育不仅包括道德知识的传授，还需要情感、态度、意志和行为习惯的培养。既然人的道德素养构成是知、情、意、行的综合体，仅仅依靠认知的学校教育模式，不可能全面解决道德教育的问题。思想政治教育的现状正是一种强行从社会生活中圈出一个片段作为自己教育领域，被压缩在学校的教学活动中，它所向受教育者展示的只能是经过理性过滤和分解的“客观—科学世界”，却没有能力呈现丰富多彩的“生活世界”。马克思主义哲学在揭示人的本质时指出，人的本质在其现实性上是人的一切社会关系的总和。人的发展，就是人的本质在人的主体能力的提高中不断得到确证、丰富和实现的过程。只有在社会关系的扩展宏丰中，人的发展的全部内容才能得以完整、现实地体现。因此，从交往的角度理解教育活动不仅限于学校的时空，而且是与社会生活交织在一起的。学校教育只是教育的一个特殊环节，思想政治教育活动同样如此。

近年来一些学者在理论研究中指出思想政治教育中的不足，提出了宏观思想政治教育的观点，指出我们不应该将思想政治教育过程偏执地视为一种特殊的教育活动，还要关注学校教育体系之外的思想政治教育以及思想政治教育的众多社会实现形式。[②] 从历史角度看，非正式教育的存在早于正式教育，更是远远地提前于以学校为渠道的公共教育。所以，英国青年工作的非正式教育理论对我国拓展思想政治教育的渠道和途径，丰富思想政治教育的其他社会实现形式，非常有参考意义。

---

① 项贤明：《泛教育论》，山西教育出版社 2004 年版。

② 沈壮海：《宏观思想政治教育学初论》，《思想理论教育导刊》2011 年第 12 期。

二 采用政府联合社会力量的运行模式

英国青年工作的一个特色和优势，就是它在历史发展进程中自然而然形成了政府职能部门的法定青年工作和社会组织的志愿青年工作两套组织体系和运行模式。青年服务在其历史演变中，并不是单一性质的组织架构，而是一种复杂的合作关系。其青年工作起源于19世纪的慈善团体对青年的帮扶活动，志愿服务一开始就成为英国青年工作的中坚力量。到20世纪两次世界大战期间，政府（具体代表为地方教育当局）开始了法定青年工作，并在20世纪下半期逐渐掌控青年工作的主导权。政府一方面注重对各地青年工作的领导，一方面又谨慎小心处理和志愿组织以及其他社会组织的关系。在英国政府各个时期重要的青年工作文件和报告中，一再声明要大力保持和发展与志愿青年工作等组织间的合作关系。具体表现为：

第一，政府通过各种方式巧妙地掌管着青年工作的主导权。最初，英国政府为了安抚志愿团体，声明自己只是传统青年工作的辅助方，无意干涉志愿组织的青年工作。等到艾伯马报告时期，政府指出教育大臣有责任通过制定政策文件向各方合作者传达清晰的工作理念。教育大臣要么通过制定官方文件，要么发表公众演说。他的决定非常重要，深刻影响大众观点、社会需求和反应。[①] 尽管20世纪下半期，政府对青年工作的影响力一再加强，但不管是保守党政府还是工党政府，都没有或者拒绝用正式立法来明确其掌控者的法律地位。国家更多地使用间接方式来逐步确立其对青年工作的主导。以撒切尔政府为例，虽然当时英国政府对青年工作重视程度不高，但国家作为社会政策制定者的想法十分明确和坚定。对于青年工作这种社会政策比较边缘的部分，撒切尔政府也积极利用错综复杂的财政杠杆施加影响，通过一些特定项目有选择性地将资金注入到青年工作中。这些特殊的项目实际上反映出政府部门的真实意图和想法，并且形成了政府通过项目方式将财政资金投入到青年工作的模式。政府这种非手把手的控制手段，其好处是保持志愿组织的自治性，同时确保地方当局对于本辖区青年工作的引导。

① Her Majestey's Inspectorate. The Youth Service in England and Wales. The Albemarle Committee, 1960.

第二，政府一贯重视发挥社会组织的作用，为志愿组织参与青年工作提供支持，建立互动合作。英国政府认识到青年工作不应也不能是一种单一性质的组织架构，而应当维护一种复杂的合作关系。在公共政策和公共服务的发展实践中，地方当局和志愿机构、社区组织的身份各异，又相互补充。地方当局发挥关键角色的作用，创造一个适宜的环境，帮助志愿组织进一步开展青年工作。地方当局给予志愿青年工作组织支持和资金，通过各种途径将志愿组织吸收为合作伙伴，参与青年工作的发展规划、资金分配和服务实践。地方当局和志愿组织在青年工作方面的合作非常多，据1998年的统计，各地向社会志愿部门发放的资金援助总计3620万英镑，有6个地方将当地青年服务财政经费的一半以上投放给志愿组织开展青年工作。41个地方当局和志愿组织建立了正式的联席会议制度，联络机构一般是当地的志愿组织联盟或市政议会中的志愿组织部门。个别的地方将青年服务基本上完全委托给了志愿组织去完成。有的地方还专门制定四年资金援助计划，和志愿组织一道设计统一标识，或者在年度报告或出版刊物中将志愿组织的青年工作纳入其中。①

英国政府不仅通过活动项目的方式，让志愿组织具体承担了相当多的青年服务任务，甚至让民间机构参与负责青年工作领域中的某些监管职能。比如，国家青年局（NYA）最初隶属政府体系，后期脱离英国政府成为独立的社会公益组织。因其特殊的历史背景，NYA以半官方身份负责对青年工作的人才培养和职业认证进行组织和监管。某些开设青年工作专业的大学，定期需要接受NYA的检查，确保青年工作者的培养符合高等教育标准和职业要求。这种做法，既减轻了青年工作行政管理中的官僚化，又在一定程度上保证监管的独立性和公正性。

尽管最近几个世纪宗教的影响力在下降，但教会仍是青年工作的重要力量。政府机构也非常重视和宗教慈善组织开展在青年工作方面的合作。甚至，当政府财政困难，收缩青年工作资金投入时，教会成为青年工作的最大金主。

第三，政府在青年工作中与社会的合作不仅发生在法定青年工作机构和志愿组织之间，还向商业或私人组织延伸。从20世纪70年代开始，英

---

① Department for Education and Employment. England's Youth Service—the 1998 Audit. Leicester: Youth Work Press, 1998.

国政府就尝试青年服务与大中型企业建立联系，让青年参与到企业社团，企业人力资源管理人员和青年工作者进行更多合作。同时，青年工作与咖啡馆、度假屋等商业服务机构进行合作，双方可以相互使用各自的工作场所开展活动，给予青年更好的体验。英国政府在主导青年工作中，十分注意避免青年服务孤立发展的局面。在 2005 年的《青年重要》文件中，英国政府推行了一项新的计划——机会卡（opportunity card），地方当局有选择性地和一些提供体育娱乐休闲等建设性活动的商业机构建立紧密联系，持卡的青年人可以按规定在相关服务机构活动消费时获得折扣。如果青年参加志愿服务或取得其他奖项成就时，政府还会继续为机会卡充值以此作为青年人的奖励。[①] 通过这种方式，政府将商业和私人组织也有效地纳入到青年工作体系中来，既为青年人的成长提供方便，也拓展了青年工作的渠道。

思想政治教育诸要素相互关系中，教育主体起着主导作用，马克思主义者十分重视思想政治教育主体的作用。思想政治教育的主体具有不同的类型，既有思想政治教育个体和群体，又有思想政治教育正式主体和非正式主体。我们也一直有加强社会组织和民间机构参与思想政治教育的想法，毛泽东指出：“思想政治工作，各个部门都要负责任。共产党应该管，青年团应该管，政府主管部门应该管，学校的校长教师更应该管。”[②] 不过现实情况是，愿望强烈，行动却迟缓。这里面有诸多原因，我国政府机构过于强大，民间组织和志愿服务仍处于起步阶段。政府在思想政治教育中要么大包大揽、没有为社会组织预留下空间；要么事无巨细，勉为其难，没有合意的社会助力。英国青年工作经过长时期的演化，已经比较成熟地形成了以政府为主导，广泛吸纳各方社会力量的运行模式，这为我国思想政治教育主体之间加强合力提供借鉴。通过英国政府、地方当局、志愿组织和其他社会组织相互作用而推进着具体青年工作活动的进程，表现出依循相应的制度与机制而展开的复杂运行体系，有着多种多样以潜隐的形式发挥潜移默化作用的方面。我国应该从中学习英国政府如何牢牢为青年工作发展掌舵，同时不用对任何事情指手画脚，为社会组织和个人留下参与青年工作的自由空间，提高党和政府对思想政治教育的

① HM Government. Youth Matter. London: Department for Education and Skills, 2005.

② 《毛泽东、邓小平、江泽民论思想政治工作》，学习出版社 2000 年版，第 84 页。

掌控力，又能激发社会力量进行思想政治教育的热情和活力，提升思想政治教育的社会化水平。思想政治教育的本质要求我们将国家机器掌握的一切教育体系纳入自己的运行系统，又能调动一切可以调动的社会体系加入“主旋律的合奏”。

三　坚持参与自主的基本原则

思想政治教育是一项特殊的实践活动，实践对象不是处于消极被动状态的没有主体性的物。思想政治教育者应把自己的实践对象真正当作人来对待，尊重、关心、理解青年，激发和引导他们的主体性。英国青年工作在调动青年积极主动性，提高教育实效方面的经验值得我们参考。

第一，青年自愿选择参与青年工作，突出青年人的自主性。自愿参加和志愿帮助是青年工作的首要优势。自愿参与，代表了成年人享有的自由和权利。义务制教育是学校教育的基本特征，而到俱乐部、青年中心则是青年人基于自己的意愿。英国社会认为，给青年选择自由是和他们获得独立和成熟相适应。青年工作者不能因为主观认为有益于青年就强迫青年参加活动。青年加入青年工作，不是被迫而是被吸引过来的。英国青年工作首先是为青年人提供和成人、同辈进行交流互动的场所。在团队生活的联合中青年工作者利用友好互信的关系氛围开展学习培训，为实现青年向成年生活的转变做准备。青年工作为青年人提供放松的同时，尽可能给青年人提供迎接挑战的机会，充分发展他们的思维能力和综合素质。英国青年工作的非正式教育性质，不会像学校教育突出教育的主、客体之间的权威指导和接受服从之间的关系，要求青年工作者以极大热情和高度责任感对待青年人，尊重接纳青年，从思想上、学习上、工作上以及成长与发展等方面关心青年，促进青年人的福利和社会公正。青年工作主张在人与人的交往中，通过对话、活动，让青年人接触教育者传递的社会思想观念和价值准则。我国的思想政治教育主要还是以一种自上而下、由外向内的灌输方式进行，受教育者尤其是青年人的主观能动性没有得到有效开发。今后，我们可以进行更多思想政治教育模式的尝试，让青年人通过组织活动和交往开展行之有效的教育创新。

第二，青年工作的参与原则，鼓励青年深入青年工作的决策、执行等具体过程，培养青年人的公民责任意识和行动能力。青年不仅可以自由选择参加青年工作提供的各种服务，而且根据参与的基本原则，青年对青年服务有发表意见的权利，对关系到他们切身利益的决策可以发挥影响力。早期的青年工作让青年自行组织俱乐部内部选举，到慢慢放手让青年实行活动项目的自我管理，到现在青年可以对青年工作的基本决策表达他们的观点，让社会和政策制定者听到他们的想法。英国通过立法要求相关青年服务必须要有儿童和青年的积极参与，将青年视作青年工作的伙伴（partner）。2005 年的《青年重要》中规定："我们首先的挑战，是让青年人自己去控制他们可以做什么，去什么地方。我们不想政府机构对他们的想法做二手的猜测。"新工党政府推出的"机会基金"，让地方当局根据当地青年人的兴趣和愿望，发展相关的青年项目，如青年咖啡馆或体育团队，关键是要让青年人自己可以决定基金的分配使用。青年在改变、影响、指引或控制他们自己的活动和服务中，学会对自己作出的决定承担责任。英国青年工作以建设性和积极的方式善用青年人的力量，帮助青年获得信心，管理他们自己的组织，思考自己给他人带来的影响，以及与社会的关系。通过参与，青年人不只对与他们有直接利害关系的事务感兴趣，他们还学会为自己和他人承担起责任，以公民的姿态为将来的民主生活积极准备。

第三，青年工作者以积极的姿态和青年建立起平等尊重，友好互信的交往关系。不管是吸引青年人主动接受青年服务，还是鼓励青年人积极参与青年工作，青年工作者和青年人之间的关系维系是发挥青年工作教育职能的关键。青年工作将青年工作者和青年之间的关系和交往视作非正式教育的基石，是主体间对话、行为反思、价值观建构的前提。青年工作负责为青年创造一个轻松的交往氛围，让他们对自己的疑问进行探索并积极寻求答案。这种关系必须肯定和重视青年人，双方以诚实、信任、尊重和互惠为原则建立人际交往。青年工作者在交往中积极看待青年人，不能用个人道德标准进行评判。双方的交往不能以青年工作者的议题，而要以青年人关注的问题为关注点。青年工作者应当相信青年有能力不断改变和成长。反观我国思想政治教育活动训导性强，主体间的交往性不足。以高校"思想政治理论课"为例，思想政治教育者和青年学生之间基本是一种单向活动，教师讲、学生听，受教育者的主体性没有充分调动起来。这样的教育活动效果往往不甚理想，可能出现言者谆谆、听者藐藐的局面。现代思想政治教育中，教育者和教育对象之间的关系是平等尊重的关系。教育者和教育对象都是具有独立自主、主观能动性的主体人，不是支配与被支配、控制与被控制的关系。① 所以，英国青年工作如何和青年人建立双向互动，对我国思想政治教育很有启迪。

我国思想政治教育要学习英国青年工作对青年主体性的尊重和开发，克服教育者和受教育者的不平等现象，探索尊重人、理解人、关心人、爱护人的方法，建立教育者和受教育者之间的平等、双向互动的关系；不断增强青年在思想政治教育中的自主性，减少教育的依赖性和强制性，发展自我认识、自我教育、自我约束、自我管理的现代化思想政治教育。这也是交往式思想政治教育所提倡的，思想政治教育的主体之间能够达成相互理解和解释，进入共同的认识领域。这种交流的理解意味着，在人类间存在共同的东西，存在彼此理解的可能性，存在着在有关人生的目的和意义等价值观的问题上达成共识的可能性，存在着互相宽容和求大同存小异的可能性。②

四　注重立法规范青年工作的制度

现代社会任何实践活动的可持续发展，包括教育，都离不开制度化和规范化。十八届四中全会全面推进依法治国的基本方针，更是为我国思想政治教育的制度化建设提出紧迫要求。英国不仅是青年工作发源最早的国家，也是世界上最早进入现代法治的国家之一。英国青年工作的专业化和规范化发展进程，对我国思想政治教育法制化有所裨益。

第一，英国国会和政府通过各种法律文件明确青年工作的法律地位和职能角色。从英国政府开始涉足青年工作领域，就注意用法律规范其角色定位。最早，教育部 1486 号文件规定教育部担负起为青年提供相关福利的直接责任，清楚表明教育部将青年服务视为教育体系的永久组成部分。1944 年国会通过的教育法正式确立政府开展青年工作的法定职责。随后各个时期的教育法对青年工作的法条规定越来越具体。1996 年教育法的第 508 章规定，地方教育部门有责任在当地的小学和中学教育中提供青年服务措施；地方教育部门有权在高等教育中提供青年服务措施。地方教育部门提供的青年服务措施范围很广，包括运动场地、运动中心、青年俱乐部等。立法机构在其他单行性法律中也注意补充强调青年工作的职责，如

① 张耀灿、郑永廷、吴潜涛、骆郁廷等：《现代思想政治教育学》，人民出版社 2006 年版。

② 张庆熊：《自我、主体际性与文化交流》，上海人民出版社 1999 年版，第 228 页。

1998 年的反残疾人歧视法规定地方当局有责任为残疾青年提供青年工作。地方当局在制定青年工作服务标准时，应将性别、种族和残疾等因素考虑到地方青年工作的方方面面。通过立法，青年工作取得了法律权威地位，为其发展壮大提供了制度保障。反观我国的教育法和高等教育法，立法内容过于抽象原则，立法技巧比较稚嫩，而且关于思想政治教育方面的专门规定基本没有。各个时期，通过党的领导人讲话或国务院下发的文件，如《关于进一步加强和改进大学生思想政治教育的意见》等，构成指导思想政治教育的理论纲领和实践指南。不过，我们还没有将文件精神上升到法律规范的尝试，这是我国建设法治国家和发展思想政治教育的一个缺憾。因此，要推进依法治国的步伐，下一步必须注意利用立法强化思想政治教育的地位和职能，这样才能和思想政治教育的政治地位相匹配。

第二，英国青年工作通过法律获得经费支出、屋宇设施等物质方面的制度保障。因为青年工作在法律中得到正式认可，相应地获得法律关于其所需资金物质方面的保证。在 20 世纪五六十年代青年工作陷入低迷时期，英国教育部通过青年工作两个五年计划大力发展青年工作。当时的教育部大举为青年服务修建各类建筑，在社区、学校、居民住宅区建立专门青年中心，甚至细化到规定房屋内的家具、灯光、装潢等基本标准。对于青年工作的财政经费，不同时期的法律文件都有具体规定。例如，英国教育部制定的《改革青年工作：建设优质青年工作的资源》中规定从 2003—2004 年起，中央政府在教育经费序列中专门设立单独的青年工作板块，方便青年服务争取更多的资源投入。2003—2004 年度中央政府会为青年工作板块提供 5.13 亿英镑，根据各地青年人数和实际需求向地方当局划拨资金，并确定每个青年的人头经费为 79 英镑到 348 英镑区间。此外，教育部等还会通过特殊的项目方案向青年工作进行资金注入。

第三，英国青年工作通过法律文件建立起统一的服务标准，用现代公共管理理念推行实践测评体系，规范青年工作，确保工作质量和成效。一般而言，英国国会通过教育法等基本法律为青年工作的法定职责作出原则性规定，中央政府通过行政立法规定青年工作的具体实施，特别是对地方当局的青年服务内容和要求做进一步说明，而教育部还会以各种白皮书、绿皮书的方式详细规定青年工作的基本方针、课程建设和实践标准等具体规范。地方当局结合本地实际，向当地居民和青年群体就青年工作的目标、内容、方式和途径作出清晰的法律承诺。通过出台不同层次的法律规范，英国青年工作有法可依、有章可循。在现代化公共管理体系中，英国青年工作普遍采纳了拟制预定目标，精细流程管理和外部审计的管理体制和结构。英国教育主管部门为青年工作制定一套明确评价标准和完整的质量保证体系。因此，英国青年工作不论是项目运行、人力资源和财务制度方面的管理规范到位，而且通过自评、互评、巡查、督导等方式对青年工作进行视察评估。种种制度和规范，对于坚持和维护青年工作特有的价值追求和职业标准起到关键作用。

思想政治教育要适应法治社会的要求，必须实现思想政治教育的系统化、规范化。随着社会主义民主法制权威在社会生活中得到确认，依法治教是发展的必然方向。如英国的青年工作一样，我国思想政治教育一方面需要国家立法的方式显示出权威性，并通过决策、执行、反馈、测评等机制保证思想政治教育有序运行，有制可遵。在法治阶段，思想政治教育不仅是落实文件精神，而且是对法律的贯彻和执行。思想政治教育的发展由于拥有了权威而又严密的法律保障，日益走向规范化，不断提升系统性。

五　创新实用的教育方法

英国青年工作的发展也遇到过许多挑战，经历了长时间探索，在模式、途径、方法上，已经比较系统、有效。这些灵活多样的青年教育方式方法，是值得思想政治教育工作者认真研究和借鉴的。本书重点介绍几种英国青年工作比较倚重，而我国思想政治教育还涉足不深的方式方法。

团体工作法。青年工作首先提供青年人之间的联合，自然发展出依靠团队这种小型集团或组织的教育方式。青年工作者为青年团队或小组提供活动方案、特定项目、体育活动或外出旅行。青年工作透过这种非正式的组织，为青年提供间接指导，实现教育目的。青年工作者只是青年团体的支持者，而非领导人。要让青年团体发挥对青年成长的教育意义，必须保持好青年工作者和青年团体之间的关系，让团体成员感觉到自己是决策过程的一分子，对团队发展有连带责任。在这个过程中，个人决定和团体决定如何协调，实际上是一个青年认识个人需要和他人需要的过程，也是青年期一个自然成长的进程。在两者的利益平衡中，青年学会新的技能；在发展自我个性和满足自我需要的同时，为团体的发展作出贡献。这要求青年工作者有丰富的经验和技巧，能够根据不同情形相应地作出适当干预和调整，让青年人在团体生活中得到训练，学会互相配合完成任务，处理错综复杂的社会关系。英国青年工作的团体工作法和我国思想政治教育正在积极探索的集体学习情境创设有异曲同工之处。它将青年的学习成长与他们的兴趣爱好联系起来，让青年心智处于放松状态，通过教育者和学习者、学习者和学习者之间的讨论和实践，获得他们在成长过程中所必需的观察和体验。

同辈教育法。同辈教育就是将发生在同龄人之间自然学习过程，加以整理，通过更有结构的系统方式呈现出教育效果。它不是单纯地自发性学习，而是有某种控制管理成分在内的同辈人间有意识地观察和交往下的学习。20 世纪七八十年代以来，同辈教育开始被青年工作广泛使用。在青年的成长中，有很多知识和技能用学校正规教育的方法很难教授给青年，同辈教育恰好是个不错的替代方式。英国青年工作总结出同辈教育若干宝贵经验：如何挑选合适的同辈指导人，培训合格的同辈指导人，设计方案，确立教育目标等。同辈教育多年来已经被公认为是一种经济有效的教育手段，通过青年人自己教自己，让更多的工作人员可以解放出来做其他更多的工作，节约了金钱和资源。由青年人作为同辈教育的指导人可以给青年工作提供一个更友好和谐的工作环境，较少纪律方面的问题。而且，同辈教育被认为是一种理想的非正式政治教育方式。因为，通过一个青年“代理人”将政治观念传递给学习者，这个过程有更多的民主色彩，给学习者更多的权利，使得同辈教育成为英国对青少年进行政治教育的重要手段。①

艺术活动、体育锻炼的方式开展非正式教育。青年工作要吸引年轻人在学校学习之余接受非正式教育，必须保证其有勃勃生机，充满活力。借用艺术鉴赏、体育运动，是青年工作长期以来的传统方法。体育活动是青年男女在休闲时间最感兴趣的活动方式，能够满足精力旺盛的年轻人的需求，加强社会交融，抵消阶层分化。早在 1939 年，社交和体育锻炼资助法规就和青年工作展开协作，地方的体育设施向青年服务提供帮助，使青年人在强健体魄的同时获得情感、意志方面的成长。青年工作向青年引进艺术、戏剧、音乐活动，可以拓宽青年人的兴趣爱好，让青年团队的维继更加持久。任何一种艺术活动，都需要参与者付出努力，集中注意力，并

① Beebee S. Youth Work, Informal Education and Professionalism [J]. In Youth and Policy. 1996-4: pp. 13-25.

发挥其想象力和创新力。比如，许多青年俱乐部每周有固定的舞会之夜，参与者可以在言语和智力知识之外进行表达和交流，学会相互尊重、包容和开放的心态。青年工作认为舞蹈活动对于促进青年人群中的联系非常有效，还有的青年中心或项目专门利用舞蹈活动让普通青年人和身体有某些缺陷的青年人建立交往。

露营、宿营活动。英国认为露营（camp）、宿营（residential）等活动不仅可以丰富青年人业余生活，而且离开父母到外地生活或完成特定任务，对于培养青年人的独立生活能力、开拓冒险精神和团队合作性，非常重要。以英国最为知名的青年奖励项目——爱丁堡公爵奖为例，获得金奖的青年人必须要在达成基本的四项要求之外，额外完成一项宿营体验。因此，英国青年工作为青年人提供宿营课程，并且还建立起专门的宿营中心。有的宿营中心提供非常齐全的设施，如图书馆或学习室；有的只是简单的青年旅馆或露营基地。英国青年工作鼓励青年冒险活动，为户外项目提供基本膳宿和设备，支持青年加入到有挑战性的团体工作，实现他们的探险计划。

我国目前实施的思想政治教育仍是以课堂灌输为主，手段单一、方法生硬，青年学生总是以被动、应付的态度去接受思想政治教育，教育目的难以实现。因此，我们可以借鉴英国青年工作在实施非正式教育中应用的技巧和艺术化手段，把思想政治教育与青年的生活、学习、成长、社交等方面结合起来，从而取得良好的效果。①

六　发展专职化的工作队伍

我国一贯重视思想政治教育的队伍建设，它关系到思想政治教育目标、内容、过程、评估能否得到贯彻落实，关系到思想政治教育能否取得成效。英国青年工作的实践证明，某类人员素质的提高，一条行之有效的途径是实现从业人员的专业化和职业化。在英国，青年工作者之所以可以和律师、会计、医生一样得到社会尊重，无不归功于青年工作从业者的专业素养和职业化程度。

首先，重视青年工作从业人员的教育培训，建立起青年工作者的专业梯队。在英国，青年工作最初作为一个职业类型的建设也不太令人满意，

① 苏振芳：《当代国外思想政治教育比较》，社会科学文献出版社2009年版，第130页。

人们在早期还没有把它当成一个可持续终身的职业发展方向。英国政府通过各种措施，特别是专业培训和职业资格认证，逐步确立起青年工作的专业化地位和职业形象。英国青年工作从业者队伍由全职人员、兼职人员以及志愿人员三种类型组成，他们角色各异、相互配合，丰富青年工作的教育主体。在影响深远的艾伯马报告描绘的青年工作发展蓝图中，反复强调将青年工作者的专业化和职业化列为首要任务。最初，专职青年工作者主要来源于学校教师、社会工作者。教育部根据人员来源，制定了不同的培养方案和训练课程；同时，还注意吸收青年人加入到青年工作领域作为新鲜血液。教育部通过资助补贴，鼓励成年学生进入青年工作专业的课程学习，为青年工作队伍源源不断地输送人才。像 NYA 这样的全国性青年工作志愿组织联盟，每年也会以奖学金、助学金形式为青年工作专业的大学生提供援助。英国有的地方机构和志愿组织通过青年议会、同辈教育、新千年志愿者的机会吸纳青年人实现从青年服务“消费者”到提供者的转变。有的地方发展出现代学徒制、青年工作学徒制和全职志愿实习制度，雇佣和培训青年人成为合格的青年工作者。

高等学校开设青年工作专业教育，将学生专业知识的学习和职业技能的培训联系在一起，同步实现学位教育和职业资格认证。通过教育培训，青年工作者不仅习得扎实的专业理论知识，涉猎广泛的相关学科知识，还获得了职业认识、职业情感和职业理想。英国不单对青年工作者的准入标准和专业教育有严格要求，对于长期从事青年工作的在职人员的继续教育和培训也非常重视。根据规定，所有雇主有责任确保其工作人员获得可持续职业发展机会，将人员总体薪酬的 2%—5%拿出来作为职员培训发展的资金。①

其次，加强对青年工作从业人员的职业伦理要求，明确青年工作者的职业行为界限。伦理是人们所遵从的判断行为好与坏，对与错的一般行为准则。职业活动中的伦理帮助从业者领会其职业特定的准则和责任，训练从业者看待问题的伦理维度，反思问题，在复杂环境中作出选择，并对其决定进行论证。英国青年工作的职业化建设，不仅对从业者的知识技能有统一标准，同时对职业道德和伦理规范也有规定。青年工作中所有工作人

① Department for Education and Skills. Transforming Youth Work—Resourcing Excellent Youth Services. London: Department for Education and Skills/Connexions, 2002.

员，不论领导、负责人、管理人员，一般工作者或志愿者，都要遵守基本的职业标准：保证工作服务的有效传递；给青年人作出恰当的行为示范；工作者和青年人的相互信任；组织机构、父母家长和青年之间的信任；满足各方主体对资源发挥的愿望；相信青年工作能够帮助青年人自己学习和作出道德抉择，并付诸实践。

青年工作者要遵从的职业道德规范，分为伦理准则（ethical principal）和职业准则（professional principal）两大类。这些具体的职业伦理，不仅要求青年工作者尊重青年，促进青年的福利，实现社会公正，还明确了青年工作者的私人生活和职业生活的边界，处理好与其他利害关系人之间的关系。青年工作者对自身的价值观进行澄清，了解它们和青年工作职业伦理之间的关系；重新检验以上准则，进行反思，和同事进行讨论，加深对其服务的组织机构的认识；了解个人价值观和职业价值观之间的冲突，以及不同个体之间的利益和权利差别。青年工作鼓励工作人员对工作伦理准则进行讨论，在实践中不断反思和争论。①

最后，关心青年工作者的成长和压力，切实保障青年工作从业人员的待遇。英国青年工作者不仅有严格的职业准入制度和职业伦理规范，其生存环境和工作压力也得到社会和政府的关注，对他们的工作贡献给予认可，对他们面临的挑战加以重视。“他们中有的是志愿者，有的是正式职员，许多人都有多年从业经验。他们通过青年俱乐部或志愿组织进入到青年工作这个艰辛的工作领域里来，牺牲了自己许多得到成人陪伴或喜悦的机会。他们在嘈杂喧嚣的大厅或房间里工作，面对国家对青年服务的冷淡，面对心不在焉的青年人，努力建立各种组织，奉献社会，帮助青年人。”② 一方面，针对青年工作者的辛勤付出，英国政府很早就成立独立委员会，专门就青年工作者（包括志愿组织工作人员）的薪酬待遇进行研究协调。青年工作者也有成立职业联盟的传统，方便从业者和主管部门、雇主之间就工资报酬、工作待遇等进行协商，维护自身权益，保证工作队伍的健康运行。另一方面，通过不同途径解决青年工作者可能出现的职业倦怠和困难，如任务重复、事务繁琐、发展不确定等。青年工作管理

① The National Youth Agency. Ethical Conduct in Youth Work. Leicester：Youth Press，2001.

② Her Majestey's Inspectorate. The Youth Service in England and Wales. The Albemarle Committee，1960.

者可以借助监督环节，与一线工作者分析工作困境，共同寻找对策，保持员工的工作积极性。青年工作者也可通过培训，积极评价工作实践，保持工作热情，进行自我支持；或通过职业联合组织，和相似背景的工作人员一道相互支持，分享经验，对工作前景抱有希望。

英国青年工作者的专业化和职业化发展，对我国思想政治教育工作者队伍建设有三点启示。第一，经过三十年的发展，我国思想政治教育的学科建设和专业教育取得相当成就，但思想政治教育工作者的职业化还没多大进展。这不仅影响到思想政治教育的成效，还关系到从业人员的社会评价和职业形象。此外，在我国传统的社会教育模式中也存在着大量的青少年社会教育工作机构和人员，如关心下一代工作委员会、青少年宫工作人员、共青团和少先队辅导员、社会热心人士。他们在帮助青少年思想道德形成和发展过程中发挥了重要作用，但由于专门化和职业化程度不够，教育影响力还没充分发挥。① 第二，思想政治教育和青年工作一样，都是直接和人打交道的实践活动，因此在人与人的交往行为中也应当有基本的价值准则和伦理规范。目前，我国已经有教师职业道德规范的基本要求，对于思想政治教育工作者更具体的职业准则也应该提上议事日程，这是建设高素质思想政治教育者队伍的必经之路。第三，我国的思想政治教育工作者和青年工作者面临着相同或相似的考验，英国青年工作的经验措施对我们也有很好的启迪。我们对于思想政治教育者的管理和要求不少，而对他们身处的困境和挑战认识不多；思想政治教育者完成的任务很多，但得到的帮助激励还不够。这些都是需要我们进一步思考应对的问题。

第二节　英国青年工作的局限性

当今世界，各国家地区之间的广泛接触为我们进行中外思想教育方面的比较、选择、参考提供了便利。本章通过对英国青年工作的深入研究不仅为我国思想政治教育提供有益的借鉴，也对英国青年工作中的失误和不足提出批判，促进我国思想政治教育的健康发展。

---

① 佘双好：《在社会教育中积累成长经验》，《中国德育》2013 年第 2 期。

一　工作整体性的欠缺

英国虽然用非正式教育、社会教育等中性词汇描绘青年工作的属性和功能，但在政策制定者的思想观念中一直没有放弃对青年一代进行价值观同化、品行塑造、政治教育的目的追求。英国青年工作在历史发展中形成了社会组织和政府机构两套工作体系，虽然在一定程度上保持了青年工作理论实践的活力和创新，但也引发了青年工作缺乏整体统一性的缺陷。特别是当不同组织和机构对青年问题的认识不一，工作理念歧异，就会出现自立门户、各自为政的尴尬局面，大大损害了青年工作的教育宗旨和价值诉求。

造成青年工作缺乏自上而下、行业部门之间无法高度协调的原因，主要有两个。一是英国青年工作缺乏一套科学完整的理论指导。英国青年工作有深厚的社会学、教育学和心理学方面的学理支撑，但这些指导思想之间没有形成完整统一的理论体系，有些观点还相互矛盾。比如分别持有冲突论或均衡论的社会学家关于青年工作的本质认识就会出现对立。而且，这些理论宣扬抽象的人性论和人道主义、人权，这种唯心史观和私有制的本质，无法掩盖其代表剥削阶级少数人的利益。资产阶级的道德观念和个人主义的价值取向，使得他们不能从现实的社会关系特别是社会经济关系出发说明青年工作教育活动的性质，因而概括出来的理论无不束缚在历史唯心主义的思想体系中，有很大的历史局限性和阶级局限性。二是英国政党竞争，轮流执政的政治现实，使得青年工作无法保持高度统一、持续发展。不同的资产阶级党派出于自身利益集团的需要，在政治竞选和内阁执政中会提出各自的政治主张，自然影响到青年工作政策的稳定。例如二战后的英国，就分别出现了“福利国家”“新自由主义”“第三条道路”等执政理念，相应的社会政策和教育制度经历程度不一的变动，青年工作也不例外。政党斗争和执政党更迭让英国青年工作政策缺乏连续性，许多措施方案的具体效果也大打折扣。有些时候，青年工作还可能成为政治斗争的牺牲品或政客们包装门面的装饰品。比如，2000 年左右工党政府在青年工作中推行联合服务措施（connexions service），遭遇到地方当局和行业协会的抵触而举步维艰，不得已两年后被其他措施所取代。因此，英国青年工作的整体性、连续性自然得不到保障。

从对英国青年工作整体性不足的批判反思中，提示我国思想政治教育坚定不移地坚持无产阶级政党对思想政治教育的核心领导。

首先，我国的思想政治教育坚持马克思主义和中国特色社会主义理论体系的思想指导，实现科学性和价值性的统一。马克思主义的历史唯物主义和辩证唯物主义是科学的世界观、方法论，代表了最广大人民群众的利益，符合历史进步的总趋势。现代思想政治教育工作就是要巩固马克思主义在意识形态领域的指导地位，巩固全党全国人民团结奋斗的共同思想基础。特别是思想政治教育工作者一定要系统掌握马克思主义基本理论作为看家本领，认真学习马克思列宁主义、毛泽东思想、邓小平理论、“三个代表”重要思想、科学发展观以及习近平新时代中国特色社会主义思想。它不仅反映了思想政治教育所遵循的客观规律，而且具有价值性，能够满足社会全面进步的需求和青年全面发展的需求，是科学性和价值性的高度一致。

同时，坚决维护中国共产党对思想政治教育的领导地位，实现党性和人民性的统一。高度重视思想政治教育是我们党的优良传统和宝贵经验，在全面深化改革和发展社会主义市场经济的进程中，充分发挥党的政治优势和组织优势，对思想政治教育具有重要的现实意义和长远意义。2016年全国高校思想政治工作会议坚持，“我们的高校是党领导下的高校，是中国特色社会主义高校。办好我们的高校，必须坚持以马克思主义为指导，全面贯彻党的教育方针。要坚持不懈传播马克思主义科学理论，抓好马克思主义理论教育，为学生一生成长奠定科学的思想基础。”① 党中央要将思想政治教育作为一项宏伟而艰巨的事业提出长期的战略目标，胸怀大局、把握大势，着眼大事。各级党委要负起政治责任和领导责任，加强对思想政治教育重大问题的分析研判和统筹指导，动员各条战线各个部门一起来做，把思想政治工作和行政管理、行业管理、社会管理紧密结合起来，必须坚持以经济建设为中心，为全党全国工作大局服务。党的基层组织和广大党员干部认真贯彻党的各项方针，深入细致做好思想政治教育工作，成为新时代思想政治教育的坚强堡垒。思想政治教育坚持党性就是坚决同党中央保持高度一致，坚决维护中央权威。坚持人民性，就是要求思想政治教育要把实现好、维护好、发展好最广大人民根本利益作为出发点和落脚点，坚持以民为本、以人为本。要树立以人民为中心的工作导向，

---

① http：//www. xinhuanet. com/politics/2016-12/08/c_ 1120082577. htm

把服务群众同教育引导群众结合起来，把满足需求同提高素养结合起来，丰富人民精神世界，增强人民精神力量，满足人民精神需求。[①]

二　内容系统性的不足

英国青年工作以非正式教育的方式对青年进行思想道德教育，具有不同于学校教育的特色和优势。前文提到的教育对象的自主性、活动的机动性、方式的多样性等，体现出非正式思想政治教育的多态多质、丰富宏大。不过，非正式教育的理念和实践不是没有其先天缺陷。

英国青年工作摒弃了传统知识教育，缺乏对于思想观念、道德规范、价值观的系统阐释。思想教育、政治教育、道德教育过程必须包括对教育内容的知识掌握环节，离不开教育对象主体性的思维运作。“知识以集约的形式表达着人类的思想智慧，抛弃通过知识掌握的渠道以形成相应德行的形式而仅仅慕求实际生活的、具体践行的德行养育方式固然有效，但难免流为师傅带徒弟般的、小作坊式的生产；抛弃通过知识掌握的渠道以形成相应德行的形式而仅仅慕求实际判别、推理能力的获得对相应德行实现的意义，也显然无力回应‘皮之不存，毛将焉附’的诘难。”[②] 正是因为英国思想道德教育疏远学校教育，一味地反对道德灌输，忽视社会规范的知识教授，以至于青年工作的国家核心课程体系一直没有建立起来。尽管，英国地方当局关于青年工作的课程内容有各种表述，种类繁多，但大多头痛医头脚痛医脚，缺乏对青年进行理想信念和世界观、人生观、价值观的系统教育，导致英国社会和青年人群的思想观念流向道德相对主义和主观主义。

同时，英国青年工作中过于强调经验学习和行为反思，让思想道德教育走向个人主义的狭小空间。受杜威等人的实用主义教育哲学影响，英国青年工作将教育看作是经验的改造或改组。青年通过与他人的讨论对话，分享个人的生活经历，加以观察，进行反思，寻找自我和世界的意义。这种以参与者日常生活世界为基础的学习，非常自在自然，让参与者得到具体、感性的直观教育。不过，每个人对生活经验的观察体会总是相对主观

① 中共中央宣传部编：《习近平总书记系列重要讲话读本》，学习出版社、人民出版社2014年版，第6页。

② 沈壮海：《思想政治教育有效性研究》，武汉大学出版社2001年版。

的，对经验的感知和理解要么处于零散状态而无法用语言表达，要么只能得到一种常识概念，内涵和外延没有严格的理论限定。① 而且，这种以个人经历为出发点的实践反思，让青年人局限在个人视角，缺乏从社会发展大背景去思考问题，寻找答案的智慧和眼光。正所谓“只见树木不见森林”。

思想政治教育是中国共产党的传家宝，是取得革命和建设事业胜利的根本保证和重要条件之一。1999 年 6 月，江泽民同志在第三次全国教育工作会议上指出：“思想政治教育，在各级各类学校都要摆在重要地位，任何时候都不能放松和削弱。”② 在我国，思想政治教育的主体包括各级党的组织、政府机构、群团组织，以及各级各类企事业单位、部队、学校、社区、家庭等，其中专门从事思想政治教育的机构和人员是思想政治教育主体的核心部分。大学生思想政治教育是我们针对青年进行意识形态建设的主要阵地。在社会主义教育发展过程中，学校思想政治教育的主渠道建设还比较薄弱，尤其是针对青年学生进行的大学生思想政治教育的实效性和吸引力还有待进一步增强。我们要从根本上改变学校教育中智育抓得比较紧、德育抓得比较松的现象，从建设中国特色社会主义的战略高度，充分认识学校系统的思想政治理论教育的重大意义。③

在加强和改进高校思想政治教育和思想政治理论课程建设中，要坚持以理想信念为核心，进行正确的世界观、人生观、价值观教育；以爱国主义教育为重点，深入进行弘扬时代精神和民族精神教育；以基本道德规范为基础，深入进行公民道德教育；以青年全面发展为目标，深入进行素质教育，促进青年思想道德素质、科学文化素质和健康素质协调发展。高等教育机构加强思想政治理论课的课堂教学、开展社会实践、建设校园文化、占领网络阵地、加强心理健康教育和解决青年人实际问题，发挥好党团组织和学生社团优势，健全工作体制和机制，加强组织领导，发挥学校教育和思想政治理论课教学主渠道的作用。思想政治理论课把传授知识与思想教育结合起来，把系统教学与专题教育结合起来，把理论武装与实践育人结合起来，全面加强思想政治理论课的学科建设、课程建设、教材建

---

① 项贤明：《泛教育论》，山西教育出版社 2004 年版。

② 《江泽民文选》第 2 卷，人民出版社 2006 年版，第 332 页。

③ 顾海良等：《高校思想政治理论课程建设研究》，经济科学出版社 2009 年版，第 9 页。

设和教师队伍建设。

三　对象覆盖面的局限

在正式法律和官方文件中，英国青年工作一直声明其对所有青年一视同仁地敞开大门。不过，英国政府和社会早已发现和承认青年工作的一个特别缺陷，是它没能与足够范围的青年人群建立接触和联系。早期的艾伯马报告就估计青年工作仅对三分之一的年轻人有吸引力。后来各种官方统计数据表明，参与到青年工作中来的青年大约占总数的30%，有时低至20%左右。[①] 即便是21世纪初，新工党政府加大投入发展青年工作，提高青年工作的地位，在制定青年工作实践标准时也只是规定各级地方政府的青年服务保证和当地青年中的25%进行接触，积极参与青年工作活动的青年比例要到达15%。值得注意的是，数据显示青年人中女性参与青年工作的比例低于男性，并且离开青年工作的年龄也更早。黑人青年、亚裔青年和超过16岁的“大龄”青年对青年工作的关注只占总量的极少部分，并且有持续减少的趋势。[②]

在英国青年工作发展中还存在另一个趋势，青年工作对服务对象的选择性也在强化。不论是官方机构的青年服务项目，还是志愿组织的青年工作，或多或少、或隐或显地对青年的背景、类别、性别等加以甄别，有意识地圈定青年工作的具体对象范围。整体说来，英国青年工作服务的青年群体主要是“一头一尾”两类人群。一部分家境良好、综合素质突出、有一定社会抱负的“优秀”青年，被青年组织重点培养，成为维护资产阶级统治的接班人。英国政治生活中，首相、大臣、议员等许多都有参与青年工作的经历。所谓的“问题青年”是青年工作重点关注的另外一类人群，特别是政府将大量的资源投入到了对这类人群的行为干预。如此一来，青年工作的开展没有能够吸引到足够广泛的青年人群，它还不够超越不同的社会人口结构。大量的青年游离在青年工作体系之外，他们的成长缺乏社会指引和政治关注，埋下了英国国内层出不穷的社会矛盾和青年问题的隐患。英国社会每隔一段时期出现青年动荡和街头骚乱，而且青年中

① Jeffs & Smith. Youth Work Practice［M］. Basinstoke：Palgrave Macmillan，2010：4-7.

② Bernard Davies. From Voluntaryism to Welfare State—A History of the Youth Service in England［M］. Leicester：Youth Service Press，1999. 9.

吸毒、酗酒、早孕等现象在世界范围都比较突出。

英国在青年工作中出现的问题，要成为我国思想政治教育发展中引以为戒的反面教材。随着改革开放的推进，社会情况发生了复杂而深刻的变化，经济成分和经济利益的多样化、社会生活方式多样化、社会组织形式多样化、就业岗位和就业方式多样化已经明显。原有的思想政治教育工作体系难以适应这些新变化，加上一些基层组织、机构处于软弱涣散状态，在思想政治教育方面没有发挥应有作用，思想政治教育存在着覆盖不到位的问题。[①] 因此，思想政治教育对象的广泛性具有十分重要的现实意义。企业、农村、学校、科研院所、街道、社团和其他基层单位，都要根据自己的实际，把思想政治工作任务落实到青年人群的各个层面。思想政治教育应该强化责任意识和阵地意识，积极摸索新的工作方法，建立新的网络渠道，扩大对青年思想政治工作的覆盖面。我们要尽一切努力，将思想政治教育渗透到青年人群的每个角落，为实现中华民族伟大复兴的中国梦发挥应有的作用。

四　教育功能受到冲击

英国青年工作发展演变的过程中，一直饱受社会定位和公众形象的困扰。不同时期，因为社会政治、经济、国际局势等因素影响，青年工作的地位和重要性常常上下波动。20 世纪 50 年代因为经济危机，英国青年工作差点销声匿迹；60 年代东西方冷战激烈，英国青年工作迎来其发展黄金时期；80 年代撒切尔夫人上台以后推行其政治理念，对青年工作进行了全面紧缩；21 世纪初新工党执政后，加大对青年工作的投入和改革；2010 年后上台的保守党内阁对待青年工作的态度也是忽冷忽热。政党斗争和执政党更迭不仅让英国青年工作政策缺乏连续性，还让青年工作的社会地位和受重视程度发生起伏变化。

英国青年工作进入新世纪以来的发展变化，也让其工作人员和研究者对其教育价值定位和前景出现担忧。2000 年后，在英国政府大规模的公共管理改革背景下，青年工作出现了整合化和指标化趋势。以地方当局推行的青年综合服务支持体系（IYSS）为例，青年工作和学校、司法部门、社会福利机构进行了职能整合，虽然提高了资金和人员的使用效率，但也

① 张耀灿、郑永廷、吴潜涛、骆郁廷等：《现代思想政治教育学》，人民出版社 2006 年版。

让青年工作者有沦为“配角”的危险。青年工作者要么是协助学校帮助“学困生”，要么协助社会工作部门从事儿童保护，又或是执行司法机构的裁决进行青年行为矫正。如此一来，青年工作越来越远离其教育功能，变成纠正青年缺陷和不足的消极防范手段。此外，在现代化企业管理制度的影响下，英国政府加大对青年工作的量化管理。青年工作不仅要完成中央政府制定的年度考核要求，甚至有些地方将工作指标已经细化到降低少女的怀孕率、降低青年滥用药物的比例、减少青年失学无业的比例和青少年违法犯罪的比例。这种企业化管理模式，让青年人成为一对一青年服务的“消费者”，失去了青年工作希望青年联合，在团体学习中迎接挑战，成为自由公民的初衷。指标考核体系，也使得青年工作者不得不花费更多精力去完成官僚体系的要求，应对各种文档报表，和青年真正相处对话进行非正式教育的功能遭到削弱。

以上种种都提醒我们要继续推进思想政治教育的发展和创新，在全党和全社会确立思想政治工作生命线的地位。2000 年召开的中央思想政治工作会议指出：“党的思想政治工作是经济工作和其他一切工作的生命线，是团结全党和全国各族人民实现党和国家各项任务的中心环节，是我们党和社会主义国家的重要优势。”① 中国共产党在领导中国革命和建设的过程中，坚持把马克思主义与中国具体实践结合起来，在推进马克思主义中国化的同时，创造性地发展了马克思主义的思想政治教育理论与实践，建立了有中国特色的思想政治教育体系。历史与现实告诉我们，凡是重视和发展思想政治教育的时期，我们的社会主义革命和建设事业就有了顺利前行的保证；在思想政治教育被忽视和松懈时期，我国的社会主义现代化建设会出现波折，甚至社会动荡。各级党委和政府要从战略和全局的高度，充分认识加强和改进青年思想政治教育的重大意义，把“培养什么人”“如何培养人”这一重大课题始终摆在重要位置，切实加强领导。要建立健全党委统一领导、党政群齐抓共管、有关部门各负其责、全社会大力支持的领导体制和工作机制，形成全党全社会共同关心支持思想政治教育的强大合力。

时间之河川流不息，每一代青年都有自己的际遇和机缘，都要在自己所处的时代条件下谋划人生、创造历史。青年是标志时代的最灵敏的晴雨

① 《人民日报》2000 年 6 月 29 日。

表，时代的责任赋予青年，时代的光荣属于青年。[①] 我国思想政治教育虽然呈现出生机勃勃的发展态势，但是发展中也遇到若干瓶颈，尤其是针对青年一代的思想工作面临着一些挑战。对人类社会类似马克思主义理论和中国共产党话语中的思想政治教育现象的研究，学习借鉴人类社会一切思想道德建设成果，丰富和发展我国思想政治教育是十分必要的。但是其基础应立足于中国实践，以马克思主义和中国共产党的思想政治教育为中心。[②] 在社会开放程度不断增大，青年个体意识愈来愈强的现实背景下，思想政治教育工作者用马克思主义的历史分析法和阶级分析法积极学习借鉴英国青年工作的经验和教训，切忌简单复制，根据我国思想政治教育发展的现实状况，不断创新对青年的思想政治教育。

本章小结

• 综合整体评析英国青年工作的优缺点，有助于加深对英国青年工作的认识，为我国青年思想政治教育提供反思与借鉴。

• 英国青年工作作为一种特殊形态的思想教育，其非正式教育理念、政府联合社会力量的运行模式、参与自主的原则、法制化水平、灵活的工作方法、专职化队伍建设等积极因素，对我国思想政治教育有参考价值。

• 英国青年工作也存在一些失误，如工作整体性欠缺、内容系统性不足、对象覆盖面局限和教育功能弱化，从反面为我国青年思想政治工作提供经验教训。

延伸阅读

英国青年工作的专业教育

青年工作最初在相当长时期都是志愿者爱心人士的自发行动，没有特定的培训要求。1939 年 1486 号文件正式将青年服务作为一项政府职责，法定机构青年工作者的资质和能力受到重视，特别是二战结束后大批军队

① 《青年要自觉践行社会主义核心价值观》，《十八大以来重要文献选编》（中），中央文献出版社 2016 年版。

② 佘双好：《思想政治教育学科发展的问题和走向》，《思想教育研究》2014 年第 1 期。

退役人员进入到青年工作领域，陆续有高等教育机构开设青年工作的课程。1960年的艾伯马报告指出政府的首要任务是着手安排青年工作的专业人才教育和培训，在接下来的十年里建立起高素质的青年工作者队伍。从此，青年工作的专业教育进入到稳步发展的阶段。现阶段青年工作者的人才培养，除了少数志愿组织保留自己的培训传统外，主要来源于大学的青年工作专业教育，可以分为本科阶段的培养和研究生阶段的培养。

一　本科生教育

在英国大学教育形成发展中，国家对大学的直接干预很少，这使得英国的各个大学有充分自主和特色。青年工作专业教育也是如此，各个高校之间培养方案内容不一。以东伦敦大学为例介绍青年工作专业的本科生教育。

1. 学习申请

东伦敦大学的青年工作专业名为青年和社区工作（The Youth and Community）。大学要求入学者具备基本的条件，才能申请就读青年工作专业，一般要求学生获得“Alevels”“BTEC”和“CACHE Diploma”的成绩或文凭。对于那些离开学校教育相当长时期的申请者，可能没有上述要求的考试成绩或文凭，大学要求他们可以通过申请文件表明自己对于青年工作的兴趣和爱好，同时拥有相应的工作经历能够胜任课程学习。大学可以对申请者的书面申请，特别是个人说明进行审查，并结合面试或参加一项简单的任务来决定其是否满足青年工作的学习要求。不管是哪种情况，大学都要求申请者必须达到英语C级水平以及相应的数学能力。

2. 培养目标

青年工作教育以培养学生在现实青年工作中所需的实践和理论能力为基本要求，旨在培养学生在多样化青年工作背景下游刃有余的技能。社会对青年工作的需求越来越复杂，青年工作者可能会在各种类型的教育背景下从事工作，包括学校、教育福利甚至国民医疗体系。青年工作教育培养的能力具体包括：解决实际问题，将理论和实践联系起来的能力；同理心、追求平等和不妄加评判；表达能力，口头和书面交流能力；管理、监督和组织能力；按时独立完成工作能力；筹集资金和宣传技能；团队工作能力以及和不同背景的人们合作的能力。

3. 课程内容和模块

大学为学生提供形式多样，有质量保证的青年工作教育，保持学生学习热情。第一学年的课程有阅读和写作，青年、文化和政策，青年和社区工作介绍，交流、指导和咨询技能，工作实践基础 1 和 2。大一学生掌握青年工作基本的理论和概念，并通过观察发现和反思自己的实践，进行基础工作实习实践。第二学年的课程有研究设计和方法，工作实践：干预，青年团伙和犯罪：界定和干预，青年工作的反歧视，全球化中的青年人，残疾人挑战。第三学年的课程有独立研究项目，工作实践：专业性，青年工作的管理和领导，性别安全和全面教育，包容。后两年的学习主要是帮助学生寻找自己的兴趣和职业方向，同时也安排学生到青年和社区机构进行工作实习。

4. 教学和考核

英国大学同时招收全日制学生和兼职学生，青年工作教育也不例外。全日制学生接受青年工作本科阶段的教育时间一般为三年，而兼职学生完成学业的时间为四到五年，最长不超过 10 年，后者的学习日程相对灵活自由些。

青年工作的教育中，知识的传授通过各种教学方式和手段：讲座、研讨会、团队工作、个人学习阅读、视听资料、研究座谈会。

思维能力的训练通过对理论和理论模式的理解、分析和运用，工作实习，对学习和进展情况进行计划、管理和反思。

工作所需的实践技能通过对青年工作领域的实际提出挑战；参加需要不同技能的项目和工作；在教学模块中参加团队工作，发展互动和交流沟通所需的同理心。

学生除了在学校接受课堂讲授，在学习的各个阶段还需从事现场的实习工作。青年工作大学教育非常重视实践工作技能的培养，实习模块是教育的重要组成部分。专业培养非常强调理论联系实际，通过实习增加学生的体验，理解多样性、赋权和人权。整个青年工作的大学教育期间，要求有三次实习实践，每学年一次实习机会，特别是学业结束前学生还要按照全国青年事务局（NYA）的要求，参加正式实习学习并遵循一定的监督规范，实习生至少保证 50%的时间要和青年人待在一起开展工作。根据职业资格认证要求，学生的实习活动必须在专业人士的帮助和督导下完成。实习结束后，学生导师、实习导师根据各种证据材料进行考核。实习工作一般没有工作薪酬。

此外，每门课程一般会安排一到两次（课外）作业。这些作业可以是案例分析、论文、报告、个人或团队展示、实习工作报告或研究项目。最后，每个学生的课程考核成绩会综合各种因素，如课程论文、个人或协作展示、职业实习、报告、隐性或显性的考试，以及其他创造性工作等。青年工作教育是一项应用性很强的专业课程，学生的成绩考核不仅要有学术知识能力，还体现在实践能力方面，所以实习导师的观察和报告也很重要。

大学的青年工作教育除了是学位文凭教育外，一般都为学生同时提供青年工作的职业资格认证。特别是2010年后，青年工作的任职资格要求学历准入标准，青年工作的雇佣机构对工作人员的职业资格有很高的要求。青年工作专业毕业学生可以有比较广的就业渠道。青年工作的毕业生最常见就职的机构是地方当局的青年服务、教育部门、志愿组织、教会或其他社区团体。此外，青年工作的就业机构还可以是社区工作、青年司法体系、反药物成瘾、福利机构、住房支持、健康管理和假释工作等。青年工作毕业生还可能参加一些项目型工作，诸如反贫穷、无家可归、性健康、社区艺术类项目。根据NYA统计，近年来英国大学青年工作专业的毕业生有接近一半（46.1%）从事青年和社区发展工作，其他常见的职业有儿童福利官员、社会工作者和住房保障官员。

二　研究生教育

英国高校关于青年工作专业的研究生教育，各个学校的具体运行方式各有特点，以笔者在英国访学的德蒙福特大学为例，简单介绍其青年工作的研究生培养情况。德蒙福特大学位于英格兰中部城市莱斯特，其生命和健康学院（Health&Life science）下设了专门的青年和社区系（Youth and Community Division），除了进行青年工作方面的本科生教育外，还有研究生教育（Postgraduate），主要方向有青年和社区发展工作以及健康和社区发展工作两大类。

1. 入学要求

英国大学没有统一的研究生入学考试和申请条件，只是笼统地要求学生要能够证明自己可以胜任研究生或硕士阶段的学习。一般说来，申请者需要具备大学本科学习经历，或获得学士学位。不排除某些情况下即便没有正规的学历证书，只要能力出众，也可以成功申请硕士学位的学习。因为青年工作教育是一项职业操作性要求很高的专业，其研究生教育非常重视学生有相关的工作经验，能够通过学习不断提升职业发展和工作实效。所以青年工作研究生培养，很多时候求学人员是已经有一定从业经验的在职人士，例如地方当局内的工作人员、教会组织的工作人员或社会机构中的志愿者。

2. 教学目标

德蒙福特大学研究生教育的目标是为青年工作者提供机会，接受高层次的学术和专业发展；紧密联系青年工作实践开设研究生课程，让从业人员通过教育、发展和行动取向研究，实现能力提升；帮助青年工作者认真反思和审视社会正义和平等的理论和实践；积极思考21世纪社会福利的需求，青年工作如何与其他职业合作满足新的福利需求；让学生广泛涉猎和了解不同的观念学说，包括政治、文化、经济、生理、心理、认识论等方面；让学生能够有效地理论联系实际，将所学运用到不同场合下的非正式教育。

3. 课程安排

德蒙福特大学研究生（包括硕士学位）课程主要包括专业核心课程（core course）和特色课程（specialist course），一般每门课程有15个学分，除了实习和项目实践有60个学分。专业核心课程主要有青年工作的理论和实践、社区发展的理论和实践、社会研究方法、工作和人力管理、工作见习。其他专业特色课程则有反压迫、青年工作发展思考、全球化青年工作、志愿服务、种族问题管理、社会排斥、农村青年工作、宗教和共同体、青年工作监督、青年工作活动设计和评估、青年的公民参与。另外根据学生申请硕士学位或研究生文凭的需要，可以选修学位论文或项目工作实践报告。

如果学员在获得青年工作硕士学位或研究生文凭的同时获得职业资格认证，必须要顺利通过实习课程，完成所有的专业核心课程以及三门专业特色课程。

学生只有修得120学分中的60个学分，才能开始进行学位论文或项目实践报告；在60个学分中一定要有研究方法论课程和实习课程的学分。学员的学位论文或项目实践报告还可能需要有校外专家的评阅。

4. 教学方法

英国高校的课程安排很紧凑，在比较短的时间内集中教学一门课，而这门课的教学过程包含着三个三分之一元素：第一个元素就是，老师讲授的时间大约有三分之一的时间；第二个元素就是，学生分组讨论的时间大约有三分之一的时间；还有三分之一的时间，也就是第三个元素，就是要根据这个课题或者某个探讨的问题写一篇文章。

5. 考核评价

英国大学非常重视对学生学习成果进行评估，他们把评价看作是研究生学习过程的必要组成部分，确认学生对知识和实践的了解程度。学生通过自己完成相关作业工作，进行自我反思，也能得到同辈团队的反馈和指导老师的意见。研究生完成相关课程后应当获得的学习成果有三个方面。

知识和理解：与青年工作实践相关的伦理、哲学、政治、价值观；理解青年工作、社会福利所具有的非正式教育职能角色；通过青年工作实践积极促进社会正义和平等；运用必要的知识、能力和技术，提高青年工作的人力资源管理和物质资源利用；清楚青年工作实践中的职业底线，在工作中有效地开展实践活动；通过研究生教学、实习、论文、研究，促进学员进一步得到职业发展。

认知力：善于将青年工作的理论和实践结合起来；运用研究分析技能帮助组织发展，提高工作效力。研究生学习，还可提高学生将自己个人工作实践放入国家、国际跨地区背景下进行分析。

核心技能：学会运用计算机网络技术进行交流，获取知识；书面和口头交流沟通的能力；专业技术提升的能力；个人独立工作能力和团队工作能力；管理自我和他人的能力。

学生根据所完成的科目，考核结果的不同，可以获得三种学业证书，从高到低依次是文科硕士学位、研究生文凭和研究生证书（MA、Pg Diploma，Pg Certificate）。所有这些课程的设置都包括有讲座，讨论和课堂讲授。研究生证书一般冠以社会研究名称，研究生文凭要冠以青年工作和社区发展的称号则要学生完成其专业核心课程青年工作的理论和实践，以及社区发展的理论和实践。要取得文科硕士学位，除了要完成前面的课程外，还必须完成一篇关于青年工作方面的学位论文。硕士学位课程的学生在毕业时需写出一篇15000到20000字的专业论文。证书或文凭课程的设置经常与硕士学位课程一样，只是不写论文。它处于学士学位和硕士学位之间，而且通常可以充当这两者之间的“桥梁”课程。一些学校会专门安排学生由证书或文凭课程转到硕士学位课程。

结　语

青年工作发生在人生中的特殊时期，即“从儿童向成人的转变”或“从依赖向独立的转变”。青年工作的参与主体在不断推进非正式教育的发展过程中，帮助青年实现向成年的转变，实现青年个人成长和社会发展。英国青年工作能形成今天的良好发展态势，与青年工作一百多年来的发展历程密切相关，与各方参与主体的努力有直接关联。进入全书结尾，研究基本完成对英国青年工作的认识从粗糙的综合到分析、抽象、概括，再到更高一级的综合过程。本书各个章节逐一解答了开篇提出的四个问题：英国青年工作是在何种时代背景下产生发展的；青年工作为什么形成了不同于学校教育的非正式教育模式；现实生活中的青年工作有什么样的表现；如何辩证地评析英国青年工作。我们不仅分析英国青年工作复杂的历史演变过程，对其丰富的内涵和纷繁的方式形态有深入认识。

首先，从时间跨度看，英国青年工作具有历史性。作为培养人的社会活动，青年工作产生于 19 世纪英国工业革命基本完成的时代背景下，与机器大生产带来的社会关系变化紧密相关。跨越三个世纪的英国青年工作，其内容和形态不是一成不变的，而是随着社会的发展和人类（青年）自身的发展而变化、发展，在不同历史时期，青年工作呈现出特有的时代色彩。从维多利亚时期到 21 世纪以来，相继出现的工业化生产方式、经济危机、世界大战、东西方冷战、全球化等潮流大势，深深影响着英国青年工作的产生、发展、停滞或变革。概括来说，英国青年工作的历史进程反映出五个方面的演变趋势：青年工作从社会自发走向政府自觉，从青年大众走向特殊人群，从教育引导走向干预挽救，从单一走向协作整合，从定性走向定量。

其次，从功能角度看，英国青年工作具有非正式教育的价值功能。青年工作的产生发展，就在于它是英国资本主义社会延续巩固和成员个体成长发展的重要工具。青年工作不是单纯意义上为年轻人提供休闲活动，而是对他们进行自我管理和公民教化的非强制性训练，是与学校教育相对应的非正式教育方式。虽然青年工作不像正式教育必需完备的教学大纲和教案内容，但也需要有精心的准备和确定的目标，支持青年获得知识、经验、技能或情感态度方面的成长。英国青年工作的非正式教育功能属性，体现为青年工作者和青年人之间关系的建立、对话的开展、经验的反思和意义的构建这样一个社会教化过程。英国青年工作正是通过非正式教育巧妙、隐蔽地实施了对青年人的意识形态传播，维护西方传统价值观，巩固资本主义统治。近些年，英国青年工作通过课程建设，将公民资格、人际关系等教育内容和团体工作、同辈教育等教育方法进行整合，完善了非正式教育的理念和实践。

再次，从内部结构看，英国青年工作是一个复杂、丰富、开放的系统构成。它具有一切复杂系统所具有的共同特征，还具有区别于其他系统的特点。其一，英国青年工作系统结构中不仅包括有参与主体、对象、内容、方法、场所渠道等基本要素，而且这些要素之间交互作用、相互建构，促成青年工作丰富而多形态的表现。其二，英国青年工作系统结构中的各个要素也是开放式的。青年工作的组织机构从社会志愿团体，发展到政府法定部门，甚至延伸到商业机构。青年工作的对象从一般青年大众，逐步渗透到各个青年阶层族群的类别之中。英国青年工作的内容、方式或途径等要素，也都不是封闭的，它们紧跟社会发展和青年成长需要，愈来愈丰富具体。

最后，从综合比较的角度看，英国青年工作相较于我国思想政治教育有正反两个方面的特点。英国青年工作贯彻的非正式教育理念，采用的政府联合社会力量的运行模式，坚持自主参与的基本原则，注重立法规范实践工作，不断创新实用的教育方法，以及推行专职化的青年工作者队伍，这些对我国思想政治教育的发展创新有积极启示意义。反之，英国青年工作一直存在的工作机制整体性的欠缺，内容系统性的不足，工作对象覆盖面的局限和教育功能受到的冲击，也为我国思想政治教育下一步发展提供批判性反思。

本书在对英国青年工作的理论和实践系统论述中，主要有三点学术创新。第一，研究视角的创新。本书从我国思想政治教育学科研究出发，将非正式教育作为英国青年工作研究的视角，不同于海外学者研究青年工作多从教育学或社会学角度，也区别于我国思想政治教育研究局限于学校教育的狭隘领域。本书按照历史研究与逻辑分析相统一、演绎分析与归纳比较相统一、文献研究与实证调查相结合的方法，对英国青年工作的理论和实践进行较为全面的研究和论述，拓展了思想政治教育学科领域，丰富了学科内涵。

第二，理论框架的创新。跟以往英国学术研究经验式、发散性的思维模式不同，本书以历史、理论、现实密切结合在一起建构英国青年工作理论和实践的整体逻辑框架。以“非正式教育”为研究内核，既从历史角度考察英国青年工作的演变历程，又从理论角度分析青年工作的本质特征、基本准则和内容方法，还从实践角度阐述青年工作的主体机构、服务对象、实施渠道和管理体制，最后从比较研究角度归纳英国青年工作的优势与不足。作为对英国青年工作的专题研究，本书遵循历史研究与现状分析、纵向研究与横向比较、理论研究与实践操作相结合的研究思路，对英国青年工作进行多方位、立体的考察。

第三，若干理论观点的创新。本书第二章将英国青年工作的发展过程分为三个大的时期和若干阶段，梳理其产生、发展和变革的时间脉络，从中总结出青年工作的五个历史发展趋势，反映理想青年工作和现实青年工作的对立与联系。第三章概括出英国青年工作的四个基本理论——非正式教育理论、参与理论、赋权理论和反歧视理论，并提出青年工作一般过程中包含的四个基本范畴——关系、对话、反思和意义建构。这些观点有新意，填补我国相关理论研究的空白。本书其他章节也有相关理论创新，不一一详述。

当然，本书也存在着一些不足。英国青年工作的相关材料数量巨大，内容庞杂，研究素材基本都是英文材料。虽然研究者尽力做到系统全面，但对于文献的收集选择仍不免出现褊狭，学术观点的整理可能会有疏漏，还有待不断完善。另外，由于课题研究时间较晚，本人能力有限，有些地方虽然发现问题，但针对问题的深入分析还需加强和改进。

总的说来，英国青年工作朝着规范化、制度化、专业化的方面全面发展，为一代代青年人的成长和社会发展而不断努力。英国青年工作作为一项非正式教育，其主旨在于为青年闲暇时间，在家庭生活、学校教育和职业工作之外，提供各种形式的机会，去发现和发展各自身体、智力和精神资源，使他们以成熟的态度生活，完成从儿童到成年的转变，成为负责任的社会成员。英国青年工作将对青年的思想教育、政治认同和价值观培育运用于团体交往对话活动中，通过多种方式手段，使青年、志愿组织和政府机构有机结合在一起，帮助青年参与社区发展，更为政府和主流社会实现最大限度的青年思想道德教育提供有效的渠道途径。展望未来，在全面对外开放的条件下，了解世界各国不同的思想政治教育，积极借鉴英国青年工作和非正式教育的正反两方面经验教训，坚持洋为中用、去粗取精、去伪存真，经过科学扬弃使之为我所用。

展望未来，我国青年一代必将大有可为，也必将大有作为。这是“长江后浪推前浪”的历史规律，也是“一代更比一代强”的青春责任。广大青年要勇敢肩负起时代赋予的重任，志存高远，脚踏实地，努力在实现中华民族伟大复兴的中国梦的生动实践中放飞青春梦想。

附录 1

英国青年工作主要机构、术语及缩略语

LEA（Local Education Authority）地方教育局

NYA（National Youth Agency）国家青年局

Ofsted（Office for standards in education）教育标准办公室

YMCA（Young MenChristmas Association）基督教男子青年会

YWCA（Young WomenChristmas Association）基督教女子青年会

BYC（British Youth Council）英国青年理事会

HMSO（Her Majestey's Inspectorate）皇家文书局

NACYS（National Advisory Council for Youth Service）青年服务咨询委员会

NCVYS（National Council of Voluntary Youth Service）志愿青年服务全国委员会

LGA（Local Government Association）地方政府联盟

IYSS（Integrated Youth Support Service）青年综合支持服务体系

NYB（National Youth Bureau）国家青年事务署

NAYC（National Association of Youth Clubs）青年俱乐部全国联盟

YOT（Youth Offending Team）预防青年犯罪团体

NCS（National Citizen Service）国家公民服务

各时期英国政府教育主管部门（教育部）的名称如下：

Committee of Privy Council on Education 1839—1899

Education Department 1856—1899

Board of Education 1899—1944

Ministry of Education 1944—1964

Department of Education and Science 1964—1992

Department for Education 1992—1995

DfEE（Department for Education and Employment）1995—2001

DfES（Department for Education and Skills）2001—2007

DCSF（Department for Children，School and Families）2001—2010

DfE（Department for Education）2010年至今

附录 2

英国青年工作重要文献译本节选

（一）英格兰和威尔士的青年服务（艾伯马报告 1960）

简介

1. 1958 年 11 月，教育大臣任命成立本委员会。我们得到的指示是："对英格兰和威尔士的青年服务进行回顾，评价青年服务如何帮助青年人在变化中的社会、经济以及教育体制中扮演好自己的社会角色；同时对资金如何使用以获得最佳效益提出建议。"

2. 我们是在一个风雨飘摇的时期接到这项任务。首先，当前社会对青年服务提出了十分广泛和尖锐的挑战。青年人口数量激增，他们对社会变化所表现出的反应，常常令成年人迷惑和震惊。同时，青年服务自身也出现了很多问题。

（1）青年服务正处于一种衰败，萧条状态。各地青年服务领域都有辛勤付出的工作者。有些地方教育部门，从事青年工作的个人或组织保持着积极投入的精神。但大多数青年服务的工作者感觉到自己被忽视，不论是在教育界，还是在公众眼中没有得到应有关注。人们时常提及，青年服务快要消失了。实际上，很多人认为我们委员会的任务，也就是为终结青年服务寻找合适的理由。虽然这些观点比较消极，但我们认为将青年工作者真实的感受记录下来作为报告的背景，还是非常必要的。在报告的开端，必须对青年工作者有全面的了解。没有任何公共服务，能够在糟糕的氛围中取得好结果。

（2）我们的见证人（青年服务工作者）并没有对青年服务基本的价值追求失去信心。出乎我们意料的是，他们坚持发展青年服务是非常有价值的，特别是在当今这样一个持续变化的社会背景下。

3. 我们是在非常特殊的时期聚集在一起。因此，我们没有进行大规模的研究项目，因为只要青年服务的目的和合理性一旦被认定，这些工作马上就可以开展下去。其实，已经有很多关于青年工作的研究探索，只是迄今为止这些研究还未能带来积极的行动变化。因此我们再次希望我们对于青年工作的原则和方针说明，能够让过去和当前正在进行的理论探索带来青年服务的复兴和发展。

4. 简言之，我们认为委员会的使命是描绘蓝图，尽力回答一些事关青年服务全局性的核心问题：找到青年服务在社会、教育体系中的正确定位；绘制令人满意的青年服务过程；勾勒出全新青年服务最急需的方针措施（长期和短期）。

5. 报告全文可以分为三个部分。

第一，回顾历史和现实，指出青年服务的不足（第一章）。社会的变化及对青年的影响（第二章）。接着，从社会和个人角度重新论证青年服务的正当性。第二章的第二部分和第三章包含了我们关于青年服务必要性、目的和原则的基本看法。

第二，青年服务如何满足青年人的需求和青年服务的基本框架。我们会分别指出青年服务不同合作方的任务（第四章），及青年服务应当提供的机会、活动和设施（第五章）。

第三，我们审视和强调青年服务重新规划后的责任，并提出具体建议。（第六章至第十章）

6. 我们认为，青年服务需要有相当程度的扩展。在当前青年服务急需额外鼓励的时期，措施不充分的话，会让青年服务逐渐失去信心。需要的措施有两大类：

（1）“输血措施”：满足当前急需的短期措施。这些需要有应急经费；

（2）青年服务可持续发展繁荣的措施。

7. 我们提出青年服务两个五年的发展规划。第一个五年发展的重点是解决上面（1）的问题。所有的措施都是必要和急迫的。不过我们不能提出过多的希望。“青年的问题”有很深的社会根源。如果希望青年服务解决所有青年问题，就像是病急乱投医。

8. 正如我们后面会提到的，青年服务与现代社会人们生活水平的提高之间有错综复杂的关联。青年服务真正的作用有时很难用数据统计反映出来，可能需要经过相当长时间才能被社会清楚了解。这也是我们没有时间可以耽误，应当尽快着手改善青年服务。

9. 我们在工作过程中共收到了 69 个机构的书面证据材料，并听取了其中 20 个机构的口头证据材料。此外，我们收到很多备忘录形式的建议。我们还和一些对青年工作有特殊兴趣的自由职业者进行了面谈，和其他人有非正式的讨论协商。我们从政府部门收集统计数据资料，英格兰和威尔士有 146 个地方当局对我们的问卷给予了回复。我们还得到了一些机构委员会关于青年问题的调查研究成果，参考了其他国家（尤其是欧洲）关于青年工作的著作。我们对这些帮助十分感激。委员会的成员参观拜访了不同地方的青年团体；有的委员还参观了解了美国和其他四个国家的青年工作，学习了经验。

10. 我们相继在卡迪夫等地开会碰头，集体讨论。

第一章　青年服务的昨天和今天

历史

11. 1939 年，教育部以青年服务的名义制定了一部单行性 1486 号文件。在这之前，此类文件是不会出现的。志愿组织在青年领域进行了大量服务活动，有的组织已经运行了超过半世纪。有些地方的教育部门通过未成年人委员会开始和志愿组织合作，或提供帮助。在 20 世纪 30 年代，国家尝试开展社交、体育锻炼和休闲活动。二战之初，教育部将国家、教育部门和志愿组织三方机构，联系在一起，形成了“青年服务”工作实践。

12. 在 1486 号文件中，教育部承担了为青年提供相关福利的直接责任。教育部成立国家青年委员会，地方教育部门也被要求成立各自的青年委员会。在 1486 号文件中出现了这样一些关键表述：“地方教育部门和志愿机构建立起全方位的合作伙伴关系”，“地方制定系统的青年服务计划”，“新的具有建设性的服务活动”。后续的文件清楚表明教育部将青年服务视为教育体系中的永久组成部分。1943 年的教育重建白皮书，也用专门的章节规定青年服务问题。1944 年的 McNair 报告，鼓励公众将青年工作作为专门职业类型看待，它需要一定条件的培训和服务。1943 年、1945 年青年顾问委员会的两份报告，都对青年服务的未来充满了憧憬。1944 年教育法不仅将政府当局已经着手开展的工作明确为政府的职责，还将社区学院视作青年服务强有力的同盟者。

13. 针对上述规定，政府当局和志愿组织都作出了积极回应。尽管，双方的最初协调存在不少困难，但还是通过有效方式达成合作。在出版的青年服务专著中，青年工作者提及了公众对青年服务的兴趣和热情。大学等高等教育机构开设了培养青年工作者的课程，在（第二次世界大战）战争结束时青年服务的前景一片光明。

14. 战后，青年服务吸引了大批有才能的退役军人，接受了大学或志愿组织提供的青年工作的培训。在战后两三年时间里，青年服务取得了一些进展。青年服务还得到了相当多研讨，1945 到 1949 年出版了四本工作手册。随后接连发生的经济危机，使青年服务开始逐渐遇冷。内阁大臣没有多余精力注意到青年服务，先是因为要关注新学校建设，随后又是强调技术教育。1949 年的 Jcakson 报告和 1951 年的 Fletcher 报告，虽然提出了很多青年工作者的培养内容，但都没有实际生效。工作岗位缩减，全职青年工作者流失，大学等开设的培训课程相继取消，目前只有三所大学仍然保留着青年工作教育。因为教育部没有任何信号要继续发展青年服务，地方当局当然也失去信心。公众的兴趣减弱，志愿机构自然感受到影响。这些对二战以来发挥了重要贡献的青年工作是相当不公正的待遇。青年服务没有获得它们希望并且应得的待遇，致使青年服务的道德形象和公众评价遭受到损害。

当前

15. 青年服务在其历史演变中，并不是一种单一性质的组织结构，而是一种复杂的合作关系。

教育大臣负有责任，通过官方政策文件的概念表述，向三方合作者传达清楚的理念。他要么制定官方文件，要么发表公众演说。关于青年工作的重点，他的决定非常重要，深深影响到大众观点、社会需求和反应。

16. 教育大臣还没有一个全国性的委员会或协商机构，让他和地方当局联盟和全国性志愿组织一道，对青年服务的政策展开讨论。不过，教育大臣可以将相关问题移交给教育中央顾问委员会。关于基本政策性问题，大臣可以和全国性志愿青年组织或个别机构进行商讨。

17. 根据 1939 年社交和体育锻炼资助法规，大臣通过拨款直接给青年服务提供帮助。这些拨款包括帮助全国性志愿青年组织进行管理和培训工作，培训全职青年工作者，为志愿机构下属的青年俱乐部提供设备等。

18. 根据1937年体育锻炼和休闲法，大臣通过拨款给全国性志愿组织向青年（包括成年人）提供体育教练服务，给予青年服务间接支持。向地方项目提供资金，建设运动场地、游泳池、社区中心和乡村礼堂，这些设施虽然首先满足成年人利益，但青年人同样可以从中受益。

19. 如果我们回到中央政府和地方教育部门之间的关系上，显然资金援助发挥的作用大大降低了，因为相当比例的青年服务援助已经被中止了。中央政府对资金投入的控制仍然保持紧缩，地方当局的主要建设方案和小一点的项目，都需要得到中央政府的批准。不过，从1959年4月开始，地方当局可以获得更多自主权，决定一些小规模建筑工程。H. M的督导将作为中央政府在地方的代表，和地方当局、地方协会等保持联系。督导的主要工作是提出建议，对俱乐部等进行非正式访问。督导还不定期向中央政府报告地方当局青年服务或其他组织的工作情况。

20. 地方教育部门负责完成配合工作。它们根据各地实际需要解释国家政策；建立起政府和志愿组织之间的合作机制；帮助和服务地方团队；某些情况下提供自己的俱乐部和中心。这些帮助和支持，包括拨款、当局的信息和建议、培训课程、负责指导、贷款、运动场地、宿营场地、青年剧场、田径中心，国外交流，地方节日。通常青年委员会等可以负责执行地方当局的职责。很多地方还任命了继续教育组织者或青年服务官员，执行委员会工作和管理。我们认可这些官员的工作及其重要性。

经费

21. 在关心公共资金的使用效益前，我们认为首先要清楚志愿组织对于青年服务的资金投入情况。我们尽力想要获悉志愿组织对青年服务投入了多少资金，但是有三个原因使我们很难对此有一个完整的认识。第一，志愿组织的资金来源特别复杂：成员出资、信托基金、捐赠、专门筹款；这些来源分布国家、地区等各个层级；不同组织之间没有统一模式。第二，有些组织很难将其对15—20岁青年人的开支，和成年人、儿童的开支区分出来。第三，很多慈善领域的机构通常都是自治组织，他们有自己的账目，要获得不大容易。

22. 下面我们列举了几个志愿组织，在1957—1958年度从慈善渠道获得的经费情况（略）。这些具有代表性的全国性志愿青年组织，基本上全年的总部管理、地方组织活动和人员培训开支，有90%左右来自于私人或志愿渠道。这些数据只是其收入或开支的部分比例，还不够全面。

23. 我们再转向公共经费开支情况。根据 1937 年社交和体育锻炼资金条例，1957—1958 年教育部向青年服务的直接投入是 317771 英镑，这只占整个全年教育经费 355400000 英镑中极少的比例。

24. 我们看看地方教育部门的开支，根据 1944 年教育法第 41 和第 53 章的规定，相关经费支出涉及成年人和学校儿童，很难具体分清 15—20 岁青年人的部分。我们向所有地方发放问卷，调查了下列项目在 1957—1958 年度的开支情况：

（1）地方当局举办的俱乐部和中心；

（2）地方当局雇佣的全职或兼职工作人员；

（3）地方当局雇佣的青年工作的管理人员；

（4）对志愿组织青年俱乐部或中心的拨款；

（5）对志愿组织地方管理机构的拨款；

（6）青年服务的培训和对学生的资助；

（7）青年服务其他支出。

25. 地方当局给出的答复，结论各异。例如，有的地方的培训费用有 54189 英镑，或占整个青年服务开支的 2%多一点；而有的地方，在这一项上基本没有支出。有的地方花费了 760000 英镑在公立青年俱乐部或中心上，而给志愿组织的资助远远少于 500000 英镑。地方当局在 1957—1958 年度全年青年服务的总体开支大约为 250 万英镑，占 1944 年教育法第 41 和第 53 章下开支的大约 50%。

26. 因此，1957—1958 年度中央政府和地方当局对青年服务的直接投入加在一起有 2100 万英镑多一点。大约在教育上每花费 1 英镑，有 1 先令用于青年服务。

27. 我们仔细分析了 12 年来青年服务的总体经费，并且还考虑到英镑实际购买力的下降。中央政府对青年服务的投入这些年下降了四分之一。我们无法清楚计算出地方当局资金支出的变化情况。不过在为成年人、青年和学龄儿童提供的休闲、社交和体育锻炼方面的支出有实质性增加，大约接近一半。

当前目标

28. 教育部在 1940 年 6 月 27 日发布 1516 号文件，规定了青年工作的总体目标，仍然适用于当前。基本目标主要体现为社交和身体训练，青年组织和学校都可以实现这一目标。青年工作的基本任务是带领青年人和同辈建立起正常的人际交往，促进身体健康。这些需求不会随着青年人离开学校而中止，但不幸的是很多青年人在他们最需要这些服务时，没有获得相应的帮助。更高层次的目的则是对青年人的“品行塑造”，即将青年服务看作教育的一部分。青年人和教育当局在自由往来的前提下，和他们同龄人一道，通过共同参加项目活动的方式，获得快乐、健康的社会生活。换言之，青年工作中的大量训练，可以看作是这些联合的间接结果。

29. 教育大臣在 1945 年第 2 号手册中，指出青年服务不是单纯提供休闲活动，而是对青年人进行自我管理和公民教育的一种训练（非强制），是最广泛意义上的一种教育方式。

30. 接着，1944 年教育法后，全国性志愿青年组织的常务会议发表声明，确认组织的教育目的，不仅是培养“合格良好公民”，还要有积极的生活（虽然有些志愿组织围绕的目的主要是基督教义）。

31. 总体说来，青年服务已经被看作更多的是一种挑战，而非一种救济事业。目的是帮助青年人塑造最完善的自我，承担相应责任。我们会进而掌握青年服务到底在何种程度上实现了以上目标，以及当前有何优势和不足。

青年服务的评估

32. 我们刚刚对青年服务的历史和发展概况进行了回顾。下面，我们会结合青年服务近年来的情况做进一步分析评估，并就其未来发展进行展望。我们会指出青年服务的不足，以期得到改善。首先，我们看看青年服务取得的成绩。

33. 虽然青年服务现在进入到一个困难重重的时期，要求国家加大资源投入的呼声也很强烈，但从另一方面看，青年服务事实上已经为自己守住了一个底线。如果没有这个，也就无所谓对青年服务的讨论了。主要的志愿组织在青年工作方面发展有限；从各个地方的情况看，虽然基本还没哪个地方如之前设想那样建立起青年服务体系，但多数地方可以确保有少量的青年俱乐部或中心满足青年需要。整个地方教育部门对青年服务的经费投入增加了，青年工作的管理人员和官员清楚地知道青年工作的紧迫需要。有些地方取得了相当好的成绩；其他地方也开展了青年工作基础工作。政府机构和志愿组织进行了一些有趣的试验。总之，我们要感谢公共支出、私人捐赠以及志愿者和领取微薄薪水的工作人员的付出，让三个青年人中有一个人的需求在某种程度上得到了回应。

34. 既然我们提到了志愿工作者，那么不得不着重谈谈青年服务的志愿原则。自愿参加和自愿帮助，是青年服务首要的优势。自愿参与的重要性，是因为它代表了成人的自由和选择。强制参与是学校教育的特征，参加俱乐部则是青年人基于自己意愿；不同于集权制国家青年服务。他们有参加或不参加青年服务活动的自由，也能在青年活动不再引起他们兴趣时随时离开。青年选择自由是和他们的独立与成熟相适应的。志愿帮助同样重要。它让这么多人愿意奉献出他们的时间，和青年人交谈，为青年俱乐部的活动提供帮助。虽然志愿者的动机各异，但我们感激志愿者们对青年人真正的关心和帮助，这也构成了志愿工作者的基本特征。明白老一辈是真心和青年人交朋友，分享青年人的兴趣，对青年人来说是很重要的。

35. 青年服务有这么多长处。我们同样应该清楚青年服务在政策、机制和实施中的局限和不足。其中，许多不足都是因为财政经费紧缩，随之而来缺乏激励措施所引起。我们可以首先看看当前的政策和实施机制。

36. 我们已经谈及过，教育大臣在制定国家政策和指导青年服务发展方面具有关键作用。在过去一段时间，教育大臣的职责大不如以往：1958 年前 10 年期间，教育部没有发布一份促进青年服务发展的专门文件。关于限制约束的文件倒有 10 份，且都与教育经费相关，其中 7 份文件都是对青年服务的压缩。毫不奇怪，在缺乏鼓励的氛围下，青年服务的发展受到阻碍，违背了人们对青年服务的高期望。

37. 1957 年，Select Committee 的几份报告指出教育部对青年服务未来发展的态度冷漠，并表示如果教育部继续收缩青年服务的开支，而不加大投入，任何加强青年服务的声明或文件都是一纸空文，不可能得以实施。

38. 我们没有必要对战后历届政府的财政政策提出怀疑，但是我们必须对此给青年服务带来的后果作出说明。第一，教育部不能按照 1944 年教育法的要求发挥其职能，因为它们没有足够的资金对地方教育部门提出引导。第二，教育部的直接经费援助机制一直没有得到发展，整个制度残缺不全，缺乏连续性。我们希望这个经费制度可以给教育政策带来建设性帮助，给青年服务组织以安全感，还能让青年服务机构不断发展或进行各种试验。事实上，近来有些地方的经费根本不能维持青年服务的基本职能，让大家不能不有各种焦虑。

39. 整个青年服务没有得到应有鼓励，就其中一些地方教育部门的发展情况看，我们只能发现些许偶然的发展，主要是因为地方当局必须面对当地需求作出政策回应，当然地区之间的成效有很大差异，这也体现出一些地方态度不积极，缺乏信心。有的地方根本没有青年委员会和青年事务官员。即使对青年工作比较重视的地区，差别也很明显。比如，对于地方当局和志愿组织的关系，以及需要和哪些社会组织共同协商工作，各地的认识不一。比较极端的例子是，有的地方当局将所有经费几乎全用于公立的青年俱乐部或中心，而有的地方当局将所有的青年服务事务外包给志愿组织，拨款也十分大方。结果是，在地方层次上，还没有确立起志愿组织可以从地方当局获得帮助扶持的公认底线。

40. 最后，我们看看地方当局和志愿组织在青年服务中的不足。这里我们先从总体宏观角度谈谈问题，具体问题后面详述。首先，我们提及一个大的不足。我们对于青年服务的期望是方式多样，勇于创新，适应青年人不断变化的需要，并且发现需要帮助的青年新人群。虽然，青年服务的组织多种多样，有各种志愿组织，教会，地方教育部门和独立团体，但大家对于进行创新尝试的意愿不大，服务的青年对象多有重合。

41. 这和当前青年服务资金不足有很大关系：缺乏设备和保障，青年俱乐部只能进行简单的活动，无法开展户外项目；没有办法了解新的城镇和聚居区的需求。

42. 青年服务的领导层同样遭遇到缺乏资金和工作积极性的问题。管理人员感到无助，得不得理解。他们想要看到某些信号，知道其工作得到重视，但还没有一个官方文件作出这样的表示，包括他们的薪酬待遇水平也没有职业可比性。他们发现自己面临着被辞退或撤销的危险。很多证据也表明，全职的青年工作者岗位无法吸引到好的求职者。

43. 另外一个因素是，青年服务作为一个职业的建设还不让人满意，人们对其看法是阵发性的，还没把它当成一个持续终身的职业方向。虽然1947年的Jackson报告和1951年的Fletcher报告都提出了建议，但可惜没有付诸实行。人员招聘、薪水待遇、职业培训等都不系统，缺乏稳定。

44. 先前文件所设想的三方合作关系，因为各种环境制约，一直没有建立起来。各个地方教育机构对于工作职责的认识，和志愿组织关系的看法各不相同。少数地方对青年服务态度不积极，国家政策缺乏连续性，未来经费不确定，都影响到合作关系的成立。地方当局和志愿组织之间少有合作的努力，造成双方只是关心各自的影响力，而不去寻求达成共识。

45. 我们还注意到青年服务一个特别的缺陷，那就是它还没有与足够范围的青年人建立联系，一般引用的数据是青年工作对三分之一的青年人有吸引力。我们以地方教育部门和信息中心的问卷调查为依据，对未来青年服务如何改进，对青年人态度发生影响，进一步调查研究。

第三章　青年服务必要性和目的

127. 青年服务的必要性不能只是主观猜测。人们很可能会提出意见，认为公共资金不应当用于那些完成义务教育，有工资收入的青年人，为他们提供休闲设施。如果他们愿意付钱，实际上任何舒适活动，青年人都能获得。自由社会里，青年人应该独立生活。

128. 我们都确信，青年服务应当存在；我们也同样认可，关于青年服务正当性的疑问，可以尽可能受到质疑。青年服务已经存在的事实，不能说明这个问题。我们认为，应当采纳吸收提交给我们的公立青年服务合理性的各种有价值的主张，我们首先谈谈青年服务不是什么。

129. 我们清楚，不能低估青年犯罪问题，以及青年服务对缓解这一问题有所帮助。但是，如果以此作为青年服务存在的基础，那么就是夸大青年犯罪，或者低估了青年服务对于大多数遵纪守法青年人的价值。青年服务不是让青年不要在街上闲逛，或摆脱麻烦的消极防范措施。

130. 不过，理想的青年服务没必要也不可能，让每个青年或绝大多数的青年加入进来。许多青年人即便与青年服务没有联系，也可以生活开心充实。许多青年虽然被看作与青年服务没有直接关联，但实际上只是在官方统计中没有反映出来罢了。有一些活动非常隐蔽，没有在地方自行车俱乐部、足球俱乐部等官方调查问卷中表现出来。但是这些草根组织的青年人，在没有正式的组织宗旨和声明下，仍然可以获得可观的自助、合作和宽容。当然我们还是认为，那些官方非官方渠道没有接触到的青年人，如果能够获得青年服务，会受益良多。

正当性

131. 对于那些怀疑青年服务存在必要性的人们，我们会问他们这样的问题。为了社会发展，国家加大对于全日制教育阶段青年人的知识智力投入，而让国家对于那些离开正式教育，知识水平更低的青年人不能获得社会服务的做法是正确的吗？人们可以将青年服务设施和新大学里本科生的集体宿舍，加以对比。还有，许多现代中学已经配备了许多课外活动设施。当体验过这些设施的青年人离开学校，参加工作后，就会自然对公共设施的贫乏感到遗憾。很可能，一段时间内法定义务教育的年龄会提高到16岁，人们接受中学非正式活动设施的年龄也会提高。今天15岁青年需要的活动，明天16岁的青年还会需要，甚至他们21岁在进行全日制学习时还是需要。因此，对于那些知识储备没有学校学生充足，没有受过好的全日制教育的青年人，他们对于活动设施的需要也是必不可少的。

132. 越是学习能力强的人，越能获得好的社会服务。他们的集体生活和获得成年人的理解和帮助越顺利。其他的青年在15岁时进入到社会，对于如何找到他们的方向还会感到迷茫，即使成年人都避免不了。只给那些还在正规机构接受全日制教育的青年进行社会教育，而不去照顾到对此需求最急迫的青年人，是不合逻辑的。

133. 30年前，我们基础学校对特殊教育需求的青年人的照顾基本没有。自从建设新的现代中学后，更多的资金、人员、设备等都从公众需求中，进入到学校，实现了跨越式发展。青年服务也需要像我们改革现代中学教育一样，实现跨越式发展。

目的和理想

134. 我们不会低估正式教育对青年的价值。不过，我们认为青年服务首要的前提基础是社会性或布道性。从更广泛教育意义上说，众所周知John Maud爵士关于青年服务目的的一段话：“（青年服务的目的是）给青年人在他们闲暇时间各种机会，作为正式教育和工作之余的补充，让他们发现和发展自己身体、智力和精神资源与潜力，充实完善自我为成人生活做准备，成为创造性、负责任的自由社会中的一员”。

135. 青年服务的目的不是消除紧张，实现某种假设的对个体或社会生活的调整纠正。我们相信，所谓的紧张冲突是社会出现的问题，不应该将青春期儿童好的可能性淹没掉。青年服务首先要为青年人提供场地，让他们在这个全新的社会中去维持和发展他们的同辈友谊，相互尊重和互相包容。青年中心也有助于抵消掉现代社会越来越加剧的教育和职业分层。那些知识和经济状况良好的人们，可以在给予他人帮助的同时学会很多，来自不同背景的青年人可以在彼此互动中得到很多收获。虽然要运行一个成员分别来自不同教育背景的俱乐部有很大困难，但这种实践还是非常值得去尝试。

136. 现在的青年在进入社会时，许多社会力量都试图通过相似方式去改变他们的态度。青年需要发展自己的判断能力，抓住有限的机遇。青年服务应该为青年人提供特殊的教育和培训。这和前面提到的青年服务目的并不矛盾，而是一种补充。青年人之间的联合有可能对青年没有什么帮助作用，也可能十分具有教育意义，这得依赖于青年工作者们的想象力。单纯的正式教育虽然对后者成绩考评非常有用，但也会扼杀掉青年的教育发展精神。如果教育活动的安排可以十分灵活，那么就能很好地将学生们的经历和追求联系起来。我们认为大多数青年人不是单纯想要寻求安逸舒适，他们想要通过努力达成一定目标。

137. 青年服务除了进行正确的联合和培训这两个基本目的，第三个目的是挑战。挑战可以贯穿于其他各个方面，第五章会仔细加以讨论。这里主要提两点。许多青年人有强烈的需要，找到他们可以做的事，不论是个人还是团体事务，这会让他们觉得十分值得，超过单纯的舒适愉悦和个人回报；不同类型和能力的青年有机会表现出在学习之外的其他才能。

138. 总之，问题不应该是有无青年服务，而是这个国家在没有付出努力的情况下还能满足当前的需要吗。许多青年 20 岁时的生活比起当时他们 15 岁离开学校时还要糟糕和贫穷。没有青年服务，他们的生活不会更多自由，只会较少自由。好的青年服务会帮助青年人发现更好的个人发展和社会发展的道路。这个国家必须作出选择，为了以上目的建设一个完善的青年服务。

原则和实践

139. 我们前面试着用青年人的眼光去看待这个世界。现在，我们试着以那些工作在青年人中的人的立场，通过他们提供给我们的证据，去看待问题。

140. 他们中有的是志愿者，有的是正式职员，许多人都有多年从业经验。常常，他们通过俱乐部工作或志愿组织进入到青年服务这个艰辛的工作领域里来。他们牺牲自己许多得到成人陪伴或喜悦的机会。他们在嘈杂喧嚣的大厅或房间里工作，面对国家对青年服务的冷淡，还常常面对心不在焉的青年人，努力建立起各种组织，帮助社会，也帮助着青年人自己。他们知道，如果要在极其有限的条件下取得成功，必须坚持一些基本原则，保持积极的工作态度。他们要求自己做到忠诚、责任感、亲善友好、为社区共同体服务的观念。青年工作者越是深刻认识到这些原则的重要性，越是竭尽全力帮助俱乐部成员去感觉到原则的存在。历史告诉我们，正是有了这些伦理道德良知才能驱使着志愿组织多年来带头完成各种艰难工作。没有道义追求，他们不可能存在下来，并得到发展。

141. 我们高度赞扬这种热情。但一段时间以来，这种伦理道德冲动也给青年服务带来了一些困扰。今天，青年转身离开了许多专门为他们打造的活动，就是因为他们认为许多活动形式与他们没有关系。有时，青年还会有意识拒绝成人的经验，青年服务更不应该为青年提供打包好了的一套生活方式、价值观念或行为准则，好像这些东西只要青年提出要求，就事先准备齐全，根本不需要通过生活体验进行验证。

142. 青年人应该自己作出最后选择，是否让成年人给予帮助。这里没有对一套绝对优先价值观的简单传递，因为在未成年人积极探寻的过程中，价值观没有先后顺序。如果青年人自己感觉到需要，他们有权对社会公认的思想、态度和标准提出疑问，甚至必要时可以加以拒绝。我们特意强调这一点，正是因为当前青年服务的有些地方存在这样的不足。

143. 我们还必须指出有两点不要让大家引起误解。第一，关于青年服务的思想教育目标。显然，我们对这一目的非常认可，而且 1944 年教育法也要求地方教育部门有责任“促进社会成员的精神、道德、思维和身体的发展”。对于教会等特殊性质的组织而言，它们可以在青年工作中自由表达其精神追求目标。对整个青年服务而言，我们认为用这种大张旗鼓的方式表示是个错误。当我们对今天的青年人谈论起“精神思想价值观”或“基督价值观”，直接会引起他们的质疑。我们不是暗示，青年人是不道德的，或有各种问题。只是我们认为，在当今的社会背景下，或者在公众演讲中，“思想价值观”会导致青年人习惯性拒斥。越是思维独立的青年，越是反弹得厉害。这些人直接告诉我们，青年服务不要成为传播宗教信仰的装扮方式，或者是一种“道德剥削”。我们还是再一次重复，作为一个基本原则，通过行动去实现思想精神追求，比起通过各种符号宣言表示出来，更加合适。

144. 我们也同样观察到很多时候青年服务会声明它们的目的是“培养青年的公民品质”。有人直接告诉我们，“公民品质词语对青年人而言没有意义”。作为一个公民，扮演好自己的角色非常重要，青年服务的活动也的确与之相关。但是公民品质的发端，很多时候我们可以在青年俱乐部里的交往中，通过一些细微之处发掘出来。这些品质要直接和今天的公共生活表示出来不太容易。

145. 接着，我们还谈及沟通问题，特别是现代语言表达包括大众传媒中也有官僚作风。我们比较震惊的是，像“服务”“奉献”“领导”“品行塑造”等词语，大量被使用，似乎它们被普通人接纳，到处流通使用。我们认为，这些词语与青年人的现实生活语境关系非常少，他们不太使用这些语言，并只会让他们回想起学校演讲或道德说教时的无聊时刻。虽然，青年人会在听到“服务”等词语时转身离开，但他们还是会通过行动来服务他人。根据直觉，他们会拒绝接受一些错误的社会价值观，但是他们也不会接纳那些没有真正在意他们，道德上高人一等的人发表的观点。青年人不愿去青年俱乐部，不一定是他们对此不感兴趣，更多时候是成年人没有调整好交流沟通的语言。

146. 对于青年服务最基本的原则，我们有两点要强调的：多样性和灵活性。虽然社会物质财富比起过去要丰富得多，但社会生活有同质趋势，人们的选择范围种类在变窄，青年服务应当帮助大家有更多的选择。让我们吃惊的是，有些地方的做法非常成功，他们将过去认为是上层社会专有的活动，带到了不同背景的青年人群中，有的地方为青年人提供相对昂贵，高标准的兴趣爱好课程。有些专业组织，虽然没有特定的思想或教化目的（体育组织，青年旅社联合会等），但事实上它们的活动实践跟成员们的个人和社会发展也有间接关系和意义。灵活性是指青年人的兴趣爱好强烈但常常不能持久，“三分钟热情”，青年服务可以为青年准备一些短期的，一次性活动。就灵活性而言，我们比较强调目前青年服务存在的组织混合模式，即志愿组织和法定机构。补充一点是，真正的多样性不是简单的增加组织机构的数量，看上去各自有不同的名称和章程，更重要的是不同组织之间有不同的青年服务方式途径。

147. 在强调了灵活性和多样性后，我们还要谈谈青年服务活动的目的和标准。在深入了解青年人的心理和社会危机后，我们不会放弃对青年人世界观的同化。青年工作非常具有挑战性，是因为它需要日复一日在理解同情和屈服纠正之间进行游走。

148. 报告中谈到了青年服务的差距：正式教育体系下青年人得到的社会休闲生活，和结束正式教育后的差距；智力出众的青年通过机遇和挑战取得的成就，与其他青年人之间的差距；家庭、教会和学校告诉青年人生活的本质，和他们从其他渠道获得认识之间的差距；青年服务本应做到的工作，和现实状况下青年服务的工作差距。我们认为第一重要的是这些差距和需求，不仅为青年服务相关各方了解，还一定要让整个社会知道。

第五章　活动和设施

182. 青年服务不可能也没必要提供应有尽有的活动设施。（如果）一个孩子的每个心愿都被提前预知并即刻得到满足，这种生活非常无趣。一个过分热情周到的青年服务，就会像一个事事关心的母亲一样让人窒息。青年需要呼吸的空间。青年服务提供的机遇活动，应该是真诚不做作，这既是为自己也是为他人着想。

1. 活动

183. 青年组织中的成员要做什么，是根据他们聚集在一起时的目的决定的。第三章里提到青年服务的目的有联合、培训和挑战。当然各种组织之间关于他们提倡追求的联合、训练技能和挑战形式，有不同的理解。我们分别就三个方面谈谈。

（1）联合

184. 鼓励青年基于自己的选择走到一起，是青年服务的一个基本任务。在满足青年人培训和正规指导的需求之前，先要满足他们社交的需要。一方面意味着他们在各自社团中感到幸福开心，是下一步得到培训的必要条件。同时，这意味着青年服务给青年提供的机会不同于其他机构。虽然学校，技术学院或大学等正式教育也在集体生活中重视社会教育。但还是有很多人孤独地结束学校学习，没有学会如何和同伴相处；如果他们在青春期没有学会社交，他们就再也学不会。不同的组织可以根据各自传统，按照不同方式为青年人提供联合在一起的机会。有三点要注意：

（a）一个作出承诺的机会

185. 俱乐部会员资格本身就是一个承诺。承诺的程度可以轻重不一，比如有非常微薄的会费，或者像一些教会组织有具体的规则和宣誓。哪怕接受承担一丁点的义务，对于他们这个年纪的青年来说也是有意义的。基本上，青年团队或组织除了为成员提供他们希望的温暖友好的氛围，开展活动，提出其理想目标也是应当的。

186. 有一些年轻人生性非常拘谨或疏离，哪怕是最低程度的俱乐部会员义务都不愿意尝试。我们会尝试其他方式，来满足这部分人的社交需求。我们可以设计咖啡馆，专门选择在这些人可能出没的地方，或者可以试验一种不需要注册资格的青年中心或工作室。我们还有进一步的想法，设计出一种并不直接依附任何组织机构的独立青年工作者，专门针对那些已经结成团队或帮派的青年群体开展巡回工作。帮派团体中成员们的忠诚度和奉献精神都有相当基础，但他们追求的目标并不值得他们付出的忠诚。我们认为对于这种类型的青年团体，青年服务首先的方法必须是试探性的，先要接近这类群体，找到办法获得他们的信任，然后满足他们的需求，最终让他们知道更有意义的追求。

（b）一个提供咨询的机会

187. 学校里的孩子们的进步和行为举动都被认真地观察。虽然他们不太接受纪律管束，但还是能意识到自己的举止比较重要。但当他们开始工作后，他们就不会有同样的感受了。他面临的问题没人知道，也没有人关注；即使他会对不再受到约束高兴，但仍然会感受到不适，虽然他们并不一定意识到不满的源头。他可能会觉察出新环境里没人会在意自己。青年在离开学校后会面临许多问题，道德价值观、性、职业适应等。随后，他还会缔结婚姻，组建家庭，承担成人责任。青年很少会找到他们信任的成年人为他们提出建议；即便是父母，也有很多孩子不愿和他们分享的问题。我们认为好的青年服务应当尽力为青年着想。我们看到国外一些青年工作为青年提供咨询的成功经验。不论青年组织的性质和机构设置如何，都不能成为阻碍青年工作者为他的团员提供咨询。不过这得依赖成员们和青年工作者之间的私人关系质量，以及青年工作者的时间安排。咨询非常耗时，需要对成员的个人处境、家庭背景、工作、个性等熟悉了解，青年工作者很难独立处理。因此，青年服务要对青年提供咨询帮助的话，还需要很多帮手。这些帮手不需要深入到青年活动的具体安排中，但他们也要认识成员，提供帮助。我们对青年是否利用建议机构部门，还存在一定疑虑。

（c）一个自主决定的机会

188. 青年们加入俱乐部后，经常失去了按照他们喜好做事的机会。有些俱乐部将相关事项基本决策都制定好了，青年们对俱乐部没有任何影响力，最后他们放弃自己的喜好离开俱乐部。我们非常强调青年的积极参与，能够对他们自己的团队进行领导指挥，因此青年服务应当接纳这一原则。实践中，我们并不希望青年工作里的方方面面都安排得井然有序，我们应当接受青年服务中有些时候可以是即兴、短促的部分，这样可以充分激发成员们的热情和活力，持续两三年时间后，伴随成员们的成长，兴趣自然减退。

189. 当然，自主决定的原则并不是一定要在青年服务的整个过程或事务中使用。许多组织、俱乐部和中心在其组织过程里并没有设计这些即兴团队，它们有自己的方式。不过，我们恳切希望青年服务机构，不管它们的传统如何，都应当探察今天青年人的现实需要。它们应当让其工作活动项目积极回应青年需求，并发挥青年人的领导能力，让他们意识到自己对青年服务具有的影响。

联合的积极条件

190. 青年服务的基本任务是社交和教化，它要为各个阶层的青年提供建立共识的机会，让他们相互交谈，认识彼此。一个能让人们舒服自在交往的场所非常必要。青年服务中的青年人往往是那些难以找到其他社交场合的人群。我们认为青年服务应该提供的场地，应该有和大学学生会差不多的设施配备：色彩舒服的装潢；现代化外表；咖啡吧（而不是食堂）；阅读室；试听室；游戏室；还有可以让小组自己讨论开展活动的自习室。我们知道从财政现实考虑，让每个地方都建立起这样的中心还不现实；不过有的城镇或新住宅区，可以设计一个这样的青年中心。

191. 还有一些条件虽然不是必需的，但也会帮助青年服务成功实现联合的目标。比如，街角总是会有青年服务的信徒。很多青年团队在一起完成冒险、划船、骑行、露营或旅游活动，彼此的联系更加紧密。很多体验者都赞扬了宿营活动过程对青年人的积极影响。一些青年只有当他们有机会离家一段时间，才会真正发现自我。青年服务可以给没有这种经历的青年人提供宿营和探险活动机会。

（2）培训

192. 培训一词的含义，包含了某种指导建议，对一定行为的教练，并经过一定时间表现出标准的提高。青年服务里的培训包含了上述的含义，而且从字面上我们希望培训可以将所有能够帮助青年不断完善成长的机会都包括在内，哪怕从外部很难测量。联合可以作为青年服务的一项目标，同时它也是青年服务实现其他目的的途径。虽然有的青年团队在问及“他们聚在一起获得了什么”，答案可能是“什么都没有”。有的青年团队虽然并没有直接的教育意图，或者组合目的也很微不足道，但他们一起做过的事还是会对其成员品行产生不可磨灭的影响。有的团队成立时间虽然短暂，但成员知道他们想要做什么，而且青年工作者帮助他们完成计划。

193. 还有很多各式各样的青年团体，有一些目的相当严肃，如科学团队。许多团队没有寻求成人帮助，青年服务也不清楚它们的存在。不过如果他们能够寻求一点来自成人的指导或意见，对于他们会有所帮助。青年服务应当主动认识并帮助这些团队组织。这些团队非常容易组织活动，因为它们本身就有规范的组织方案，也就是我们所说的自组织团队。虽然有些人喜欢保持其独立性，但青年服务如果能够给他们提供某些设施便利、会议地点或（帮助他们）寻求专业指导，会十分有用。青年工作者比较愿意为青年安排好活动计划，让青年直接进入到活动实施阶段。如果计划不成功，他们会让青年人在俱乐部里单纯地开展社交活动。这种做法也会导致青年的厌倦。中间道路是让青年可以根据自己的规划行事，但不要超出俱乐部的规则，最后产生出新的精神需求。

194. 如此一来，这样的团队里，联合不再只是单纯的目的，它还变成了一种学习方式，不管这种学习的层次如何。对于任何性质的青年组织和青年中心，其社交氛围必须是志趣相投。否则，青年人也不会加入进来。而且合适的团队情感氛围，会影响到学习过程。这也是为什么宿营活动会增进成员们的归属感，对提高大家学习积极性特别有益。

195. 虽然社会公众将青年服务整体视为一种学习的看法有些极端，但我们也赞成青年服务要有教育训练的内容。尽管我们强调青年工作机构要响应青年最新的需求变化，但也不是降低青年服务的水准。青年服务应当朝着三个方面前进。

（a）体育娱乐消遣

196. 加强体育休闲的理由非常充分。首先，体育运动是青年男女在休闲时间最感兴趣的活动方式。其次，这种活动和人们的学术能力没有关联，还能抵消社会阶层分化。第三，当前青年人的工作和消遣无法满足青年旺盛的精力。

197. 除了有组织的团队游戏，还有很多活动可以给青年提供机会促进社会交融。如羽毛球、露营、划船、舞蹈、登山、骑行等。

198. 为了鼓励各种体育活动，我们的建议是：

· 提供更好的设施；

· 地方教育部门提供财政支持、房舍和设备贷款；

· 为青年中心提供教练；

· 建立和体育俱乐部、专业团队的联系；

· 积极承认并帮助已经成立的俱乐部或团队开展相关青年的工作。

（b）其他技能和兴趣

199. 青年组织历来关注历史、宗教和社会道德；还坚持身体健康和思想敏锐。不过对于艺术、诗歌、戏剧等兴趣，青年组织似乎没有意识到这也是人类努力奋斗的方向。虽然学校教育开设了音乐、艺术和手工课程，但俱乐部好像对此不太感兴趣。我们希望青年服务应当努力为青年提供文化学习的机会。

200. 青年人越来越意识到科学变革对生存世界带来的变化。虽然他们的科学知识有限，但他们相信世界会不断向前发展。他们喜欢摩托车、电视机等机械装置，这可以成为培训的良好开端。青年服务要抓住这个机会，寻求科学家团队和个人的帮助，开展具体的培训项目。

201. 如果公共图书馆、博物馆和艺术画廊的每周开放时间能够延长到晚上 10 点，青年人可以在闲暇时间充分利用这些设施，也会对青年非常有帮助。青年服务应当和这些机构紧密合作，为青年安排参观等活动。

（c）为成人生活准备

202. 青年人非常向往成年人的社会角色。不过近些年来，因为服兵役使得青年服务在这方面的表现不太明显。既然青年现在已经不用到军队服役，那么青年人如何为承担成人责任做准备非常重要。

203. 第三章里我们谈到过青年服务中交流沟通的难题，青年人对于成人说教的怀疑。我们认为现在的青年理想主义色彩没有过去强烈，他们对社会观念的怀疑更多。青年服务不能因此推卸自己的责任，帮助青年寻找他们的价值观，让生活更有意义。这是青年工作者面临的最困难的任务，因为他们知道一旦他们碰触到宗教、政治或经济关系这样一些本身非常具有争议性的话题，会遭遇到很多批评指责。我们理解青年工作者的谨慎和迟疑，不过这是他们必须面对的责任。哪怕是最随意的小组讨论，或者和青年人进行单独的咨询，都是可取的办法。

①公共事务

204. 我们认为，青年俱乐部或其他青年组织的成员希望对争议性的社会事务展开讨论时，他们应该得到鼓励和帮助。青年政治组织可以为青年人的讨论提供发言人，帮助他们完成任务。为了打消青年人害怕被“洗脑”的疑虑，这些讨论最好在青年一代人中进行，带有政治导向的成年人不要参与进来。青年人在自己的俱乐部中和他们的同龄人会面，听听其他人认真严肃的观点，而不是一味地愤世嫉俗。要强调的是，这样的活动必须是基于青年人自己的兴趣，并且青年政治组织和青年服务之间不要建立正式的联系。虽然民主社会中，青年政治组织非常重要，但要防止它们占用公共资金的危险。

②就业职业

205. 青年工作者要解决的问题有三种类型：职业伦理行为；职业关系；和职业教育指导。第一个问题非常容易解决，因为青年工作者通过亲身经历，深有体会。第二个问题职业关系会困扰青年工作者，因为他们自己对于管理和行业协会等知之甚少。不过他们可以让职业双方代表在俱乐部里进行切实认真的讨论。职业教育指导则需要专业知识，青年工作者可以借助青年就业指导办公机构，继续教育部门的资源。

③婚姻和家庭关系准备

206. 正如我们先前指出的，青年人有可能在学校的学习时间延长，也有可能早早结婚。父母应当首先为孩子进行性教育，帮助他们建立健康的婚姻家庭。青年服务虽然不是唯一有义务的一方，但也应当鼓励青年获取相关的知识、技能和认识。

207. 我们设想的给青年提供的建议，不仅有个人问题、性教育和为人父母，还可以包括预算、消费、家具和装潢。地方教育部门尝试一些项目，通过开设短期课程教授某些内容。不过有的属于私人问题，需要很好的个别咨询沟通。青年工作者相对于专业的婚姻顾问，医生，教师，他们的优势在于和青年团队男女之间建立起的健康和谐的人际关系。如果可以请到年轻的配偶伴侣提供帮助，会非常不错。

有组织指导

208. 青年服务在某些活动中带给青年技能、兴趣，教育指导的发展，使得青年服务和继续教育有很多关联。但是，我们不能因此将青年服务变成一种正式教育课程，不论是在青年俱乐部还是普通成人教育中心。我们不希望看到青年服务的培训活动变成一种对青年人的强制义务。那些专职教师在上课之余，每周挤出时间到青年中心的兼职青年工作者，非常适合给热情的青年人上夜校课程。我们认为这些半是教师半是青年工作者的工作人员不仅熟悉相关知识，比起非教育职业的人士，指导青年人的经验更加丰富。

（3）挑战

209. 青年服务除了联合和培训的目的外，我们认为青年服务在为所有青年提供放松的同时，还有必要尽可能为热情的青年人提供有足够挑战的机会，充分发展他们的思维能力和身体素质。

210. 团队生活或俱乐部生活给青年人提供各种挑战机会，让他们获得在学校和工作中难以体会的成就感。这些挑战有的可以是团体带给个人的，有的是从团体外部带给个人的。事实上，一些最具挑战性的活动是通过团队配合带给成员个人的。比如在探险或登山中，个人在取得自我收获时对自己为团队作出的贡献也会感到满意，比起自己和其他成员之间的竞争更感到满足。

211. 团队活动中的挑战对于那些结束学业的青年人具有特殊的价值。体能挑战和冒险最有吸引力。很多青年人的生活非常单调乏味，往往固定一个模式。除非要他们做点什么，生活毫无色彩，没有变化。有的人可能会通过暴力活动、反社会行为，来达到上述目的。或者他们可以选择走出他们的小镇去发现新事物。像童子军活动计划就给青年人这样的机会。还有些人在陌生的环境里通过体能挑战，发现自己都不知道的能力。虽然这些活动以体能挑战为中介，但在体能之外带给青年个人发展。经验表明，这些活动对青年工人和身体思维活跃的青年人十分有吸引力。

212. 旅行是另外一种挑战。我们说的旅行不是指那种万事安排周全的游玩，而是将它看作是艰苦的冒险。青年人对于风景似乎没有多大兴趣，他们对外国不同的生活方式表现出极大的好奇和喜悦。最佳的方式就是可以到国外工作的方式进行旅行，例如海外志愿服务组织的难民服务。

213. 多数青年人都渴望自己的能力得到认可，对社会作出积极贡献，许多青年组织制定计划帮助社区社会。青年俱乐部在为社区提供实际帮助前，应当仔细研究他们生活社区的真实需求，这也是对青年的一种考验。因此我们的工作计划不用事先制定，而是让青年人去了解他人的需要，自己决定工作安排。

214. 艺术鉴赏也是青年俱乐部面临的一个挑战。向青年介绍引进艺术、戏剧和音乐，应当不同于学校教育，应该用更成熟的方式。

215. 挑战是一个感性词汇，如果不能维持内心兴趣，它就会变成空洞的表达。如果青年人没有做好准备，为实现自己的追求目标而计划、准备和训练，提高学习能力，他们不会对挑战进行回应并产生长远影响。青年工作者困惑于青年人的兴趣爱好变动不一，还会对他们漫不经心感到不满。青年工作者只有增加自己对青年个体想法和能力的了解，并用技巧的创造性的方式措施，让青年团队的兴趣维持相当长时期。有时，某些青年团体习惯自己的方式，不太愿意向成年人学习经验，如果给他们介绍经验丰富表现卓越的同龄人会更有帮助。

216. 成功应对挑战，是青年人赢得社会身份地位归属感的有效方式。办好一件事，特别是作为一个团队成员完成一项任务，会让青年人获得同辈的认可以及更广泛的外部社会的认可。

青年工作的单位组织

217. 我们再来看看俱乐部工作的基本单位。普通俱乐部，细分年龄段的青年组织，还是小范围通过友谊结成的自发组织，谁更合适青年服务？兵役制度结束后，我们希望这些团队都有所增加，而且许多组织希望更加独立。我们应该对它们给予鼓励、肯定和推动。我们认为，各种类型的青年组织都要重新思考，是否青年俱乐部可以作为一个大的中心，里面包含各种小的团队，让青年可以发现自己的热情，努力开发自组织团体。很多时候，我们会给青年人设想的前景是一个他们作为大孩子必须面对的困难，而没有考虑他们希望获得成人身份认可的需要。

218. 不管是单一性别的青年俱乐部还是不分男女的组织，都有其目的和价值诉求，我们不想提出一个固定模式。不过我们强调一点，现在的儿童从学校生活到日后的职业生活，就已适应男女一起的社交环境，因此俱乐部无需强调男女隔离的方式。青年俱乐部等应当为青年生活和婚姻做更好的准备。

219. 报告并不打算对青年服务的实践和理念过多指手画脚。新的青年服务模式应当是从工作实践中发展出来，将来由青年服务发展委员会进行评估。本章中提到的青年服务活动都是在某些地方已经实施过的。我们只是尽力表达，青年人如何获取团体经历，完善自我，得到社会的认可。

设施

1. 房屋建筑和设备

220. 青年服务在 20 世纪 30 年代非常特殊、极其艰苦的条件下，开展了非常不错的工作。哪怕是防空洞、仓库等地点，也成为青年人聚在一起完成某项任务活动的场所。但在新时期，我们要发展青年服务，必须对青年服务的硬件条件加以改善。

221. 不论是地方政府的青年服务，还是志愿组织的青年服务，都要考虑到青年人喜欢一个明亮的环境，就像他们为了表现自我，会选择色彩鲜艳，标新立异的服饰。

222. 我们并不是坚持青年服务的房舍越贵越好，也不是认为它要与商业中心不相上下。不过我们认为青年服务的房舍应当尽量接近青年人的喜好，家具和装饰有很好的设计，体现青年人自己的品位，首先能够满足青年团队开展活动的目的。

223. 接下来是青年服务房舍建设重点攻关的一个五年期。对于青年服务建筑的规划，可以由青年服务发展委员会负责。因为涉及巨大的财政投入，教育部和地方教育部门可以作为两个重要的合作伙伴。地方教育部门可以提供一些房屋，让不同的组织分别在不同夜晚使用。

224. 我们认为这个大胆，富有想象力的建筑方案是重建发展青年服务的必要环节。教育部可以通过专门的机构对此进行设计规划，就像之前对学校和学院建筑所做的一样。建设中，要研究潜在使用者的需要，以及青年服务可能开展的活动类型。相关的信息应当有专人进行收集分析。

225. 在发展青年服务房舍中，没有合理控制是一种浪费。有的地方在修建房屋时，没有与相关各方进行充分协商。地方教育部门应当担起责任，就地区建设与其他志愿组织进行沟通。在第一个五年计划中，可以积极尝试各种方式，然后收集经验用于第二个五年计划进行更大规模的建设方案。

226. 有人认为，公共资金用于建设昂贵的建筑并只是用于部分时间，是一种浪费。事实上，所有教育建筑楼房和公共建筑，都免不了只能用于一年中部分时间。我们建议某些教学楼房或设施，可以和青年服务互相通用。虽然青年人对于将学校作为青年服务之用，有不同意见，但只要其中的建筑或设备有足够吸引力，还是能让青年人加入进来。比如在学校建设一个独立的附楼，或添置一些俱乐部设施，都是不错的安排。

227. 当乡镇学院成为现实后，它也可以为青年工作贡献力量。虽然乡镇学院不应承担起青年服务的核心职能，但必要时它也可以为青年俱乐部或志愿机构所用。

228. 还有一个方式能够让青年服务与其他社会公共投入相结合，那就是社区中心。虽然大家对此意见有分歧，但我们还是可以多做尝试。一是可以节约人力、物力；二是方便青年人更顺利地融入成人组织。

229. 我们希望在新兴城镇或居住区，可以有相当数量的专门青年中心修建起来。这些中心可以有绘画、咖啡、游戏等房间，让不同青年团组使用。虽然，这些单独的青年中心耗资不菲，但从长远看更经济，能让青年服务产生最大效益。

230. 我们欢迎在政府机构大楼中可以有一些实验性的工作间，虽然不一定专门用于教育或青年组织。一来可以用于专门的团体，如划船，戏剧；二来用于学习一些兴趣爱好之用。

231. 我们强调地方当局加紧青年服务建筑建设的同时，也不会轻视志愿组织方面的作用。我们欢迎它们尽可能修建自有的屋舍。

232. 还有一个建筑，我们认为非常重要，就是宿营中心。前面我们已经提到过宿营课程的重要性，因此在整个发展计划中应当立即给予宿营中心关注。宿营中心可以有两种：一种有很齐全的设施，包括图书馆或团体学习房间等；另一种可以是简单的青年旅馆或露营基地，类似一些欧洲国家的仅供短期用途。

233. 最后，我们必须强调除了建筑物本身外，其中的家具、灯光、装饰等，同样保证一个基本标准水平。另外，地毯、窗帘、花卉、植物会对青年产生积极影响。

2. 体育锻炼

234. 正如我们先前提到的，青年人对体能挑战的活动非常感兴趣。目前普遍存在体育设施短缺，尤其是在人口密集和新兴住宅区。我们要求对此必须立即加以重视。地方当局应当行使好 1937 年体育锻炼和休闲法赋予的职能，包括地方教育部门也应当在继续教育计划中加以考虑。我们希望地方当局下属的公园委员会和青年委员会之间加强合作。

235. 户外活动设施是青年服务面临的问题之一，其设施的规划应当为了整个社区的需要。问题是如何将这些运动空间更好地为社会和青年双重使用。学校、体育俱乐部和其他设施所有人可以多加考虑青年群体的需求，在互相协商中最大限度地利用现有设施。

236. 比起户外设施，室内体育设施更加短缺。现有体育馆可以功能拓展，另外新学校和学院的设施可以让青年群体更方便合理地使用。

237. 我们希望关于体育设施的计划应当像前面我们在青年服务建筑修建中提出的，得到同等的研究和考察。还有，在废除兵役制度后现由军队使用的体育设施，可以让青年服务马上进行使用。

238. 冒险活动也是现在比较流行的项目，这些户外活动本身是具有挑战性的团体工作，而不是竞技项目。我们鼓励发展户外探险，首要条件是提供基本的膳宿和设备。地方教育部门应当提供青年人力所能及的帮助，支持他们去实现冒险计划。

第 10 章　建议和重点

简便起见，我们的建议列举如下。

青年服务的明天（第四章）

（1）青年服务应当服务所有年龄在 14—20 岁的青年。

（2）教育部应当制定青年服务十年发展规划，具体细分为两个五年。教育大臣任命一个不超过 12 人的小型顾问委员会，名为青年服务发展委员会。

（3）内阁大臣要确保他的指令能够迅速高效地得以执行。

（4）地方教育部门确保所辖区域在教育委员会下设一个专门负责青年服务的部门委员会。

（5）地方教育部门与志愿组织协商，回顾和更新其继续教育规划。

（6）全国性志愿青年组织的代表机构和发展委员会紧密合作，增强和提升青年服务志愿组织的水平。

（7）活动的每个阶段坚持志愿原则。全国发动更多的志愿人员，参与青年服务。

（8）管理委员会和工作者成立支持者委员会。

（9）青年人应当获得参与青年服务作为合作方的机会，特别是那些自组织团队。

活动和设施（第五章）

（10）青年服务为青年提供联合、培训和挑战的机会。

（11）地方教育部门鼓励青年参加各种体育锻炼活动，并提供启动资金和设备贷款，积极肯定体育俱乐部和专业团体的贡献。

（12）为了重建青年服务，提出一个大胆且富有想象力的房屋建筑方案。教育部应当有专门的建筑规划部门，设计青年工作房舍，如有必要可以适当增加工作人员。地方教育部门与志愿组织进行协商，为继续教育计划的发展做准备。

（13）地方教育部门应当在新中学学校规划中考虑青年服务的需要（比如，在中学教学楼房中有独立附楼，或添置俱乐部设施，或双重用途的家具）。

（14）立即加强宿营设施建设。

（15）青年服务的建筑需要配备更好的家具、灯光、装饰和设备。

（16）内阁、当局和志愿组织要高度重视改变体育设施、户外和室内设施短缺的现实。

人员和培训（第六章）

（17）内阁大臣着手制定一个全职青年工作者的长期培训方案。全职工作人员从三种人中聘用：教师、社会工作者和有工作天赋的成人。三种人员有四种培训形式，三年的教师培训课程，三到四年的社会工作者培训课程，为有职业资格的人提供三个月的培训课程，为成年学生提供一到两年的培训课程。

（18）全国性志愿组织如果希望拥有自己的青年工作者培训计划并获得职业资格认证，应当向内阁大臣递交它们的计划，并征询发展委员会的意见。

（19）越来越多的成年学生可能参加相关课程学习，内阁大臣应当加大对这部分学生的资金资助；也要为那些参加三个月课程的社会工作者提供特别援助。

（20）采取措施将现有的 700 名全职青年工作者的人数增加到 1966 年的 1300 名。立即开设培训学院，为从事青年工作的男女提供一年的课程。第一年应当在 90 个地方开设培训机构，到第一个五年计划期间增加到 144 个地方。

（21）邀请合适的区域性培训组织，负责监督所有的青年工作培训课程，并推荐完成学业的学生以资格认证。

（22）地方教育部门向内阁大臣推荐青年工作者岗位上满五年的全职工作者，获得资格认证。

（23）略

（24）任命一个委员会，专门就法定青年工作者和志愿组织人员的工作薪酬进行协商。

（25）地方教育部门增加兼职工作者的人数，根据工作成效给予相应报酬。1966 年后，可以让部分教师一半时间在学校工作，一半时间在俱乐部工作。

（26）地方教育部门和志愿组织一起合作，组织对兼职工作者的培训。

（27）地方教育部门出资安排指导者给青年俱乐部、团体和单位。

（28）地方教育部门还没有雇佣青年服务官员的，应当根据其需求提供相应任命。

财政（第7章）

（29）根据1939年社会和体育培训资金条例，内阁大臣向全国性志愿组织提供两种类型的财政支持。

（30）拨款的唯一标准是志愿组织为14—20岁青年人提供社交和教育工作的价值和意义。

（31）决策专职青年工作者的培训费用额度。

（32）第一个五年计划结束后，内阁大臣取消对地方志愿组织的资金援助。

（33）地方教育部门根据1944年教育法的规定，全部承担向志愿青年组织的拨付经费的权力。

（34）内阁大臣将全部移交1937年和1939年相关法律资助地方志愿组织的权能。

（35）内阁大臣将加大对教练计划的资助。

（36）内阁大臣要确保地方青年服务的额外开支与中心资金相匹配。

（37）内阁大臣修订相关资本投资管理制度，使地方当局方便修建房屋以及开展日常事务。

（38）地方教育部门应当为有价值的青年服务地方志愿组织提供更多持续性财政支持。

（39）地方教育部门要有充足的青年服务管理人员。

（40）所有地方当局要注意运用1937年和1958年相关法律的资金授权，使青年人受益。

（41）志愿组织青年工作者筹措经费的负担，应当转交给资助者委员会和管理委员会，以便他们更加专注给予青年帮助。

（42）地方教育部门要清查青年俱乐部和中心的收费情况

（43）志愿组织也应当对相关收费进行清查。

青年服务和社会（第 9 章）

（44）地方教育部门和志愿组织应当思考，帮助社会适应不良的青年的工作办法。青年服务发展委员会负责收集整理相关的研究和试验结果。

当前工作重点

365. 根据指示，我们应当对如何让资金取得最大效益提出建议。为此，我们必须指出针对以上建议，要注意两个方面。首先，这些建议要发挥作用，必须是政府真正想要为青年人提供充分的青年服务满足需要。第二，我们提出的建议涉及青年服务的各个方面，相互依赖，互为条件。我们认为，青年服务必须在各个方面齐头前进，不过需要财政紧急倾斜的是：

366. 首先，立即着手安排专职青年工作者的短期和长期培训工作。内阁大臣要任命一个协商委员会负责商讨职业薪酬和待遇，才能吸引更多人参与到培训课程中。因此，马上成立青年服务发展委员会，为相关工作提供根据具体的意见建议。

367. 其次，青年服务的各个部分取得实质进展，需有合理步骤和计划。内阁要敦促地方教育部门有必要的资金维持和发展青年服务；同时内阁大臣不断加大对全国性志愿组织的帮助。我们希望第一个五年间看到青年服务在建筑物和设施方面的发展，当然这一阶段更多是尝试试验。第二个五年计划期间，会有更多精心规划的工作。

368. 我们深感无法提供更多具体的指导。许多工作需要在实践中总结经验进行学习，所以建议成立发展委员会。

最后，我们感谢那些为报告提出专业意见的人们。

（二）70 年代的青年和社区发展工作（1969）

简介

青年服务从其性质上看，是对社会变化的动态回应。9 年前的艾伯马报告提出的行动规划，使青年服务成为教育体系的重要组成部分。当中提出的许多变革大都得以实现。正如大家预期的，自艾伯马报告出台以来，社会又发生了重大变化，关于青年服务职能的讨论还将继续。

通过青年服务发展委员会，各种争论结果可以转变为实质内容和建议提供给国务秘书。我们关注的议题主要是有兼职工作人员的培训，社区服务和志愿组织的角色，并得到各方的帮助。不过还有一个疑虑，从整体上看青年服务是否分别满足了不同年龄段的青年人的需要。特别是，14—20岁之间的青年人群里，年龄最大的人群和年龄最小的人群之间相似性并不突出，还需要对青年服务对象的两头进行考察。

青年发展委员会任命两个小组，一个由 Fairbrain 负责的小组研究青年服务和学校教育（中小学）、继续教育之间的关系；另一个小组由 Milson 负责，研究青年服务和成人社区的关系。

最后，在综合各方工作成果基础上，形成了一个统一的 70 年代青年工作的报告。

艾伯马报告

艾伯马报告提出了 60 年代青年服务工作的两个五年发展计划。为发展 70 年代的青年工作，我们先回顾艾伯马报告所取得的进展。

艾伯马报告建议成立发展委员会为内阁大臣提供决策建议，还提出了三大类的建议措施。第一是培训建议：包括增加青年工作者的人数的短期培训、长期培训计划以及工作人员的资格认证和薪酬待遇；对兼职工作人员的培训。第二，提出了一个大胆且具有想象力的建筑物修建计划来重建青年服务；教育部专门的房屋部门负责设计规划；立即解决体育锻炼设施短缺。第三，提出各方经费开支使用情况：中央政府提供专门经费给试验改革以应对青年服务不断增加的开支；地方政府给予地方志愿机构更多的资金支持；志愿组织可以有专门的资助者委员会和管理委员会负责筹措资金，自己更集中于给予青年实际帮助；鼓励青年自己出钱获得更好的服务设施。

事实上，艾伯马报告中提出的大大小小建议，大多被青年服务的各方机构所采纳。不仅有第一个五年计划中提出的各种青年服务的尝试，还包括报告对什么是青年工作的定义——“青年工作是一种社交和布道，同时又是教育制度中的有机组成部分，为青年人提供（学校和工作）之余的非正式社会教育，让他们尽可能走向成熟，成为对个人选择负责任的成员。”

我们发现，在十年发展规划末，艾伯马报告的实践建议已见成效。到 1966 年，全职青年工作者增加到 1300 名（现在有 1500 名）。从 1961 年开始，莱斯特的学院开始开设了相关课程。青年工作的资格认证和薪酬待遇已经被拟定出来。超过 30 家教育机构和大学为教师培训人员开设了选修性青年工作课程。

八年里，青年服务新建筑的修建工作成果突出。这些建筑的现代化风格给青年工作方式带来了积极影响。

从 1960 年到 1968 年，房屋建造工程总价共计 2800 万英镑，覆盖 3000 个项目。既有公立机构也有志愿机构。同期，总价 240 万英镑的 160 个青年体育项目建设计划开始了。

教育部的资金从 1959—1960 年的 299000 英镑增加到 1967—1968 的 190 万英镑。这些经费主要投入地方志愿组织以及相关管理和培训。

地方教育部门也增加了青年服务的经费：1957—1958 年大约有 258 万英镑，到 1967—1968 年有 1000 万英镑。全职和兼职青年工作者的人数增加明显。青年团体受到帮助的数量总数增加了 112%；各地对于青年服务的人头经费从 0. 42 英镑到 6 英镑不等，对比十年前的数字是 0. 07 到 2. 65 英镑，涨幅达 120%。

随后的发展

最近几年青年服务在这样几个方面有突出的进展：全职和兼职工作人员的培训，志愿服务，关注移民和残疾人群，以及相关的研究和实验。

培训

1961 年 7 月，内阁大臣任命 Bessey 负责的工作团队，对兼职青年工作者的培训工作进行调研。Bessey 团队提出的建议以及最后成型的报告，对整个青年工作者培训工作提出了系统建议，不论是全职人员还是兼职人员都应当具备的最低标准职业技能。建议指出，法定机构和志愿组织之间进行充分协商，并且在地区间加强合作，将有限的培训资源和培训人员发挥最大效用。

我们对这些建议的实施情况进行了评估。1965 年一个专门委员会提出其评估报告，声称 Bessey 报告得到了积极反响。到 1963 年末，在英格兰和威尔士的 146 个地方教育部门中有 110 个地方建立联合培训机构。不过报告也提出培训合作方面的不足，并指出下一步合作行动的方向。报告特别指出团队工作的重要性，和将教育系统和其他培训机构联系起来的必要性。报告还反映了人们关于青年工作培训观念的改变，从过去单纯传授知识信息类的培训，到现在越来越注重提高青年工作者的理解力和处理具体问题的实践技能。

教育部研究了对全职工作人员的培训，并咨询各方意见。我们会将相关结果融入未来培训的新安排中。相比单独研究青年工作者和社区工作者，我们的建议会涵盖青年和社区工作者更大的范围。相应地，兼职青年工作者的角色也有类似变化。

志愿服务

我们和其他人一样坚信青年活动的各个层面必须坚持志愿原则的重要性。我们鼓励成人和青年志愿为青年工作各个领域提供服务，不论是法定机构还是志愿组织。通常，志愿组织相比地方政府机构，更能获得成年人的志愿参与帮助。不过未来青年服务的两大组织体系都需要志愿者的继续参与，必要时专业的全职工作者可以给志愿者支持。

移民和青年服务

1965 年 11 月，以 Hunt 为首的委员会负责对移民青年问题进行调查，研究青年服务如何满足移民青年的需要，并提出建议。委员会收集了地方政府、志愿组织和工作人员的证据材料，召开讨论会，并实地进行参观，于 1967 年 7 月提出报告。建议：各级地方以新姿态讨论相关问题；改善青年服务；以社区为基地开展青年移民工作。地方当局和志愿组织要积极审查其基本方针政策，总结对这一特殊人群的青年服务措施。此外，其他社会机构，学校继续教育学院、社工、教会等也需要提供帮助。教育部 8/67 号文件，要求地方教育部门和志愿青年组织在 1968 年底报告其采取的措施和发展计划。从反馈看，青年移民服务主要趋势有：第一，地方的工作讨论必须通过合作行动了解移民青年们的真实需求；第二，主要的方针政策都已经基本形成；第三，个别地方和志愿组织有比较成功的工作范例。总体上，整个移民青年服务现状与 Hunt 报告提出的建议还有相当距离。我们还会进一步建议。

残疾人工作

志愿组织和地方教育部门为残疾青年提供了特殊帮助。有些地区有特殊学校，为有需要的孩子提供教育。有的志愿组织从教育部门得到资金帮助残疾人群。有的志愿组织开展宿营活动，将生理缺陷的青年与健康青年组织在一起。有地方教育部门制定计划，让女孩俱乐部成员“收养”弃儿，和她们共度周末。

研究和实验

我们认可基础研究对青年服务会有积极贡献，包括单纯的调查和各种类型的实验工作。

教育部最近委托 Keele，Leeds 大学等对青年工作的性质，志愿青年工作和法定青年工作关系等进行基础研究。此外，政府专门就青年服务在青年人中进行社会调查，意图回答三个问题：一是当前参加青年服务的是什么人群；二是参加青年服务的青年和没有参加青年服务的青年之间有什么不同；三是哪种形式的青年服务最能贴合青年需要。

我们在调查中也进行了简单的考察，不过相关数据只能是暂时性的。我们期盼上面提到的调查研究结果，为青年服务提供外部的评判。

艾伯马报告建议教育部拨付专项经费，进行特殊的试点性工作。教育部还制定了一个指导文书给相关的研究组织和志愿机构。基本要求是必须完成一个项目报告。1969 年初，已经完成的项目有 15 个，还有 14 个项目正在进行中，三个项目被终止。在所有项目中，有一半是关于特殊青年人群，如残疾人和边缘群体；剩下的项目涉及的是青年工作方法、培训、志愿服务和户外探险。

报告结尾，我们会再谈及研究问题。

青年服务的成员资格

本委员会和其他渠道提供的数据会在附则中列出，其中有些数据只是大概的估计，在使用时必须小心谨慎。

主要的结论有：

（a）青年服务吸引的青年人大约为 29%，艾伯马报告估计的比例为三分之一。

（b）19 岁和 20 岁青年参与比例下降最为明显。

（c）志愿组织（大多数由政府资助）对各个年龄段青年的吸引力比例更高。

（d）全日制学生参加俱乐部的人数比例明显超出总人口比例，特别是对于 14 岁和 15 岁的学生吸引力更大。

（e）参加青年工作的女孩比例低于男孩，而且她们较快失去兴趣。

这些发现都反映了社会变化给青年服务的影响。

70 年代的青年工作指导思想

尽管我们准备谈谈最大年龄和最小年龄的青年之间需求的不同，但有必要先对社会变化之下整个青年工作当前的基本思想观念作出解答。

部门职责

青年服务应当继续和教育制度、教育部门联系在一起。虽然我们认真考虑了其他不同意见，但还是认为青年和社区工作在现有制度安排中可以得到更好的支持，有利于保持青年服务的连续性。

青年工作的概念

青年服务的首要目标是对青年进行社会教育。这个定义并非不重要，因为时代在变，目的也会改变。现在我们关注的，不像过去主要强调对青年进行基础教育、经济需要，或统一信念和价值观。我们关注的是，帮助青年在变化中的社会创造自己的位置，真正参与到他们的社会社区中去。很长一段时间，青年工作者喜欢引用 Maud 的一段关于青年工作目的的名言："为青年人在家庭、正式教育和工作之外的闲暇时间，提供各种类型的机会，发现和发展他们个人的身体、思维和精神方面的才能，为他们的成人生活做准备，成为自由社会中创造性，负责任的成员。"这个定义并没有失去效力，但需要作出新的说明。可以这样理解，青年服务发生在特定的组织、地点和时间。作为"家庭、学校和工作的补充"的青年工作，可以出现在很多地方，在意的是不同代际人群之间的关系，和青年与社会社区的关系；他们可以有很多种类和表现形式，组织和中心只是其中的代表。从广义上说，青年工作是通过非正式方式，对青年人的个人、教育和社会需求作出的回应（而"青年服务"这个术语，主要与特定组织联系在一起）。

合作伙伴

如果我们要在 20 世纪 70 年代开展青年工作，必须要坚持合作原则。一是，各方共同使用有关建筑房屋，既是经济需要又是社区发展需要。二是，合作不仅发生在法定青年服务机构和志愿组织间，还可以延伸到一些商业或非商业性组织。合作还包括与青年福利相关的各个职业部门间，包括其他部门官员和专业青年工作者之间的建设性会谈，和教育规划中综合支持等。70 年代的青年工作要发生效力，一个前提条件是社会支持青年的各个渠道之间没有障碍。

灵活性

虽然我们大胆提出一个青年工作的定义，现代青年工作必须要有充分的灵活性，考虑到不同需求。青年工作要考虑到不同年龄和性别之间的差异，残疾人不同，还要考虑青年个体差异，以及不同社会团体和不同兴趣爱好之间的差异。未来十年的青年工作标准，应当要注意青年人一般性需求和特殊需求两个方面。

俱乐部角色

俱乐部对许多青年人的生活有重要意义，当然它的目的和功能也不可避免会发生变化。随后我们会在报告中重新进行评估。另外，收费的俱乐部也应当认真思考，明确其社会意义。

社交

尽管对于青年工作的目标，有很高的期待，希望青年有社会信念，承担相应的责任等。但不能否认青年工作要满足青年人的一个基本需求，这也是青年意图非常清晰的方面，即青年男女可以在舒适随意的氛围中交流。青年人都希望得到帮助，非常关心和异性建立健康的人际关系。

社区发展

最后，我们认为未来的青年工作应当居于"社区发展"的基本框架中。具体原因和想法，下一章会谈及。

积极社会

我们致力寻找的"积极社会"是指，所有人都有机会向公众表达他们的价值观，不会（对社会）冷淡疏离。

要认真地对青年服务的未来提出看法，必须把它放在整个社会背景下考察。我们只有先回答"我们想要一个什么样的社会"，才能回答"我们想要一个什么样的青年服务"。那种"价值中立"的方式，是完全不可行的。

积极社会，是我们认为最能反映我们追求目标的提法。它有两个思想认识前提，分别是我们对社会现状的看法和个性发展的观点。我们的社会理想是一个漫长的进程，可能不会完全实现和到达，它是一个奋斗过程，而不是一个轻易到达的目的地。

在我们这样一个科技迅猛发展的社会，不能用过去的办法和组织形式去对未来世界作出回应，必须要自身不断地变革。我们追求的社会，必须是每个成员在公共事务中都能积极主动，让社会对他们的生活作出正面回应，社会不断自我更新来表现成员的价值观。

过去，我们社会和其他社会一样，只对某一部分成员利益作出反应，社会变化的结果只是反映这一部分人的观念。这种只在意特权阶层的做法，肯定会招致一些危险，引起底层弱势人群的反抗。现代社会将一部分人排除在公共事务决策之外，会让成员个体产生无法影响社会政策的无力感，好一点的结果是他们会变得麻木不仁，坏的结局是愤世嫉俗、虚无主义和无政府主义。我们寻求的积极社会，是所有人都能对其思想观念进行公开表达，不会出现极端的社会疏离和漠不关心。

我们的一个观念是坚信社会变化不可避免，社会必须要让所有人有更多机会参与公共活动，对每个人作出创造性反馈。

积极社会不仅会让社区共同体受益，而且有利于共同体内的每个个体能力。个人成熟的发展终点有很多，但其中一点是不断寻觅认可自我的责任和对他人的责任。不过现代社会成员的责任塑造还很不尽如人意。许多人唯一的政治决定，只不过每隔三五年，将自己的政治决策权让与给他人。在大规模工业化社会，提高效率的最佳办法就是让程序控制的机器人操控生产线，而不用做任何决定。而商品消费社会，最好的消费者是那些对宣传刺激有反应，将个人喜好和大众联系在一起，唯一的决定是购买与否。

我们的另一个观点是，人们民主参与决策，必须是外向，能倾听其他人的表达。所有的成员都要不断成熟，这个社会要让大家对事务作出越多的选择，好过每个人只用对非常有限的选择负责。

上面两个观点与青年人的社会角色有特殊关联，尽管年龄渐长的青年比年岁小的青年对之更有关系。不过在青年早期，应该将某些要素传递给他们。青年人相信成人是一个必然事实，而不是个人的意愿选择，这是一个我们不应浪费的社会资本。

过去，参与式民主依赖的假设前提是，社会存在各种诸如家庭，邻里，教区和工作团体等小型的社会团体和本地团队组织。现在，这些类型的团体要么不再存在，要么功能丧失了。不过，我们也有证据发现以邻里关系或共同特征为基础的社区，在现代的城市郊区中作用不断增加，在政策制定和实践服务中发挥了重要作用。我们所说的社区发展，鼓励这些团体不断发展，和扩大活动范围，以此推动参与式民主。它是帮助团体明确自己的需求，满足自己的需求，并促进推动制定形成各方协调的政策。社区发展和社区服务不同，后者更多是机构组织给人们提供建筑楼房、中心和设施。

社区组织和社区发展也有区别。虽然两者的目标一致，但社区组织是现有组织团体付出努力后的互相协调，而后者是鼓励团体直接参与并付诸行动。本报告中的社区发展，都是这个定义。

我们可以借鉴斯旺西大学学者 Leaper 的研究成果。Leaper 认为社区发展的基本要素有：人们自己对其社区需求达成基本共识；在共识基础上制定行动计划；他们自己努力实现计划，并得到外部机构更多资源和专业指导的帮助。他指出，在一个基本公共服务得到满足的社区，通过社区发展的方式让个人参与社会是非常必要的。在发达国家，社区发展的目的是为社区创造条件，在人们的主观需求和现实条件之间保持最大平衡，让每个成员和不同人群团体最大程度地建设一个大家满意的环境。

在一个不断变化的积极社会中，教育不再是在青年阶段完成的过程。没有哪个机构可以提前提供给成人和青年需要的各种学习机会；各种正式和非正式学习机会，应当贯穿于人生各个阶段。教育应当将不同年龄背景的人们联系在一起，为将来的变化做准备。教育者的任务是促进对传统价值观念的审问、选择、重新解释和适应采纳，以适应现代社会的需要。终身学习的概念已经被很多国家地区所接纳，最大限度地开发利用人力资源。

1944年教育法指出的教育是个体的道德、思想、智力和生理发展方式，这种发展是要让个人积极参与学习过程，把学习看成是自己的事业，而非被动地接受。社会学习也是如此，在实践中学习，在实践中选择应当学会的内容和形式，对成人、青年和儿童都很重要。学习不仅是知识的积累和表达，更多是思想观念的形成和同化。

虽然，社区发展概念与教育者的工作有直接关系，但并没有被教育界重视。有许多机构将单亲父母的看作是威胁，认为团体的到来是一种暴动。一些地方认为教育方式对于社区发展没有帮助，他们保留的是对传统被动的服从，非独立的教育回归。

我们要提倡社区发展，必然要求公共组织对不同需求和观点作出回应。教育是深化社区发展的途径，公立教育组织要积极回应。虽然公共参与和代议制民主之间有很多障碍，但教育必须努力实现两者的结合。

未来年龄范围介绍

没人会反对，青年工作不应只是某一机构组织的职责。除了全日制学校和继续教育、高等教育外，青年人的闲暇时间还应有其他的选择。在家庭、学校和继续教育、工作之外，人们应有完全的自由进行联合，去发现、培育和追求个人和团体的兴趣和才能，能够寻求建议和咨询，能够学会承担责任，能够实现个人成长，能够找到同伴。没有哪一个机构——学校、青年俱乐部、活动中心和成人组织，可以满足青年人的所有需求；而且青年人也不愿意总是在规定时间，被动地去接受经验。对于有些青年，学校和学院是他们最佳的学习场所；对于其他一些人，学校学院之外的机构对他们更具影响力。不同于学校，青年服务中的联合是以自愿为基础。这种联合或团队比起学校来说，规模小，组织更灵活，获得的选择自由和兴趣爱好是学校不能媲美的。青年工作者和教师一道，继续扮演好满足青年需要的重要角色。关于青年服务对象的上限年龄，我们不想设定严格的限制，希望看到人们依其意愿，尽可能长久的获得服务，“青年和社区发展工作”可以慢慢演变为“社区工作”。

14 岁以下的青年服务

青年工作是否开展 14 岁以下的青年人的工作，或者如何开展，大家的讨论主要表现为：

（a）不了解对 14 岁以下青年人业余生活需要，以及他们参与现有青年团体的人数，这是否阻碍了我们扩大青年服务年龄范围的讨论？

（b）为什么 14 岁以下的青年被排除在官方青年服务之外？这些理由仍然是合理的吗？

（c）14 岁以下的青年是否更适合以学校为基地的青年俱乐部还是参加志愿组织活动？

（d）为 14 岁以下的青年团体应当配备什么样的工作人员？志愿工作者更合适吗？

（e）关于扩大青年服务年龄范围的问题，是不是仅仅是在现有资源条件下进行讨论？工作资源是否可以划分为大龄青年和低龄青年？我们提出这些不能马上见效的政策建议是否有用？

（f）青年服务年龄范围的扩大对实践工作到底会有什么影响，除了经费之外？

（g）青年服务的发展应当如何协调与一般社会服务的关系？

这些问题，有些已经超出我们讨论的范围。我们认为，教育部应当马上组织调查，了解这一部分青年人的需要和他们已有的社会服务措施。关键是有限的经费资源应当考虑到采取某些专门针对 14 岁以下青年的试点工作，比如冒险乐园，或其他志愿组织开展的任务活动。

低龄青年人群

如果我们预想年轻的成人实现其在积极社会中的角色作用，不能脱离低龄青年人群的工作。

要鼓励和帮助青年人承担起社会责任，实现其社会、文化和娱乐追求，青年服务和学校的责任义不容辞。中学教育比起过去发挥了更多作用，积极参与社区，联系生活实际。青年组织在这方面发展有很长时间，学校还只刚刚开始。

科技的迅猛发展，使得社会变得越来越复杂多变，人们不禁对过去习以为常的道德价值观提出疑问，这也让家长、学校和青年组织有必要帮助青年去理解纷繁复杂的新情况。

要让人们对未来社会发展作出理智选择，首先要给青年人更多实践经验的机会。包括正式教育，还有文化休闲和社交活动两大途径。一来让青年有机会参与和承担责任，二是让他们建立健康的人际关系。

权威的衰弱消减，使得人们会提出疑问，并分享观点看法。学生的责任不再是听讲和相信。青年人的意见也要被社会倾听。在教学环节，新的发现式学习和实验式学习将课程和现实世界联系在一起，对师生关系带来深远影响。学校中常常可见，学生团体讨论地区、国家和国际事务。这在过去不算是教学活动，但现在却帮助青年人了解他们将会身处其中的社会状况。

学校也开始像青年组织一样，鼓励青年人负责处理自己的社交和休闲事务，大大发展了学生的人际交往。学校不断关注社区事务，与非正式教育联系更紧密，让学生们离开学校后还能继续维持这些人际关系。

学校内的青年工作

学校不断满足青年的需要，愈能促进青年的学习过程。教学方式的变化可以让学校更加成功地介入青年人的闲暇生活。长远看，我们希望学生的业余活动，即便不是在学校内进行，也要让学校和志愿组织加强联系，共享资源。强调一点，青年人一定要对活动安排有选择权。地方教育部门和志愿组织有长期和青年一起工作的光荣历史，还将继续发挥重要作用。没有学校参与的青年服务一定是相当不完备的。一定地区的物质资源和人力资源必须要加强合作联系，迈向共同目标。

发展中心/教师中心

教师要从教室中走出来，参加地区讨论和规划设计，加强和其他与青年有关职业机构间的合作。不过让人遗憾的是，各地“教师中心”这个词比起“地方发展中心”使用更普及。其实这是一个宝贵的机会，让学校教师能够和其他职业工作者进行专业和经验交流，提高彼此联系。

继续教育体系下的青年工作

青年工作可能发生在继续教育体系中。虽然有的继续教育学院已经意识到这一点，但要真正实现两者的结合还是相当困难。即便学院校长对这一观点持同情态度，但学院教职工也难以转变传统观念，将继续教育看作是为青年提供职业教育指导。他们会低估非正式活动的价值，只关心学生人生发展很狭窄的个人成就，对学业考试不合格的青年不感兴趣。

年轻成人群体

这里我们要谈到的这样一群人，他们将自己定义为“成人”，而不是“青年人”。当然要确立一个大家公认的年龄界限，的确很困难的。

问题是，从社会和教育的角度，我们如何理解和认识他们既是“成人”又是“青年”，这之间的相同和不同之处。空口认可他们的成人资格，可能会让他们的需求被社会忽视，因为他们仍处在一个人生发展的特殊阶段。如果我们把这部分人群排除在社会管理职责之外，他们也会失去应有的支持和帮助。我们认为，未来对于他们，有一个专门的“青年和社区服务”可能是最佳答案。如果可能，这个服务的基本特征是——成人交往、社区发展和自主决定。

考察当下青年服务时，我们发现青年服务在取得巨大成功的同时，还存在着不足和缺陷，在人们的期待和实际效果间有相当距离。这些不足，有的直接与年青成人有关系。比如，青年服务的未成年人定位太过突出，使得青年难以获得承担责任的机会，人为把青年和社会其他人群隔离开来。如果青年服务要成为社区发展的一部分，首先就是要让青年真正融入社会。

要解决青年工作的两难问题，必须重新思考青年人在社会中的地位以及成人对待青年人的态度。现代社会，青年早熟是一个既定事实。青年人在法定独立年龄在 21 岁之前，就已经取得相当多的独立性；他们有工作收入，摆脱对父母的依赖。许多人，特别是女孩子，有的在 21 岁前进入婚姻关系，组建了自己的家庭。我们认为所有与青年工作和休闲有关各方都必须认识到这一点。高等教育中许多学生问题，也是因为不能认识到学生的成熟提前。

那些与成人打交道的工作人员，不要再把自己看作是“供给者”，而视青年人为接受的一方。非指示性方式对于教育比较少见，但对于青年工作非常关键，尤其是在这样一个商业社会里。如果我们的社会需要培养有鉴别力、批判性、愿意分享的成年人，那么青年必须在成人之前有机会实践自主决定。不过，成人很少愿意让青年有机会为自己干点什么。以后，青年人要获得机会自己决定青年工作的内容和形式。

自主决定

青年工作首先要让低龄成人有自主决定权。此外，针对当前很多关于青年服务的另一个指责——青年和社会脱节的问题，也要引起重视。正如社会服务全国委员会所说，青年组织一定要把自己视作是整个社会的组成部分。不过现在的问题是，很少有地方欢迎青年参与社会，成年人也不愿意将他们看作是伙伴关系，共同完成任务。成年人对待青年的态度完全是家长制作风。因此，成人接下来要接纳青年作为社会平等主体。青年服务的一个任务是进一步促进青年人融入社会。这里我们多次谈到了“参与”。青年服务的一个重要目标是帮助成长中的一代青年认真，负责任的社会参与。

我们的建议不是要对青年“社会化”，以便让他们与社会现状妥协，向陈旧的思想观念屈服。我们比较赞成全国学联提出的：“（青年）如果没有在业余时间与成人世界接触，那么他们也就没有机会实践练习成人行为”，“青年必须得到鼓励，通过自身经历和社会体验，去找到他们自己的价值观。”因此，青年工作不是一种社会控制工具，否则就得不到信任。

另一方面，青年工作要重视青年人，以建设性和积极的方式利用青年人的力量。成人可以帮助青年获得信心，管理他们自己的组织，思考自己的行动给他人带来影响，以及他们与社会的关系。我们不想青年人只知道自己的位置，只对与自己有直接利害关系的事物感兴趣。在积极社会里，青年的位置应当无处不在，他们会对社会各个方面发表意见。青年和社会要展开对话，让双方互相学习，促进社会真正进步。（青年人）认为虽然经验是伟大的老师，但仅有经验是不够的，有时经验也会误导人们。老一代人会说，经验是必需的，现实世界不是那么简单，不可能像青年人以为的那样迅速解决社会问题。

我们敦促青年人为自己和他人承担起责任，不仅是让他们为将来的民主生活做准备，也是让他们现在就能直接以民主的姿态处理现实生活。相比社会其他人群，青年人是践行民主的活跃主体，青年工作可以为民主的发展作出贡献。

因此，这种方式意味着青年人会参与到各种被贴上“政治”标签的争议性活动和讨论中来。这是成功实现积极社会的中心环节，让青年自我发展，到达他们父辈不曾到达的成熟。有一点必须要提出来引起大家警惕。当今社会面临的种种问题，不能指望都有一个基本共识。我们不能有自满情绪，认为传统的思想价值观是绝对正确，不能对此提出挑战。那些希望拥有安宁平静生活的人们，应当重新思考。

社区发展的含义

判断现有的机构工作成功与否的标准之一，是它们在何种程度上促进了社区发展进程。这个尺度比较让人难以理解和操作，与过去尺度非常不同，不是看有多少名成员，组织多少次活动。社区发展从本质上看具有很大灵活性。我们可以通过三个例子，表示社区发展可能的前进方向。

当然我们还是可以通过努力找到一个判断参与、责任和自主权的标准，要把它们运用到实践中并不总是困难。有的打着社区发展字样的行为，不一定真正实现了社区发展。虚伪的行动非常危险。

第一个例子是志愿组织。以大众熟悉的基督教青年工作者为例：他们开展的社会教育，有很多成人加入进来，讨论也没有主题限制。不过原本可以突出青年人在其中的主导性和为自己和他人承担责任，却没有反映。可见，志愿组织中的成年人对待青年的态度与其他人没有根本不同。我们积极希望志愿组织能够将社区发展的理念贯穿到他们工作中去，成为解决问题的主要渠道。

第二个例子是与青年相关的社区服务。它一般被看作是青年服务的实践活动，可以让青年深入社会。我们设想的是青年人自己去发现人们的需要，自己决定行动内容，不过通常情况是青年人只能按照成人的要求指示行事。当他们需要帮助时，成年人一般会直接告诉青年人要做什么，而不是可以参与到发现和决策中来。因此，我们认为应该给青年人更多担负责任的角色身份。

第三个例子是社区联合，理论上可以满足社区发展的所有要求。它首先是将当地社区的个人聚集起来，表达个人和小群体的需求，通过个人或团体组织的努力，借助个人和公共资源，采取行动满足大家的需要。这也被看作是一种成人教育。不过，这些好处并没有真正实现。根本原因是社区联合组织没有经济实力；它们获得的公共资金非常有限，基本没有得到官方支持。因此，社区联合组织的功能、手段都需要进一步明确，增强它们在社区中的权力。社区联合组织的角色定位于福利、休闲、艺术、体育等服务。

根据 NFCA 的声明，社区联合组织可以并且应当为青年人社会教育作出积极贡献。社区组织本身的民主架构，可以为那些想被当成是成人的青年人提供很多机会，既把他们和成人社会联系起来，又不失青年组织的自治和宗旨。如果社区联合组织想要真正成为推动社区发展的社会机构，必须对它们的工作实践进行认真重估，提出这样一些问题：

（a）它们的行动在何种程度上，使人们找到自己的需要并组织起来去实现？

（b）它们是否把青年成人和成年人联合在一起，情况如何？

（c）青年成人是不是获得了和老一辈人一样的社会平等地位，他们的想法对政策决定的影响如何？

社区组织直面社会变化带来的发展需要是非常必要的，应该给它们资金援助去迎接这些挑战。

朝着成人的发展

我们已经强调，一部分年龄渐长的青年人希望自己被当作是成人的想法，而现在的青年服务在这方面做得不太够。到什么年纪，我们开始对他们采取新的青年服务措施。

我们不打算用年龄、法律地位等单一标准去机械界定什么是成人的标准。成人的成熟和非成熟也有很多类型。如果法定成人年龄真的降低到 18 岁，而中学义务教育年龄提高到 16 岁的话，16—17 岁可以是未成年人的结束以及成人资格的部分获得。青年服务也应该相应地用更成人化的态度去对待这部分青年人。考虑到大多数青年离开学校参加工作是生活发生的重要转折，因此我们提出的年龄并不具有绝对性。较小的青年人对 16 岁以上的青年活动感兴趣的话，可以让年长的青年人组织特别的活动给低龄青年。因此，青年服务针对不同群体可以重叠。

我们可以青年结束中学教育的年龄 16 岁为基本标准，为他们提供更加成熟的青年活动。有的青年会较早地加入进来，有的会推迟，都不足为奇。

政治教育

我们国家没有对青年的政治教育，原因很清楚。我们回避这些问题，主要是因为政治本身具有争议性。通常，政治教育和政治灌输之间的界限非常微妙。政治和政党忠诚紧密相连，要将政治和政党政治区分开难度不小。不过，政治和人们的生活息息相关，关系到人们如何共同生活。新的青年服务为青年人提供了很多讨论冲突的机会，让公众交流观点。当法定选举权年龄降低到 18 岁时，这些讨论将会显得更加重要。

当前青年服务和青年政治团体在现实生活中没有接触。在地方，它们双方是各自隔离的，在国家层面上也仅通过英国青年议会的成员单位有接触。青年政治团体被青年服务排除在外，除了大家认为青年对待政治的态度冷淡，还有三个原因。第一，集权国家的青年政治组织和青年政治运动，如青年希特勒，被认为是危险的先例，常常成为政府的控制工具；第二，两者的青年年龄范围不同，青年政治团体的年龄范围一般是 15 至 25 岁，有的到 30 岁；第三，一般认为地方政府和中央政府不应该也不能对青年政治组织提供经费支持，在艾伯马报告出台前政府对青年教会组织的拨款都被认为是不适宜的。

我们对上述看法提出一定疑问。其实，有的合作和联系不一定非得是物质帮助。报告中也提到了青年服务和工商业之间的合作。如果，我们希望新的青年服务真正让青年参与社会发展的话，不能把青年和政治以及青年政治团体隔绝开来，否则我们就是在逃避某些时代主题。虽然青年服务和政治之间的合作关系存在很多困难，但一定要积极应对。

国际化

青年人的生活中还要注意一个问题，如何处理和外国人以及外来移民的关系。相关问题有各种类型，没有一个单一的解决模式。有一点比较清楚，教育应当发挥积极功能，帮助青年人加深对外界的认识，对差异持更包容的态度。当然，教育部必须扫清一个不能资助青年海外游学和探险的法律障碍。为了提高国际化，这些活动非常必要，应当受到鼓励。我们注意到有些组织已开展了相关活动，希望教育部可以对此给予鼓励和支持。

建议

我们虽然一再强调青年服务应当着重社区发展，但也不会遗漏青年还有其他需求——咨询，帮助残疾人等。它们之间不是没有关联的，因为只有青年得到必要帮助，才能真正为社区作出贡献。

我们希望青年服务首先要重视 16 岁以上群体。当然这不能变成一个人为界限。此外，青年服务一定结合地方实际，坚持自主决策原则。下面我们提出一个简单纲要，而非具体蓝图规划。

（a）以 16 岁以上年龄的青年人为目标的青年服务，基本目标是让青年人参与社会，这个社会不仅是我们（成人）的，也是他们。不仅让青年人知道为什么，还要帮助他们决定做什么、怎么做。

（b）要让我们的大楼保持整洁，就要真正给青年人机会，让他们自己进行规划，作出决策，而不是由成人施舍给他们。

（c）青年服务应当以青年人和社会其他人之间的对话为基础，不要把建筑楼房或会员资格变成工作的中心。青年服务有多种灵活表现形式，组织只是其一；青年服务有很多工作地点，学校也只是其一。

（d）青年服务应当考虑不同团体的特殊需求，例如残疾人青年；青年服务还要为青年即将面临的工作、婚姻等人生任务着想。

（e）青年服务不要将青年人和社会脱离开来，而要让青年服务成为社会的有机组成部分。

（f）青年服务一定要联系和借助社区发展和社区组织的力量；在社区发展条件不成熟的地方，青年服务要自己成为社区发展的创造性力量，提供社区发展的机遇。

这些建议和希望，在青年服务的不同背景下有不同的含义。我们对某些青年工作进行说明。

说明

教会

虽然很少有人会反对艾伯马报告中将青年工作和牧师联系在一起，但要准确评价教会对社区发展的贡献比较困难。因为，教会工作中有很多年龄代际的变量。有些教会会将青年人和其他人群分开。有的教会却会积极促进社区发展，将青年中心开放为邻里社区所有成员的聚集地。

教会可以为社区发展发挥主要力量，因为它们有很好的人力资源和场所。除了基督教会还有其他宗教组织也应当有类似的贡献。

下面是我们对教会的一些建议：

（a）教会的青年工作应当和社区发展的理论和实践连在一起。

（b）教会应当将社区发展理念贯彻到神职人员的培训以及团队活动。

（c）教会要和社区分享它们的设施和人员。

工会

虽然工会组织非常清楚应当重视青年服务，但实际上工会没有很好地对待青年人。他们的青年教育规划更多是书面文章，缺乏实际操作。不管是政策制定还是作出决策，基本没有让青年人参与进来，会先入为主地认定年长的成年人更适合做决策。可能只有在矿产行业，因为劳动力峰值出现在青壮年时期，所以在工会的分支机构里有相当多青年人的身影。不过，青年人一般在车间里会发挥更多积极影响，主要是因为车间的平均年龄都较低，更容易让青年获得参与的信心。总之，工会对待青年人的方式主要是基于其本身的理念，并不是从青年人的需要着手。工会对青年人的社会教育的影响不容小觑，它们拥有很大力量，只是还没有发挥到我们希望的最佳状态。工会需要作出一些改变，让青年人完全融入工会分支机构的日常事务管理。如果没有工会的努力，我们下面提及的经济发展变化也不会成功。

工会应当尽力让青年人积极投入到：

(a) 分支和车间活动；

(b) 工会教育方案的计划和执行。

经济产业

许多大中型企业会为它们的员工提供丰富的娱乐活动和设施，主要有体育设施、咖啡吧，会议室等。这些企业也会积极对雇员进行职业培训。不过，这些活动和设施在多大程度上会考虑到青年人的需要，主要依据人力培训主管的个人观点。虽然，大多数管理人员都认为其所在企业组织应当照顾到青年员工的福利，不过这些措施很少让青年人自己作出选择。

除了企业的休闲教育活动外，我们还关心青年人对企业事务的参与情况，这也是让青年人学会责任、自律和领导力的途径。

青年人发起企业组织内部的参与社团，只是社区发展的其中之一。企业中的青年活动应当围绕着更大范围的社区。其实，有的公司企业里有很多设施没有得到充分利用，可以考虑让社会加以运用。

社区发展不是单向过程，青年事务机构与企业有很多合作，而企业的人力培训管理人员也应当主动与青年服务和志愿组织加紧联系。

公司企业发展方向是：

(a) 让青年参与到企业社团中。

(b) 让企业的人力和福利资源与更广泛的社区进行整合。

(c) 企业人力培训管理人员和青年与社区发展工作者进行更多合作。

商业青年服务

保龄球，咖啡馆、度假屋、迪斯高等商业机构的成功，主要是因为它们认识到青年人追求社会独立地位，并积极作出回应。

我们认为青年人在商业竞争的市场中，不会有合适的行为，不过现有的青年俱乐部等对青年人的掌控，很大程度上是青年被迫接受而没有机会表达自己观点。

希望商业机构和非商业机构之间有更多紧密合作。指望商业人士和青年工作者一样是不现实的，不过如果双方关系良好，那么就能给予青年很好的帮助。双方可以相互使用各自的工作场地，提供一些活动，尤其是在一些新兴城镇。

商业机构要：

(a) 考虑青年人的想法观点。

(b) 商业机构要发展和其他机构之间的合作。

青年工作的未来

社区发展是接下来青年工作的重要组成部分。青年服务的相关机构——教育部、地方教育当局和志愿组织，都应当坚持这个基本原则。未来，青年人有机会决定青年工作的内容和方式。只有这样才能真正满足青年需要。不过，我们要让大家明白的是我们所说的社区发展内涵很广，青年人应当参与到整个社会生活。

要改变青年服务孤立发展的局面，青年服务必须改变，将社区发展作为未来指导方针。这样不仅能将不同群体的青年人联系起来，还能让不同年龄和代际的人加强交流。

（三）青年工作改革：优质青年服务的资源（2002）

前言

第 1 章简介

第 2 章青年服务

第 3 章中央政府对地方当局的期望

第 4 章地方青年服务的要求

第 5 章为青年服务提供充分的资源

第 6 章青年服务实践测评

附则 1—8

这是一个标志性的文件。中央政府第一次对“优质青年服务”进行了详细规定。我很高兴能够和地方政府联盟（LGA）一道将文件呈现给大家。

我们在联合服务的背景下展望了青年工作的未来，我们的政策是确保每个青年能充分参与社会和经济活动。青年服务有长期经验，为青年人从青春期向成人过渡带来潜在的深远影响。我们十分清楚如果青年一旦远离社会，感觉不到自己的价值，随之而来的会是反社会或犯罪行为后果。英国政府有决心为所有公民争取实现社会正义和经济富裕。青年服务可以帮助青年人明白他们的权利义务，成长为积极公民，参与到民主进程中去。

我们认真听取了大家对我们咨询草案的反馈意见，并且开始了雄心勃勃的发展计划。我们希望实现青年服务现代化，为青年工作建立一套持续发展的高标准。我们为此投入更多的资源。

根据新的投入，我们希望出现新的变革，包括青年工作的发展、实践和管理各个方面。我们在 2002 年 9 月发布了一个规划指导，通过培训帮助地方当局制定 2003—2004 年度的青年服务方案，促进服务的现代化。

我十分感激青年服务的努力工作，以及其他重要合作伙伴，包括地方政府联盟（LGA），国家青年事务局（NYA），志愿青年服务全国委员会（NCVYS）等组织机构。在各方努力下，我们决心提供第一流的服务，适应青年人发展需要并提供优质服务。不论我们的青年人生活在什么地方，身处何种环境，各自面临着何种社会挑战，这份文件将为青年工作的可持续发展提供基础。我知道你们会和我们一道建设一个面向 21 世纪的青年服务。

简介

这份文件主要明确地方当局的青年服务的充分性。它指明中央政府希望在其战略性领导下，地方当局的青年工作应当履行的职责。这既是改革青年工作现代化方案的体现，也表明中央政府和地方当局一道确保为青年人提供优质青年服务的决心，这也是联合服务的中心环节。文件中具体规定应当和其他相关方案配套起来理解执行，如地方当局 2003—2004 年度青年服务规划的指导意见，以及 NYA、LGA 和 APYCO 等一起制定关于联合服务以及法定青年服务合作的指导意见等。后者非常清楚地规定青年服务和青年工作者在联合服务中关键合作者的身份，以及在跨部门预防性策略中，如何界定、转诊和应对青年问题。

教育和技能部，和其他政府部门，以及合作者如 LGA、NYA、

APYCO、NCVYS 等进行了紧密地合作。文件的内容为制定 Ofsted 的青年工作监管体系和自评程序提供基础。

第二章 青年服务

在青年成长中，他们的家庭、朋友、学校和其他公共服务，包括联合服务，都对他们的发展进行鼓励，并为他们的学习、福利、娱乐等提供便利。只有青年服务，其核心职责和目的是直接关注青年的个人和社会发展。

青年服务具有十分复杂的体系，包括志愿组织、地方当局和社区团体等各种服务提供者。地方当局在青年服务中发挥了重要作用，它积极有效地团结各方力量，提供服务所需的房舍或休闲设施，推进（青年工作）达成社会秩序与安全、医疗、公民、教育、培训和就业等方面的重要目标。

青年服务的多元化，是以一套共有的青年工作价值观和独特的工作方式为基础的，例如团体工作教育法，通过青年人基于自愿建立起和成人的交往，促进青年的学习和成长。伦理守则建立了青年工作实践的原则。目标、方式和价值观构成了青年工作的基本特征。青年工作发生在不同的社会背景下，如社区中心、学校、学院、独立或外派工作，甚至以艺术、探险活动为中介的图书学习项目中。

第三章 中央政府对地方当局的工作期待

地方有责任提供充分的青年服务。

中央政府希望地方当局清楚了解当地社会发展对青年人生活的实际影响，加强和志愿组织以及其他非营利机构或私人机构的合作，同时要实现对青年工作的战略指导。地方当局在其他机构的配合下，认真细致地考察、评估和分析其所辖区域内青年人的需求性质。

地方当局要对青年服务的资源划拨进行策略安排，抓住工作挑战中的重点。因此，地方青年服务应当具备相应的管理和领导能力，在青年服务的战略、合作和实施各个层面上体现青年服务的大局。

地方当局青年服务要和地方其他部门进行灵活的合作，特别是和警察等重要部门配合应对反社会行为等事务。青年服务要提高促进青年人的社会、道德、文化、情感和生理发展，让青年人参与相关服务的管理，鼓励青年为成人和公民生活中的责任、机遇和期望做积极准备。因此，地方当局的青年服务要：

- 为青年服务全局承担起战略领导责任；
- 地方青年服务是联合服务和地方预防战略的核心建设伙伴；
- 确保青年积极参与青年服务的领导、管理、实践和质量保证；
- 通过协调伙伴合作模式，提供恰当的青年工作；
- 在地区、国家和欧盟等层级上，承担起代表青年服务利益的领导角色；
- 在地方当局专属的工作领域里提供高品质的青年工作；
- 提供让社区成员信赖的安全便利的设施和环境，并有经验丰富、有责任心的工作人员进行监督。

如有的地方当局不能履行其职责，国务秘书将进行干预和督导。遇到特定情形，国务秘书还会将青年服务交由地方当局之外的其他机构完成。

第四章　地方青年服务的基本要求

青年服务需要面向所有年龄 13—19 岁的青年人，以及有特殊需要的 11—13 岁和 19—25 岁的青年人。每个地方当局向需求最急迫的青年人群优先分配服务资源。

对青年的承诺

地方当局在制定工作计划时，应当仔细考虑 Ofsted 的青年工作检查大纲。地方当局向青年作出服务承诺，要保证青年人清楚了解地方青年服务的服务事项和范围。我们建议地方当局根据当地实际情况向青年作出承诺。我们认为，青年人应当参与到地方青年工作承诺的设计、发展、回顾等过程中。

每个地方应当制定出一个明确的声明，告知青年能够从当地政府获得的青年服务事项。附则 3 专门提供一个地方承诺的基本标准。承诺要和英国宪法相关的儿童权利保持一致，实现机会平等和多元化。

机会平等和多元化方针

青年服务对于机会平等和多元化方针有重要意义。根据 1998 年

（反）残疾人歧视法，地方当局有责任为残疾青年提供青年服务。地方当局在制定详细服务标准时，应考虑“地方政府平等标准”，将性别、种族和残疾纳入到地方政策和工作实践的方方面面。

地方当局要清楚地对外展示，各个年龄段的不同类型青年人如何通过青年工作者，包容政策和工作活动，融入主流社会。青年服务要将不同环境中的青年联系在一起，尤其是那些单独聚居的族群。青年服务要有效支持不同代际之间的工作，改善促进青年与其他成人之间的关系。（青年工作）和包括警察在内的其他地方部门紧密合作，维护社会治安，提升青年在社会中的正面形象。

LGA 的社会和谐指导意见对地方当局规划青年工作有借鉴意义，支持社会和谐和文化多元，因此我们强烈建议参照。

青年工作的课程

每个地方当局青年服务要有一个清楚的课程说明。青年工作是一种特殊的学习方式，它是鼓励青年个人和社会发展的过程，这是其课程特征所在。

青年为了长远的就业需要具备相关的技能和知识，包括基本的文字和算数能力，以及加强健康、药物、酒精等社会问题教育。课程目标广泛，包括：帮助青年探索影响自身的问题；作出负责任的选择；鼓励社会互动和关爱；通过积极反馈促进自我接纳；将自我认识付诸实践。

青年服务应当重视积极公民的培养，让青年关注参与到民主和政治过程。由此，青年人要清楚理解他们享有的权利和承担的责任。

通过青年工作进行非正式教育，和学校、学院等正式教育相互补充。这些总体目标可以用更具体的结果表示出来，帮助课程的计划和实践。甚至，我们可以确定更细致的课程结点，以便选择更合适的方式手段，达成目的。附则 5 是关于青年工作课程框架的更多细节。

青年工作实践标准

地方当局应当保证青年工作以下方面：

- 以 13—19 岁青年为工作对象，必要时兼顾 11—13 岁和 19—25 岁之间的青年人；
- 要接触每个年龄段 25% 的青年人（不同种族的青年之间保证比例接近）；
- 不同渠道的青年工作之间维持基本平衡；

• 工作人员接受适当的培训，具有相应资质；

• 向青年工作投入充足的资源，包括信息交流技术（ICT）和对现有和未来的建筑进行资金投入；

• 在专职青年工作者和管理人员之间保持平衡；

• 能够对青年人新的需求作出回应；

• 针对所有工作人员，不管是志愿者还是正式职员，要有长期的职业发展规划方案；

• 制定明确的青年工作质量保证程序。

中央政府希望地方当局能够依照 NYA 制定的青年工作服务标准（附则 4）。我们知道这需要每个地方当局一段时间达成相关标准，并且还需要根据实际情况对标准作出一定修订。我们希望所有地方当局到 2005 年能实现这一目标。

青年保护和健康安全

在青年工作服务标准方面，地方当局还需要参考教育部针对刑事犯罪记录署制定发布的相关指导意见，让所有工作人员，包括志愿者，清楚相关青少年儿童保护方面的政策和实践。同样，教育部的外出参观和户外活动指导意见，也要一并传达给青年服务的管理人员、青年工作者和志愿者。地方当局要支持青年服务志愿机构在政策制定和实践开展方面采纳类似的工作标准。

青年服务或其他机构，可以登录相关网址，查询户外探险中心的开放情况和具体活动安排，开展相关户外活动。

促进联合服务

合作文件规定了青年服务在联合服务中的地位及两者之间的合作关系。地方当局要确保通过各种资源向联合服务提供青年工作。将 13—19 岁的青年工作和联合服务有机的结合。联合服务还和其他机构，如学校和学院有紧密的联系。青年服务和联合服务，志愿机构和社区组织之间的协同，使青年服务成为应对地区青年问题多机构反应体系中的关键，预防青年滥用药物、青年犯罪和反社会行为。

与志愿和社区组织的合作

在公共政策和公共服务的发展实践中，地方当局和志愿机构、社区组织的身份各异，又相互补充。它们有不同的职责，向不同的利益方负责，但两者都需要正直、客观、负责、开放、诚实和领导力。

地方当局要发挥关键角色的作用，创造一个适宜的环境，帮助社区和志愿组织进一步开展青年工作。地方当局要给予志愿青年工作组织支持和资金，通过各种途径将志愿组织吸收为合作伙伴，参与青年工作的规划、资金分配和服务实践。

规划

要制定恰当的机制和结构，以及通用政策，将青年工作的志愿组织纳入到青年服务规划的全过程中（从青年服务的设计到监督实施）。有些地方当局在议会中建立了志愿服务组织部门，为实现上述目标提供便利。

资金和工作实践

地方当局可以通过补助、拨款、基金等方式，成为志愿和社区组织重要的资金来源。许多地方当局通过合同将法定青年服务的部分甚至全部工作交由志愿和社区机构完成。

The Compact code 为资金投入指定了基本的政策和标准（详情可以登录英国政府网站）。在新的青年服务框架下，任何合同协议都必须遵照 Treasury 报告中关于公共服务中志愿和社区机构的地位规定。报告建议要完善两者合作伙伴关系的架构，消除志愿和社区机构参与公共服务的障碍。

第五章青年服务资源

地方当局根据各地实际情况自行决定青年服务预算。如改革青年工作报告中指出的，青年工作资金投入会有显著差异。地方当局关于青年服务预算的充分标准，还没有一个统一观点。中央政府非常重视青年服务，尤其是对于促进社会融合和帮助问题青年方面的作用。为此，从 2003—2004 年起，中央政府专门在教育序列开支中设立单独的青年和社区板块。

单独的青年和社区板块方便青年和社区服务争取潜在的资源。独立机构的设立，可以让地方当局在规划中为青年服务增加资源，提升活动水平。

中央政府投入

中央政府希望地方当局加大对青年服务的发展力度。因此，青年和社区板块，会在 2003—2004 年度提供 5.13 亿英镑。青年和社区板块的拨款有自己的程式规则。它根据各地 13—19 岁青年人数和当地需求，向地方当局划拨资金。每个青年人头经费从 79 英镑到 348 英镑不等。中央政府非常希望地方预算决策时，能够确保青年服务的投入增加。中央政府还会提供单独的经费，支持青年服务的发展。根据改革青年工作的报告，2002—2003 年会投入 3200 万英镑。

发展基金会在第一个年度支出 2200 万英镑。2003—2004 年度、2004—2005 年度和 2005—2006 年度，每个年度还会支出 1000 万英镑。此外，发展基金会提供给地方当局 700 万英镑，帮助地方当局达到 2001 年残疾学生特殊教育需求法所要求的职责。这项经费还会在 2003—2004 年，2004—2005 年和 2005—2006 年，增加到 800 万英镑。

其他资源

中央政府教育序列支出和地方当局的经费不是青年工作资金来源的全部。许多青年服务利用了其他非常多的替代经费来源，例如学习和技能委员会、欧洲社会基金、欧洲地区发展基金和社区基金等。此外，教育部等还会有特殊的项目方案，资金分配时也会将青年工作考虑在内，例如暑期活动和邻里帮扶基金。然而，要获得替代的资金来源或措施，先要在教育系列开支机制下保证青年工作核心服务充分需要。青年工作核心服务既包括质量又包括数量要求。

第六章 青年服务实践测评

青年服务通过联合服务体系，可以对很多全国性、跨部门和跨区域的工作任务目标作出积极贡献。

中央政府已经明确发布了联合服务实践指针和跨部门任务，地方当局可以在 2003—2004 年度的青年服务指导意见中采纳。地方当局需要和联合服务协商，如何利用青年工作资源完成上述目标。另外，地方青年服务还需和其他相关部门加强协商，合作完成任务，如鼓励青年参加体育运动、休闲娱乐和文化活动等。不过，重要的是我们为地方青年服务制定了特别的工作目标，以便对其发展进行衡量。我们的年度目标和指针具体如下。

青年服务年度特定目标

- 13—19 岁的青年人中有 25%接触青年服务（要考虑到社区文化多样性）；
- 在上述 25%的青年人中，有 60%的青年人取得经过认证的成果，实现个人和社会发展；
- 在青年服务针对的对象中，必须照顾到失学无业青年或其他问题青年，如怀孕少女、吸毒、酗酒、滥用药物或违法行为；

• 参与青年服务的人群中 70%的人对服务表示满意。

青年服务特定的实践指针

• 青年平均人头开支/重点人群的人头开支；

• 为青年提供个人和社会发展的机会或活动数量；

• 为青年提供个人和社会发展的机会或活动持续时间在 10—30 小时，并且有记录结果的数量；

• 为青年提供个人和社会发展的机会或活动持续时间在 30—60 小时，并且有经过认证结果的数量；

• 为问题青年提供帮助的数量。

质量保证

Ofsted 的青年工作检查框架和自查程序表是重要参考。它们可以帮助青年服务在一般工作实践中确立最基本的质量标准。目前，教育部委托 Ofsted 每年对 15 个地方当局的青年服务进行视察监督。此外，Ofsted 还和教育部以及内阁大臣们协商，制定执行二次视察监督体制。

Ofsted 和青年服务管理人员在报告中，提出在正式视察监督之前，进行自查非常有意义。因此，2003—2004 年的规划意见书和 2002—2003 年的改革青年工作发展基金指导意见，都鼓励地方青年服务在年度评估和规划程序中，运用自查程序表。

还有一些地方青年服务（机构）相互之间进行互评工作，也为我们提供了很好的示范。教育部和发展基金还向全国志愿青年服务组织提供经费补助，鼓励其在工作中采纳自评程序表。

教育部计划和 NYA、LGA 一道，向地方当局提供尽可能的帮助，发展各地的青年工作质量保证体系，促进青年服务工作发展。

监督

对青年服务的监督有很多层次，包括 Ofsted 的巡查、自评、综合测评（CPA），最佳价值评价，52 声明。青年服务被儿童风险跨部门测评中认为是四个需要提升的公共服务之一。Treasury 要求青年儿童单位（CYPU）对青年服务实践进行积极监督，定期掌握青年服务遵守 2002 经费评定情况和取得的进步。2003—2006 年青年服务经费支出，配合教育系列支出评估。这也会为接下来布置青年服务工作报告提供模板。

教育部对地方当局投资情况的监督方式

在教育系列经费中，确定青年和社区板块的资金。这个组块有自己的分配公式，将资源划拨给地方当局。地方当局的青年服务发展计划覆盖2002开支综述。计划将可获得的资源与工作计划水平联系起来，确保资源充足。依据52声明（S52），阐释青年和社区服务活动，以便GOs和全国联合服务机构对财务计划进行监督，制定一个标准线，提供与青年服务相关的信息，这些信息有统一的财会标准。

CSNU制定的指导意见，帮助地方教育部门对青年服务的认识和青年服务的概念界定之间保持一致。服务指针，包括诸如工作对象群体，人均花费，工作人员和服务对象人数比例。

附则1　青年工作价值

• 青年人选择参与青年工作的原因很多，不仅仅是他们想要放松身心、认识朋友和开心有趣；

• 青年工作应当以青年人的世界观和兴趣爱好为前提；

• 青年工作要促进青年发展，特别是鼓励他们批判地、创造性地对待自己的经历和周围世界，帮助他们探索新的思想、兴趣和创新能力；

• 青年工作的存在仅仅是因为青年人是青年人这个事实，而不是因为青年人被贴上其他歪曲的标签；

• 青年工作认可、尊重青年人同辈群体、协同体和青年文化，并积极作出回应；

• 青年工作积极帮助青年通过各种网络，获得紧密的人际关系和集体特征——例如，作为黑人、女性、男性、残疾人、同性恋青年等，促进社会融合，尤其是少数族群的；

• 青年工作关心青年人的感受，而不仅是要青年人增长知识和能力；

• 青年工作关心和帮助青年发出声音，表达意见；

• 青年工作关心和确保青年人可以对自己生活环境产生影响；

• 青年工作尊重和珍视青年人个体之间的差异，帮助他们提高自信心，鼓励青年的成长和转变；

• 青年工作和其他机构合作，促进青年人的社会和个人发展；

• 青年工作是学校教育的补充，给青年提供其他机会，帮助他们尽可能实现其全部潜力。

附则2　地方当局和国务秘书的法定职能

根据1996年教育法508章，地方教育部门有责任在小学和中学教育中提供青年服务设施。根据上面规定，地方教育部门有权在高等继续教育中提供青年服务设施。地方当局提供青年服务设施范围很广，包括运动场地、运动中心、操场、游泳池、青年俱乐部，组织假期活动和体育锻炼。地方教育部门还有权为19岁以上的青年人提供上述设施。

根据1996年教育法，国务秘书有对地方教育部门的工作情况进行监督的权利。类似的职能规定从1944年就出现了。近来，议会授权给国务秘书依据学习和技能法，在他认为必要时为13—19岁的青年人安排其他能够帮助青年教育和培训的青年服务。国务秘书在咨询意见后，可以指示某个或某些地方教育部门开展特殊的青年服务设施。2002年教育法在1996年教育法规定基础上，扩大了国务秘书介入地方教育部门青年服务工作的权力。国务秘书有权发出命令，将相关职能交由地方教育部门以外的其他机构执行，其中包括了青年服务的职能。中央政府认为青年服务是教育制度中的重要组成部分。地方当局在确保充分的青年服务方面发挥领导作用。当地方当局没有达到要求时，国务秘书会进行干预，要么指示地方教育部门发挥具体的功能，要么将青年服务交由其他机构。

附则3 地方当局对青年人的承诺

地方当局在对青年作出承诺时，应当仔细思考课程框架和所需资源，确保青年人，尤其是那些不太积极的青年，能够通过外派或独立青年工作者参与获得青年服务。地方当局要考虑如何通过青年服务工作和资源标准充分兑现承诺。承诺具体包括：

- 有安全、温暖和设备齐全的场所，距离青年人的住家距离合适，可以给青年提供参与个人和社会发展的机会和活动，如艺术、戏剧、音乐、体育、国际交流和志愿行动；
- 有多种多样的青年俱乐部、项目和青年活动；
- 根据青年工作核心价值和原则，在课程框架基础上有一套规划方案，支持青年在公民资格、艺术、戏剧、音乐、体育、国际交流等个人和社会发展，包括宿营活动和同辈教育；
- 有基本的信息、建议和咨询等综合性服务；
- 有确保听取青年人意见的机制，主要（非绝对）通过青年议会或青年论坛的形式，支持青年通过各种方式参与到地方民主；
- 地方当局青年服务向青年发放问卷调查，作为青年工作的审计和评估；
- 有促进青年志愿服务行动的项目；

• 为青年提供机会参与一些社会认可的学习计划，如爱丁堡公爵奖励，青年成就奖等。

附则 4　青年工作的标准

这是全国青年事务局（NYA）的文件。我们鼓励青年服务根据其资源配置情况，参照这些标准开展工作。文件规定的标准得到了广泛认可，能够促进青年的社会发展和个人成长。此标准应当和其他标准一起配套使用，保证不同公共服务关于青年政策的有效实施。特别是，此标准和 Ofsted 标准相互补充，作为对青年工作的质量保证。各地地方性标准也可在国家最低标准上进行提升。

这些标准适用于所有只要配备了青年工作者的场所里的服务，包括学校、车辆；独立或外派青年工作。

附则 5　青年工作课程体系框架

以非正式教育进行课程设计，是青年工作者的基本技能。实践中，青年工作在课程建设中要注意以下方面。首先，课程应当结合青年人的兴趣，尤其是因为青年工作课程是由青年人自愿选择的结果。第二，课程提供的活动要和正式教育形成补充，有不一样的内容，如戏剧、政治教育或文学素养。第三，青年工作的课程方案要关注当前社会问题，如医疗健康或犯罪。最后，青年工作课程要反映青年人的特殊需要或人生任务，这一时期的青年面临着人生中的重要过渡——就业、住房和人际交往。

青年工作课程直接或间接地包含着体验、机会和挑战，并以组织化的方式、结构和方案提供给青年人。

课程三要素

内容：根据青年需要确立的主题和题目中得到的一系列学习结果；

教学法：为了达到上述结果而需要的各种教与学的方式方法；

评估：判断学习结果是否达到的标准，以及是否遵循教育过程大纲标准的实施。

因为各地青年工作的表现方式多种多样，要制定一个全国通用的课程体系，不太现实。不过，每个地方当局和全国性的青年服务志愿组织应当有自己青年工作的课程框架。课程框架要聚焦青年人的个人和社会发展，首要对象是 13—19 岁的年轻人。

明确说明：

• 当地如何确认青年人的需要；

• 青年人的需求和青年工作的整体规划，资源配置如何进行联系；

• 根据青年人的需要，在一年工作方案覆盖的学习结果和内容有哪些；

• 青年工作可能使用的教育法和体验结构；

• 对个人习得进行监督和评价的安排。

• 课程文件的执行必须要对从业人员进行培训计划，以便工作人员能够知晓并加以运用。

附则 6　监督程序

Ofsted 青年工作的监督分为四个方面：途径和参与；成绩和标准；教育质量；领导和管理。通常，青年服务（机构）会提前 6 星期得到视察通知，GOs 也会收到通知的复印件。

正式检查前两天，是对青年工作的档案材料进行检查，包括统计数据、人员、资源、组织背景等。检查团队会花一星期时间进行正式检查。通常，检查组会在检查周结束前给出一些初步反馈意见。检查报告的草稿准备好后，先送交教育部听取评论，然后正式出版。检查组会在出版前将结果提交给地方当局。

报告公开四周内，教育大臣会要求地方当局根据报告中的意见和建议对下一步行动计划作出说明。行动计划的复印件会送交 GO 内阁办公室。GO 在随后 6 个月内会跟踪行动计划，并提出简要的进展报告给教育部的青年服务部门。如果青年服务被评定为不佳或不令人满意的话，首次检查一年后会安排督导复查，两年后还会有第二次全面检查。极端情况下，国务秘书可以根据 2000 年学习和技能法以及 2002 年教育法的授权，采取进一步措施，发布命令督促地方当局立即整改，或将青年服务从地方当局职权范围内移出。

附则 7　人员发展

好的青年服务应当有合理的人员结构，每个人都有清楚明了的角色分工。在进行人员招聘和人才培养战略时，青年服务（机构）要采取积极措施吸引和培训不同种族背景的青年工作者，以对应当地社群的多元化。（青年服务）对所有工作人员（有薪的和无薪员工）都要重视，对其工作队伍要有明确的招聘、培训和职业发展政策和行动。

角色

研究表明，这样一些特征可以促进青年服务实践优化。它们包括了：

清楚的目的和价值、合作精神、对需求的变化灵活应对等。这些价值诉求应该在青年工作者和管理者职责中得到反映。

青年工作者：

• 知晓，相信和遵照工作组织核心价值观；

• 能够获悉当地青年人的需要，包括信息数据的采集和分析；

• 清楚青年服务整体目标，能够针对不同青年人群有灵活处理能力；

• 在相互尊重基础上，能够和青年人建立起积极的人际关系；

• 理解明白其帮助青年实现个人和社会教育的角色要求；

• 能够评估青年人的进步；

• 能明确、发展和影响那些与服务青年相关的重要网络和交流渠道；

• 清楚其地位和职责，和当地社区、代表和官员一起提高服务；

• 和青年一起评价其工作。

管理人员：

• 知道，相信和遵照组织核心价值观；

• 凭借其人员交往、分析、策划和财务技能，帮助提高整个管理成效；

• 能够应对琐碎事务；

• 能够通过管理及监督过程，使职员得到发展，保证组织工作成效；

• 能明确、发展和影响那些与服务青年相关的重要网络和交流渠道；

• 清楚其地位和职责，和当地社区、代表和官员一起提高服务；

NYA 最近印发了 2002 年 3 月教育部资助人员发展会议的报告。报告针对已经发现的问题和不足，提出了下一步行动的建议。接下来，教育部会同 NYA、职业资格课程管理者、学习和技能委员会、高等教育基金委员会、LGA 等相关各方，接下来为人才队伍发展制定更全面的战略。

特别背景：

• 所有雇主有责任确保其工作人员有资格获得持续职业发展（CPD）机会。探索线上学习方式。

• 雇主应当提供充足资金，支持所有青年工作者有持续职业发展机会，并能和其他职业的发展前景相匹配。基础资金应当保持在人员总体薪酬的 2%—5%。在某些岗位领域要重点注意，包括管理、团队工作、监管技能，以及适应多元化和包容挑战的技能发展。

• 所有青年工作组织机构应当有一个得到国家认证的人才发展方案。

人才发展战略和方案需要考虑青年服务的价值、重点和目标；考虑组织自身的优势和不足，能够使职员获得职业态度、知识和技能，提高工作成效。应当为工作人员提供常规的提升机会。除了一般培训，系统的职业监督和同行帮助点评，也会提升人员素质。

人才发展策略应当为所有新加入的青年工作者提供入职培训机会，包括志愿工作者和那些没有相应职业资质的员工，能够获得职业资格培训的机会，从而实现职业发展的需要。

青年工作的国家职业标准（PAULO，2001），青年工作职业伦理守则（NYA，2000）等规定，对于地方当局在人员招聘、指导、人才发展和培训方面的政策制定非常有益。青年服务机构可以将人才投资作为一个独立部门。

将青年人吸收进来

将青年人吸收到青年服务的设计和实施过程里，为青年人提供了一个从青年服务消费者到提供者的角色转变。

有的地方青年服务和志愿组织已经发展了青年议会、同辈教育、新千年志愿者、公民教育和其他机会，作为吸纳一些青年进入到青年工作的渠道。有的地方已经发展现代学徒制，青年工作学徒制和全职志愿实习制度，用来雇佣和培训青年人成为合格的青年工作者。

附则 8　青年和社区服务的定义

一般说来，青年和社区服务之间相互补充，或由相同的地方政府部门管理。

青年服务

从 2003 年 4 月起，新的地方教育经费体系中设有青年和社区的小板块。地方教育部门主要依据当地 13—19 岁青年人数和种族分布情况进行经费分配。

教育部会对地方教育部门的预算情况进行监督。经费单列的目的就是为了鼓励地方教育部门能够对青年服务的开支加以重视。我们希望地方当局根据青年和社区经费增加比例，规划年度青年服务的预算。所有地方当局必须提供优质充分的青年服务。

“青年服务”这个词语描述了相当范围的实践活动，包括与其他地方政府机构，志愿和社区组织合作完成的服务。青年服务的活动首要是为了青年的个人和社会发展。既可以是正式的，也可以是非正式的。青年服务的活动应当与青年人的教育、培训和就业水平联系在一起，以及促进社会融合。青年服务的对象年龄在11—25岁，重点人群是13—19岁的青年。青年服务必须重点关注青年中的弱势群体，“危险”人群和边缘青年。

在共同规划框架指导意见书中，国家和地方的优先考虑事项都包括了青年服务。这可以通过青年服务计划反映出来，青年服务如何实现国家和地方当局的目标。

青年服务活动可以结合挑战和学习的非正式框架，在学习和决策活动中必须将青年人作为合作者一方，帮助他们发展自己的价值观。青年工作必须致力于机会平等，既包括工作者，也包括工作对象。

青年服务提供：

- 个人和社会发展机会；
- 学习新技能的机会（例如，职业能力）；
- 社交、职业和身体训练。

任何类型的青年服务都应当以帮助青年获得正式非正式教育、培训或就业的青年工作为中心。青年和社区基金不能提供单纯的休闲活动或学校课外活动，而缺乏青年工作的实质。

青年工作可以出现在多种场合，使用多种方式，特别推荐团体工作教学法。青年工作的工作场所既可以是专门的建筑物楼房，也可以挂靠其他建筑场地，如学校学院，还可以是独立工作或外派工作形式。青年工作也可以采取专门特定活动方式，例如信息、建议和咨询项目、志愿活动、跨区或国际交流活动。青年服务还可以通过艺术、探险等活动方式，达到青年个人和社会发展目的。

青年服务可以促进学校和学院等正式和非正式教育。青年服务中成年工作者应当和青年人建立起信任和支持的人际关系，作为学校正式教育的补充。双方的关系必须以自愿选择和提升学习为基础。青年工作的学习策略可以是非正式的，但不能缺少结构体系。团体工作法是最常用的教育方式，可以发展青年社交能力和积极人生观，最大限度享受教育、培训、工作和生活的意义。

青年工作应当与志愿和社区组织合作，地方青年服务可以向其提供资金支持。此外，地方青年服务要和其他地方当局服务部门加强合作，如社会服务、住房、休闲和医疗机构。青年服务要和联合服务开展共同规划和实践活动。青年服务可以通过各种途径向联合服务提供专业化支持，如担任个人顾问、优质青年工作、志愿活动、社区活动、组织运动项目，开展校外或暑期活动。通过联合服务，青年工作可以扩大工作网络，将服务带给更多青年人，特别是那些传统工作难以接触的人群。

成人和社区学习（略）

（四）青年重要（2005）

内容

咨询问题

前言

青春期充满着机遇，大多数青年能够充分利用这些机遇。科技和交流的发展推动着这些新的机遇，但是青年人常常感觉在学习工作之余没有足够的活动。有些弱势青年群体无法享受到新机遇，还有青年没有利用新机遇反而滑入反社会行为、违法犯罪和吸毒的生活泥潭。

我们希望青年和他们的父母会对我们的建议持欢迎的态度。我们计划让青年在地方青年服务和活动中有更多发言机会，增加他们的选择权。通过机会卡和机会基金，我们将消费权交到青年手里，让他们影响当地（青年服务）活动的展开。

2012 年伦敦奥运会将鼓励青年争取竞技成功，并吸引他们参加多种形式的体育、志愿服务和文化活动。但是新的机遇伴随着的是对青年责任的强调。如果青年没有好好珍惜赋予他们的机遇，而有犯罪或反社会行为，让他们和那些遵纪守法的青年享有同等的机遇，这种做法是不合理的。因此，我们会采取适当的措施防止这种情况。

我们还要确保所有青年人能有最好的生活机会获得成功，主要通过提高他们的资质，找到更好的工作，并对社会作出积极贡献。我们会改变方式，让地方当局更灵活地使用资源，为青年提供支持和服务。这也体现我们公共部门改革思路——废除重复的服务，提高成效和效率。我们也认可青年人保持身心健康的重要性，这和他们的学习和成长密不可分。

当然（中央）政府不可能单独完成这些改革。我们需要依靠相当多合作伙伴的支持，特别是地方当局、儿童信托以及那些为青年提供服务的地区性、全国性社会组织。此外，青年自身和他们的家长需要全身心投入到方案的实施中来。

大家一起努力，一定会给青年生活和社会带来重大影响。这份文件正是迈向这一目标的重要一步。

Ruth Kelly

教育与技能部的国务秘书

摘要

背景：青年和青年服务的现状（第一章）

1. 十几岁是人生中活跃的年龄，充满着学习、新机遇和新经历。青年人富有激情、创造力、思维开放。大多数青年都能充分享受他们的青春年华。

2. 经济、社会和技术变革意味着现在的青年比起过去拥有更多的机会，并且多数青年会积极利用这些机会。他们勤奋工作，完成（中学）学业，要么进入到学院或大学继续学习，要么就业工作。大多数青年和父母相处融洽，和朋友以及社区关系紧密。因特网和手机革命性地改变了青年人生活模式和交流、获取信息的方式。例如 MP3 就改变了青年接受音乐的途径。

3 青年人也积极关注当前社会的主要问题，如气候变化、贫穷问题。许多人加入到志愿者行列，去帮助社会。

4. 十几岁的青年是最活跃的人群，他们最迫切地探索新的思想观念。新的体验、旅游、冒险，能有机会对自己的决定负起责任，这些经历都会拓宽青年人的视野。

5. 十几岁也是人生转变时期，许多青年人面临着艰巨的挑战——学习、财务、就业、健康、自尊和人际关系。有些青年，如残疾青年和无家可归青年，会面临接受教育和休闲活动的障碍，还有些少数族裔青年会遭遇到偏见。

6. 多数青年会成功地处理这些挑战，完成向成人生活的转变。不过，有少数青年会面临很严重的问题。他们可能因为与其父母之间的分歧，离家出走。他们可能因为健康问题影响到顺利完成学业。有的人在学校受排挤，中止了学业。吸烟、酗酒和滥用药物常常形成于十几岁的年龄段。

7. 青年人中的少数会出现对社会有严重危害行为，包括反社会行为和犯罪。英国政府清楚这是需要积极应对的问题。

8. 因此，文件不仅要为青年提供更多的机遇和支持，还包括让他们应对挑战。我们需要在权利和责任之间保持好平衡，既要正确理解青年对社会的贡献，也希望青年对社会的理解作出回应，珍惜他们获得的机遇。

9. 我们认可父母对青年生活最具影响力。不过，公共服务也发挥着关键的作用。为青年提供的服务一方面要面向所有青年提供更多机会，同时也要考虑关心少数问题青年面临的各种复杂情况。我们对那些参与到反社会行为和犯罪的青年人在提供支持的同时，也对他们提出挑战，对他们的父母同样如此。当前的青年不同于10年前的青年，他们对于自主和控制有更多的期待，我们对此要有所反馈。

10. 报告希望通过思考如何改革英格兰的公共服务，来迎接这些挑战。虽然文件主要聚焦于十几岁的青年人，但一些措施也与超过19岁或小于13岁的青年有关联。文件首先认为当前已有的公共服务—青年服务、联合服务、主流服务和相当广范围的特定支持项目，发挥了重要影响，但上述服务还没有形成一个现代化协调支持体制。虽然当前为青年提供的服务相当不错，但还有待完善的地方。特别是在这样几个方面：

· 服务不能总是满足青年的个体需要；

· 许多不同的组织都为青年提供支持和帮助，但他们之间缺少有效的合作，造成了资金和人力的浪费；

· 在预防青年走向贫穷或犯罪方面，做得不够；

· 服务没有充分利用互联网、手机和其他新技术；

· 青年人和他们的家长在服务中没有足够的发言权

前景、挑战和原则：改革途径（第二章）

11. 文件提出新策略，为青年提供机会、挑战和支持，以供咨询商议。我们的愿景是围绕青年人的需求，对公共服务进行整合，帮助所有青年尽力实现每个儿童都重要中提出的五个目标。

12. 文件指出了当前面临的四个挑战：

· 如何让更多的青年人参与到健康活动中来，有权力影响他们获得的青年服务；

· 如何鼓励更多的青年开展志愿服务，参与社会（区）；

· 如何为青年人提供更好的信息、建议和指导，帮助他们作出自己生活的选择；

· 如何为每个遇到麻烦或问题的青年人提供更多更好的个性化支持。

13. 我们的改革以六个基本原则为基础：

· 公共服务积极回应青年人和他们的家长的需要；

· 在为青年人提供机遇支持和督促青年人承担责任之间保持平衡

· 提高为青年提供的服务整合度、效率和效果；

· 提高所有青年的成就，同时缩小青年人之间的差距；

· 吸收志愿组织、社区和私营部门的加入，增加选择性，保证最佳的结果；

· 以现有最佳的青年服务实践为基础。

赋权青年：有事情可做，有地方可去（第三章）

14. 伦敦 2012 年主办奥运会，激励青年参加各种积极的运动、志愿服务和文化活动。

15. 青年人、他们的父母和社区都希望青年人有更多积极的事情可做，有更理想的地方让青年人前往。当青年人投入到各种活动，不无所事事，他们更少可能会惹上麻烦，产生烦扰或实施犯罪。但是目前，高达四分之一的青年人没有参加任何形式的积极活动，大多是因为他们对于现有的活动安排不感兴趣。

16. 我们首先的挑战是让青年人自己去控制他们可以做什么，去什么地方。我们不想政府机构对他们的想法做二手的猜测。因此，建议将消费的权力直接放入青年人自己的手里，其方式有两种：

第一，我们会支持地方当局发展“机会卡”计划。这些卡让青年人更多地从事体育和其他建设性活动，青年人用机会卡可以在一定范围的活动和地点获得折扣，还可以让青年人和他们的家长继续充值。为了配合机会卡的使用，我们会制定一个全国性计划支持地方机会卡的首次发布。中央政府还会为 13—16 岁之间的弱势群体进行机会卡的充值。青年人如果有不被接纳的反社会行为，这项津贴会被收回，机会卡要么受到限制，要么被取消。过段时间，我们希望可以看到地方当局通过为青年人机会卡充值的方式，有选择地为他们出资体育或其他建设性活动。充值还可以用来作为奖励，回报青年参加志愿服务活动或取得的进步。

第二，我们建议每个地方当局成立“机会基金”，用来发展青年人期待的本地项目，例如提供一个青年咖啡馆或组建一个体育团队。地方当局可以根据现有的实践，采取不同的方式，但关键是青年人自己可以决定基金如何分配使用。

17. 地方当局运作儿童信托发挥关键作用，为青年调试和提供相应的活动和设施。为了确保活动保持稳定的品质并且满足青年的需求，我们建议：

· 为地方当局提供法定指导，建立一套新的全国性活动标准，让所有青年在空闲时间可以获得活动机会。包括：

——获得每周两小时的体育活动；

——获得每周两小时的其他建设性活动，包括俱乐部，青年团队或课堂；

——有机会参加志愿活动，为社会作出贡献；

——有广泛的其他消遣类、文化类、体育类活动丰富其经历；

——有安全舒适的场所，让青年可以打发时间。

· 每个地方当局在运作儿童信托时，应当在现有的资源内制定一个年度地方倡议书，将青年服务的全国标准和当地提供的活动范围明确地联系在一起。

18. 我们建议从 2006 年 4 月起两年内出资 4000 万英镑，让地方当局开发新的青年设施战略性投资，这需要有青年的加入。我们希望地方当局发挥创造力，思考当地青年可以获得什么样的设施，特别是那些贫困街区的基本设施。

19. 在多样化的公共服务中，学校是地方当局为青年提供帮助的重要角色。我们提供特别的中央政府支持，建立地方青年体育发展经理人体系，为学校中高年级青年和那些非在校青年增加体育锻炼的机会。我们还希望积极探索，给予更多青年参加暑假宿营的机会。

20. 我们想让青年人对当地的青年服务有更大的影响力。他们应当有更多机会参与公共事务的计划和实施，在地方工作考核中发表意见。

作为公民的青年：作出社会贡献（第四章）

21. 第二个挑战是怎样鼓励更多的青年人进行志愿服务，参与社会。根据 Russel 委员会关于志愿服务的建议，建立一个新体制，目标是让青年人的志愿服务取得阶段性的进展。

22. 此外，我们希望促进同辈指导、可持续公民服务和强化中小学校、学院和大学的志愿文化。我们还会探索各种形式的奖励，鼓励青年人的志愿服务。特别是推广记点或学分的想法，作为一种奖励的选择。

支持选择：信息、建议和指导（第五章）

23. 第三个挑战是当青年人在作出关于职业、教育或其他事务方面的决定时，给他们提供更好的支持。人生转变的难题会一直存在，像从小学过渡到中学。近来，14—19 岁的青年人面临着变革，使得他们进入 14 岁的年龄，就会面对越来越复杂的抉择。这些抉择对于青年人未来的幸福和他们对社会作出贡献的能力都有深远的影响。帮助他们作出正确的选择与我们所有人的利益息息相关。

24. 因此，我们必须通过便捷的渠道提供公正合理的意见，而不是重复陈词滥调。必要时注意保密，比如关于个人健康问题。为青年人提供建议，必须充分认识当前青年人的生活方式。比如，可以利用新技术的便利条件。

25. 为了清晰起见，我们为每个青年人和他们的父母应当获得的信息、建议和指导，提出一个最低限度的期望值。

· 在 11—12 岁（7 年级）：不同背景的人们，包括其他学生，向青年或其家长介绍中学教育的内容。

· 在 13—14 岁（9 年级）：在考虑 14 岁后的发展选择时得到支持，如果他们或其父母有需要的话，可以和一个专业顾问进行私人会谈。这会对当地 14—19 岁青年的学习前景计划进行补充。

· 整个 13—19 岁期间，更好地帮助青年人思考 16 岁以后的人生选择，个人社交、健康问题和职业选择。

· 一个方便、新颖、独立的 ICT 服务渠道，让青年人可以从多种途径获得全国或各地的信息资料，包括网址、网上顾问和求助热线。

26. 我们会进一步将上述期望值用一套质量标准进行规范，提高信息、建议和指导服务的品质和公正性。

27. 我们认为，学校应当有责任确保每个学生的幸福，实现最大程度的进步，包括那些有严重学习障碍的学生。

28. 为了回应和支持每个孩子都重要中提出的儿童和青年服务改革，我们会对信息、建议和指导服务的开展和资金配套工作负起责任，这也涵盖了联合服务、地方当局、儿童信托和大中学校。

29. 在资金方面，我们的目的是确保青年人能够得到与学校课程相关的更好服务；服务有效率，并且富有成效；联合服务还是继续保留下来。多数情况下，我们希望儿童信托、校方能够同意当地的信息、建议和指导工作安排。当然，如果学校对地方的服务不太满意，它们有权直接开展服务工作。从 2006 年起，下一阶段我们希望到 2008 年将新的工作安排到位。

30. 地方当局有义务为没有在校读书的青年人提供信息、建议和指导服务。当青年有时候想要私密性的信息和建议时——可能是生理、情感和心理健康——他们可以从一个值得信任的成年人那里获得帮助，这个人要与青年人的居住地或他们学习地没有关联。

青年人的收获：改革特定支持（第六章）

31. 第四个挑战是为每个问题青年或遭遇到麻烦的青年人，提供更集中、定制化的支持。青年遇到的问题多种多样，包括失学、失业或没有培训，犯法或受到侵害，早孕或滥用药物，但它们带来的后果却是同样严重。给他们的支持服务应当满足每个青年人的基本需要，不能零敲碎打。

32. 因而，问题青年应当从一个他认识并且信任的人那里，获得满足其需要的系统整合化的支持。

33. 我们希望，青年人需要的支持相互重叠的时候，可以和一个负责的专业人士进行单独接触，并能够方便地得到协调一致的整合化帮助支持。我们会采取简单明了的评估过程，以便不论是青年人还是他们的家庭无须反复多次向不同的人述说其经历。我们会和学校、志愿组织、健康中心、青年设施和建议机构合作，方便青年人获得帮助。

34. 我们建议对政府出资的一些特定项目进行合并，便于地方当局在运作儿童信托时，可以更灵活支配资金应对青年人的需求。我们要求地方当局和其他部门一起，重点关注少女早孕、失学无业青年，滥用药物以及青年犯罪问题，这也是1998年法案第17章要求的义务。我们希望一线的青年支持团队能够更有效地进行早期干预；专业人士要积极和家长联系；当学校有学生出现严重困扰，可以快速方便地得到专业人士的介入。

制度改革：提出建议（第七章）

35. 我们给地方当局必要的责任、资源、权力和激励，整合青年工作，进一步回应青年人和家长的要求。

36. 各地建立一个机构全面负责政府青年政策和每个孩子都重要提出的目标，这样不管是为所有青年人提供的基本活动还是针对具体对象的特殊支持，当地都有一个统一的规划和实施。这也就是我们建议的整合化青年支持服务，它包括了志愿组织和社区组织，其机构设置和工作重点都以青年需求为中心。

37. 我们需要为普通青年提供的基本服务和针对特定对象提供的特殊服务要紧密合作，为青年提供整合服务。青年服务的这些变化，还需要和更大范围的公共服务改革加以配套，例如包括学校教育，学生行为和纪律领导团队等。

38. 为了支持变革，我们会对资金投入进行合并，并和督查人员一道修订一个统一的管理规范。

39. 联合服务受到改革的影响会是最大。联合服务在支持青年方面发挥了开创性作用，特别是对那些问题青年，联合服务的个人顾问积极倾听青年心声，让他们获得专属的支持。

现在根据每个孩子都重要和14—19岁改革，各地会将联合服务整合到更大的服务体系中去。我们欢迎地方当局继续保留联合服务的标识，对它的服务范围发表意见。

40. 要完成向新体制的转变将会是一个复杂过程。过渡期间，受改革影响大的关键部门，如青年服务等，要保持工作的成效，这点非常重要。文件提出的改革，我们计划在2008年4月得以完成。

发表你的看法：协商（第八章）

41. 针对以上建议，协商的时间截止到2005年11月4日。之后，作出最终决定。我们希望听到相关各方的观点看法——地方当局、学校、联合服务、青年服务、私营部门、志愿组织、社区机构、健康机构，以及更多社会各界，尤其是青年人和家长。

（五）积极青年（2011）

简介

中央政府充满热情地努力创造一个善待青年的积极社会。青年人对当下现实和未来发展十分重要。我们需要青年活跃在社会。

“积极青年”是联合政府面向英格兰 13—19 岁青年人的政策。它将所有与青年事务有关联的九个部门的意见汇集成一部统一的文件。

政策在制定过程中广泛地征询了青年人和青年事务专业人士的意见。

“积极青年”政策将社会各行各业召集起来，让政府当局、学校、慈善团体、商业机构等互相配合共同支持家庭、培育青年，特别是那些最容易被社会忽视以及生活处境极为不利的人群。

政策确立的共同目标是让青年拥有强烈的归属感，能够获得有（社会）支持的人际交往关系，树立远大的理想抱负，以及拥有实现其潜能的良好机会。

青年必须自己坐在驾驶席上，有知情决策权，参与工作实践，监督视察工作成效。

地方当局对本地区青年的健康成长和青年服务负有首要职责。

中央政府出版发布年度工作报告，测评青年的积极贡献。2012 年底出台审计报告会总体评析社会各界积极对待青年的发展情况及其结果。

背景

13—19 岁是青年成长转变的关键期。他们会面临诸多重要的人生抉择。

青年需要尝试各种新兴事物，学习承担责任，能够从自身所犯的错误或失败中学习经验。

青春期的个体会发生身体和心理方面重大的改变。青少年面临独立成长的自然现象。这些导致青年和他们的父母、监护人之间的人际关系出现转变，普遍遭遇许多难题。这些困难成为青年成长的最主要的压力。当然这种压力未必绝对会产生不利的后果。

青年中的大多数能够成功地完成向成年的过渡转变。他们得到家庭的支持，接受良好的学校教育或职业技能培训，并且在学校之外的场所得到其他促进个人和社会化发展的机会。这些帮助青年有光明的前程和成功的信念。

尽管大多数青年表现出色，能够享受生活，但我们不能自满。

当前全球性经济危机让青年对他们的未来有深深的担忧，特别是就业前景。

许多青年还担心本地的青年服务发展困难，慈善组织存继艰辛。

弱势青年人群，包括残疾人、学困生等，面临许多挑战，他们需要专门的早期帮助去克服自己面临的困难。

还有很小部分的青年缺乏归属感，并且对自己生活的社群缺乏尊重。绝大部分的青年都有积极的表现，但外界不公正的报道描述，社会大众投射在青年人身上的刻板印象和负面态度，使青年常常觉得受到伤害。

我们需要行动起来，创造一个积极善待青年的社会环境。

职责分配

中央政府不可能单打独斗为青年建设一个美好社会，需要各方主体的共同努力：

- 青年人——承担责任，充分利用每个机会，对关心的议题发表意见。
- 家长、监护人和家庭——承担抚育青年走向成熟的首要责任。
- 其他成年人——关心青年人生活，以身作则塑造正面角色示范。
- 媒体——有责任改善青年的社会形象。
- 企业——作为合作伙伴，为青年项目贡献时间、技能和金钱。
- 教师——帮助和鼓励青年，配合其他部门发现青年早期问题。
- 青年工作者——支持青年的个人和社会性发展，提升他们的进取心。
- 其他专职人员——为青年提供早期帮助，及早发现问题，避免情况恶化造成实际伤害。
- 地方当局——对辖区的青年成长发展有首要职责，合理委派相关服务。
- 其他受托方——对与青年有关的犯罪、健康等专项事务负责。
- 中央政府——积极创新和改良工作方式，对工作全过程负监督职能。

帮助青年获得成功

激发青年的进取心，推动他们积极参与学习并有所收益，是帮助青年认识自己的潜能，为就业做准备的最佳方式。

中央政府对教育制度进行改革，提高教育质量标准，包括增强教师的实力，考评学校课程体系，以及为困难学生提供专门资金。

到 2013 年，青年必须接受教育或培训的年龄提高至 17 岁，到 2015 年这一年龄将延迟到 18 岁，以便青年能更好地为成人生活和就业做好准备。

最近要宣布实施一个新项目“Youth Contract”对付青年失业问题，还会出台一项新策略支持 16—24 岁的青年接受学习和工作。

英国政府的医保改革会开发更多的配套性、预防性措施，改善青年的健康，提高他们幸福指数，也将吸收青年参与地方公共服务，让他们更方便接受早期建议。

青年在课堂和家庭以外的体验，对他们不懈追求目标的实现也很重要。

鼓励青年发声

青年精力旺盛、热情开朗、对改造世界有奇思妙想。不过，社会大众对青年人普遍观感不佳。

青年有权对关系自身生活的决策发表观点。我们应当给他们更大发言权，认可他们作出的贡献和成绩。我们应鼓励和支持他们对媒体不公正的报道，作出回应。

各地在吸纳青年参与方面有各自不同方式。英国政府敦促各部门听取青年关于市政、医疗、交通等公共服务决策的意见，希望安排青年加入到对公共服务的审计工作中来。

为此，中央政府在 2011—2013 年度向 BYC 提供 85 万英镑开展活动：

- 新建一个有青年代表参加的全国性督察团队，直接向主管大臣提供建议，对影响青年及其家庭的事务发表意见。
- 向地方议会提供建议，让青年参与地方决策和审计。
- 确保青年能够在全国性媒体上发出声音。
- 维持 UK Youth Parliament 的影响力

此外，各地方当局马上成立名为“HealthWatch”的机构，确保青年在当地医疗服务中有发言机会。

首要责任主体：家庭

父母、监护人等家庭成员在抚养教育青年走向成熟方面负有首当其冲的责任。

当下，几乎每个家长在养育孩子过程中都会面临困难。他们需要来自社会大众和公共机构的帮助，让他们履行其监护职责，向青年传递正确的价值观和明确的行为边界。

家长心有疑惑或遇到难题时，需要清楚知道他们可以向谁进行咨询和寻求帮助。

所有向青年提供服务的部门应当支持青年的家庭，同时也要尊重青年成长中所渴望的独立自主和个体责任感。

许多慈善机构、宗教团体、社区组织和志愿组织在支持家庭方面发挥重要作用，包括举办父母课堂等。

此外，英国政府继续通过免费线上咨询、电话咨询等方式给家庭重要的支持。

英国政府会投入相应资金让地方议会开展相关工作。

英国政府着手一项特殊的计划，改善最困难家庭的 12 万成员的生活境遇。

加强社区机构和志愿组织

发达的社区会承担起支持青年的责任，让他们获得强大的归属感。

每个青年都能从与自己信任的成年人的人际交往中获得帮助。青年工作在支持青年加强与社区的联系方面，扮演十分关键的作用。许多青年能从职业人士处得到鼓舞。

我们非常自豪地拥有出色的纪律部门、宗教团体、慈善机构和社区志愿组织，它们对许多青年人及青年社群的生活产生巨大影响。

基于日常生活经验常识，中央政府会减少对那些积极加入青年服务的成年志愿者的资格审核。

向大约 5000 个社区组织提供培训资金，让它们催化出更多的社区主导类社会活动。

英国政府期望有更多积极开拓、努力创新的志愿组织和社区机构出现，能够展示对青年的不凡影响，并且吸引更多来源的资金投入，减少对国家财政的倚赖。

近来，一些社区团体通过竞标从事某些地方公共服务，这样让它们思量如何提高为青年服务的效果，取得投资人的信任，获得所需的资金。

为了寻找帮助弱势青年的途径，教育部在 2011—2013 年向 18 个志愿组织出资 31.4 万英镑开发创新措施并进行评估，以便为青年提供早期帮扶，避免青年过早辍学、离开学校或培训，能够继续接受教育培训。

此外，社区、志愿机构同私营企业、社会企业一道，向 16—17 岁的青年人中可能放弃学业培训的人，提供强力的支持。接下来的几年，Youth Contract 会在英格兰启动总计 126 万英镑的项目措施。

企业和其他雇主也是社区组织的重要成员。它们也开始意识到支持青年对自身和其雇员有积极价值，毕竟青年是现实和潜在的顾客、雇员。

青年服务的重要作用

有些青年没能从家庭、社区得到想要的支持和机会。因此，青年工作和其他以青年为对象的公共服务要发挥重要作用。

• 支持青年个人和社会性发展——包括开发生活、学习和工作所需的技能和素质。

• 确保所有适龄青年能够接受教育或培训。

• 增强青年向上的进取心，减少少女怀孕、滥用药物、犯罪等。

中央政府责成地方议会保证当地青年可以获得充足的活动和服务，改善青年福祉，包括听取青年对青年活动的意见。

我们马上商讨一个更加简洁明了的官方指导意见。

• 到 2013 年 5 月，困难地区建设 63 个公立的青年中心“MyPlace”，把它作为大型服务枢纽开展多种类型的青年服务活动。政府会帮助青年中心的负责人建设全国性网络，分享有益经验。

• 资金赞助若干机构组织试验“NCS”，为不同背景的 16 岁青年提供品格塑造的活动，让他们聚在一起，同辈间相互学习并积极参加社区活动。2011 年有 8000 名青年参与“NCS”，2012 年的参加人数将达 30000 名，预计到 2014 年会扩大到 90000 名青年中去，使之成为世界最大规模的青年发展项目。

政府打算推广“MoD-sponsored Cadet Force”，让更多青年有个人发展机会。

早期帮扶的重要性

家庭提供支持，学校提供优质教育，对青年十分重要，但那些弱势困难人群还需要有效的早期帮助。

早期帮助不局限于儿童幼年时期，十多岁年龄是个体成长转变的另一个关键阶段。我们无法事先预见可能出现的全部问题。

因此，及早发现青年需要早期帮助，及时提供支持给青年及其家庭，可以阻止事态恶化和危害加深。

地方当局可以利用2012—2013年度总计高达2365亿英镑的Revenue Support Grant、non-ringfenced Intervention Grant等资金，2013年后公共医疗也会对早期帮扶青年体系需求作出回应。

明后两年，地方当局会有专门的社区预算，帮助当地困难家庭。

英国政府除了对特殊青年群体提供照顾，还会出台一系列关于保护青年免受伤害和忽视的早期干预政策。

强化地方伙伴合作

“积极青年”要帮助青年获得深厚的归属感和实现自身潜能，需要依靠社会各方的通力合作。

地方议会非常关键，但也无法独立完成政策目标，需要与青年、家庭、社区合作外，还要发动慈善机构、医疗保健、警察等合作伙伴协调运作。

国家财政状况面临巨大压力情况下，机构整合、减少重复、分享资源比起关停服务、削减预算，是更合理的方式。

教育部在2011—2013年间拨付78万英镑给LGA，保证地方当局改善青年服务。

陆续开发“青年服务创新实验区”，改革地方服务模式，加大慈善机构等职能。首批试验区包括Hammersmith，Fulham，Haringey，Knowsley四个地方。

当地群众对地方服务满足本地需要最有发言权，中央政府不会指示地方具体开展服务。

不过，如果地方当局不能合理运用资金，可能出现重大失误或风险，中央政府要加以干预，不会犹豫。

跟踪进展状况

政府和青年、其他出资人一道对“积极青年”政策实施情况进行评估，提升工作成效。

考察评估会聚焦工作进展取得的积极成果，而不是一味减少负面影响。

出版推广优秀的工作措施和手段方式。

9 个相关政府部门大臣和重要志愿者组织负责人一起组建“Youth Action Group”，专门商讨弱势青年人群的需要。

英国政府将于 2012 年底出版一份工作进展的审计报告。

具体措施的简介（略）

主要参考文献

[美] 阿尔伯特·班杜拉:《社会学习理论》，陈欣银、李伯黍译，中国人民大学出版社 2015 年版。

[意] 安东尼奥·葛兰西:《论文学》，吕同六译，人民出版社 1988 年版。

董东晓:《英国青年与青年工作》，《青年探索》1987 年第 3、5、6、8 期、1988 年第 3 期。

[美] 杜威:《学校与社会·明日之学校》，赵祥麟等译，人民教育出版社 2008 年版。

[巴西] 弗莱雷:《被压迫者教育学》，顾建新等译，华东师范大学出版社 2014 年版。

高金鹭:《英国青年工作的历史与现状》，《中国青年研究》2002 年第 2 期。

[英] 赫伯特·斯宾塞:《斯宾塞的快乐教育》，雒真真、齐梦珠译，青岛出版社 2011 年版。

黄蓉生:《青年学研究》，西南师范大学出版社 2001 年版。

[美] 科尔伯格:《学校中的道德教育：一种发展的观点》，参见瞿葆奎主编《教育学文集·教育与人的发展》，人民教育出版社 1989 年版。

廉思:《世界范围内青年运动新趋势研究》，《中国青年研究》2013 年第 12 期。

鲁洁:《德育社会学》，福建教育出版社 1998 年版。

佘双好:《现代德育课程论》，中国社会科学出版社 2003 年版。

佘双好:《在社会教育中积累成长经验》，《中国德育》2013 年第 2 期。

唐后乐:《论十八大报告提出的“三关”青年观》，《当代教育理论与实践》2013 年第 12 期。

项贤明：《泛教育论》，山西教育出版社 2004 年版。

徐辉、郑继礼：《英国教育史》，吉林人民出版社 1993 年版。

易红郡、赵红亚：《撒切尔主义对英国教育改革的影响》，《外国教育研究》2003 年第 2 期。

张庆华：《英国青年工作框架下的青年健康问题》，《中国青年研究》2006 年第 11 期。

张耀灿、郑永廷、吴潜涛、骆郁廷等：《现代思想政治教育学》，人民出版社 2006 年版。

Allport G. The Nature of Prejudice [M]. MA：Addison-Wesley Publishing，1954.

Baizerman M. Youth work on the Street：Communities Moral Compact with Its Young People [J]. Childhood，3：157-165.

Baljeet S G. Working with Boys and Young Men [M] // Fiona，Chouhan and John. Working with Young People. Dorset：Russell House Publishing Ltd，2001.

Bernard Davies. From Thatcherism to New Labour—A History of the Youth Service in England [M]. Leicester：Youth Work Press，1999.

Bernard Davies. From Voluntaryism to Welfare State—A History of the Youth Service in England [M]. Leicester：Youth Service Press，1999. 9.

Bernard & Emily. Youth Woke Practice within Integrated Youth Support Service [M] // Davies B. What Is Youth Work. Exeter：Learning Matters，2010.

Bradford S & Day M. Youth Service Management：Aspects of Structure，Organisaztion and Development [M]. Leicester：Youth Work Press/National Youth Agency，1991.

Brent J & Brent M. Outreached Work Hounslow Youth and Community Service [M]. London：Borough of Hounslou，1992.

Chris Parkin. Using Social Theory [M] // Buchroth，Ilona，Parkin，Chris. Using Theory in Youth and Community Work Practice. Exter：Learing Matters，2010.

Coleman J & Dennison C. You are the Last Person I'd Talk to [M] //

Roche and Tucker. Youth In Society [M]. London: Sage, 1997.

Coleman J & Hendry L. The Nature of Adolescence [M]. London: Routledge, 1990.

Coleman J. The Nature of Adolescence [M] // Coleman and Warren-Adamaon. Youth Policy in the 1990s: The Way Forward. London: Routledge, 1992.

Davies B. What Is Youth Work [M]. Exeter: Learning Matters, 2010.

Davies B. Whose Youth Service Curriculum? [J]. Youth and Policy, 1991 (5), 32: 1-9.

Davies B. Youth Work: A Manifesto for Our Times [J]. Youth and Policy. 2005 (88): 5-27

Davies & Merton. Squaring the Circle: the State of Youth Work in Some Children and Young People Service [J]. Youth & Policy, 2009, 103, Summer.

Dewey J. Democracy and Education: An Introduction to the Philosophy of Education [M]. New York: Macmillan, 1961.

Dewey J. How We Think [M]. New York: D. C. Heath, 1993.

Dunlop S. Youth Tutor Role: A Way Forward? [J]. Youth Policy, 1985 (12).

Duwey I. Expeience and Education [M]. New York: Mscinllan, 1997.

Fiona, Chouhan and John. Working with Young People [M]. Dorset: Russell House Publishing Ltd, 2001.

Freire P. Education: The Practice of Freedom [M]. London: Writers and Readers Publishing Cooperative, 1976.

Freire P. The Pedagogy of the Oppressed [M]. Harmonsworth: Penguin, 1972.

Giddens A. Modernity and Self Identity [M]. Cambridge: Polity Press, 1991.

Huskins J. Self Esteem and Youth Development: A Youth Worker Perspective [M] // Richards K. Self Esteem and Youth Development [M]. Ambleside: Brathay, 2003.

J Macalister Brew. Youth and Youth Groups [M]. Faber and Faber, 1957.

J P Leighton. The Principle and Practice of Youth and Community Work [M]. Chester: Chester House Publications, 1972.

Jeffs & Smith. Putting Youth Work in Its Place [J]. Youth and Policy, 1992 (5): 10-16.

Jeffs T. Changing their Ways: Youth Work and Underclass Theory [M] // MacDonald R. Youth the Underclass and Social Exclusion. London: Routledge, 1997.

Jeffs & Smith. Youth Work Practice [M]. Basinstoke: Palgrave Macmillan,
2010.

Joan B. Community Safety: Involving Young People [M] // Fiona, Chouhan and ohn. Working with Young People. Dorset: Russell House Publishing Ltd, 2001.

Jon O. Youth Work Process, Product and Practice: Creating an Authentic Curriculum in Work with Young People [M]. Dorste: Russle House Publishing, 2007.

Jon Ord. Critical Issues in Youth Work Management [M]. Abingdon: Routledge, 2012

Killlick J. Youth Participation—For Them or Us? [J]. Youth in Society, January 1986, 16-17.

Remafedi, Farrow & Deisher. Risk Factor in Attempt Suicide by Gay and Bisexual Youth [J]. inPaediatrics, 1987 (6): 869.

Richardson J. The Path to Adulthood and the Failure of Youth Work [M] // Ledgerwood and Kendra. The Challenge of the Future. Lyme Regis: Russell House Publishing, 1997.

Riley P. Programme Planning [M] // Deer R L and Wolf M. Principles and Practice of Informal Education. London: Routledge Falmer, 2001.

Sarah B. Ethics and the Youth Worker [M] // Sarah. Ethical Issues in Youth Work. Oxon: Routlege, 2010

Sarah Banks. Ethical Issues in Youth Work [M]. 2nd ed. Oxon: Routledge, 2010.

Shaffer D. Suicide Risks and the Public Health [J]. America Jounal of

Public Health, 1993, 83 (2) 171-172.

Sherry R Arnstein. A Ladder of Citizen Participation [J]. JAIP, VOL. 35, NO. 4, 1969 (7): 216-224.

Simth M. Developing Youth Work: Informal Education, Mutual Aid and Popular Practice [M]. Milton Keynes, Philadelphia: Open University Press, 1988.

Smith M. Taking Sides—Issues in Political Education [J]. Youth in Society, 1982 (4): 21-22.

Stenhouse L. An Introduction to Curriculum Research and Development [M]. London: Heinemann, 1975.

Suzanne G & Eilis H. Aggression and Bullying [M]. Oxford: Blackwell Publishers, 2002.

Taylor T. Against Youth Participation [J]. Young People Now, 2001 (1): 18-19.

Thompson N. Anti Discriminatory Practice [M]. 3rd ed. Basingstoke: Plalgrave, 2001.

Tony Jeffs & Mark Smith. Informal education—Conversation, Democracy and Learning [M]. Derbeyshire: Education Now Publishing Co-operative Limited, 1999.

Watson J. The Reality of Rural Youth Work [J]. Young People Now, 1997 (7).

Young K. The Art of Youth Work [M]. 2nd ed. Dorset: Russel House Publishing Ltd, 2006.

Zeldin. Conversation: How Talk can Change Your Life [M]. London: Harvill Press, 1999.